비운의 죽음은

없다

비운의 죽음은

없다

평등한 건강을 향한
인권의 투쟁
그리고 진화

알리시아 일리 야민 지음 — 송인한 옮김

하아아아

WHEN MISFORTUNE
BECOMES INJUSTICE

일러두기

- [ ] 안의 내용은 이해를 돕기 위해 옮긴이가 넣은 것이다.

- 원서에서 이탤릭으로 강조한 부분은 고딕으로 표시했다.

- 옮긴이 주는 각주로 달고 *, **, ***으로 표기했으며, 저자 원주는 미주로 달고
  1, 2, 3으로 표기했다.

- 단행본은 『 』를, 보고서와 논문, 문서는 「 」를, 잡지와 일간지는 《 》를 사용했다.

견뎌야 할 불운을 바로잡아야 할 불의로 전환하는 것이
헌법의 보호 기능이다.

S. v. 발로이S. v. Baloyi 외, 남아프리카공화국 헌법재판소,
사건 번호 CCT 29/99, 12항, 1999. (재판관 알비 삭스Albie Sachs)

알리시아 일리 야민Alicia Ely Yamin의 『비운의 죽음은 없다(원제: When
Misfortune Becomes Injustice)』는 다층적으로 이뤄진 심오하고 섬세
한 작업이다. 대표적인 국제 인권학자이자 인권으로서의 건강 옹호
활동을 해온 야민은 이 책에 분석적, 정치적, 도덕적, 방법론적으로
다양한 관점을 담아냈다. 그녀는 인권과 국제 보건정의운동이 만나
는 교차점에서 수십 년간 진행해 온 연구, 사회운동, 정책 입안에 날
카로운 성찰을 해왔다. 야민은 자신이 중요한 역할을 맡았던 건강
권 동원 역사의 구체적인 순간들에 대해 섬세히 논의하며, 국제 보
건정의라는 대의명분을 진전시켜 나가는 데 구체적인 밑바탕이 되
는 변화와 도전, 생생한modest 성공의 이야기들을 엮어냈다. 연구자
이자 건강권 옹호자로서 1990년대 후반 페루에서 지낸 경험, 전문
가 증인으로서 건강권 관련 소송에 참여했던 활동, 희귀 질환을 다
루는 국가 심포지엄에 참여한 경험 등 깊이 있는 경험적 권위에 기

반을 두고 인권으로서의 건강에 접근해 왔다.

이 책은 학문적으로 기념비적 기여를 한 것을 넘어, 우리 시대의, 아니 어느 시대에서든 가장 시급한 문제인 건강권에 대해 깊이 고민해 볼 수 있도록 광범위한 분야를 포괄해 다루고 있다. 저자가 말했듯, 인권으로서 건강의 입지position를 진전시키는 일은 "시시각각 변화하는 세상에서 인간으로 존재하기 위함"을 주장하는 것과 같다. 더욱이 건강권에 대한 논의가 흔히 법 집행이나 국가 보건의료 시스템의 경제, 혹은 건강 결과의 정량적 측정이라는 기술적인 문제로만 집중될 수 있기 때문에, 이 책이 던져주는 것처럼 더 광범위한 관련성을 항상 염두에 둬야 한다. 저자는 이에 더해 다음과 같은 근본적인 진실에서 시작하고 끝맺는다. 인간으로서 우리는 다양한 동시에 평등하며, 건강권을 비롯한 우리의 모든 이해와 정책 결정은 바로 이 사실에서 출발해야 한다.

야민은 이 첫 번째 원칙을 적용해 몇 가지 입장을 분명하게 밝힌다. 첫째, 그녀는 우리의 집단적 탐구의 중심에 개인을 지속적으로 위치시킴으로써, 건강권 동원과 문화 사이의 관계를 인식하도록 만든다. 야민이 설명하듯, 국제 보건정의global health justice는 "이미 정해진 사회적 역할로부터의 해방" 없이는 결코 실현되지 않을 것이며, 이미 정해진 사회적 역할은 여성에게 불리하게 작용하고 세대 전반에 걸친 구조적 폭력을 내포하고 있다.

둘째, 야민이 건강권에 접근하는 방식인 다양하고 평등한 인간 중심성은 정치 이론과 정치조직 모두에 영향을 미친다. 그녀의 주장처럼, 민주적 숙고가 이뤄질 수 있는 조건을 만들기 위해서는 인권으로서 건강을 완전히 실현하고, 국내 및 국제정치 시스템을 함께 개혁해야 한다. 야민의 관점에서, 국제 보건정의운동을 형성해 온 다양성과 인간의 평등 사이의 긴장은 더 강력하고 확산된 민주적 과정을 통해서만 생산적으로 해결될 수 있다.

마지막으로, 이 책의 더 넓은 철학적·도덕적 틀은 인권의 미래를 위한 중요한 교훈을 품고 있다. 야민은 인권에 대한 신랄한 비판자들과, 현재 형태의 인권이 글로벌 행동주의와 국가의 법률 및 정치 규제의 기본 토대를 계속 형성해야 한다고 주장해 온 이들 사이에서 유의미한 균형을 이룬다. 또한, 건강권 동원의 역사가 현대의 여러 도전에 직면해 인권의 위치를 재해석하는 더 넓은 과정의 일부이자 구체적인 모델로 적용될 수 있다고 주장한다.

그러나 동시에 야민은 반드시 선행되고 수반돼야 하는 진보적인 정치 및 사회경제적 변화가 없다면, 이러한 적용 과정은 공허하다고 주장한다. 이런 점에서 『비운의 죽음은 없다』는 국제 보건정의를 위한 투쟁에 대한 책일 뿐 아니라, 사회운동, 지속적 투쟁 그리고 문화 간 연대를 통해 세계 구조를 변화시키고자 하는 긴급하고 분명한 요구다.

스탠퍼드 인권 연구 시리즈STANFORD STUDIES IN HUMAN RIGHTS

총괄편집자 마크 구데일Mark Goodale

그것은 불운이 아니다

밖으로는 인간이 만든 우주 탐사선 보이저 1호가 태양계 바깥까지 날아가고, 안으로는 인간 유전체 지도가 완성되어 생명의 원초적 암호를 해독해 나가고 있다. 특히나 현대인의 관심이 쏠려 있는 건강에 있어서는 IBM의 '왓슨 포 온콜로지'를 비롯해 많은 첨단 기술이 인간 의사보다 정확하게 암을 진단할 수 있게 되었고, 정밀 의학을 통해 개인별 표적 치료가 가능해졌다. 공상과학소설에나 나왔을 법한 유전자 가위로 각종 유전병을 예방하고 치료하는 기술도 등장했다. 사회적으로는 의료 시스템이 거대화·기업화되었고, 미디어에는 건강에 대한 온갖 정보와 건강보조식품을 마치 만병통치약처럼 묘사하는 광고가 가득하다.

그러나 이 '건강'의 시대, 정작 인간은 얼마나 건강할까? 첨단의료 기술과 거대한 보건의료 시스템 덕분에 모두가 인간답게 살고 있을까? 늘어나는 수명만큼 행복할까? 무엇보다도, 건강하게 살 권리가 우리 '모두'에게 있다고 이야기할 수 있을까? 인도의 시인이자 철학자 지두 크리슈나무르티Jiddu Krishnamurti가 "건강하지 않은 세상에 잘 적응하는 것은 건강의 척도가 아니다"라고 날카롭게 지적했듯, 사회가 건강하지 않으면 건강에 대한 개인의 욕망과 노력 역시 정의롭지 못한 방식으로 이루어질 수 있다.

인류 역사상 어느 때보다도 가장 건강할 수 있는 과학기술적 조건이 갖춰진 지금도 많은 사람들이 질병과 고통을 경험하고 있다. 이는 멀리 떨어진 개발도상국의 일이 아니다. 국민소득 3만 불 시대라며 선진국으로 진입했다고 자축하는 한국 사회에서도 고통과 질병, 그리고 죽음이 난무한다. 송파 세 모녀 사건, 증평 세 모녀 사건, 신촌 모녀 사건 등 다수의 동료 시민들이 의료 사각지대에서 질병과 가난으로 고통받으며 최소한의 생존도 보장받지 못한 채 비극을 맞았다. 또한 구의역 참사와 김용균 노동자 사망 사건을 비롯해 연이어 발생한 비정규직 노동자들의 죽음은 한국 사회에서 노동자들의 안전할 권리가 얼마나 무시되어 왔는지를 잘 보여준다. 더욱이 이러한 위험은 비정규직으로, 하청 노동자로 전가되며 '외주화'되고 있다. 그리고 2022년 10월 말, 서울시 용산구 이태원에서 꽃다운 청춘들이 시민의 안전과 건강과 생명을 책임지지 않는 국가 시스템으로 인해 참사를 당했다. 부실한 사회 안전망 내에서는 누구나 생명의 사각지대에 놓일 수 있다. 이 땅에서 생명과 건강과 안전은 당연한 권리로 인정받지 못하고 있는 것이다.

더욱 심각한 문제는 첨단과학기술과 경제적 번영의 시기에 이러한 건강과 생명의 문제가 '운'으로, '소수'의 '불운'으로 치부되고 있다는 점이다. 고통을 경험하는 타인의 삶을 '불운'으로 여김으로써 한국 사회는, 아니 우리 모두는 마땅히 져야 할 공동의 책임 대신 회피를 택했다. 국민의 건강권을 지켜야 할 국가의 헌법적 의무와, 동료 인류의 건강권을 함께 수호해야 할 공동체적 가치와 그 책임은 "그들은 그저 불운했을 뿐"이라는 말로 축소되었다. 정부가 건강하고 안전한 사회를 만들고 지켜야 할 책임, 인류 사회가 공동체 동료 구성원에게 가져야 할 돌봄의 태도가 '운'의 영역이 되는 순간, 인간의 삶은 행운과 불운이라는 확률에 맡겨지게 된다.

1946년 세계보건기구헌장에서는 건강을 단지 "질병이 없는 상태"가 아니라, "신체적·정신적·사회적으로 안녕한 상태"라고 정의했다. 또한 1948년 유엔의 세계인권선언 제25조에서는 모든 인간의 의식주와 의료, 필수적인 사회보장제도를 권리로서 규정했다. 대한민국 헌법 제10조에서는 인간의 존엄과 가치 및 생명권을, 제35조에서는 건강하고 쾌적한 환경에서 생활할 권리를, 제36조에서는 모든 국민의 보건을 보호할 국가의 책임을 규정했다. 이러한 규범과 법률을 볼 때마다 건강권, 즉 모든 인간이 천부적으로 갖는 건강의 권리가 이토록 중요하다는 생각에 가슴이 벅차오르지만, 현실을 마주할 때면 그 이면의 공허함을 느낀다.

세계보건기구의 헌장처럼 추상적인 선언은 인류가 지향해야 할 궁극의 이상향을 제시하기는 하지만, 구체적인 방법을 제시하지 않거나 그 내용이 모호한 경우가 많다. 따라서 규범과 법 그 자체만으로는 건강에 대한 권리가 실현되기 어렵다. 이를 실현하기 위해서는 구체적인 법적 장치가 필요하며, 무엇보다도 인권의 가치에 대한 사회적 존중과 인식이 반드시 뒷받침돼야 한다. 즉, 모호한 이상의 선언과 열악한 현실의 간극을 메우는 것은, (가능한 한) 모두가 건강할 수 있도록 만드는 구체적인 제도와 장치며, 그것의 기저에는 인간의 건강에 대한 선명한 인식과 합의가 있어야 할 것이다.

법 제도를 통해 건강권을 적극적으로 현실화하는 대표적 학자가 바로 이 책의 저자인 알리시아 일리 야민이다. 야민은 법학과 지역학, 국제학, 보건학을 아우르는 초학제적 연구자이자, 지구촌 곳곳의 인권과 건강권 갈등 지역을 누비며 불의에 맞서 옹호자로 활동하는 실천적 지식인이다. 저자를 처음 만난 건 책의 가장 첫 부분에 등장하는 하버드대학 법대 건물에서였다. 책이 갓 나와 출판기념 강연이 열렸던 2020년 2월, 당시 하버드대학 보건정책학과에서 연구년 중이었던 나는, 불운과 불의를 주제로 건강권과 인권을 분석하는 내용의 강연을 듣고 큰 감명을 받았고 성찰을 얻었다. 그렇게 야민과 인연을 맺고 많은 대화와 논의를 이어오다 이 책을 번역하기로 결정했다. 세계 각국의 특수한 맥락을 다룬 이 책은 인권과 건강권, 특히 여성의 성·재생산 권리가 진화해 온 과정을 생생히 담고 있으며, 한국 사회의 상황에도 밀접하게 적용될 수 있는 이야기였기 때문이다.

책에 담긴 아르헨티나의 군부독재하에서 벌어진 여성에 대한 학대, 시장화된 미국의 의료제도 속에서 더욱 열악해진 빈곤층의 건강 수준, 세계경제위기 상황의 남아프리카공화국(이하 남하공)에서 진행된 의약품의 자본화 등은 외국의 사례이긴 하지만, 국가와 등장인물의 이름만 바꾼다면 우리나라를 포함한 세계 어디서나 일어났던, 혹은 앞으로 벌어질 수 있는 일이다. 특정한 지역적 사안에 구애받지 않고 국가와 문화의 차이를 고려하면서도, 자본과 시장이 지배한 세상에서 인간의 안녕과 건강이 처한 공통된 상황을 인식할 수 있기를 바란다.

인권과 법률, 보건의료, 국제 관계, 전 세계 다양한 지역의 정치 체계를 아우르는 전문서인 이 책의 특성에도 불구하고 건강권과 인권의 의미에 동의하고 흔쾌히 출판을 승낙해 주신 동아시아의 한성봉 대표님, 그리고 이 책의 가치와 의미를 꿰뚫고 전 과정을 지혜롭게 도와주신 조연주 편집자님께 깊이 감사드린다. 방대한 분야를 아우르는 번역 과정에서 귀한 도움과 조언을 주신 정진욱 선생님, 법률적 조언을 아끼지 않으신 런던대학 법대의 제자 이은진 선생님, 보건학적 내용뿐만 아니라 문학적 표현에 대해서도 여러 도움을 주신 하버드대학 의대의 조소미 선생님께 감사하다. 연세대학교 정신보건·보건의료복지 연구실의 김도현·장가희·장시온·송운기·김수민·이지현 학생을 비롯해 대학원의 건강불평등 수업에서 토론을 나눴던 학생들에게도 고마움을 전한다. 연세대학교 연구처의 인문사회 학술연구 지원 사업에도 감사를 표한다. 끝으로 유엔인권최고대표사무소에서의 경험을 비롯해 국제 무대에서 지구촌 인권 향상을 위해 대표적인 활동을 해왔으며 글로벌한 관점과 인권의 소중함에 대해 깨우침을 주시는 강경화 전 외교부 장관님께 감사하다. 책의 핵심 주제와 가장 관련이 깊은 강경화 전 외교부 장관님께서 추천사 작성을 흔쾌히 수락해 주시고 격려해 주셨음에 깊이 감사드린다.

코로나19 팬데믹을 겪으며 우리 사회가 얻은 중요한 교훈은, "모두가 안전할 때까지는 아무도 안전할 수 없다Nobody is safe until everybody is safe"가 아닐까 싶다. 코로나를 통과하며 초글로벌화·초네트워크화된 세계에서 우리 모두가 밀접하게 연결된 건강 공동 운명체로 살아간다는 것을 깨쳤다. 또한 아무리 안전한 보호막 안에서 혼자 건강과 안녕을 유지한다고 해도 공동체 안의 가장 약한 누군가가 고통받는다면, 그것은 다시 모두의 일이 된다는 것을 체험했다.

불운 혹은 행운이라는 개념은 확률적 관점을 담고 있다. 우리 인간의 건강과 안전을 확률에 맡겨서는 안 된다. 동료 인류의 고통을 개인의 불운이라 치부하지 않고, 인간의 천부적인 권리로서 모든 이의 건강을 보살피고 돌보는 세상이 되기를 바란다. 불평등과 차별을 넘어, 인간의 건강이 마땅히 누려야 할 정의로운 권리로 단단히 만들어지는 데 이 책이 작은 도움이라도 된다면 좋겠다.

송인한

차례

서론

알레고리로
보는
세상

연민을 중시하는 국제질서 속에서 어떻게 그처럼 많은
사람이 극심한 굶주림과 절박한 환경에 처할 수 있는지,
왜 수백만 명의 순진무구한 아이들이 해마다 먹을 것이
부족해서, 제때 치료를 받지 못해서, 복지 서비스가
부족해서 죽어가야 하는지를 이해하기란 쉽지 않다.
(……) 인간이라는 유능한 창조물인 우리는 상황이
어떠한지, 또 그 상황에 어떻게 대응해야 하는지에
대한 판단을 피할 수 없다. 성찰적인 존재로서 우리는
다른 사람들의 삶과 우리 주위의 고통스러운 삶의
모습들, 그리고 우리 힘으로 구제할 수 있는 고난에
대해 생각해야 한다. (……) 이것은 우리의 행동에 대해
세밀한 규칙을 수립해야 하는 문제라기보다는 우리가
직면하고 있는 선택 앞에서 우리 공동의 인간성을
인식해야 하는 문제다.

- 아마르티아 센Amartya Sen[1]

하버드대학 법대에는 여러 건물을 연결하는 지하 터널이 있고, 그 터널에는 학생용 사물함이 설치돼 있다. 대법관에 지명되기 전까지 법대 학장으로 재임했던 엘리나 케이건Elena Kagan은 터널 안에 더 밝은 조명을 두고, 액자를 걸고, 학생회관 밖에 배구 코트를 설치했다. 또한 겨울에는 아이스링크를 만들어 법대의 분위기를 바꿔놓았다. 총명하기로 소문이 났던 케이건 학장은 추수감사절이면 행사장 입구에서 교직원들에게 직접 파이를 나눠주는 것으로도 유명했다.

하지만 1988년 9월에는 분위기가 아주 달랐다. 터널은 어둡고 음산했다. 나는 입학 첫날, 이 미로 같은 지하 터널에서 계약법 수업시간에 전체 학생들 중 처음으로 교수에게 질문을 받았던 경험을 곱씹어 보고 있었다. 그 교수는 소크라테스의 교수법이 학생을 북돋아 주는 것 못지않게 굴욕감을 주는 것도 중요하다고 믿는 것 같았다. 첫날부터 총명한 존재감을 드러냈던 동급생 한 명이 내 사물함 앞에 멈춰 서더니 "너 정말 대단하더라!"라고 말했다. 그 친구는 미심쩍어하는 내 표정을 보더니 환하게 웃으며 이렇게 덧붙였다. "정말이야. '예를 들면(e.g.)'이 exempli gratia의 약자인 걸 어떻게 알았어?"

그로부터 25년이 지난 후에 그 친구, 버락 오바마Barack Obama를 다시 봤다. 이제 머리가 희끗해지고 이마에 주름이 잡힌 그는 미국 최초 흑인 대통령이 돼, 연이은 대규모 총격 사건과 경찰 총격에 의한 흑인 사망 사건이 있은 후 댈러스에서 연설을 하고 있었다. 2016년 7월 7일 텍사스주 댈러스에서 '흑인의 생명은 소중하다Black Lives Matter' 평화시위가 끝난 후 경찰관 다섯 명이 총격으로 사망하고 아홉 명이 부상당하는 사건이 발생했다.[2] 용의자는 해병대 출신으로 정신질환을 앓던 흑인이었다. 많은 정치인들이 이 사건을 핑계로 인종차별과 흑인에 대한 두려움을 부추겼지만, 오바마 대통령은 그러지 않았다. 댈러스에서 한 연설에서 그는 다음과 같이 물었다.

우리는 서로에게서 공통된 인간성과 존엄을 보고, 서로 다른 경험들이 어떻게 우리의 모습을 형성해 왔는지 이해할 수 있을까요? (……) 우리가 마음을 열면 서로의 상황에 자신을 대입시키고 서로의 눈을 통해 세상을 바라볼 수 있습니다. 그렇게 하면 경찰관은 후드티를 입은 10대 아이에게서 자신의 아들을 보고, 10대 아이는 경찰관에게서 자기 부모님의 가치관을 볼 수 있을지도 모릅니다.[3]

이 연설은 위엄이 있었다. 또, 다양하면서도 평등한 인류의 모습을 강조한 이 발언은 사회변혁을 추구하는 인권운동의 핵심이기도 했다.

이 연설은 오바마 대통령을 유명하게 만든 힘 있는 연설이었고, 당시로서는 '인종 장벽이 사라진 미국'을 꿈꾸게 만들었던 그런 연설이었다. 그러나 우리는 오바마 대통령의 정책적 영향력이 그의 언어가 갖는 힘에 미치지 못하는 모습을 봤다. 또한 2015년 찰스턴 교회에서 발생한 대규모 총격 사건4과 더불어 경찰에 의해 해마다 수백 명의 흑인들이 목숨을 잃는 모습을 목격했다. 무엇보다도 도널드 트럼프Donald Trump의 대통령 당선을 지켜보면서 [오바마의] 그 '담대한' 희망이 참으로 순진했음을 깨닫는다.

이 책은 오바마 대통령의 연설 기저에 자리한 서사, 즉 우리 모두가 자신 안의 그리고 타인 안의 타자성과 닿을 수 있고, 편견이나 두려움 때문에 움츠러드는 대신 인류 공동의 이상을 위해 단결할 수 있다는 서사를, 미국을 넘어 전 세계에서 실현하기 위해 쓰였다. 또한 이 책은 내가 그간 수행한 활동들을 비판적으로 성찰하는 과정을 담고 있다. 모든 인간의 건강권과 경제·사회·문화적 권리를 증진하기 위해서는 인종적 타자성만이 아니라 젠더와 민족 등 사회적으로 구성된 정체성들의 타자성을 위한 공간을 만들어야 한다. 동시에 민주주의를 약화시키며 '타자화'를 촉진하는 심각한 사회경제적 불평등 속에서 인류 공동의 이해를 증진하기 위해 수많은 장애물을 넘어서야 한다.

'서로의 눈을 통해 세상을 보기'라는 주문呪文은 우리 자신의 협소한 관점에 기반한 공허한 관용을 만들어 낼 수도 있다. '공감'은 세상 일에 슬픔을 느끼는 자신의 모습을 대견스럽게 여기는 수단으로 쉽게 변질될 수 있다. 그러나 다양성을 통해 인간과 민주주의가 더욱 확장될 수 있고, 견해가 다르더라도 동등한 존재로서 서로 간의 대화가 중요하다는 사실을 진지하게 믿는다면, 그 안에 급진적인 변화의 잠재력이 있다. 타인의 존엄성을 보고, **타인**에게 나 자신의 모습을 대입해 보고, 내가 타인에게서 보는 인간적인 속성을 나 자신에게 대입시켜 보는 일은 건강권을 비롯한 모든 인권을 지키기 위한 기본 요소다.

전 세계적으로 국제 인권의 역할에 대한 기대가 가시화된 것은 내가 하버드대학 법대에 재학 중일 당시인 1980년대 후반과 1990년 초 무렵이었다. 인권은 더 이상 나치 독일 치하의 비극이나 중남미를 비롯한 여러 국가에서 독재정권에 대응하는 기제로만 간주되지 않았다. 인권은 전 세계 다양한 집단들의 열망에 와닿는 담론이 됐다. 실제로 당시 국제 인권법과 미국 국내법은 상당한 차이가 있었다. 당시 미국에서는 얼 워런Earl Warren 대법원장의 시대에서 워런 버거Warren E. Burger와 윌리엄 렌퀴스트William Rehnquist 대법원장의 시대로 바뀌면서, 법원을 통해 사회변화를 이뤄낼 수 있다는 희망이 사그라졌다. 1980년대 후반 하버드대학 법대는 '법학 교육 현장의 베이루트Beirut*'라고 불릴 정도로 (1989년에 임명된 당시 학장을 포함한) 보수 성향의 교수들과, 법적 논증을 중립적이고 과학적인 것으로 간주하고 법률의 탈정치화가 기존 권력의 공고화에 기여했다고 주장하는 비판법학 운동을 지지하는 교수들 간에 치열하고 신랄한 이데올로기적 논쟁이 벌어지고 있었다.[5] 비판법학 이론에서 나온 많은 통찰은 법과 도덕, 정치의 복잡한 관계를 다루는 다양한 법적 전통과 다른 학제들에서 축적된 연구를 반영했으며, 또 그러한 연구들에 의해 더욱 발전했다.

　　미국의 비판법학 운동이 위축돼 보였던 시기는 언론과 학계에서 국제 인권법이 폭발적으로 다뤄졌던 때다.[6] 1989년에 중국 정부가 시민들을 무력으로 진압한 톈안먼사건이 있기는 했지만 1990년에 우리는 빅터 버스터 감옥에서 넬슨 만델라Nelson Mandela가 걸어 나오고 베를린장벽이 무너지는 모습을 보느라 텔레비전 앞을 떠나지 못했다. 이러한 사건들은 국제정치질서에 관한 기존의 가정을 무너뜨리고 동시에 국제법을 전향적으로 변화시킴으로써, 국가가 아닌 개인이 국제법적 규정의 주체가 될 가능성을 열었다. 우리의 법적·정치적 상상력을 확장시킬 수 있는 가능성이 열린 것이다.[7]

　　바로 눈앞에서 세상이 변하고 있었다. 미국을 필두로 그동안 길거리 정치를 통해 반대 의견을 표출해 왔던 방식에서 벗어나 이제 인권을 혁신적으로 이용해서 불의를 척결할 수 있을 것 같았다. 1991년 봄에 걸프전이 발발하자 하버드대학 법대에서는 몇몇 학생들이 걸프전 위기에 관한 국제 스터디팀을 꾸려 인권 프레임워크

---

* 다양한 문화와 지성이 치열하게 부딪치던 항구도시다.

framework*를 기반으로 걸프전이 시민들에게 미치는 영향을 분석했다. 법률과 공중보건, 사회과학을 통합해 인권, 즉 사회권과 경제권의 측면에서 식수와 식량, 위생, 보건의료의 문제를 기록했다.[8] 이 스터디팀은 1993년에 설립된 경제사회권센터Center for Economic and Social Rights의 근간이 됐다. 나는 이 팀에서 보고서 작성과 진상 조사단 활동에 참여했고 이후에는 이사, 부소장(2001~2008), 그리고 필립 올스턴Philip Alston의 뒤를 이어 소장직(2009~2014)을 맡으면서 센터 활동에 지속적으로 참여했다.[9] 당시만 해도 국제 인권학자와 단체들은 거의 모두 정치범의 석방이나 시민권 침해 사건의 폭로와 같은 시민·정치적 권리에 집중하고 있었고, 경제·사회·문화적 권리는 대부분의 국제 인권단체와 학자들에 의해 일축되거나 가벼이 여겨졌다. 그럼에도 불구하고 일각에서는 참정권 등 시민권의 확대를 통해 정치권력이 분산된 것처럼 세계인권선언에 포괄적으로 명시된 인권을 적용해 경제권의 침해를 규제할 수 있다고 주장했다.

경제사회권센터를 비롯해 경제·사회·문화적 권리의 증진을 위해 헌신해 온 사람들은 점차 학술과 옹호advocacy 활동의 측면에서 최소한 다음 세 가지 문제에 봉착했다.[10] 첫째, 우리는 권리에 대한 뿌리 깊은 통념, 즉 경제·사회·문화적 권리는 **실제** 법적인 권리가 아니라 관련 활동에서 희망하는 염원이라는 생각을 바꿔야 했다. 둘째, 법률과 제도, 거버넌스에서 경제·사회·문화적 권리를 진지하

---

* 어떤 일에 대한 판단이나 결정을 내리기 위한 틀을 뜻한다.

게 다루는 것이 어떤 의미를 갖는지 명료하게 설명할 수 있어야 했다. 마지막으로, 우리는 그렇게 했을 때 진보적인 사회변화가 이뤄질 수 있음을 보여줘야 했다.

　이 책은 특히 건강에 대한 포괄적인 권리와 건강에 관련된 권리들을 중심으로 지난 30여 년간(1991~2019) 이렇게 진화하는 도전들을 어떻게 마주했는지 기록하고 있다. 건강과 불건강에 인권 프레임워크를 적용함으로써 '어쩔 수 없이 견뎌야 하는 불운한 운명'이라는 서사를 '시정돼야 하는 불의'의 서사로 바꿀 수 있었던 경험들을 뒤돌아 살펴본다.[11] 최근 몇 년간 냉소주의자와 열성적인 지지자 집단 모두에서 국제 인권을 평가하는 논문들이 다수 출간됐다. 그러나 이 책은 내부자의 시각에서 국제 보건문제에 인권을 적용해 온 인권사의 한 측면을 설명한 것이다. 그리고 나는 여기에 '희망의 증거'가 있으나 '충분하지는 않다'라고 결론짓는다.[12]

주장의 수립

『권력과 고난 그리고 존엄을 위한 투쟁: 건강에서의 인권 프레임워크와 그것이 중요한 이유Power, Suffering, and the Struggle for Dignity: Human Rights Frameworks for Health and Why They Matter(이하 권력과 고난)』라는 책을 비롯해 여러 글에서 나는 건강과 인권 간의 변혁적인 관계를 위해서는 인권과 공중보건에 대한 기존의 접근법을 비판적으로 재고할 필요가 있다고 주장했다.[13] 여러 측면에서 이 책은 내가 『권력과 고난』에서 기술했던 주장의 연장선에 있다. 모성보건, 에이즈HIV/AIDS, 성·재생산 건강을 포함한 여러 주제가 권리의 문제로 발전하는 과정에 대한 설명들은 개별 국가 또는 학제적 관점에서 단편적으로 그 서사를 다뤘다. 우리는 건강을 권리의 문제로 전환하는 과정에서 가장 중요한 특성들을 놓치고 있다. 가장 흥미로우면서도 때론 가장 까다롭고 절망스러운 이 특성들은 법률, 의학, 건강 그리고 인권과 경제 등 서로 다른 분야들 간의, 각 분야의 접근법과 인식 모델들 간의 틈새에서 서로 중첩되고 부딪치는 지점에 자리하고 있다. 이 책은 또한 법과 개발 영역에서 초국적 및 국가적 규범의 발전과 건강권의 '체현된 경험lived experience' 간의 회귀적인 관계와, 장기간에 걸쳐 이러한 시너지와 불협화음이 변화해 온 방식을 추적한다. 이렇게 관련 논의에서 비어 있는 부분들을 메우면서 건강을 비롯한 여러 영역에서 진보적인 사회변화를 이루기 위해 비판적으로 인권을 활용할 수 있는 몇 가지 교훈을 도출할 수 있기를 바란다. 『권력과 고난』에서 거의 전적으로 모성보건의 사례를 들어 인권 프레임워크의 적용을 설명한 반면, 이 책에서는 법과 공중보건, 그리고 정치학-경제학-개발 모델 간의 상호작용을 탐색해 볼 것이다.

일부 독자들은 이 책이 여성의 건강권에 관한 책이라고 생각할 것이다. 내가 모성보건과 성·재생산 건강에 초점을 맞춘 것도 사실이다. 그러나 그보다 더 중요한 점이 있다. 시몬 드 보부아르Simone de Beauvoir가 지적했듯이, 이 세상만이 아니라 '세상에 대한 설명'도 남성의 작품이다. 법과 철학, 정치 담론에서 현실은 남성 관점에서 기술되며 그 관점은 객관적인 사실로 간주된다.[14] "페미니스트들은 '여성의 권리는 인권이다Women's rights are human rights' 캠페인에서 성과를 거뒀는가"에 대한 2017년 여론조사와 같이, 의도가 좋은 활동들에서도 이런 캠페인이 개인적인 견해의 문제[15]고 권리를 가진 인간은 기본적으로 (이성애자) 남성이라는 통념을 강화한다. 이는 결국 인간과 사회에 대한 뿌리 깊은 사고를 강화시킨다. 많은 사람들은 사회변혁 운동이 일회성으로 그치지 않기 위해서는 지배적인 인종, 식민주의, 남성 등의 관점을 공유하지 않는 사람들이 현실을 표현하고 구축하는 방식을 다시 세워야 한다고 지적했다. 따라서 이 책에서 나는 건강(그리고 다른 권리들)을 위한 투쟁이 진정으로 전복적이기 위해서는 날로 다양화되는 사람들의 지위를 보호하라고 외치는 것 이상의 무언가가 필요하다고 주장한다. 그러한 투쟁은 인종주의, 가부장제, 생물의학, 경제적 구성 등 우리가 세상을 보는 방식을 규정하는 권력 구조 간의 관계를 성찰해 보도록 우리를 자극한다. 현재의 지배적인 관점을 그저 다른 관점으로 대체한다는 말이 아니다. 내가 주로 이성애자 여성들의 사례를 들었지만, 성정체성과 섹슈얼리티를 이분법적 구성물로 보는 것은 아니다. 또 우리가 지닌 복잡한 정체성의 파편에 불과한 '불변의 진리'에 기반한 거짓말로 후퇴하면서 보다 인간적인 세상에 도달하기를 바랄 수는 없다. 윤리적 지위에 관한 질문들을, 마치 인공지능에 적용하듯, 사회적 공간과 동떨어진 고립된 어떤 것으로 환원시키면서 그러한 세상에 도달하기를 바랄 수도 없다.

대신 나는 실질적인 논증과 이 책을 쓴 방식을 통해, 우리가 끝없이 변화하는 세상에서 함께 살아가는 **체현된 사회적 존재**임을 고려할 때, 서로의 (비지배적인) 차이와 보편적인 인간성의 본질을 이해하기 위해 보다 섬세하고 유연한 접근법을 취할 필요가 있다고 제안한다. 이렇듯 유연한 접근법을 취하려면 다양한 경험만이 아니라, 그러한 경험을 이해하는 방식을 구성하는 현상학도 다양하다는 점을 받아들여야 한다. 나는 또 우리가 변증법적으로 서로를 인간화하고 공통된 인류애를 실천할 능력이 있다고 주장한다.[16] 이 책의 상당 부분은 그렇게 하는 데 필요한 조건들을 설명하고 있다.

지난 30년간 건강과 기타 경제·사회·문화적 권리 영역에서 규범과 제도가 크게 발전했다. 또한 과거와 같은 억압과 차별을 제어하면서 평등과 복지국가의 목표, 포용적인 사회의 경계에 대한 새로운 담론들이 만들어졌다. 실제로 이러한 발전의 상당 부분은 여성의 건강권과 성·재생산 건강과 권리 분야에서 이뤄졌으며, 그 과정에서 권리와 자유주의의 개념을 더욱 잘 이해하게 됐을 뿐만 아니라, 권력관계가 **모든 사람의 건강**에 어떤 영향을 미치는지도 명확히 알게 됐다. 이 책을 집필하고 있는 지금도 그러한 발전적인 변화 중 많은 부분이 위태로워 보이기는 하나, 인권의 개념화와 옹호 활동이 일부 비평가들이 주장하는 것처럼 규범과 언어적 측면에서만 변화를 이룬 것은 아니다. 건강에 인권을 부여함으로써 에이즈에서부터 모성 사망에 이르기까지 실제로 사람들의 목숨을 구할 수 있었고, 건강의 질과 의료 서비스를 개선할 수 있었다. 사회적 낙인과 차별, 고통스러운 삶의 무게를 줄이는 데도 인권이 결정적인 역할을 했다.

그러나 누가 정치조직의 온전한 구성원으로 참여할 수 있는지, 권리의 평등한 향유는 현실에서 어떻게 이뤄지는지에 대한 새로운 이해가 증진하고 있었음에도, 탄탄한 평등주의에 기반해 건강권 의제를 발전시킬 수 있는 숙의의 가능성과 그러한 숙의를 가능케 하는 정치적인 공간은 줄어들고 있었다. 건강을 비롯한 경제·사회·문화적 권리에 대한 주장들이 이론화되고 표현되는 와중에도, 전 세계적으로 불어닥친 신자유주의의 바람(그리고 시장들의 경제적인 통합과 그에 따른 법과 제도의 수정)은 그러한 주장들에 대한 민주적 대응 역량competencies을 심각하게 훼손했다. 국제 정치경제의 변화로 인한 영향이 건강만큼 극명하게 드러난 분야는 없었으며, 그 가운데서도 정치적·윤리적 경제의 약화로 인한 영향은 성·재생산 건강에서 분명하게 드러났다. 지난 30년간 엘리트 지식인만이 아니라 여러 정부가 무역자유화, 민간 자본 흐름의 규제 완화, 노동시장의 '유연화'를 자연스러운 것으로, 근대화에 불가피한 것으로 받아들였다. 몇몇 독재정권은 국제 금융기관과 강대국 정부들이 내세운 정책과 결탁했고, 또 일부는 기존에 합의했거나 서명했던 조건들로 인해 발목이 잡혔다. 이 책에서 우리는 이러한 변화가 건강에 미친 영향을 검토할 것이다. 그 예로 경제 발전을 위해 불가피한 것으로 정당화된 강제불임정책, 지식재산제도로 인한 의약품의 장벽, 전 세계적으로 보건의료제도의 민영화 비율이 증가하면서 사회집단과 성별에 따라 건강 격차가 커지는 상황 등을 살펴본다.

우리는 그동안 위르겐 하버마스Jürgen Habermas가 말한 민주제도와 정부의 '정당성 위기'가 심화되는 것을 목격했다.[17] 이러한 정당성 위기를 조장하는 요소들은 국가 내에서 그리고 국가 간에 갈수록 심화되는 불평등, 분쟁과 이주, 기후변화와 같은 전 세계적인 위기에서 찾아볼 수 있다. 그로 인해 근래에 보수적인 포퓰리즘이 확산되고, 성평등에 대한 반격이 공공연하게 자행됐으며, 선거와 국민투표에서 종족 민족주의가 두드러져 민주적 다원성과 규칙에 기반한 정치적 다자주의multilateralis가 실패하는 등의 결과가 초래됐다. 분명히 말하면, 이 책에는 신화적이고 낭만화된 과거에 대한 향수 같은 것은 없다. (다른 국가들의 비식민지화에 대한 저항과 맞물려 있는) 국가 내에서의 합법적인 분리와 차별, 기본적인 시민적·정치적 권리의 부재, 임의적으로 삶의 기회를 결정하는 세습된 특권 등은 모두 내가 지지하는 보편적 존엄성이라는 신념에 반反한다. 내가 관심 갖는 것은 이 서사의 이중성이다. 즉, 우리가 건강권과 다른 사회적 권리들을 증진하고 있는 동안 그러한 권리들이 실현될 수 있는 공간이 다자적 경제질서의 어두운 단면들에 의해 제한되고 있었다는 사실을 폭로하고, 또 우리가 다른 사회법률적 서사를 선택한다면 어떤 길들을 갈 수 있는지를 탐색하고자 한다.

결론에서 나는 건강을 비롯한 여러 분야에 인권을 적용해 젠더 및 사회정의를 위한 의제를 발전시키려면 먼저 쌍둥이 관계에 있는 이 두 가지 현상이 어떻게 일어났는지 이해할 필요가 있다고 주장한다. 또한, 그동안 우리가 거둔 성과를 포기하지 않고도 (국가적 경계 안팎에서의 경제정의를 포함하는) 다양한 사람들의 평등한 존엄성에 기반한 사회질서라는 인권의 염원을 부활시킬 수 있고, 또 그렇게 해야 한다고 주장한다. 인권의 전복적인 힘을 회복하기 위해서는 무엇보다도 다양한 주체들이 의미를 만들고, 범주를 넘나들고, '내용에 정통한' 엘리트 전문가들이 미리 포장해서 주는 사실들을 무조건적으로 받아들이지 않는 비판적인 실천이 필요하다. 이 책을 통해서 나는 지배적인 거시경제적, 사회문화적 모형에서만이 아니라 건강 및 인권과 교차되는 여러 분야에서도 통설을 굳히는 대신 뒤흔들 것을 주장한다.

성찰적 방법과 접근법

신자유주의와 건강 또는 신자유주의와 인권[18]문제를 다룬 최근의 주요 인권 서적들과 달리, 이 책은 어떤 요소들이 작용과 반작용을 유발했는지, 그리고 현실에 대한 우리의 (본질적으로 불완전한) 관념이 어떻게 역사와 사상의 거침없는 변화를 반영하고 이 책에서 언급한 결과들을 초래했는지를 비판적으로 성찰한다. 또한 사회과학의 '과정추적'법[19]을 이용해 시간이 흘러 법이 바뀌고, 공중보건 관련 증거가 축적되고, 세계의 정치경제적 상황이 변하고, 기술이 발전하면서 다양한 행위자들이 여러 자원과 기회 구조를 이해해 가는 방식을 분석한다.

전문가로서 그간 나의 활동이 경제·사회·문화적 권리의 발전 뿐 아니라 건강 및 인권의 발전과도 불가분한 연관성이 있음을 분명히 하고자 한다. 따라서 이 책은 권리 및 권력과 관련해 삶의 여러 시점에서 내가 취했던 관점과 동기, 행동 그리고 전 세계의 수많은 동료들과 함께했던 나의 선택들을 비판적으로 성찰한 것이다. 또 피에르 부르디외Pierre Bourdieu가 지적한 것처럼 이 분야를 잘 알고 있는 사람으로서 내가 지닌 '특권'을 고려할 때, 이 책이 불가피하게 제한적이고 주관적이라는 점을 인정한다.[20]

국제법만이 아니라 지역과 국가적 상황을 포괄하는 규범적 변화들을 모두 설명하기란 불가능하며 이 책의 목적에도 부합하지 않는다. 더욱이 내가 함께 일했거나 이 책을 쓰기 위해 인터뷰했던 사람들을 포함해, 이 분야에서 적극적으로 활동해 온 다른 학자나 현장 전문가들이 그러한 부분들을 이미 설명했을 수도 있고, 나와 아주 다른 이야기를 할 수도 있다.[21] 이 책의 내용과 질문이 공중보건과 인권법 및 여러 관련 분야에서 대중들이 직면한 문제에 대한 논의를 촉발시키기를 바란다.

현장 전문가와 활동가, 젊은 사람들뿐 아니라 보다 광범위한 분야의 사람들이 인권을 통한 사회변화라는 논의에 참여하도록 하려면 우리가 권리를 이해하고 적용하는 데 있어서 무엇이 중요한가에 대한 지식을 민주화할 필요가 있다. 그렇지 않으면 우리는 엘리트 지식인과 소위 전문가라 불리는 사람들만이 정치철학이나 법률에 대한 이론적인 문제와, 경제학이나 건강에 대한 기술적인 문제를 이해할 수 있다는 생각에 빠지게 된다. 그런 생각은 내가 이 책을 통해 지지하는 입장에 반할 뿐 아니라 민주주의에도 독이 된다. 따라서 나는 먼저 이론적 출발점을 명시하고, 한편으로는 법과 권리와 민주주의에 대해, 다른 한편으로는 건강과 보건의료제도와 개발에 대해 그러한 이론적 관점을 수용하는 것이 무엇을 의미하는지 설명할 것이다. 또한 나는 여러 영역에서 나온 다양한 생각들을 통합하고자 노력할 것이다. 그러한 생각들은 건강에 인권을 적용해 온 역사를 이해하는 데 매우 중요하지만, 모든 독자들이 알고 있는 내용은 아닐 수 있다.

마지막으로, 나는 최근 학계의 페미니스트나 다른 피지배 집단에서 많이 사용하고 사실상 역사 전반에서 이용돼 온 서사 기법을 적용해 중요한 원칙들을 설명하고 공감과 자기 인식을 증진하고자 한다. 여기서 나는 네 가지 이유로 서사 기법을 활용하는데, 각각의 이유가 이 책의 주제와 관련이 있다.[22] 첫째, 다른 사람의 이야기를 경청하면서 일상 속에서 사람들의 존엄성이 부정되는 모습도 봤지만, 인간이 존엄한 존재라는 사실도 다시금 확인할 수 있었다. 나는 그러한 경험 중 일부를 이 책에 담아 권리와 관련한 체험된 경험들을 전하고, 추상적인 주제들에 인간의 모습을 담아 독자들이 삶 속에서 자신이 만드는 서사에 대해 생각해 보도록 청한다. 나는 이야기, 특히 소외되고 취약한 사람들의 이야기는 필연적으로 권력과 표상의 정치를 포함한다는 사실을 잘 알고 있다. 따라서 나는 사람들의 실명을 밝히지 않고, 명백하게 **나의** 주관적인 관점에서 그들과의 만남을 기술하며 절대로 나의 관점이 당사자들의 생각이나 만남에 대한 '객관적인 사실'을 반영한다고 주장하지 않는다. 그렇더라도 이러한 형태의 글은, 우리가 인간으로서 지닌 결함에도 불구하고 타인 안에 있는 자신의 모습을 보고 우리 안에 있는 타인을 보기 위해 일상적으로 적용하는 이름들monikers을 초월할 수 있고, 또 초월해야 한다는 나의 주장을 다시 한번 강조한다.

이 책의 두 번째 주제는 우리가 '법'이라고 부르는 것이 필연적으로 사회적 법학이라는 서사 안에 자리하고 있으며, 그러한 서사는 법의 기술적인 작용만으로는 이해할 수 없다는 점이다.[23] 경제학이나 의학의 언어와 마찬가지로 법의 언어도 세상을 보여주는 하나의 방식이다. 법적 담론은 사회정치적 맥락에 반응하면서 동시에 그러한 맥락을 구축한다. 이 책에서 나는 여러 차례에 걸쳐 일관된 근거를 확립하는 법적 해석이 중요하다고 강조한다. 즉 법원, 입법부, 국제기구와 같은 권위 있는 당국이 어떤 조치나 규정이 필요한 이유와 그것이 합리적이라는 근거를 설명할 수 있어야, 그 조치나 규정이 정당성을 가진다는 말과 같다. 더 나아가, 특정 사건의 이면에 있는 사실적인 이야기를 통해 우리는 탄원인들에 대해, 그들을 대변하도록 포장된 법의 긍정적인 면 이상의 모습을 볼 수 있다. 소송인을 선택하고 소송에서 제기할 문제(가령, 혼인이 반드시 남녀 간에 발생할 필요는 없다)와 제기하지 않을 문제(가령, 전통적인 가족 구조나

혼인제도)를 구성하는 일의 복잡성과 정치적인 성격은 규범적 주장들이 치열한 경합을 통해 형성된 구성물이라는 점을 보여준다. 이러한 사건의 맥락화와 국제인권조약의 감시 기구들(이하 조약감시기구)이 제공하는 해석 지침의 진화는 인권법의 다양한 비전들 간의, 여러 국내외 단체들 간의 권력투쟁과 정치학을 반영한다. 이러한 권력투쟁과 정치학은 법률을 통해 건강과 기타 사회적 권리를 증진하고자 하는 사람들이 반드시 고려해야 할 문제다.

셋째, 지식이 종종 탈맥락화된 '앱'으로 환원되는 오늘날의 세상에서 이야기는 수년에 걸쳐 진행된 나의 '경험하는 자아와 기억하는 자아' 간의 대화를 포함한 **학습의 진화**를 보여준다.[24] 마찬가지로 법률적 돌파구들도, 엄격히 말해 법적 판례는 아니더라도, 과거의 사건이나 규범과 대화한다. 개발 패러다임도 마찬가지다. 이렇게 과거와 현재가 병치되면서 세 번째 주제가 강화된다. 인권을 통해 법과 사회의 변화를 추구하는 일이 시간 제약이 있고 불가피하게 반복성을 띠는 일이며, 특정 시기에 왜 특정한 전략이 취해졌는지, 우리가 전략적으로 추구하고자 했던 것은 무엇인지를 역사적으로 이해할 필요가 있다는 것이 바로 그 주제다.

마지막으로, 메타적으로 나는 건강에서 정의를 증진하기 위해 그리고 인권 자체에서 정의를 증진하기 위해 인권을 사용하는 것은, 미래 세대에 물려줄 자원이 한정된 세상에서 다양하지만 동등한 윤리적 가치를 지닌 인간으로서 공존하는 것이 갖는 의미에 대한 특정한 알레고리를 수반한다고 주장한다.

첫 번째 출발점 : 법과 권리 그리고 민주주의

나의 첫 번째 이론적 출발점인 정의의 광범위한 개념들과 달리, 권리는 필연적으로 법에 묶여 있다. 법은 본질적으로 보수적인 사회 변화의 도구다. 여러 면에서 이 책은 흑인 페미니스트 시인이자 활동가인 오드리 로드Audre Lorde의 말을 빌리자면 "주인의 집을 부수기 위해 주인의 연장을" 쓰려고 하는 것에 대한 이야기다.[25] 또한 건강이라는 특별한 렌즈와 분야를 통해 그러한 일을 하는 어려움에 관한 사색이다. 물론 인권은 법 그 이상이다. 내가 이 책에서 나누듯, 인권은 문화와 정치의 관용구며 사회동원social mobilization을 위한 도구고, 평등과 정의에 대한 윤리적인 논쟁 지점이자 그 외에도 더 큰 의미다. 이제 나는 권리와 존엄의 개념을 피에르 부르디외가 말한 '실천의 내재적인 규칙성'으로 전환하고 진취적으로 확장하는 일은 대체로 법의 영역 밖에 있는 사회적 실천, 특정 맥락에서의 의미의 토착화, 탄탄하고 참여적인 정치에 달려 있다고 주장한다.[26]

그럼에도 불구하고 우리 모두는 법을 이용하지 않고도 사회변화가 가능하다는 생각이 허상처럼 느껴지는, 규범화된 세상에 살고 있다. 또 근대 인권운동은 법이 곧 정의가 되는 염원을 바탕으로 수립됐다. 그러나 이와 관련해 나는 권리의 윤리적·교리적·정치적인 측면들이 얼마나 서로 깊이 연관돼 있는지를 직시해야 한다고 주장한다. 때로 국제 인권법은 정치에 매여 있지 않고 상위에 존재하는 법적 사실로서 자연법 또는 실증주의적인 규칙으로 간주된다. 국제 인권법을 이용해 독재정권하의 인권침해에 대응해 온 역사를 살펴보면 이를 잘 이해할 수 있다. 국가 포럼에서 성·재생산 건강과 권리와 같은 사안들이 가부장적으로 다뤄지는 것을 막으려는 여성운동계의 염원도 마찬가지다. 그러나 나는 여기서 성·재생산 건강과 권리 등 건강과 관련된 권리에서 우리가 거둔 성과는 대체로 평등과 존엄의 의미를 확대하고 혁신적인 구제책을 창출하기 위해 반형식주의적이고 정치적인 방식으로 불가피하게 법을 이용했다고 생각한다. 더욱이 각 국가에서 항상 변화하고 열려 있는open-textured 권리의 의미, 특히 건강권의 의미를 규정하기 위해서는 필연적으로 논쟁이 필요하며, 논쟁이 정당하게 이뤄지려면 정치적 영역의 경계와 그러한 경계를 규정하는 방식에 대한 논쟁이 필요하다. 마지막으로, 이 책은 국제 규범과 헌법적 규범의 해석에 더해 법(특히 인권법)이 사회정치적 맥락에서 다양한 형태의 권력을 (비)정당화하는 데 어떤 역할을 하는지 고찰한다.

나의 두 번째 출발점은 세계인권선언에서 천명한[27] 모든 사람이 '존엄과 권리에 있어서 평등'하다는 주장은, 특별대우를 정당화하지 않고 개개인의 고유한 욕구와 삶을 '평등하게 고려하고 존중'하는 사회제도를 설계하는 이상적인 세상을 그린다는 점이다.[28] 국제 인권 규정에서 존엄이라는 개념은 자유주의 철학에 기반하지만 다른 여러 종교적·철학적 전통에도 상응한다.[29] 결과적으로 존엄을 허용하는 제도적 구성이란 다양한 개인과 집단의 생활을 임의적으로 형성하는 뿌리 깊은 사회적 역할과 위계로부터 사람들을 해방시키는 것이다. 지난 40년의 역사는 로베르토 웅거Roberto Unger가 말한 것처럼 건강권을 비롯한 인권을 지키기 위해 현재의 제도적 질서에 '집착'할 필요가 없다는 사실을 보여준다.[30] 실제로 나는 이 책의 전반에서 인권에 내포된 해방의 약속을 진지하게 믿으면 (너무나 많은 사람을 그저 사회를 구성하는 일원으로 격하시키는) 뿌리 깊은 차별과 종교적·문화적 이데올로기, 경제적 착취, 세습된 특권에 저항할 수 있고, 그 약속을 확대해 국제질서 속 심각한 불평등에 맞설 수 있다고 주장한다.[31]

제1장에서 나는 '보편적인' 권리들에 대해 그 정당성의 기원과 근거를 논의하는데, 이것은 건강과 관련한 규범 체계의 구축 및 자격 규정과 관련해 내가 하려는 주장의 전제 조건이다. 나는 또한 역사적으로 그러한 권리들이 보편적이라는 관념보다는 아마도 아마르티아 센이 지칭한 '한발 떨어져서 보는 관점'이 건강과 관련한 인권의 발전에 더 크게 기여했다.[32] 바로 이러한 외부자의 시선이 우리로 하여금 특정 문화나 사회에서 어떤 방식이 규정됐다고 해서 그것만이 유일한 길은 아니라는 점을 인식하게 한다. 현재 수용되고 있는 질서가 사실상 우발적으로 선택된 것임을 인식할 때, 역사의 한 시점에서 그 사회의 지배 계층이 부과한 경직된 법률과 담론을 변화시킬 집단적이고 의식적인 행동이 생긴다.[33] '인권이 넘쳐난다'[34]라는 생각도 사회적·문화적·법적 상황들이 각각의 상호작용을 통해 계속 진화하며, 우간다에서부터 텍사스주에 이르기까지 문화적 예외주의를 주문처럼 반복해 들먹이는 정치 지도자나 엘리트

들이 주장하는 것보다 내부적인 경합에 더 큰 영향을 받는다는 사실을 암시한다.

역사적으로 건강과 건강을 넘어선 영역에서 인권의 언어와 도구가 전용돼 온 방식은 인권이 하나의 고립된 진실이 아니라 권력을 두고 다투는 현장이며, 계속해서 진화하는 가치라는 점을 보여준다. 모든 권리는 "분배정의와 인간성에 대한 심오한 주장들을 간결하게 공식화한 것이다. 우리가 건강에서 인권을 통해 사회정의를 증진하고자 한다면, 약식으로 그 주장을 비켜갈 수 있다는 생각은 전략적인 실수다".[35] 특히 건강권은 지속적으로 변화하는 역학적 동향, 인구통계, 과학의 발전으로 인해 본질적으로 불안정하며 이로 인해 보건의료제도가 끊임없이 진화한다. 실제로 다른 어떤 권리보다도 건강권은, 유한한 자원을 가진 세계화된 세상에서 동등하지만 다양한 인간으로서, 정치의 동등한 구성원으로서 서로에게 얼마나 의지하고 있는가를 지속적이고 집단적으로 성찰할 것을 요구한다. 따라서 이 책에서 나는 엘리트나 기술관료만이 아니라 대중들이 함께 건강문제에 관한 논의에 참여해야 한다고 강조한다. 건강권을 (재)정의하는 일의 타당성과, 보다 일반적으로 우리가 따르기로 동의한 규범에서 이러한 집단적인 숙의 과정은 근본적으로 매우 정당하다.[36]

세 번째 출발점은 우리가 입법부, 사법부, 행정부라는 국가제도가 있다는 이유만으로 자유민주주의에 가치를 부여해서는 안 된다는 사실이다. 민주공화국의 인식론적 가치는 인종, 계급, 민족, 젠더, 카스트와 같이 사전에 정해진 정체성 간의 권력 게임이 아니라 이성을 바탕으로 한 주체적인 인간에게 달려 있다. 나는 세일라 벤하비브Seyla Benhabib의 정의에 따라 민주주의를 "한 집단의 안녕에 영향을 끼치는 결정은 동등한 자격을 가진 도덕적이고 정치적인 사람들 (……) 간의 자유롭고 이성적인 숙의를 통해 얻은 결과임을 원칙으로, 사회의 주요 제도를 통해 집단적이고 공적인 권력의 행사를 조직하는 모델"이라고 규정한다.[37] 인권에 다시 활력을 불어넣기 위해서는 공식적인 의회를 넘어, 특히 소외 계층을 비롯한 피영향자들이 집단적으로 문제를 진단하고 해결하는 데 유의미하게 참여할 수 있는 곳에서, 건강과 여러 권리들을 숙의민주주의라는 보다 견고한 개념에 접목해야 한다.

두 번째 출발점: 건강과 개발 그리고 세상의 발전

현실에서 건강권을 더욱 잘 향유하려면 기존에 정의된 사회적 역할로부터의 해방만이 아니라 실질적인 진보의 문제도 고민해야 한다. 그러한 진보는 기술적·의학적 혁신은 물론 경제성장을 포함한다. 로베르토 웅거가 주장한 것처럼 실질적 진보는 "결핍과 질병, 약함, 무지의 속박에서 벗어나는 힘의 기반이다. 그것은 세상에 영향을 끼치는 인간의 역량을 강화하는 것이다."[38] 건강만큼 그러한 진보와 역량의 강화가 중요한 영역은 없다. 피임, 에이즈 치료제, 항생제, 영유아 예방접종 개발과 같은 과학적 발전은 수십억 인구의 삶을 바꿔놓았고 계속해서 숨 가쁜 속도로 인류의 번영이라는 희망을 불어넣고 있다.

최근 출판된 일련의 논문과 책들은 우리가 이룩한 지속적이고 가속화되는 발전을 낙관적으로 기술하면서, 인류가 그 어느 때보다 잘 살고 있다고 말한다. 2017년 옥스퍼드대학 경제학자인 맥스 로저Max Roser는 "우리가 우리의 역사와 시대에 대해 우리 자신에게 해주는 이야기가 중요하다"라고 지적했다.[39] 로저는 무엇보다도 아동 사망률이 급락하고 (건강과 밀접한 관계가 있는) 기초교육이 폭발적으로 확장됐다고 주장한다.[40] 스티븐 핑커Stephen Pinker는 2018년 출간된 그의 저서에서 계몽주의가 효과가 있었으며, 우리는 이제 이성과 동정심을 바탕으로 전 세계 인류의 번영을 위해 나아가고 있다고 주장한다.[41] 마찬가지로, 2017년 그레그 이스터브룩Gregg Easterbrook은 그의 저서에 세계가 "보이는 것보다 나은 상태"라며 낙관해도 좋다고 썼다.[42]

실제로 보건 분야에서는 다수의 예방 가능한 전염병을 없앴고, 몇몇 희귀 암을 포함해 이전까지 사망 선고로 간주됐던 질병들을 만성질환으로 전환하는 등 전반적으로 엄청난 발전을 이뤘다.[43] 일부 암 질환의 경우 화학요법과 방사선치료, 외과적 수술로 무차별 폭격을 가하던 치료법에서 훨씬 더 정교한, 표적에 한정된 '정밀 의학'으로 바뀌고 있다. 과학계는 인간이 건강하게 살 수 있는 기간을 크게 연장하고 있고, 유전자조작기술을 통해 질병을 치료하는 데 도움이 되는 중요한 발견들을 주기적으로 내놓고 있다.

　　그러나 훨씬 더 암울한 또 다른 이야기가 있다. 바로 기후변화가 초래한 불평등한 영향, 지구 생태계 훼손, 공중보건과 생물의학적 발전의 수혜 격차와 그러한 격차의 유발 요인들이다. 일례로 영양과 위생, 의료 서비스가 개선되면서 영아 사망률의 절대치가 90% 이상 하락하기는 했으나, 오늘날 미국에서 흑인과 백인의 영아 사망률은 영아 1,000명당 11.3명 대 4.9명으로, 노예제를 종식시킨 남북전쟁 이전인 1850년보다 그 격차가 크다.[44]

　　마찬가지로 전 세계적인 차원에서 보면, 로런스 서머스Lawrence Summers가 의장으로 있는 랜싯위원회Lancet Commission가 발표한 짜릿한 공약에도 불구하고, 2035년까지 "국제 보건의 대통합Grand Convergence in Global Health"을 달성할 가능성은 여전히 유토피아적인 환상이다.[45] 오늘날 스와질란드에서 태어나는 아동의 평균 기대 수명은 49년인 반면 일본은 84년이다.[46] 핀란드와 같은 국가들의 경우, 전 국민이 최소 중등교육을 이수한 반면, 차드의 경우 그 비율이 5.5%에 불과하다.[47] 남수단공화국에서는 여성이 초등학교를 졸업할 확률보다 출산 중 사망할 확률이 더 높다.[48] 인류 역사상 오늘날처럼 어디에서 태어났는지가 생존 확률과 삶의 기회에 결정적인 영향을 끼친 적은 없었다. 또 2018년 기준, 미래 세대의 유전자를 변형해 질병을 예방하고 잠재적으로는 인간의 역량을 높이는 생식세포 유전자조작기술이 기술적으로 가능한 듯 보인다. 이것은 앞으로 발생할 수 있는 의도치 않은 결과뿐 아니라, 한 집단 내에서 그리고 집단 간의 평등에 관한 심오한 질문들을 제기한다.[49] 로저가 말한 것처럼 세상의 진보에 대해 우리가 스스로에게 하는 이야기가 중요한데, 그러한 이야기는 우리가 어떤 전제를 가지고 건강을, 보다 넓게는 발전*을 이해하는가에 달려 있다.

건강과 관련한 나의 첫 번째 출발점은 건강이 인간의 존엄한 삶과 매우 밀접하게 연관돼 있기 때문에 건강 불평등이 매우 중요한 문제라는 것이다. 따라서 개인에게도, 사회를 유지하는 데 있어서도 특별한 윤리적 중요성을 갖는다. 모든 불평등이 똑같은 우려를 유발하는 것은 아니다. 노먼 대니얼스Norman Daniels는 건강이 삶의 계획을 추구할 수 있는 정상적인 범주의 기회들을 유지할 수 있게 한다고 주장했으며, 아마르티아 센은 건강이 우리가 삶에서 중시하는 '능력'과 '기능성'을 뒷받침한다고 주장했다.[50] 앞으로 더 자세히 설명하겠지만, 건강과 존엄 간의 긴밀한 관계는 (1) 공중보건의 선행조건과 의료 서비스에 대한 접근성이 다른 상업적인 물건처럼 단순히 시장에 의해 할당될 수 없으며 (2) 과학 발전의 혜택이 공정하게 분배될 수 있도록 공평한 기회의 장을 만들고 그러한 선행조건과 의료 서비스를 이용할 수 있는 기회가 공평하게 제공되도록 국가가 적절한 역할을 해야 하고, (3) 국제질서 속에서 정부와 비정부

---

* 'Development'는 발전, 개발, 발달 등의 개념을 포괄한다. 따라서 이 책에서는 맥락에 따라 '개발', '발전', '발달'을 섞어 번역했다. 일반적으로 사용되는 용례에 따라 번역했으며, '발전'은 포괄적으로 더 나은 상태로 나아간다는 의미를, '개발'은 경제나 시스템 등의 대상을 발전하게 만든다는 의미를, '발달'은 개체나 현상이 더 높은 수준에 이르게 된다는 의미를 주로 표현한다.

행동 모두가 건강에 미치는 초국적인 영향을, 정부에서 규제할 의무가 있다는 인식이 점점 더 증가하고 있다.

나의 두 번째 출발점은 우리가 **불의**라고 이해하는, 즉 독단적이고, 피할 수 있고, 부당하다고 여기는 건강 불평등 사안들에 특별히 주의를 기울인다는 점이다. 일례로 미국에서 사회경제적 지위와 불가분한 관계를 맺고 있는 인종 간 차이는 다양한 상황에서의 건강 불평등에 반영돼 있다.[51] 조 펠란Jo Phelan, 브루스 링크Bruce Link, 퍼리사 테라니파Parisa Tehranifar에 따르면, 인종은 다음 네 가지 주요 특징들로 인해 건강 불평등을 유발하는 '근본 원인'이다. (1) 인종은 여러 가지 질병에 영향을 끼친다. (2) 인종은 질병 및 사망과 관련한 여러 위험 요소들과 연관돼 있다. (3) 자원의 격차로 인해 인종과 건강 간에 연관성이 나타난다. (4) 인종과 건강의 관계를 지속시키는 새로운 요소들이 계속 등장하고 있다. 우리는 인종별 유전자 구조를 조사해 보지 않아도 미국에서 유색인종으로서 살아가는 것과 질병률 및 사망률의 증가는 관련이 있다는 사실을 알 수 있다. 실제로 결핵과 같은 특정 질병의 발생률이 감소하더라도, 사회에 존재하는 **불의의 패턴**으로 인해 심혈관 질환이나 유방암 같은 다른 질병에서 유사한 인종 간 격차가 드러날 것이다.[52]

공중보건 사안 중에서 모성 사망만큼 국가적 및 국제적 건강 불평등에 내재된 불의를 잘 드러내는 사안은 없을 것이다. 미국에서 유색인 여성은 백인 여성보다 모성 사망률이 3~4배 더 높다.[53] 전 세계적으로는 2015년 총 30만 3,000건의 모성 사망이 발생한 것으로 추산되는데, 그중 99%가 남반구에서 일어났다. 모성 사망은 북반구와 남반구 간에 가장 큰 격차를 보이는 공중보건문제다.[54] 이러한 죽음은 막을 수 있다. 위험한 낙태시술로 인한 사망은 전 세계 모성 사망의 약 11%를 차지하는데, 안전하게 그들 자신의 낙태를 하는 데 필요한 정보와 의약품이 부족해서만이 아니라 사람의 목숨이 달린 이 시술에 대한 법적인 규제 때문에 발생한다.

그 여성들이 **어떻게**(출혈, 패혈증, 전자간증 등) 죽는가에 대한 질문을 멈출 때, 우리는 여성들이 죽는 **이유**가 모든 여성의 삶에 대한 주체성(교육에 대한 선택권, 성관계의 시기 및 대상에 대한 선택권, 피임 도구의 이용에 대한 선택권, 자녀 수에 대한 선택권, 임신과 출산 방법에 대한 선택권)과 불가분의 관계에 있음을 알 수 있다. 이러한 선택권은 권리, 즉 자율적인 결정과 권리의 실현을 보장하는 법률과 정책, 제도를 필요로 한다. 그러나 모성 사망이 예외적인 것은 결코 아니다. 이 책에 포함된 여러 사례에서 볼 수 있듯이, 전 세계적으로 심각한 건강 불평등과 결핍은 생물학적·행동적 요인만큼이나 폴 파머Paul Farmer가 말한 '권력의 병리학'에 따른 산물이다.[55] 건강이 (부)정의의 패턴을 반영한다는 사실을 이해하기 시작하면 경제·사회·문화적 맥락으로부터 고립된 행동 변화에 초점을 맞추는 기존의 공중보건적 접근법과, 임상의학이 추구하는 전통적인 생물의학 모델들이 전복된다. 또한 이러한 이해는 사회제도로서 보건의료제도가 갖는 규범적 기능을 과소평가하는 기술관료적인 가정들에 의문을 제기한다.

마지막 출발점은 우리가 흔히 '발전'이라고 부르는 의미 있는 진보를 이루기 위해서는 이러한 권력의 병리학 또는 아마르티아 센이 지칭한 '부자유unfreedoms'를 해결해야 한다는 점이다.[56] 발전에 있어서 경제성장이 필요하다는 점은 의심의 여지가 없다. 지속 가능한 경제성장은 인간의 건강과 생활환경에 실질적인 발전을 가져올 수 있다. 또 경제성장은 국가들이 공공재를 강화하도록 만든다. 그럼에도 불구하고 모든 경제성장이 평등한 혜택과 비용(환경 비용 포함)을 가져오지는 않는다. 따라서 경제성장은 인류의 번영을 위한 하나의 수단이다. 이 책의 제2장에서부터 부적절한 경제성장이 그 자체로 목표가 될 때, 영혼을 잃는 사회가 된다는 사실을 보여줄 것이다.

나는 이렇게 서로 연관된 출발점들을 바탕으로 건강이라는 렌즈를 통해 지금까지 우리가 이룬 성과를 검토하고, 인권 프레임워크와 도구를 통해 더 나은 사회정의와 젠더정의를 달성하기 위해 해결해야 할 문제들을 살펴볼 것이다.

이 책의 구조

이 책은 시기를 기준으로 장이 나뉘어 있지만 이론적인 주장들을 뽑아내기 위해 불가피하게 중첩되고 순환되는 부분이 등장한다. 각 시기 안에서 (물론 시기별로 상대적인 중요성이 다르긴 하지만) 나는 일관되게 동일한 사안과 과정에 초점을 맞췄다. 그것이 다양한 행위자들의 기회 구조를 발전시키는 데 매우 중요하기 때문이다. 각 시기는 다음과 관련된 자원과 장애물의 변화를 반영한다. (1) 국제질서가 변화하는 경제적·사회적 맥락(그러한 변화는 민주주의와 인권, 건강에 영향을 끼친다). (2) 지배적인 개발 패러다임과 그것이 지식과 거버넌스 담론, 사회동원에 미치는 영향. (3) 경제적 법률과 규제, 그리고 국제 인권과 헌법의 변화하는 구조. (4) 건강문제와 관련한 실증적 발견과 혁신의 등장. (5) 사회와 법을 바꾸기 위해 국가 및 국제 단위의 다양한 세력들이 행하는 포럼의 전용專用. (6) 개인과 조직 리더십의 긍정적 및 부정적인 역할. (7) 인터넷에서부터 데이터 활용에 이르는 기술의 발전.

제1장 '분노와 불의'에서는 1970년대 독재정권하의 아르헨티나 이야기를 시작하면서, 건강권을 구축하기 위해서는 가난한 사람들(그리고 여성들)이 일상적으로 겪는 인권침해에 대해 본능적인 분노를 유발하고, 그러한 침해와 관련해 언제 그리고 어떻게 국가가 책임이 있는지를 보여줄 필요가 있었다고 주장한다. 마지못한 탈식민지화, 급진적인 정치에 대한 환멸, 권위주의 정권의 잔혹함에 대한 결과로 인권이 부상한 데는 세 가지 중요한 함의가 있었다. 첫째, 급진적인 사회적 이상이나 운동과 달리 인권은 변화에 대해 보다 제한적인 법률적 접근법을 제공했다. 둘째, 당시 인권법은 공적 영역에서의 시민적 및 정치적 권리의 침해에 초점을 맞추고 있었는데, 이것은 서구에서 증진돼 온 전통적인 자유국가에서의 권리와 책임성에 대한 특정 비전의 산물이었다. 셋째, 인권은 개인에 초점을 맞

췄고, 탈식민화된 신생국가들이 비록 '발전권rights to development'에 계속 관심을 두기는 했으나 신국제경제질서New International Economic Order를 향한 염원은 별개의 문제로 치부됐다.

1970년대에는 또 몇몇 국가에서 경구피임약과 보다 안전한 낙태시술이 보편화되기 시작했다. 이러한 실질적 발전은 전 세계적으로 여성들을 고정된 사회적 역할에서 해방시키기 위한 사회적·법적 움직임으로 이어졌다. 여성의 건강권을 증진하기 위한 투쟁은 누가 권리의 온전한 주체가 될 수 있는가와 정부는 무엇을 해야 하는가에 대한 기존의 생각을 바꿔야 했다. 1979년 채택된 여성에 대한 모든 형태의 차별 철폐에 관한 유엔 협약UN Convention on the Elimination of All Forms of Discrimination against Women(이하 여성차별철폐협약)은 여성들이 처한 현실을 바꾸기 위해 권리 패러다임을 확장한 역사적인 사건이었다. 그럼에도 불구하고, 학대와 차별로부터 벗어나고 여성의 권리가 갖는 정당성을 입증하기 위해서는 여전히 실증적 데이터가 필요했다.

제2장 '고통의 의미'에서는 세계경제의 상황이 바뀌고 1980년대 시장 근본주의가 시작되면서 민간 영역이 국가보다 효율적으로 경제를 관리할 수 있다는 서사가 어떻게 여러 국가를 지배하게 됐는지를 설명한다. 국가는 시장에 적응하지 못한 가난한 사람들을 구제하는 보조적인 역할만 맡게 됐다. 내가 젊은 흑인 여성인 라토냐의 사례를 들어 설명한 것처럼 가난한 사람들에게는 조건이 제시됐다. 라토냐는 그녀가 어머니로서 '적합'하다는 사실을 증명해야

만 복지수당을 받을 수 있었다. 미국에서는 점차 보건의료제도가 시장의 영역으로 이동하고 의료 서비스가 상품으로 간주됐는데, 이는 건강과 존엄성 간의 본질적인 연관성을 이해하는 데 독이 된다. 개인이 건강이나 경제적 문제로 곤란을 겪을 때 또는 국가경제가 침체될 때, 그것은 사회문제가 아니라 개인의 결함이나 부주의한 행동 또는 무능한 거버넌스의 문제로 간주됐고, 그 영향은 남녀 간에 불균등하게 나타났다. 개인의 책임 대 사회의 책임이라는 관점은 국가경제를 구조조정하고, 국제 금융기관들이 국내 거버넌스에 개입하는 것을 정당화했다. 이러한 국제 금융기관들의 역할은 점점 확대됐다.

이 장의 핵심 주장은 누가, 왜 고통받는가라는 생각을 검토하지 않고는 건강권을 이론화할 수 없다는 점이다. 1980년대 유니세프UNICEF의 '아동생존혁명'은 아동권리협약Convention on the Rights of the Child으로 이어졌고, 이전까지는 부모의 소유물 또는 미숙한 어른으로 간주되던 '아동'의 개념이 존엄성을 함양하고 또 존엄성을 보호받아야 할 온전한 주체로 바뀌었다. 동시에 모성 사망에 대한 새로운 역학 자료들이 축적되면서 여성이 자신의 자녀와는 별개로 존엄한 존재라는 인식이 생겨났고, 이는 임신과 출산 중에 예방 가능한 문제로 인해 사망하지 않을 여성의 권리에 실체를 더해줬다. 1980년대에는 또 전 세계적으로 에이즈가 현대판 '전염병'으로 확산되면서 성소수자 활동가들이 생물의학적 혁신과 사회적 해방 간의 양가적인 관계를 직시하게 됐다.

제3장에서는 유엔UN의 다자간 정치기구들에 의해, 또 한편으로는 브레턴우즈Bretton Woods의 다자간 경제기구들의 진화하는 역할에 의해 '진보와 관련한 두 개의 알레고리'가 선전되는 과정을 살펴본다. 1993년 열린 비엔나 세계인권회의World Conference on Human Rights(이하 비엔나회의)가 시민적·정치적 권리와 경제·사회·문화적 권리의 상호 의존성을 천명하고 유엔인권최고대표사무소Office of the High Commissioner for Human Rights, OHCHR(이하 유엔인권사무소)의 설립을 요구한 이후, 여러 유엔회의에서 페미니즘 네트워크들이 성·재생산 건강과 권리 및 여성의 권리와 관련해 엄청난 발전을 이뤄냈다. 카멜 샬레브Carmel Shalev가 세계인구개발회의International Conference on Population and Development에 대해 설명한 것처럼 "국제사회가 처음으로 개인의 욕구, 여성의 역량강화empowerment*, 인권과 건강을 연결하는 담론에 초점을 맞췄다. 이 담론은 건강에 대한 새로운 개념을 사회정의와 인간의 존엄성을 위한 투쟁과 관련지었다".57 베이징 세계여성회의는 세계인구개발회의의 결론을 한층 강화했다. 하지만 당시 우리는 이후에 얼마나 큰 역풍이 몰아칠지 예상하지 못했다.

국제적으로 1990년대에는 '전환적' 또는 '사회적' 입헌주의가 남아프리카에서부터 콜롬비아에 이르는 여러 국가를 휩쓸면서, 전통적인 시민적·정치적 권리만이 아니라 존엄성의 유지에 필요한 물

---

* 개인이나 가족, 지역사회와 같은 집단이 정치·사회·경제적 환경의 차원에서 강점을 향상시키고, 해낼 수 있다는 확신을 높이는 것을 뜻한다.

질적 조건에 대한 권리를 바탕으로 새로운 사회적 계약이 수립됐고, 더욱 참여적인 새로운 형태의 판결이 명시됐다. 이러한 발전은 우리에게 경제·사회·문화적 권리와 법률을 이용해 더욱 평등한 사회질서를 수립할 수 있을 것이라는 희망을 안겨줬다.

두 번째 서사는 경제통합의 가속화에 대한 것으로, 내가 멕시코에 살고 있던 1990년대 초반 북미자유무역협정North American Free Trade Agreement, NAFTA에 대한 논의가 진행되면서 극명히 드러났다. 당시 무역과 탈규제, 부채의 증권화와 관련한 새로운 규범들이 전파됐는데, 이것은 사회정의와 인간 존엄성이라는 목표에 상응하지 않았다. 1995년에는 관세 및 무역에 관한 일반 협정General Agreement on Tariffs and Trade, GATT(이하 관세무역일반협정)이 세계무역기구World Trade Organization, WTO로 대체됐는데, 세계무역기구는 법적 구속력이 있는 강제 규정을 적용하면서 건강과 안전, 농업, 환경 표준 등 그동안 국가 주권의 문제로 다뤘던 영역을 넘어 지식재산으로 빠르게 확장했다. 결과적으로 건강권을 누리는 데 중요한 역할을 하는 이러한 모든 사안은 더 이상 국가 내에서의 정치적 협상과 정당화의 대상이 될 수 없었다. 기술관료적인 용어로 포장되고 경제와 사회의 '근대화'에 필요한 것으로 정당화된 게임의 법칙들이 숨은 권력에 의해 행사됐고, 추상화된 지표들을 통해 감시됐다. 나는 이렇게 기술적인 전문가들이 만든 규칙을 바탕으로 근대화를 프레이밍framing한 것이 신자유주의 정책을 중립적이고 논박할 수 없는 것으로 만드는 데 핵심적인 역할을 했다고 주장한다.

제4장 '근대화라는 디스토피아'에서는 1990년대 후반 알베르토 후지모리Alberto Fujimori 독재정권 치하의 페루에서 수십만 명의 원주민 여성들이 강제불임시술을 당한 사건을 통해 유엔개발총회의 유토피아적인 염원들이 어떻게 디스토피아로 전락했는지 설명한다. 재정정책과 (건강을 비롯한) 경제·사회·문화적 권리에 영향을 끼치는 정책적 결정이 국제기구의 기술관료들에게 위임되는 상황과 여러 국가 내에서 지나치게 중앙 집중화되는 권력 사이에 치명적인 시너지가 발생했다. 보건 개혁을 포함해 대략 1,000여 개에 달하는 칙령을 통해 국제 금융기관들이 제시한 조건을 열성적으로 그리고 반민주적으로 이행한 후지모리만큼 이를 더 분명하게 보여주는 사례는 없을 것이다. 강제불임시술 사건 이후 후지모리의 '근대화'에 대한 보수적인 역풍이 국제적인 차원에서 반향을 일으켰고, 다시 굴절됐다. 차기 개발 프레임워크인 유엔새천년개발목표Millennium Development Goals, MDG에 성·재생산 건강과 권리는 배제됐고, 모성 건강과 관련해 정치색이 배제된 단 하나의 목표만 포함됐다.

그럼에도 불구하고 권리가 새롭게 이론화되고 그에 따른 국가적 책임(예를 들어, 여성폭력에 대한 대응)이 명시되면서 사회정치 운동과 법률 개혁뿐 아니라 강제불임시술 사건에 대한 보상이 가능해졌다. 여기서 나는 직간접적 효과와 실질적 효과, 상징적 효과 등 인권전략의 영향을 고려하기 위한 체계를 제시하면서, 1990년대 중반까지는 이것이 불가능했음을 지적한다. 권리 전략을 통해 페루에서 얻은 결과가 비록 복합적이고 때로는 그로 인한 역풍도 고려해야 하지만, 그럼에도 불구하고 나는 건강권의 가장 강렬한 힘은 이보다 더 클 것이라고 주장한다. 다시 말해, 권리는 정치권과 사법권의 의사결정자들이 생각하는 방식뿐만 아니라 국가에 의해 소외된 여성들과 같은 하위subalter 집단이 (낸시 프레이저Nancy Fraser가 지칭한) '대항적 공공성counterpublics'을 생성하는 방식을 바꾼다.[58] 이러한 대항적 공공성 안에서 여성을 비롯한 많은 사람이 우리의 몸, 우리의 건강, 우리의 존엄성, 그리고 보건의료제도를 포함한 정치·사회제도와 우리의 관계를 고찰하게 된다.

제5장에서는 '위기와 에이즈 팬데믹, 규범의 세계화'로 관심을 돌린다. 2000년대에는 에이즈와 같은 질병이 국경을 넘어 이동하면서 국제 보건안보health security의 시대가 도래했고, 새로운 국제 보건기구들이 설립됐다. 또 자본이 빠르게 이동하면서 전 세계적으로 경제적 변동성과 파급성이 촉진됐는데, 그 정점을 이룬 것이 2008년 금융 시스템의 붕괴로 인한 세계경제위기였다. 새로이 민주주의 체제를 수립한 후 세계경제에 뛰어든 남아공은 의약품 접근성을 포함해 국제 금융기관과 미국을 비롯한 강대국들이 부과한 경제적 제약으로 큰 타격을 입었다.

제4장에서 인권 전략의 영향을 평가한 것에 이어, 나는 네비라핀nevirapine을 이용할 권리를 확립한 남아공의 트리트먼트액션캠페인Treatment Action Campaign, TAC(이하 트리트먼트액션) 소송이 매우 성공적이었다고 주장한다. 왜냐하면 이는 훨씬 더 포괄적인 사회정치적 전략의 한 부분이었기 때문이다. 이 소송은 건강 관련 권리들이 제

약회사나 국제 기부자들이 가격을 정하는 상품이 아니라, 법적 권리이자 시민권의 자산으로 확립될 수 있다는 사실을 보여준다.

제5장에서는 유엔새천년개발목표가 국제 규범으로 고안됐지만 실제로는 제도적 및 사회적 변화를 유도하지 못했고, 협소하게 정의된 성과 척도를 바탕으로 목표치에 도달하지 못하는 경우 해당 국의 책임을 추궁하는 수단에 그쳤다는 점을 지적한다. 또한 유엔새천년개발목표의 건강 관련 성과에 대한 기술관료적인 상명 하달식 접근법을, 보건의료제도에 대한 유엔새천년개발목표 모자건강사업단MDG Task Force on Maternal and Child Health의 관점과 비교할 것이다. 이 둘은 많이 다른데, 나는 유엔새천년개발목표 모자건강사업단의 관점이 건강권에 기반한 보건의료제도와 일치한다고 본다. 다시 말해 보건의료제도는 물품과 서비스를 전달하는 도구가 아니라, 사법제도나 교육제도와 같이 민주사회에 반드시 필요한 기본 제도라는 것이다. 말라위의 모성 사망 사례에서 알 수 있듯이, 여성들은 사회적으로 구성된 돌봄 역할과 재생산을 수행하며 민주사회에서 권리와 평등한 포용을 누리기도 하고, 국가기관의 무관심의 대상이 되기도 한다.

마지막으로, 21세기에 진입할 무렵 건강권을 포함한 경제·사회·문화적 권리와 관련해 국제적인 인권 규범과 제도 및 절차가 급성장했다. 이러한 급성장은 분열로 이어졌고 인권, 특히 성·재생산 건강과 권리에 반대하는 보수주의자들은 국제법을 훼손하는 데 이를 이용했다. 또 조약감시기구들은 포괄적인 정책 지침을 내놓는 경향을 보였다. 나는 유엔 경제·사회·문화권위원회UN Committee on Economic, Social and Cultural Rights, CESCR(이하 사회권위원회)의 「건강권에 대한 일반논평14General Comment 14 on the Right to Health(이하 일반논평14)」를 예로 들어, 이로 인해 조약감시기구들이 일관성 있게 정당성을 갖추고 국가들과 대화할 의무로부터 멀어졌을 뿐 아니라, 인권을 점진적으로 실현하는 것과 인권법상의 최저 하한선 사이를 모호하게 만든다고 주장한다.

제6장 '불평등과 민주주의 그리고 건강권'에서는 2010년대에 극에 달한 경제적 불평등이 건강만이 아니라 민주적 거버넌스의 가능성을 훼손하고 있었음을 살핀다. 모성보건사업에 대한 비차별적 권리를 확립한 브라질과 여성차별철폐위원회의 **알리네 다 시우바 피멘텔**Alyne da Silva Pimentel 사건*에 초점을 맞추면, 우리는 사법적 집행뿐만 아니라 건강에 대한 인권 중심적 접근법에서도 엄청난 발전이 있었음을 알 수 있다. 이러한 변화는 건강권을 보장하는 데 필요한 법과 정책, 제도를 보다 잘 이해하도록 돕는다. 유엔의 「예방 가능한 모성 사망과 질병 감축을 위한 정책 및 프로그램의 이행에서 인권 중심적 접근법의 적용에 관한 기술지침Technical Guidance on the Application of a Human Rights-Based Approach to the Implementation of Policies and Programmes to Reduce Preventable Maternal Mortality and Morbidity(이하 유엔기술지

---

* 2002년 브라질 여성 알리네 다 시우바 피멘텔이 제대로된 의료 서비스를 받지 못해 임신 합병증으로 사망한 사건이다. 제6장에서 자세히 설명한다.

침)」[59]과 **알리네** 사건에 대한 기술적 후속조치위원회Technical Follow-up Commission에서 이 지침을 이용한 사례를 통해, 건강에 대한 인권 중심적 접근법에서의 발생하는 정의와 관련된 문제들을 설명한다. 또한 브라질의 산과폭력 사례에서와 같이 보건의료제도 안팎의 지역 행위자들이 함께 힘을 모아 문제를 규명하고 상향식으로 해결책을 제시할 수 있는 공간이 보존돼야 한다고 주장한다.

더 나아가, 건강권의 사법적 집행은 에이즈와 같은 한 가지 질병이나 기존 공식에 하나의 약을 추가하는 차원을 넘어섰다. 중남미에서는 어떻게 하면 판결을 통해 운 좋게 사법정의를 이용하게 된 사람들에게 특권을 부여할 것인가가 아닌, 제도 전반에 공정성을 증진할 수 있을 것인가로 질문의 방향이 바뀌었다. 이 장에서는 브라질의 사례를 통해 건강에 대한 민주적인 관리 감독과 더불어 건강권의 사법화가 형식적 평등과 실질적 평등에 끼치는 영향에 대한 양극화된 주장들을 살펴볼 것이다. 2010년대에 이르자 인도에서부터 아르헨티나, 콜롬비아 등의 여러 법원에서 건강과 관련해 도입한 대화적 구제책dialogical remedies의 영향을 평가할 수 있게 됐다. 대화적 구제책은 역기능적인 정치와 규제에 따른 제도적 제약을 극복하기 위한 창의적인 대응법이었다. 이 모든 과정에서 시민사회의 실질적인 참여가 중요한 역할을 했다는 사실은 분명하다. 그러나 궁극적으로 인권 중심적인 접근법과 대화적 구제책의 사용은 정부의 정치조직들을 움직이게 할 수 있는지 여부에 달려 있는데, 대체로는 이 조직들이 건강 불평등을 뒷받침하는 사회경제적 불평등과 성 불평등을 변화시키는 정도를 제한한다.

제7장 '권력과 정치 그리고 지식'은 심각한 사회경제적 불평등에서부터 기후변화 위기, 분쟁과 난민, 그리고 도널드 트럼프를 비롯한 후보자 선출, 총선거에서의 포퓰리즘과 종족 민족주의의 우세, 이에 따르는 민주주의의 새로운 문제들에 이르기까지 2016년 이후 우리가 직면하고 있는 거대한 문제들을 살펴본다.

이러한 혼돈 속에서 2016년 세계는 유엔의 지속가능발전목표 Sustainable Development Goals, SDG를 달성하기 위한 행동을 시작했다. 유엔새천년개발목표에 대한 재평가를 바탕으로 등장한 지속가능발전목표는 빈곤국과 선진국 모두에 보편적인 개발의제를 제시하면서 국가 내의 그리고 국가 간의 불평등을 해소하고, 사회 부문별 목표를 효과적인 제도 및 정의의 이용과 연결할 것을 목표로 했다. 소규모의 원조국과 유엔 관료들이 유엔새천년개발목표를 선정한 것과 달리, 지속가능발전목표는 더욱 광범위한 국가들의 연합에 의해 작성됐고, 시민사회의 의견이 중요하게 반영될 수 있는 개방적인 절차를 거쳤다. 무엇보다도 지속가능발전목표 전반에 성·재생산 건강과 권리가 포함됐고, 분산된 건강문제가 아닌 보편적 의료보장이 건강권의 핵심이 됐다.

그러나 그러한 정치적 서사의 전환적인 표현에도 불구하고, 불평등과 성·재생산 건강 및 권리 등의 성과를 측정하기 위해 선택된 몇몇 지표들이 지속가능발전목표 문건에서 약속하는 전환적인 변화를 만들어 내기에는 부적합하다. 1990년대 이후 우리는 점진적 실현과 경제·사회·문화적 권리를 실증적으로 측정하고 촉진하는 데 정량적 지표가 중요하다는 사실을 인식했다. 그러나 지속가능 발전목표의 지표를 측정하기 위해 추상화된 데이터를 사용하는 것은 불평등과 성·재생산 건강과 권리의 의미를 축소하고 왜곡하며, 잠재적으로는 성평등에 대한 공격에 저항할 힘을 앗아 갈 가능성이 있다. 따라서 연구자들은 이러한 추상화, 정량화된 지표들을 예의 주시해야 하며 정성적이고 맥락적인 정보로 보완할 필요가 있다.

보편적 의료보장의 강조는 건강권과 통합될 가능성을 열었다. 그럼에도 불구하고 미등록 이주자를 포함한 공정한 재정 지원, 공정하고 민주적인 우선과제 설정, 실질적인 관리 감독의 문제를 진지하게 고려해야 한다. 우리는 이 모든 요소와 관련한 우수 사례들을 갖고 있다. 나는 민주주의에서 건강 관련 우선과제를 정하는 과정에 시민이 실질적으로 참여하기 위해 필요한 조건을 강조한다.

이 역사의 모든 단계에서 다양한 인권공동체에 속한 집단들은 자신들의 주장과 전략을 주위 현실에 맞춰왔다. 제7장에서는 다자적 정책과 직접적인 정책을 통해 사회계약을 초국적 기업에 대한 국가의 역외의무extraterritorial obligation, ETO*로 확장하려는, 초기 단계지만 유망한 노력들을 짚어본다. 이러한 노력은 국제 원조에 의존해 최저 생계의 필요들을 충족시키는 것과 달리, 국제 건강정의를 증진할 보다 효과적인 방법을 제공할 잠재력이 있다.

* 국외에 있는 자국민에 대한 국가의 인권 존중, 보호, 증진 의무를 뜻한다.

마지막 장인 결론에서는 이 책 전반에 걸쳐 밀접하게 엮여 있는 네 개의 핵심 가닥들을 하나로 합쳐, 우리가 어떻게 지금의 위치까지 왔는지, 그리고 앞으로의 전망은 어떠한지를 살펴볼 것이다. 이 가닥들은 권리에 의해 규제되는 권력, 공적 영역과 민간 영역의 변화하는 관계, 날로 진화하는 사회계약의 개념, 그리고 보건의료제도의 민주화라는 강령에 대한 것이다. 요약하자면, 다음의 두 가지 진실이 공존한다. 우리는 법과 삶에서 변화를 이뤄냈다. 다른 한편으로, 우리는 쉽게 이의를 제기하지 않았고, 나를 포함해 대부분의 사람들이 충분히 이해하지 못하는 제도와 가정들 속에서 얻은 (건강을 비롯한) 경제·사회·문화적 권리의 단편적인 승리에 안주하는 경우가 많았다.[60]

　　그러나 이 책은 절망 혹은 피할 수 없는 운명에 대한 기록이 아니라, 건강과 건강 너머에서 사회변화를 추구하는 우리의 집단적 노력을 다시 상상해 보자는 요청이다. 지금까지 우리는 한때 불가능한 듯 보였던 인권의 경계를 끊임없이 밀어붙여 왔다. 여러 분야를 포괄하는 성찰적이고 비판적인 실천을 통해 인권은 다른 진보적인 사회운동과 힘을 합칠 수 있다. 전 세계적으로 연결된 세상에서 다양한 사람들이 존엄과 안녕을 향유할 수 있도록 하는 우리의 제도적인 가능성을 다시 상상하지 못할 이유가 없다.

결론

2016년 나는 하버드대학 법대의 지하 터널보다 훨씬 더 한기가 드는 음습한 터널 안에 있었다. 잔지바르의 미로처럼 생긴 만가프와니 노예동굴이었다. 탄자니아에서 3년간 살아봤기 때문에 10대 청소년이 된 아들과 함께한 탄자니아 여행은, 익숙한 환경으로 돌아오는 것과 같았다. 당시에는 우기여서 한바탕 폭우가 쏟아진 후였다. 동굴은 절반 가까이 물에 잠겼고 바닥은 아주 미끄러웠다. 나는 반은 기고 반은 허우적대며 칠흑 같은 어둠 속을 걸었다. 가이드인 압둘은 키가 크고 마른 청년으로 내 아들 샘과 비슷한 나이였다. 두 사람은 날렵한 몸짓으로 나를 앞질러 갔다. 압둘은 가끔씩 뒤를 돌아보며 스와힐리어로 괜찮은지 물었고 나도 스와힐리어로 괜찮다고 대답했다. 신체적으로 괜찮다는 뜻이었지, 감정적으로는 괜찮을 수가 없었다. 자신의 삶과 사랑하는 사람들, 익숙한 모든 것을 빼앗긴 흑인 남녀노소가 끔찍한 상황 속에서 수 마일을 걸은 끝에 이 터널에 감금됐다. 한참 후에야 청동으로 된 무거운 족쇄를 차고 한 줄로 묶여 밖으로 내보내졌다. 빛이라고는 찾을 수 없는 터널 속에서 숨 막히는 열기와 습기를 견디며, 그들이 느꼈을 공포와 고통에 몸서리치지 않을 수 없었다.

잔지바르는 케냐와 우간다에서부터 콩고와 탄자니아에 이르기까지 아프리카 전역에서 붙잡혀 온 노예들을 배에 태워 내보내는 운송 지점이었다.[61] 영국은 탕가니카와 잔지바르가 영국의 보호령이었던 1897년 노예제도를 공식적으로 불법화했다. 그러나 티푸팁Tippu Tipp이라는 악명 높은 아랍인 노예무역상은 1905년까지 계속해서 비밀리에 만가프와니 동굴을 이용해 노예들을 실어 날랐다.[62] 실제로 케냐 출신인 오바마 대통령 아버지의 조상들이 노예로 붙잡혀 이 동굴을 거쳐갔다 해도 과언이 아니다.

동굴에서 나온 후에 샘과 나는 햇빛에 적응하면서 우리가 방금 경험한 것을 소화하느라 여러 차례 깊은 숨을 내쉬었다. "정말 엄청난 고문torture이었어!"라고 내가 말했다. 압둘이 내게 그 말이 무슨 뜻이냐고 물으면서 자신의 휴대폰에 그 단어를 적어달라고 했다. 그는 웃으면서 "오늘 새로운 단어를 배웠네요. 투-처……. 인간이 인간에게 정말 잔인한 짓을 하죠"라고 말했다. 그러고는 시선을 떨구며 "탐욕 때문에"라고 덧붙였다. 정말 그렇다.

압둘은 잔지바르 밖의 세상에 관심이 많았다. 그는 하루 두 번씩 방송되는 BBC 뉴스를 들으며 독학으로 영어를 배웠다. 압둘과 샘은 서로 죽이 잘 맞았다. 차로 돌아가면서 압둘은 샘에게 도널드 트럼프는 왜 무슬림들을 미워하느냐고 물었다. "우리를 뭐라고 생각하는 거야? 그 사람은 왜 그런 말을 하는 거야?" 샘은 당황해서 어깨를 으쓱하고는 부끄러워하며 자기 발만 내려다봤다. 그러더니 이렇게 덧붙였다. "그 사람은 그냥 아무 말이나 지어내는 거야. 그 사람은 미쳤어." 우리는 모두 고개를 끄덕이며 맞장구를 쳤다. "맞아, 미쳤어."

나는 다른 모든 가정이 그러하듯 진실과 거짓이 공존하는 집에서 자랐다. 그리고 많은 경우 그렇듯 진실이 거짓으로, 거짓이 진실로 변했다. 하지만 나는 운 좋게도 국적과 사회계급과 종교가 뒤섞여 있는 가정에서 태어났다. 그렇게 상충되는 여러 가지 정체성과 진실이 씨름하는 환경에서 성장하면, 우리의 정체성에 부여된 서사를 무조건적으로 받아들이는 대신 우리를 잠깐 멈추게 하는 약간의 불편함에 대한 감각이 생긴다. 그리고 세대를 넘어 사적인 공간에서, 그리고 사회적 공간에서 정상과 비정상의 경계를 세우고 정책과 정치 담론을 정당화하기 위해 우리가 우리 자신과 다른 사람들에게 하는 이야기들을 보다 면밀히 검토하게 된다. 그러한 이야기들이 바로 개인적인 서사만이 아니라 사회법률적 패러다임과 개발 패러다임을 담는 비가시적인 비계가 되고, 그 과정에서 우리의 지식과 인간성이 규정된다.

사실과 사건, 상황에 인간이 반응하는 방식은 어떤 것에 대한 우리의 신념(이것은 역사와 기원, 가치, 법률 등의 기능이다), 즉 근본적으로는 우리가 믿기로 선택한 이야기들에 대한 신념에 의해 고유하게 조절된다. 노예무역은 누가 인간인가(그리고 인간이 아닌가)에 대한 이야기를 바탕으로 그것의 범죄성을 정당화했다. 식민주의는 어떤 신과 문화가 (그리고 어떤 모습으로 보이고 어떤 방식으로 행동하는 사람들이) '야만적'이거나 '문명화'됐는가에 대한 서사를 바탕으로 경제적 착취를 정당화했다. 나치의 비극은 인간 이하인 유대인과 집시, 이성애적 기준에 부합하지 않는 사람, 지적장애인 등으로부터 아리아족을 보호해야 한다는 인종주의적 이야기에서 비롯됐다. 역사적으로 왕족에서부터 인텔리겐치아에 이르는 엘리트 집단은 자신들이 대중들보다 더 창의적이고 논리적이며 통치 능력이 뛰어나다고 믿었다. 종족 민족주의는 민족적 순수성과 그것이 중요하다는 거짓말에 기반한 또 하나의 생각이다. 물론 여성들은 언제나 사회적으로 그리고 법적으로 **타자**로 간주됐고 그보다 낮은, 자신을 보호하기 위해서 집 안에만 있어야 하는 연약하고 고결한 숙녀나 가혹하게 통제돼야 하는 위험한 요녀, 또는 남자들에게 성적 매력이 없어 자연의 질서를 어지럽히는 레즈비언으로 구분됐다.

근대 국제 인권법의 발전과 인권을 증진하는 시스템은 이 모든 혼란스러운 다양성 속에서, 모든 사람이 동등한 존엄성을 갖는다는 이야기를 바탕으로 수립됐다. 여러 측면에서 볼 때 건강에 인권을 적용하기 위한 싸움은 법적 규범이나 제도, 절차의 발전 또는 새로운 실증적 발견보다는 언제나 인간됨이란 무엇인가, 그리고 그것이 왜 중요한가에 대해 서로 경쟁하는 알레고리들을 수반한다.

제1장

분노와
불의

심각한 인권유린 행위의 기저에는 칸트Immanuel Kant가 지칭한 '근본악radical evil'이 있다. 인간 존엄성에 대한 폭력이 너무도 만연하고 지속적이고 조직적이어서 상식적인 윤리 수준에서 논하기가 어려울 정도다.

- 카를로스 산티아고 니노 Carlos Santiago Nino [1]

가족은 정부의 기본 세포다. 가족 안에서 우리는 스스로를 인간이라고 믿거나 또는 소유물이라고 믿도록 길러진다. 가족 안에서 우리는 성과 인종 간의 분리를 목격하고, 설령 불의를 당하더라도 무덤덤해지도록 길러지고, 권위주의적인 정부 조직이 생물학적 귀인에 따른 것이라고 믿게 된다.

- 글로리아 스타이넘 Gloria Steinem [2]

2015년 8월, 나는 한때 해군정비학교Naval Mechanics School였다가 지금은 박물관이자 문화센터3로 개조된 건물의 비좁은 다락에 서서 관광가이드의 이야기를 듣고 있었다. 그는 부에노스아이레스에서 온 학생들에게 1976년부터 1983년까지 아르헨티나 군부독재정권에 붙들려 온 여성들이 바로 이곳에서, 그리고 나중에는 지하에서 출산을 했고, 당시 군의관들이 아이를 받았다고 설명했다.4

　해군정비학교는 아르헨티나 군부독재하에서 비밀 감금과 고문으로 가장 악명 높은 곳이었다. 332 특수부대에 소속됐던 한 하급 공무원이 후에 말하기를, 이들은 독일 나치정권에서 악명이 높았던 요제프 멩겔레Josef Mengele가 사용했던 고문 기법을 이용했다. "태아에 닿을 때까지 숟가락을 질 속으로 밀어 넣었습니다. 그런 다음 220볼트 전기를 가합니다. 태아에게 전기 충격을 주는 것입니다."5 또한 해군정비학교에서는 계획적으로 여성 수감자들의 아기를 훔쳐 내다 팔기도 했다. 반역 혐의로 붙잡힌 수십 명의 젊은 여성들이 해군정비학교와 같은 감금 시설에서 아기를 낳았고, 그렇게 낳은 아기를 빼앗겼다. 아기를 낳은 여성은 거의 모두가 살해됐는데, 비행기에서 아르헨티나와 우루과이 사이를 가로지르는 라플라타강으로 떨어뜨리는 방법이 흔히 사용됐다. 아기들은 가짜 출생증명서를 만들어 대부분 군인 가족에게 입양시켰다.

내가 처음 인권운동에 참여한 이유는 어머니의 가족이 아르헨티나 출신이기 때문이다. 나는 아르헨티나에서 국가 주도로 자행된 끔찍한 잔혹 행위에 큰 충격을 받았다. 아르헨티나의 군부는 스스로를 '전통과 가족, 사유재산'의 수호자라고 지칭하면서 모든 반대 행위를 반역죄로 몰았다. 신화화된 아르헨티나의 과거를 복원하기 위해 그러한 반역 행위는 제거돼야 했다. '법과 질서'의 수호자인 엘리트 계급과 전통적인 가부장제에 기반한 '자연스러운 질서'를, 통제 불가능한 '위험한' 대중 및 절제되지 않는 성적 욕망과 대립시키는 방법은 (앞으로 이 책에서 보겠지만) 아르헨티나뿐만 아니라 여러 곳에서 이용돼 왔다. 이는 [진보에 반대하는] 극우적 충동을 동원하기 위해 흔히 이용되는 수법이다.

그러나 군부는 극단적인 폭력을 통해 경제와 사회에 대한 근본주의적인 관점을 밀어붙였다. 평범한 자동차로 길거리를 순찰하다가 사람들을 납치하고, 고문하고, 대량학살했다. 3만여 명에 이르는 아르헨티나인들이 강제 실종되는 등 잔혹한 행위를 저지르며 군부는 순식간에 악명을 떨쳤다. 실종된 사람들 중 다수는 해군정비학

교와 같은 비밀 장소에 감금돼 고문을 당했다.[6]

2015년 비가 내리고 추웠던 그날, 나는 한 어머니로서 10대인 두 아들을 데리고 다락에 서 있었다. 그리고 여성들이 살해되기 직전 그들의 가족에게 자신의 출산에 대해 쓴 편지를 읽고 있는 아들들의 얼굴을 바라봤다. 나는 흐느껴 울고 싶은 충동과 토하고 싶은 충동을 동시에 느끼면서 서둘러 그 비좁은 방에서 나왔다.

이 책은 그렇게 동시에 일었던 두 가지 충동에서 시작됐다. 세계 곳곳에서 비참할 정도로 가난해서, 여자라서, 소외 집단에 속해 있어서, 사람들의 존엄성이 대대적으로 또 지속적으로 침해당하는 상황에 대응하는 방식이 어떻게 발전해 왔는지 기록하기 시작했다. 또한 이러한 분노가 단순히 불운한 운명을 탓하는 데 그치지 않고 오장육부를 뒤흔드는 불의에 대한 저항으로 바뀌는 데 필요한 요소가 무엇이었는지를 탐구하기 시작했다.

해군정비학교에서 압제자가 여성의 인간성과 존엄성을 완전히 무시하며 그들의 몸을 재생산의 도구로 환원시킨 불의에 반발심을 느끼지 않을 수 없다. 제도화된 지배와 여성의 몸에 대한 폭력을 통해 독재정권은 공공연하게 주장해 온 가부장적 가치와 성적 종속관계를 실현했다. 그리고 인간적으로 그러한 상황에서 아기를 낳고, 그렇게 낳은 아기를 두고 끌려 나가는 고통에 공감하지 않는다는 것은 상상할 수가 없다.

그러나 인간 존엄성을 유린하는 일에 대한 다양한 반응을 이해하는 데 있어서 동일하게 중요한 점은, (해군정비학교와 같은 곳에서 임신한 여성들이 겪은 고초를 포함해) 아르헨티나의 독재정권하에서 국민들이 겪은 고통은 국가 주체들이 조직하고 직접 자행한 행위였다는 사실이다. 실제로 아르헨티나를 비롯해 잔혹한 독재정권에 점령당한 남미 원뿔꼴 지역 전체에서 벌어진 인권탄압에 전 세계가 크게 반응한 이유는 아르헨티나의 독재정권이 다른 사람들뿐 아니라 임신한 여성들에게 폭력을 자행했기 때문이다. 1970년대 이후 불의에 대한 책임 규명이 더욱 복잡해지고 분산되면서, 권리를 실현하고 변혁적인 구제책을 수립하는 방식 또한 변해야 했다. 이는 앞으로도 계속 변해야 한다.

이 책의 이야기가 인권이 인간 해방의 주된 언어로 자리 잡았던 1970년대에서 시작되기는 하지만, 국제 인권법의 개념적 기반과 정당성, 그리고 그러한 개념화에 내재된 한계들을 먼저 규정하는 것이 중요하다. 더욱이 인권의 기반이 됐던 제2차 세계대전 이후 등장한 다자주의에 브레턴우즈기관들의 경제적 다자주의도 포함됐다. 냉전 기간 중 아르헨티나의 군사정부가 자행했던 폭력 행위를 중단시킨 시민적·정치적 권리는 서구가 가진 특권이었다. 전 세계 모든 국가에서 단 하루도 빠짐없이 여성과 아동에게 비밀리에 가해지는 사적이고도 은밀한 폭력에 대해서는 **인권침해**라는 표현이 아직 사용되지 않았다. 서구에서 경제·사회·문화적 권리가 소외되면서, 전 세계적으로도 공중보건 환경과 보건의료를 비롯한 다른 권리들이 제대로 행사되지 못할 때도 인권침해라는 표현은 사용되지 않았다.

    1960년대에 등장한 과학적인 피임법이 널리 확산된 것도 1970년대였다. 이러한 발전의 산물을 이용하기 위해 사회적·법적 장치가 동원됐다. 이 장치들은 시몬 드 보부아르[7]가 지적했던 '여성은 자궁'이라는 관념을 약화시키기 시작했고, 이로 인해 성의 생물학적 사실과 성정체성에 내포된 의미, 권력관계 간에 간극이 생기기 시작했다. 전 세계적으로 싹트기 시작한 여성운동도 여성의 생애 계획과 존엄성의 기반이 되는 평등과 여성 몸에 대한 통제 간의 연관성을 가시화했다. 1979년에는 여성차별철폐협약이 채택됐다. 건강권과 관련해 가장 논란이 되는 문제 중 하나인 낙태를 두고, 미국과 구서독에서 법적 판결이 매우 다른 방향으로 발전하기 시작한 것도 1970년대였다.

근대 인권의 시작과 성장: 맥락과 개념 및 과정

다자주의

국제적인 인권 체제를, 그 체제를 양산한 야누스적인 염원과 개념으로부터 분리시키기란 불가능하다. 먼저, 유엔은 홀로코스트의 비극과 제2차 세계대전의 여파인 평화와 민주주의, 안보의 와해가 다시 일어나는 상황을 예방하기 위해 창설됐다. 그러나 국제 인권법은 수립 당시부터 '평등한 존엄성의 세상'이라는 유토피아적 관념과 함께 그러한 세상을 유지하는 데 필요한 국제질서라는 모호한 약속을 담고 있었다. 국제 인권법은 또한 다자주의, 즉 국제기구를 통한 규칙 제정에 대한 신뢰를 상징하고 있었다. 인권에 대한 이러한 비전을 투사한 주요 기관은 물론 (조직적으로 훨씬 더 약했던 국제연맹League of Nations을 대체해 설립된) 유엔이었다.

그러나 국가 내에서 그리고 국가 간에 지속적인 평화를 유지한다는 다자주의의 원대한 비전은 경제 교역을 포함했다. 국제통화기금International Monetary Fund, IMF과 세계은행World Bank, 그리고 공식적으로 제도화되지는 않았으나 제네바에 작은 사무국을 둔 관세무역일반협정을 중심으로 한 브레턴우즈 체제를 설계할 때도 마찬가지로 다자주의는 중요하게 작용했다.[9] 따라서 전후 질서를 수립하는 초기부터 정치적 다자주의와 경제적 다자주의가 나뉘었다. 돌아보면, 규칙을 수립하고 시행할 권한을 가진 브레턴우즈 체제는 노골적이고 무자비한 식민주의와는 또 다른 방식으로 불평등한 국제 권력을 합법화시켰다. 이 책에서 우리는 이 두 다자 체제 간의 갈등과 함께 인권과 개발에 대한 공동의 염원을 강화시키려는 노력을 살펴볼 것이다.

존엄성과 권리

세계인권선언은 철학적·문화적 영향을 비롯한 여러 요인을 반영하지만, 권리라는 개념의 핵심은 자유주의적 철학의 전통에서 나왔다. 이 패러다임 속에서 이성과 양심을 가질 수 있는 능력이 존엄성을 가능케 하고, 개개인의 삶에 고유한 도덕적 가치를 부여한다. 따라서 인간은 보다 큰 사회적 목표를 위한 단순한 도구가 아니며 '실용성'을 (이 단어가 어떻게 정의되든, 단순히 그것을) 담는 그릇도 아니다. 인간이란 무엇인지에 대한 근본적인 자세는 실용주의적 또는 결과주의적인 가치에 영향을 받는 통상적인 공중보건이나 주류 경제학으로부터 인권이라는 분야를 구별 짓는다.

자유주의 철학자 이마누엘 칸트는 본질적이고 비교 불가한 존엄성의 가치를 다음과 같이 강조했다. "모든 것은 값 또는 존엄성을 갖고 있다. 값을 가진 모든 것은 동량의 것으로 대체될 수 있다. 그러나 존엄성은 무엇으로도 대체될 수 없다."[10] 칸트는 이처럼 비교 불가능하고 본질적인 가치를 가졌다는 점에서 존엄성을 가진 인간은 그 자체로 목적ends이지만, 값을 가진 물건은 상대적인 가치만을 갖는다고 지적했다. 따라서 건강이 인간의 존엄성에 필수적인 요소기에 건강을 하나의 권리로 간주할 때, 공중보건과 의료보건은 시장에서 파는 다른 상품처럼 단순히 값으로 매길 수 없는 것이다.

더 나아가, 우리 자신의 존엄성은 타인의 존엄성을 인정하고 서로를 수단이 아닌 목적으로 대하는 태도에 달려 있다. 이렇게 거미줄처럼 연결된 상호성은 우리의 정체성이 갖는 수많은 차원과 관련해 여러 가지 방식으로 설명될 수 있다. 흑인 페미니스트인 오드리 로드는 "여성 중 단 한 명이라도 자유롭지 못한 사람이 있는 한, 비록 그녀의 족쇄가 나의 것과 아주 다를지라도, 나는 자유롭지 않다"라고 했다.[11] 또, 법철학자인 로널드 드워킨Ronald Dworkin은 인간에 대한 다음과 같은 이해에서 기인하는 **우리 자신에 대한** 의무를 강조했다. "우리가 자유를 갖는 것만큼 그 자유에 부응하는 것이 중요하다. 양심의 자유는 개인적인 사유reflection의 책임을 상정하며, 그 책임이 간과될 때 양심의 자유는 대부분의 의미를 잃는다."[12]

존엄성은 자율성이 결코 제한돼서는 안 된다거나 개인의 이익이 절대 침해될 수 없다는 의미는 아니다. 그러나 기본권은 인플레이션 관리와 같은 경제적 목표나 인구 성장률의 조절과 같은 인구목표 등 일상적인 정책 목표 때문에 부정돼서는 안 된다. 내 권리의 행사는 다른 사람의 권리 행사와 연결돼 있다. 따라서 건강권이 존엄성과 밀접하게 연관돼 있음을 인정한다고 해서 (다른 사람에 대한 기회비용을 포함해) 비용에 상관없이 모든 의료적 치료를 요구할 권리가 있다는 뜻은 아니다. 나는 이 책에서 건강을 권리로 간주하려면 먼저 건강과 광범위한 사회정책 간의 불가분한 연관성을 이해하고, 모든 인간이 윤리적인 배려를 받을 권리가 있음을 진지하게 고려하는 가운데 보건제도 내에서 재정과 우선순위, 규제·감독에 관한 결정을 내려야 한다고 주장한다.

국제법에서의 보편성과 정당성

국가의 부당한 법률이 불러일으킨 홀로코스트가 있었던 제2차 세계대전이 종식된 후에, 다수의 학자와 정책 결정자들은 모든 사람의 존엄성을 보호하기 위해서는 세계 평화와 안보와 더불어 초국적 규정에 기반한 질서가 필요하다고 믿었다. 그에 따라 1948년, 국제인권법의 기반이자 시민 자유와 경제·사회·문화적 권리를 모두 포함하는 세계인권선언이 '모든 인류를 위한 공통된 기준'으로서 유엔총회에서 반대 없이 채택됐다. 정의에 대한 보편적인 비전을 제시하는 '도덕률higher law'로서의 성격을 가졌는가를 두고는 논란의 여지가 있다.

아르헨티나의 법이론가 카를로스 니노는 역사적으로 법의 탈정치화라는 개념이 프랑스의 '인간과 시민의 권리선언Declaration of the Rights of Man and of the Citizen'에서부터 시작됐다고 봤다. 이 선언에서, 대중적 의지로부터 탄생한 권리는 앙시앵레짐Ancien Regime*의 낡은 법과 구분되며, 세속적이면서도 더 상위에 있는 새로운 법률은 인간의 사고력을 통해 오류 없이 해석될 수 있는 것으로 간주됐다. 그렇게 정치로부터 법을 분리시키려는 전통이 시작됐고, 다양한 맥락에서 '실증주의'와 '형식주의'가 그 뒤를 이었다.[13] 세계인권선언의 역사적 배경과 초국적 규범의 특수성에 대해 이해하고 있음에도, 국제 인권법을 '천부인권' 또는 실증주의적 규칙의 일부로 간주하려는 경향도 있었다.

한편, 이러한 국제 규범은 보편성을 주장하고 아마르티아 센이 말한 '비판적 거리에서 보는 관점'을 제공함으로써[14] 사람들이 자신에게 부과된 법률과 상황이 공정하거나 불가피한 것이 아님을 알 수 있게 했다. 또 전 세계적으로 억압당하는 이들이 '보편적 인권'이라는 관용구에서 도덕적 주체성을 찾은 시기가 1970년대기도 하다. 다른 한편으로, 특히 1970년대 이후 건강권과 경제·사회·문화

* 1789년 혁명에 의해 전복된 프랑스에서의 혁명 전 사회질서를 말한다.

적 권리의 실천에서 비롯된 성과와 도전을 이해할 수 있는 유일한 방법은, 국제적인 차원에서 그리고 개별 국가 내 현지화 과정에서 이러한 권리의 해석이 발전하는 데 관여한 정치적 논쟁과 권력의 역학을 분석하는 것이다.

처음부터 시작해 보자. 보편적 인권이 출범했을 때의 규범적인 기반을 살펴보면, 이후의 발전 과정을 평가하는 데 도움이 될 것이다. 미국의 인종 평등을 포함해 세계인권선언에 명시된 많은 권리가 실제로 협상 참가국 내에서는 무시됐다. 여전히 식민체제하에서 투쟁 중이던 사하라사막 이남의 아프리카국가들은 협상에 참여하지 못했고, 입안자들은 사실상 전부 남자였다. 그렇기는 해도, 세계인권선언은 다양한 문화적 상황에서 존중해야 하는 권리들을 확립하기 위해 유럽과 남미, 북미, 이슬람교, 유대교, 중국의 철학적·문화적·법적 전통을 가진 주요 법학자와 사상가들을 한자리에 모았다.

알래스데어 매킨타이어Alasdair MacIntyre와 같은 보편적 권리 강령 universal code of rights의 유명 비평가들은 문화적 가치에 대한 근본적 합의가 없는 상태에서 추상적인 원칙은 국가적 실천에 충분한 방향을 제시할 수 없고, 재해석되고 전면 거부될 가능성이 있다고 주장했다.[15] 세계인권선언의 초안을 작성할 때 핵심적인 역할을 한 프랑스 철학자 자크 마리탱Jacques Maritain은 다양한 문화와 문명, 종교적 전통, 사상학파적 배경을 지닌 사람들 간에 범세계적인 합의를 끌어내기 어렵다는 사실을 인정했다.[16] 그러나 마리탱은 세계인권선언의 목적이 "세상과 인간, 지식에 대해 모두가 동의하는 하나의 개념을 찾는 것이 아니라 행동에 대한 공통된 입장을 정하고 이에 합의하는 것이다. 이것이 분명 아주 작은 일이겠지만, 위대한 일을 수행하기에는 충분하다"라고 주장했다.[17]

따라서 철학적으로 세계인권선언은 자유주의 철학자 존 롤스John Rawls가 말한 여러 사상학파들 간의 '중첩적 합의'에 근거했다고 할 수 있다.[18] 인간 존엄성과 평등에 대한 공통된 개념을 보여주는 증거는 유교, 이슬람교, 기독교적 가르침과 계몽주의적 자유주의, 1917년 멕시코의 혁명헌법, 1941년 프랭클린 루스벨트Franklin Roosevelt의 '네 가지 자유'*에 대한 연설 등에서 찾을 수 있다. 다시 말해서, 마리탱이 주장한 것처럼 정의justice의 종교적·철학적 개념에 대한 논쟁을 자제함으로써 존엄성과 평등의 기본 도구가 될 수 있는 일단의 권리에 대해 (비록 이를 지지하는 이유는 달랐을지라도) 중첩적 합의에 도달할 수 있었다.

사회선택이론에 따르면 세계인권선언은 또한 '불완전하게 이론화된 합의Incompletely Theorized Agreement'라고 부를 수도 있다. 캐스 선스타인Cass Sunstein은 불완전하게 이론화된 합의라는 개념을 적용해 미국의 법원 판결들이 심각한 의견 충돌 상황에서도 어떻게 헌법 규정을 확립하는 방향으로 이행됐는지 보여줬다.[19] 실제로 하나의 보편적인 선언에 도달하기 위해 극복해야 했던 방대한 사회적 다원주

---

* 1941년 1월 6일 프랭클린 루스벨트 당시 미국 대통령이 연두교서에서 연설한 (1) 언론과 표현의 자유, (2) 신앙의 자유, (3) 결핍으로부터의 자유, (4) 공포로부터의 자유를 뜻한다.

의를 고려하면, 세계인권선언은 불완전하게 이론화된 합의의 전형이라고 할 수 있다. 불완전하게 이론화된 합의가 작동하는 방식을 보여주기 위해 선스타인은 '살인은 옳지 않다'와 같은 보편적인 원칙을 지지하는 사람들은 이 원칙이 낙태나 안락사와 같은 특정한 경우에 어떤 의미를 갖는가에 대해 합의할 필요는 없다고 지적한다.[20] 일례로 세계인권선언이 합의될 당시 '생명권'은 생명을 중시하는 이유나 형이상학적인 관념들을 구체적으로 설명할 필요가 없었다.

존 토빈John Tobin과 제니퍼 프라 루거Jennifer Prah Ruger는 불완전하게 이론화된 합의라는 개념을 건강권에 적용했다.[21] 루거는 이 개념이 합의의 과정에서 서로 다른 다양한 길을 허용하기 때문에 "다원적이고 모호한 인간의 선善이라는 문제에 적합하다"라고 주장했다. 또한 "본질적으로 다원적이고 불분명한 개념에 대한 공공철학의 문제에서, 그리고 다양한 견해와 의견 충돌이 내재된 집단적 선택을 다루는 데 있어서, 즉 공공정책과 인권 논의 참가자들이 구체적인 합의에 이르는 데까지는 불완전하게 이론화된 합의가 도움이 될수 있다"라고 설명했다.[22]

아마르티아 센이 주장한 것처럼, 세계인권선언과 같은 합의가 불완전하게 이론화됐다고 해서 그 가치가 감소하는 것은 아니다. 대신, 합의를 개선하고 특정한 결과에 도달하기 위해서 그러한 규범들에 대해 숙고하는 과정이 필요하다.[23] 건강권의 측면에서 볼 때 이것은 특정한 헌법적·역사적·사회적 맥락에서 다양한 사람들의 삶에 적용되는 방식에 비춰, 건강권의 형태를 협상하는 과정이 중요하다는 점을 보여준다.

정치로서의 인권: 냉전과 그 이후

필립 올스턴은 세계인권선언에 시민적·정치적 권리와 경제·사회·문화적 권리가 동등하게 포함된 것은 "1940년대의 자본주의와 공산주의 접근법 사이에서 치열하게 싸워 얻은 이데올로기적이고 정치적인 타협점을 보여준다"라고 했다.[24] 그러나 이는 '풀칠'에 지나지 않았다. 냉전 기간에 서양에서는 시민적·정치적 권리가 우선시됐고, 구소련을 비롯한 다른 국가에서는 경제·사회·문화적 권리가 중시됐지만, 정치적으로는 '이들을 제대로 붙여놓지' 못했다.

1970년대: 권리가 부상한 배경

법역사학자 새뮤얼 모인Samuel Moyn에 따르면, 우리가 '인권의 이데올로기적 부상'을 목격한 것은 1970년대였다.[25] 탈식민화, 미국의 민권운동, 중남미의 군부독재, 소련의 쇠퇴를 배경으로 국제질서에서 개인의 권리침해가 더욱 관심을 받았고, 세계인권선언에 명시된 바와 같이 모든 사람과 국가를 위한 '공통된 달성 기준'으로서 인권이 자리 잡았다.

  인권의 증진과 더욱 평등주의적인 국제질서를 연결하려는 초기의 중요한 노력이 있었다. 예를 들어, 종속이론dependency theories은 미국이나 서유럽과 같은 '중심부'국가와 '주변부'국가 간의 역사적 우연historically contingent에 의한 권력 역학에 초점을 맞췄다.[26] 더욱이 이것은 비단 학문에만 국한된 문제가 아니었다. 1964년에는 국가 간 무역 평등의 기반을 증진하고 관련 연구를 수행하기 위한 포럼으로서 유엔무역개발회의UN Conference on Trade and Development가 수립됐다.

몇몇 인권학자에 의해, 그리고 정책 차원에서도 중심부국가들과 주변부국가들을 연결해야 할 필요성이 인식됐다. 1968년 이란의 수도 테헤란에서 최초로 개최된 국제인권회의International Conference on Human Rights는 "인권을 실현하는 데 있어서 지속적인 발전을 달성할 수 있는가 여부는 견실하고 효과적인 국가적 및 국제적 경제·사회 발전 정책에 달려 있다"라고 선언했다.[27]

당시 탈식민국가와 비동맹 운동 대표 연합은 국가 간 불평등을 해소하기 위해 신국제경제질서를 주장했다.[28] 신국제경제질서는 1974년 유엔특별총회에서 발표됐고, 같은 해 유엔은 '국가의 경제적 권리 의무헌장Charter on the Economic Rights and Duties of States'을 채택했다.[29] 그러나 신국제경제질서에 내포된 반식민주의적, 평등주의적 열망은 권위주의 정부들에게도 지지를 받았다. 1977년 유엔인권위원회UN Commission for Human Rights의 요청으로 작성된 '발전권'에 관한 보고서[30]는 남반구국가들이 인권의 범위를 확장해 국제 개발과 관련된 문제들도 인권에 포함하도록 요구하는 계기가 됐다. 동시에 구속력이 없는 유엔발전권선언Declaration on the Right to Development에서

개인의 권리와 국가의 자결권이 어떻게 공존할 수 있을지에 대해서는 개념적인 갈등이 분명히 존재했다.[31]

더 나아가 1970년대에 서구의 좌파 지식인들 사이에서는 혁명 정치에 대한 환멸과 마르크스주의와 강제노동수용소가 연결되는 것에 대한 불만이 커져갔다.[32] 예를 들어, 1968년 프라하의 봄에서 민주화의 희망이 압살된 후 프랑스 지식인 사회와 정계에서는 '신철학' 열풍이 불어닥쳤고 이후 확산됐다. 1970년대 후반이 되자 미셸 푸코Michel Foucault를 비롯한 다수의 사상가는 혁명을 통한 해방이라는 전제에 의문을 품기 시작했다. 그러한 전제는 정치적 주권의 문제에만 집중하는 경향이 있었다. 또한 기술과 지식을 통해 우리의 몸과 정체성을 통제하고 행동 영역을 구성하지만, 건강 및 건강권의 가능성에 대해 (푸코가 주장한) 연속적인 '규율' 권력의 여러 측면은 고려하지 않았다.[33]

이러한 변화를 이해하는 데 중요한 또 하나의 요소는 전후부터 1970년대까지는 많은 국가, 특히 북반구에서 전례 없는 성장과 높은 고용률, 노동자계급의 급격한 생활수준 상승이 동반된 번영의 시대였다는 점이다. 1950년부터 1973년까지 세계경제가 연간 1인당 약 3% 성장했다.[34] 미국에서는 같은 해 최저 빈곤율(11%)을 기록했다. 소득세는 누진적이었고, 최고한계세율이 1942년에는 88%, 1951년부터 1963년까지는 91%, 1981년까지는 70% 이상이었다. 경제가 성장하고 불평등이 감소하며 계급투쟁을 향한 시급한 요구가 점차 사라져 갔다.[35]

여성, 유색인종 및 성소수자 등 다양한 집단이 계급 착취의 종식만이 아니라 사회로의 편입과 자신의 정체성에 대한 권리를 요구하며 목소리를 높이기 시작했다. LGBTQ* 운동의 등장부터 여성해방에 이르기까지, 카타르시스와 대립이 10년간 이어졌다. 이렇듯 가부장적 사회의 중심부를 뒤흔든 전면적인 사회운동에는 역풍이 뒤따랐다. 아르헨티나를 비롯한 독재사회와 민주사회에서 반근대주의적 종교 집단은 이와 같은 사회와 가정의 교란에 대응해 가상의 괴물들을 만들어 냈다. 일례로, 제약받지 않는 여성의 욕망을 도덕적 타락과 연관시킴으로써, 법을 이용해 여성의 몸을 통제하고자 했다.[36] 1970년대 이후 이성애자 여성과 LGBTQ 집단의 성과 재생산 권리를 위한 투쟁은 지지 운동과 반대 운동 간의 역학으로 점철됐다.

1979년 여성차별철폐협약이 채택되고 아르헨티나의 독재정권이 서구 기독교적 가치의 수호를 천명할 때, 이란에서는 혁명으로 국왕이 폐위되고 아야톨라 호메이니Ayatollah Khomeini의 이슬람 근본주의가 권좌에 올랐다.[37] 종교와 지역을 아우르는 이러한 근본주의는 가족과 재생산 영역에서 여성의 역할에 대한 교리를 공유했다.

요약하자면, 자유주의와 율법주의에 대해 마르크스주의자들이 비판해 왔듯이, 바로 이러한 세상에서 여성 등 억압받는 사람을 위해 법의 지배와 개인의 자유를 보호한다는 것은 교묘한 속임수 이상으로 인지되기 시작했다.

---

* Lesbian, Gay, Bi, Transgender, Queer의 약자다.

인권과 자유주의국가: 개념화와 문제점

냉전 기간 중에는 시민적·정치적 권리가 이데올로기적 측면에서뿐만 아니라 법적으로도 경제·사회·문화적 권리와 분리돼, 시민적·정치적 권리에 관한 국제규약International Covenant on Civil and Political Rights(이하 자유권규약)과 경제·사회·문화적 권리에 관한 국제규약International Covenant on Economic, Social and Cultural Rights(이하 사회권규약)이라는 두 개의 조약으로 나뉘었다. 이 두 조약은 모두 1976년에 발효됐다. 대체로 서유럽 및 미국의 정치적 이해와 맞물려 있던 당시의 지배적인 인권 패러다임은 전통적인 자유주의국가 및 이러한 국가에서 권력이 행사되는 방식과 긴밀히 연관돼 있었다.

19세기 자유주의국가의 기능에 대한 이해를 바탕으로 한 시민적·정치적 권리에 대한 규범은 (1) 고문, 임의적 구금, 생명의 임의적 박탈에 관한 조항 등 개인의 신체적 온전성의 보호, (2) 정당한 법적 절차, 수감 조건 등 개인의 자유를 박탈할 때의 절차적 정당성, (3) 인종, 젠더 등에 기반한 공식적인 법적 평등 또는 법률에 따른 평등한 보호, (4) 양심·표현·집회정치 활동 및 결사의 자유, (5) 정치 참여의 자유라는 범주로 나눠볼 수 있다.[38] 전통적인 자유주의국가에서 권리의 주체는 평등하고 자율적인 개인(재산을 소유한 이성애자 남성)으로서 (앞에서 기술한 제한적인 권리의 보호와는 구분되는) '무엇이 선善인가'에 대한 자신만의 생각을 비공식적으로는 자유롭게 추구할 수 있었다. 앞에서 언급한 다섯 가지 영역의 보호는 국가가 잠재적으로 개인에게 해줄 수 있는 것에 기반한 소극적 자유negative liberties로 간주됐다.

이러한 권리의 보호는 또한 이동·집회·표현·양심의 자유를 제한하거나 강제로 재산을 압수하는 것과 같이 A가 B의 의지에 반해서라도 B로 하여금 어떤 결과를 내도록 만들 수 있다면 A가 B에 대해 권력을 가지고 있음을 의미하는, 지배로서의 권력 개념을 기반으로 했다.[39] 그 전형적인 예가 해군정비학교와 같은 국가기관들에 의한 고문이다. 따라서 전통적인 자유주의적 관점에서는 이러한 지배로부터 개인을 보호함으로써 권리가 권력을 규제한다.

국제 인권 체계가 자유주의국가 내에서 이처럼 협소한 권력 규제의 개념에 기반하고 있다는 사실은 기존에 인정되던 권리에서부터 시민적·정치적 권리와 같은 권리의 개념화에 이르기까지 상당한 함의를 가져왔다. 예를 들어, 정치 참여는 여러 가지 복잡한 사안에 대해 결정을 내릴 책임을 부여받는 정치 대표자를 선출하기 위해 단편적으로 투표에 참여하는 행위로 간주됐다. 하지만 꼭 그래야 하는 것은 아니다. 더욱 강고한 숙의와 사회적 실천을 중시하는 민주주의라는 개념에서 정치 참여는 (다른 권리들처럼) '활발한 시민집단의 참여와 헌신에 (정치 참여의) 규범적인 힘이 의존하는' 긍정적인 권리로 이해될 수 있다.[40] 마찬가지로, 특히 건강권의 경계가 본질적으로 불확정적이고 계속 변화한다는 사실을 고려할 때, 건강권의 실현이 반드시 무제한적인 선택권과 기술관료들이 규정한 개입에만 달려 있는 것은 아니다. 하버마스의 표현을 빌리자면 거기에는 적극적인 **의지 형성**active will-formation[41], 즉 지속적인 기술 발전과 역학적·인구학적 변화 속에서 우리가 동등한 존엄성을 지닌 다양한 인간으로서 서로에게 의지한다는 사실에 대한 지속적인 집단적 성찰이 필요하다.

윤리학자 노먼 대니얼스는 인구 집단 건강을 위해 자원을 배분하는 데는 합리적인 사람들 간에도 의견이 다를 수 있다고 말한다. 따라서 심의절차가 공정하다고 인식되고 자원의 배분 결과 또한 공정하다고 간주되는, 절차적으로 공정한 선택 상황을 만드는 것이 정의의 역할이라고 주장했다.[42] 건강과 관련해 절차적 정의가 중요하다는 사실은 이 책에서도 계속 다룰 것이다. 그러나 모든 선택 상황이 불가피하게 정치적인 공간에서 일어나기 때문에 건강권 투쟁은 건강 관련 의사결정 과정에 누가 참여할지, 어떤 문제를 고려하고 결정할지, 어떤 명시적이고 암시적인 규칙들을 따를지와 같은 주제들을 계속해서 확장시켜야 했다.

권리에 대한 전통적인 자유주의적 개념화는 또 **이전 상태**로 되돌려 놓는 구제책을 처방하기 때문에, 건강권을 제대로 실현하는 데 부적합하다. 예를 들어, 임의 구금이나 부정선거가 발생하면 원상회복, 보상, 재발금지 조치 등의 구제책이 마련된다. 또한 지난 30여 년 동안, 건강권 주장 활동은 [건강]관리와 조절의 실패를 해결하기 위해 [질병] **이전 상태**로 되돌려 놓는 회복을 목표해 왔다. 우리는 또 개별 국가의 보건제도에 대한 관리 및 감독상의 허점을 메우고 책임자를 처벌하기 위해 국제법이 사용되는 것을 봤다. 그럼에도 불구하고, 건강에서 사회적 평등과 성평등을 증진하기 위한 투쟁은 기존 상태와 그 상태를 유지하는 법적 구조를 뒤흔들고 변화시키기 위한 지속적인 노력을 필요로 했다.

국제법에서의 건강권의 위상

냉전정치로 인해 건강권과 같은 경제·사회·문화적 권리가 주류 국제 인권 담론 및 운동에서 소외됐다. 건강권은 국제법하에서 사회적 권리로 규정돼 사회권규약 제12조에 포함됐다.

자유권규약과 사회권규약의 문구는 여러 면에서 차이가 있다. 예를 들어, 사회권규약 제12(1)조에는 (자유권규약에 나와 있듯이) '모든 사람이' 건강에 대한 '권리를 가지고 있다'라고 하지 않고 '국가는 모든 사람이 도달할 수 있는 최고 수준의 신체적·정신적 건강을 향유할 권리가 있음을 인지한다'라고 명시돼 있다.[43] 이 문구는 건강을 '신체적·정신적·사회적 안녕이 완전한 상태'라고 정의한 세계보건기구World Health Organization, WHO 서문과도 다르다.[44]

사회권규약은 건강을 직접적으로 정의하지 않지만 제12(2)조에서 (a) 사산률과 영아 사망률의 감소 및 아동의 건강한 발달**을 위한 준비**, (b) 환경 및 산업 위생의 (……) 개선, (c) 전염병, 풍토병, 직업병, 기타 질병의 예방과 치료 및 통제, (d) "질병 발생 시 모든 사람들에게 의료 서비스와 치료를 제공할 수 있는 환경"**의 조성** 등 '이 권리의 완전한 실현을 달성하기 위한' 단계들을 명시하고 있다.[45] 자유권규약이 국가로 하여금 시민적·정치적 권리를 즉시 실현할 것을 요구한 반면, 사회권규약 제2조는 각국이 '특히 법적 조치의 채택을 포함해 모든 적절한 수단을 통해 현 규약에 명시된 권리들의 완전한 실현을 **점진적으로 달성**하기 위해, **가용 자원을 최대한도로 이용해**, 특히 경제적 및 기술적 측면에서, 국제적 지원과 협력을 통해 개별적으로 단계를 이행'하도록 규정한다.[46]

개별 국가들은 오랫동안 이러한 차이를 이용해 경제·사회·문화적 권리 이행을 무기한으로 지연시키며 합리화했는데, 이는 국제법상 명백히 용인되지 않는다. 이러한 언어적 차이가 시민적·정치적 권리의 '진짜' 법적 성격과 경제·사회·문화적 권리의 프로그램적 성격을 구분하기 위해 사용됐다고 주장하는 학자들은, 고의적이었든 의도치 않았든 그러한 합리화를 정당화했다. 그러나 건강권이나 다른 경제·사회·문화적 권리를 반드시 이런 식으로 생각할 필요는 없다. 사회권규약에 대한 조약성립 **준거자료**travaux preparatoires와 지속적으로 변화하는 건강권의 성격을 고려한 목적적 해석에 근거해 '점진적인 달성'의 의미를 해석할 수 있는 다른 방법이 있다. 당시 참석한 다른 국가의 대표자들과 비슷한 견해를 표명한 덴마크 대표의 표현을 빌리자면 "점진적인 달성은 역동성을 반영하는데, '점진'의 본질이 연속성이기 때문에 (……) 어떠한 고정된 최종 목표도 정해지지 않았음을 의미한다".[47] '점진적인 달성'을 확정된 목적지로 향하는 고정된 경로로 간주하지 않는다면, 우리는 (대니얼스가 말한)

선택 상황이 연속적이며 공정하게 작동하는 데 필요한 조건에 보다 집중해 건강권을 해석할 수도 있을 것이다. 이러한 접근은 지속적인 개선의 필요성이나 국가 간 불평등, 국제 협력 및 원조의 불평등에 대응해야 할 필요성을 결코 부인하지 않으며, 동시에 가장 발전된 국가도 건강권을 실현하기 위한 역동적인 노력이 지속적으로 필요하다는 사실을 분명히 한다.

자유권규약에는 '국제 원조와 협력'이라는 표현도 포함되지 않았다. '가용 자원을 최대한도로'라는 표현에 담긴 프레이밍은 자원에 따른 한계가 현실과 법적 기준에, 가령 캐나다와 매우 다른 카메룬의 법적 기준에 어떤 영향을 미칠지에 대한 많은 이론을 촉발시켰다. 실제로는 물론 부의 격차와 개발 수준도 시민적·정치적 권리에 영향을 끼친다. 그럼에도 불구하고 일부 건강권 학자들은 이러한 언어와 기타 정치적 공약을 바탕으로 구체적이고 적극적인 국제 원조 의무를 규정하고자 시도했다.[48] 내가 볼 때 그러한 접근법은, 틀렸다고 밝혀진 시민적·정치적 권리와 경제·사회·문화적 권리 간의 차이와 국제 정치경제에서 권력의 불균형을 강화시킬 수 있다. 반대로, 책의 후반부에서 주장하듯이, 국제질서 속에서 보다 원대한 국제 보건 (그리고 사회) 정의를 달성한다는 담대한 약속은 심화되는 경제적 거버넌스에 대응하고 초국적 기업과 다자 기구를 통해 북반구국가들이 직접적으로 가하는 부정적인 행동을 단념시킬 수 있는 규범을 수립할 때 가능하다.

이 두 가지 권리는 국제법에서만이 아니라 북반구의 비정부기구들이 주도하는 국제 인권공동체에 의해 현장에서도 별개로 다뤄졌다. 1978년 국제인권감시기구Human Rights Watch의 창립 이사로서, 이후에는 오픈소사이어티재단Open Society Foundation의 회장으로서 국제 인권운동을 '비정치적'이고 '비계급적'으로 만드는 데 핵심적인 역할을 한 아리에 나이어Aryeh Neier는 오랫동안 경제·사회·문화적 권리가 사법적 결정에는 맞지 않는 본질적으로 정치적인 질문이라고 주장했다. 이러한 주장은 **진짜** 권리라는 사실보다는 권리와 법제화 간의 연관성을 강조하는 것이었다.[49] 여러 맥락에서 재판 회부 가능성justiciability이라는 장벽이 국제법과 헌법에서 약화되긴 했지만[50], 1970년대에 우세했던 인권에 대한 협소한 관점이 오늘날에도 여러 공식적인 정치적·법적 담론을 지배하고 있다. 이와 동시에 최근의 인권 비판가들은 너무도 자주 이와 같은 '국제적인' 비정부기구들의 관점을 다양한 국제 인권공동체의 관점과 동일시하곤 한다.[51]

국제 인권의 발전: 여성의 권리

시몬 드 보부아르가 처음 명명한 여성의 '체험된 현실lived realities'은 전통적인 자유주의적 사상의 여러 개념에 문제를 제기했다.[52] 다른 페미니스트들도 우리의 몸이 자율적인 독립체라기보다 상황situations 이라고 주장했다.[53] 가장 극단적인 예로, 성폭력 사건에서 여성의 몸은 증거가 된다. 우리의 일상 속 옷과 화장에서부터 임신한 몸에 이르기까지, 여성이 보이는 방식은 남성의 경우와 달리, 미덕과 가치에 대한 대중적 판단에 구속됐다(그리고 지금도 그렇다). 통상적으로, 종래의 자유주의에서 권리는 흔히 재산 소유자 간의 분쟁이 생길 때나, 표현의 자유가 타인의 권리를 간섭할 때와 같은 '상호주관적인intersubjective' 행동을 규제하는 것으로 생각된다. 그러나 여성의 경우에는 특히 복잡하다. 짧은 치마를 입거나 상의 탈의를 하는 것만으로도 여성은 **상호주관적 행동**에 참여하고 어쩌면 성희롱이나 성폭력을 선동한 것으로 간주될 수 있다. 심지어 여성과, 여성의 몸 안에서 자라는 배아의 관계도 상호주의적 관계로 간주돼 법적 통제의 가장 직설적 형태인 형법에 의해 규제됐다.

또한 전통적인 자유주의국가에서 공적 영역과 사적 영역 간의 경직된 이분법은, 여성들의 체험된 현실에서 가장 시급한 사안 대부분을 정의와 권리의 문제로 간주되지 못하도록 막았다.[54] 1970년대 국제법에서 '공'과 '사'는 양극단처럼 보였다. 아르헨티나에서 일어난 고문과 실종과 같이 독재정권하의 국가 행위자들이 자행한 행위는 인권침해로 인식됐다. 이와는 대조적으로, 가정의 사적인 영역에서 일어나는 신체폭력과 성폭력은 동등한 존엄성의 문제로 여겨지지 않았고, 공적으로 논의되지도 않았다.

더 나아가, 1990년대 초 인권법과 헌법에서 인간 존엄성이 본질적으로 비의존성과 관련돼 있다는 사실, 즉 루소Jean Jacques Rousseau[55]가 말한 "어느 누구도 다른 사람을 살 수 있을 만큼 부유하지 않으며, 어느 누구도 자신을 팔아야 할 만큼 가난하지 않다"라는 사실을 인정하기 시작했을 때조차도 여성들의 체험된 현실은 거기에 포함되지 못했다. 노동과 권력의 성적 구분은 서로 얽혀 있고, 서로를 강화한다. 남성은 공적 노동시장에서 생계 부양자가 되고, 여성은 사적 영역인 가정에서 돌봄 제공자가 될 때, 인간 스스로 삶을 꾸려나간다는 비의존성은 허위임이 드러난다. 만약 직업이 아내이자 어머니라면 그 역할을 벗어날 수 없기 때문이다. 여러 사회에서 여성의 성노동이 범죄화돼 있는 것은 여성이 경제적 독립을 위해 성노동을 하는 것이 허용되지 않기 때문이다. 반면 전 세계적으로 애정이 없고 때로는 폭력적이기까지 한 혼인 관계에서의 사실상 거래적인 성관계는 전통적인 가족의 한 부분으로 정당화된다. 아직도 부부강간을 범죄로 보지 않는 사회가 많다. 보호와 주체성에 대한 여성들의 다양한 욕구에 대응하기 위해 지난 수년 동안 헌법과 국제 인권법의 규정을 창의적으로 재해석해야 했다.[56]

그러나 전 세계적으로 일어난 여성해방운동과 과학의 발전으로 기존에 부여된 사회적 역할로부터 해방될 가능성이 열리고, 여성의 체험된 현실이 변화하기 시작했다. 그 시기가 1970년대였다.

여성차별철폐협약: 새로운 프레임워크의 등장

앞서 언급한 것처럼 1960년대와 1970년대에는 여성들이 사회적·법적 운동을 통해 억압적인 성역할과 몸, 욕망, 삶에 대한 통제로부터 벗어나 더욱 큰 자유를 추구하기 시작했다. 1975년 12월, 유엔사무총장은 1976년부터 1985년까지를 여성의 동등한 권리를 증진하기 위한 '여성을 위한 유엔 10년UN Decade for Women'으로 선포했다.[57] 1979년에는 전 세계 여성운동의 공조로 여성차별철폐협약이 선포됐다. 공적 영역뿐 아니라 사적 영역에서의 여성차별문제를 다룬 첫 번째 인권조약인 여성차별철폐협약은 형식적 평등과 함께 실질적 평등의 필요성을 증진했으며, 여성차별과 관련한 데이터가 없다는 사실을 드러냈다.

공적 영역과 사적 영역의 격차 줄이기

역사상 처음으로 구속력 있는 국제조약이 공적 영역과 사적 영역, 정치적 영역과 사회문화적 영역 전반에서 남성과 여성의 행동 패턴에 제한을 두는 국가의 역할을 인정했다. 일례로, 여성차별철폐협약 제5조는 국가로 하여금 "남성과 여성에 대한 (……) 정형화된 역할을 바탕으로 하는 유해한 전통 관행과 편견을 철폐하기 위해, 남성과 여성의 행동에 대한 사회적·문화적 패턴을 수정"할 것을 요구했다.[58] 1970년 후반의 사회 상황을 고려할 때, 국제법에서의 이러한 조항은 획기적인 내용이었다. 가부장적인 가족과 전통적인 성역할은 보편적이었을 뿐 아니라, 아르헨티나의 군사정권부터 이란의 새로운 혁명 정부에 이르는 많은 보수 정부들이 강력히 옹호했고, 전 세계의 공적 담론에서도 대체로 당연시됐다. 남성과 여성에 대한 '정형화된' 역할을 해체하는 것은 생물학적 성 못지않게 관습과 권력관계를 바탕으로 구성되는 '젠더'라는 사회적 구성물을 국제법에 통합시키는 문을 열었다.

형식적 평등과 실질적 평등

일부 페미니스트 학자들은 여성차별철폐협약이 "여성들의 동화assimilation를 가로막는 구조적 편견"에 중점을 두지 않고, 여성을 남성의 모델(자유주의적 편입 모델)에 맞추려 한다고 비판했다.[59] 돌이켜 보면 그 비판은 유엔여성차별철폐협약위원회(이하 여성차별철폐위원회)가 유해한 전통 관행을 해석할 때 비서구 문화를 이국화exotification한 것과 같이, 분명한 사실이었다. 그럼에도 불구하고 이 협약은 국제 인권법의 구조를 반복적으로 개선하는 과정에서 핵심적인 역할을 했다.

여성차별철폐협약을 기점으로 우리는 형식적 평등만이 아니라 실질적 평등에 대한 여성들의 욕구를 보다 잘 이해하게 됐다. 형식적 평등은 여러 형태의 공식 고용과 공적 의결 과정에서 여성을 배제했던 임의적인 법적 차별을 철폐하고자 한다.[60] 미국의 50개 주 전체에서 1973년까지 여성에게 배심원 역할을 주지 않은 것은 시민 영역에서의 여성 배제를 보여주는 전형적인 예다. 이 제도를 바꾸기 위해서는 여성의 법적 (그리고 사회적) 개념을 또래 집단의 동등한 구성원이자 합리적인 주장에 기반해 숙의 과정에 참여할 수 있는 **사람**으로 바꿔야 했다.[61]

그러나 형식적 평등은 앞서 언급한 것처럼 실제의, 체험된 현실을 규정하는 사회정치적 맥락을 간과하는 경우가 많다. 실질적 평등의 실현은 경제적·정치적 영역과 사적 영역 모두에서, 다양한 여성들이 남성들과 동등한 위치에서 효과적으로 권리를 향유할 수 있도록 하는 법적·규제적·제도적 조치를 필요로 한다. 일례로, 여성차별철폐협약은 보건의료 측면에서 여성이 남성과 같이 유의미한 평등을 온전히 향유하기 위해서는, 재생산을 비롯해 건강과 관련한 여성들의 각기 다른 욕구를 정책과 프로그램에 반영해야 한다고 명시한다.[62] 따라서 이 협약은 차등적인 의무가 여성을 위한 실질적 평등에 기여할 수 있음을 인정했고, 이후 수십 년간 사회권위원회의 「일반논평20」 등을 비롯해 조약감시기구들이 작성한 일반논평과 국가의 헌법에 이론화됐다.[63]

실증적 데이터의 필요성

여성차별철폐협약이 공표될 당시 전 세계 모든 국가에서 여성들이 형식적 차별과 실질적 차별을 경험하고 있었지만, 상황의 심각성을 보여주는 데이터는 존재하지 않았다. 1991년 유엔이 발표한 「1970~1990년 세계의 여성: 동향과 통계The World's Women 1970–1990: Trends and Statistics」 보고서는 가정폭력 데이터의 필요성을 강조하며 가정폭력이 "측정되지는 않았으나 매우 만연한 것이 거의 확실하다"라고 기술했다.[64] 다양한 여성 집단이 경험하는 차별에 대한 가장 기초적인 실증 자료 없이는 각국 정부가 여성차별철폐협약에 개념화된 문제들에 대응하기는 어렵거나 거의 불가능했다. 일례로,

미국은 전 세계적인 움직임이 있고 난 후인 1994년이 돼서야 여성 폭력방지법Violence Against Women Act[65]을 통과시켰다.

여성 건강 분야에서의 상황도 마찬가지로 암울했다. 1970년대 에는 여성의 건강이 출산율의 측면에서 측정됐고, 대체로 아동 건 강의 부수적인 부분으로 간주됐다. 그로부터 10여 년이 지난 후에 야 임신과 출산에서 여성의 생존에 필요한 건강이, 아기의 생존에 필요한 건강과 완전히 다르다는 증거가 축적되기 시작했다. 그러 나 여성에게 아동과 다른 의료 서비스가 필요하다는 규범이 여성차 별철폐협약에 명시되고 여성운동과 학계에 통용되기 시작하면서 1980년대 이후부터는 데이터 수집과 실질적인 진전이 시급한 과제 로 부상했다.

생물의학적 혁신과 여성해방 간의 양가적 관계

여성차별철폐협약이 여성에 대한 데이터를 시급히 수집해야 한다 고 알렸다면, 과학적 혁신은 여성해방 전반을 위한 사회적·정치적 운동을 촉발하는 데 결정적인 역할을 했다. 1960년대 미국과 유럽 의 여러 국가에서 경구피임약이 승인됐고, 1970년대 초반에서 중 반 사이 전 세계 수천만 명의 여성이 경구피임약을 이용할 수 있게 되면서 판세가 바뀌었다.[66] 1969년 유엔인구활동기금(현 유엔인구 기금UN Population Fund)이 창설됐고, 국가 주도의 가족계획정책 시대가 도래했다.[67] 1970년대에 여성이 경구피임약을 비롯한 피임법을 이용할 수 있게 되면서 여성의 재생산적 자율성과 성적 주체성이 크게 증진됐다.

그럼에도 불구하고, 여성의 출산 능력에 대한 국가의 통제와 피임 간의 복잡다단한 관계는 (이 책에서 앞으로 보겠지만) 국제 보건에서 식민주의적 충동과 시너지를 일으키며 전개됐고, 이는 오늘날까지도 지속되고 있다. 실제로 여성의 건강과 남성 중심적인 생물의학 간의 양가적 관계를 이해하지 않고는 여성 건강권을 위한 투쟁을 이해할 수 없다. 생물의학은 여성을 전통적인 역할에서 해방하는 동시에 계속해서 다양한 여성의 몸을 규제하고 '훈육'하는 데 이용됐다.[68]

사실상 의사는 모두 남자였고 여성 환자는 가장 기본적인 자율성을 부정당하고 정보조차 제공받지 못했던 1970년대에, 여성건강운동은 여성들 스스로 자신의 몸에 대해 알게끔 하는 사명을 떠맡았다. 이들은 페미니스트로서 자신의 몸(그리고 존엄성)의 통제와 향유 사이에서 자신의 삶과 다른 사람들의 삶이 연결돼 있음을 알게 됐다. 보스턴여성건강서공동체Boston Women's Health Book Collective가 출판해 6개 국어로 번역된 『우리 몸, 우리 자신Our bodies, Ourselves』은 정치적·문화적·사회적 맥락에서 (낙태가 합법화되기도 전에 이를 포함해) 섹슈얼리티와 재생산의 문제를 명시적으로 다뤘다.[69]

개인적인 것과 정치적인 것을 연결하는 현상이 전 세계에 동시다발적으로 일어나고 있었으나, 남반구와 북반구는 서로 다른 사안들에 주목했다. 대부분의 남반구국가에서 여성들은, 농어촌에서는 전통 치유자와 산파로서, 도시 근교의 빈민가에서는 **무료급식소** 관리자로서 보건의료와 사회복지 영역에서 특수한 역할을 담당했다. 여성운동이 보다 넓은 사회운동과 불가분의 관계를 맺고 있었던 것이다. 일부 중남미국가에서는 여성운동이 권위주의 정권에 대한 저항운동과 연계됐으며, 다수가 민주화 투쟁에서 중요한 역할을 했다. 일례로 브라질에서는 여성들이 피임이나 재생산적 주체성만이 아니라 저렴하고 비차별적인 기본 주거와 보육 그리고 (군사독재가 막을 내린 후 도입된) 국민의료보험제도를 위한 개혁 투쟁에도 참여했다.[70]

낙태: 법원과 정치 그리고 여성의 평등

피임은 실패할 수 있고, 피임할 수 없는 경우도 종종 발생하며, 상대 남성이나 가해자와 타협하기 불가능할 수도 있다. 임신은 너무도 자주 사랑의 결실이 아닌 잔인한 종속 관계의 결과로 발생한다.[71] 따라서 낙태는 일종의 강요된 노예화처럼 여성 자신의 몸을 원치 않게 유용하는 것[72], 강제 임신으로 인해 여성이나 여아의 생애 계획이 돌이킬 수 없이 훼손되는 것, 심지어 위험한 환경에서 낙태를 시술할 경우 모성 사망에 이르는 상황으로부터 안전할 권리를 포함한다.[73] 그러나 낙태는 또한 공적 영역(성폭력으로 인한 끔찍한 결과로부터 여성과 여아를 보호한다)과 사적 영역(남성들에게는 당연시되는, 출산에 대한 걱정 없이 성적인 즐거움을 경험할 수 있게 한다)에 걸쳐 여성의 온전한 평등을 보장하는 일이 얼마나 복잡한지를 보여준다.[74]

당시 입법기관들은 낙태를 자유화하는 법률을 통과시키려 하지 않았고, 여성들은 권리를 인정받을 가능성이 더 높은 법원으로 눈을 돌렸다. 낙태에 관한 대표적인 초창기 판례로 1973년 미국 대법원의 '**로 대 웨이드 판결**Roe v. Wade'*과 1975년 독일(서독) 연방 헌법 재판소의 **제1차 낙태 판결**BVerfGE 39,1—Abortion I이 있다. **로 대 웨이드 판결**에서 미국 대법원은 수정헌법 제14조 적법절차 조항하에서의 사생활권은 낙태에 대한 여성의 결정을 포함한다고 판결했으나, 임신 기간의 경과에 따라 생명 보존과 관련한 국가의 이해관계가 강화된다고 보면서 임신을 중단할 권리를 태아의 생존력과 연계했다.[75] 로널드 드워킨과 같은 저명한 법학자들은 "국가의 입법기관은 모든 시민이 존중해야 하는 본질적인 가치가 무엇인지를 결정할 헌법적 권한을 갖고 있는가, 그리고 (갖고 있다면) 그것을 바탕으로 어떻게 낙태를 금지할 수 있는가"가 중요한 문제라고 주장했다.[76] 이 질문에 답하려면 이론과 현실에서의 낙태의 근거, 여성이 낙태를 해야만 할 때 다양한 사람들이 수용할 수 있는 정당한 이유들, 잠재적인 생명을 유지하기 위해 여성의 몸이 이용되도록 규정한 법적 의무와

---

* 미국 역사상 가장 중요한 판결 중 하나다. 1973년 미국 대법원은 여성의 성적 자기결정권 중 하나로 낙태할 권리가 사생활의 권리에 포함돼 국가가 간섭할 수 없다고 판결했다. 그러나 미국에서 낙태는 진보와 보수가 대립하는 정치적이고 첨예한 주제로서 이데올로기적 갈등이 계속돼 왔다. 결국 2022년 6월 보수화된 구성의 미국 대법원은 이 판결을 번복해 개별 주에서 임신중절을 금지할 수 있게 함으로써, 임신중절에 대한 헌법상의 권리를 보장받지 못하게 됐다.

관련해 선출직 공직자들에게 어느 정도의 결정권을 줄 것인가 등등에 대한 복잡한 공적 숙의 과정이 필요했을 것이다.

그러나 1970년대의 미국에서는 그러한 논의가 이뤄질 수 없었고, 사실 지금도 마찬가지다. 생명이 시작되는 시점과 엄마가 되지 않기로 결정한 여성들의 (부)도덕성에 대한 생물학적인, 그리고 많은 경우 종교적인 논쟁은 정치인과 종교 지도자들의 환원주의적인 언어와 양극화의 소재가 됐고, 이것은 오늘날까지도 지속되고 있다.[77] 논리적으로도 법적으로도 일관성이 없음에도 낙태권을 축소시키려는 사람들은 '실험실에서 여성의 몸 밖에 존재하는 배아들(즉, '사람들')이 파괴되도록 허용한다'와 같은 수사적 어구들을 사용해 수용될 수 있는 **유일한** 답변을 제공했다. 이는 논리적인 토론을 증진하는 것이 아니라 중단시키는 것이었다. 또 토머스 케크Thomas Keck가 쓴 것처럼, 미국에서는 (그리고 다른 곳에서도) 이후 로 대 웨이드 판결에 대한 정치적 반격이 낙태 전쟁뿐 아니라 법원이나 입법기관을 통해 권리를 입증하는 일의 상대적 타당성에 대한 논쟁과 정당political party의 구성에까지 수십 년간 영향을 미쳤다.[78]

낙태 관련 법의 역사는 사적·개인적 영역과 공적·경제적 영역 간의 차이를 구체화하는 법률이 여성의 건강에 끼친 영향을 보여준다. **로 대 웨이드 판결**은 1965년 발생한 피임 관련 사건인 '**그리스월드 대 코네티컷**Griswold v. Connecticut'의 뒤를 이은 것이었다. 이 사건에서 미국 대법원은 친밀한 관계의 관점에서 사생활권의 근거를 '정부의 간섭으로부터 보호받을 권리'[79]로, 즉 전형적인 보호장치로서 확립했다. 그러나 로빈 웨스트Robin West를 비롯한 여러 연구자가 지적한 것처럼 "여성은 단순히 간섭받지 않을 권리를 위해서가 아니라, 다른 사람들과의 관계를 강화하기 위해서도 재생산적 결정을 내릴 자유가 필요하다".[80] 미국 대법원은 웨스트의 말과 같이 여성이 경험하는 '서로 맞물려 있고, 우선순위를 다투며, 때로 양립 불가능한 책임과 의무들'[81]을 인정하는 대신, 낙태권을 전적으로 사적인 영역 안에 위치시켰다. 또한 차후 판결들에서 권리의 행사에 '지나친 부담'을 주지 않는 한 낙태를 대폭 제한했고, 정부가 가난한 여성에게 낙태 비용을 지원할 가능성을 원천 봉쇄했다.[82] 여성이 아무런 외부 제약이 없는, 자율성만 보장된 진공 상태에서 낙태를 선택한다는 허구적인 법적 서사를 바탕으로 (인종 장벽에서부터 육아, 업무 휴가, 지리적 거리, 낙태 시술비, 교통비에 이르기까지) 낙태의 이용과 관련한 구조적인 제약이 체계적으로 조직됐다.[83] 그리고 그것은 미국에서 성·재생산 건강과 권리 등을 개인의 '선택'과 지나치게 연관시키는 '재생산정의reproductive justice'를 주장하는 담론과 운동의 등장으로까지 이어졌다.

낙태와 관련한 상황은 국가별로 매우 다르게 나타났다. 1975년 **제1차 낙태 판결**에서 독일(서독) 연방 헌법재판소는 인간 존엄성의 존중에 의거해 몇몇 **예외적 상황**Indikationen을 제외하고는 낙태를 전면 범죄화해야 한다고 결정했다.[84] 여기서 예외적 상황은 출산 시 임신부의 생명이나 건강이 위협받는 상황[85]과 성폭력으로 인한 상황[86]을 포함했다. 연방 헌법재판소는 가치가 있는 사람과 없는 사람을 구분해 존엄성을 판단하는 나치 독일의 영향을 받아, 인간의 존엄성을 태아에게까지 확대했고, 이를 근거로 미국 로 대 웨이드 판결의 논리를 받아들이지 않았다.[87] 그러나 임신의 특수한sui generis 조건, 즉 여성이 자신의 몸으로 미래의 아기를 돌봐야 한다는 강도 높고 적극적인 의무는 인정했다. 독일 헌법재판소[88]와 가장 최근인 2017년 포르투갈과 칠레의 헌법재판소[89] 등 이후 다른 국가의 헌법재판소에서는 다른 어떤 것과도 비교할 수 없는 이 의무의 강도로 인해 특정 상황에서는 출산 시까지 임신을 유지할 의무를 강요할 수 없다고 판결했다. 독일 헌법재판소는 상담과 사회보장 서비스를 제공해 낙태를 예방하는 것이, 개념적으로 여성과 태아를 분리시키고 허용되지 않은 낙태시술을 한 여성을 형사처벌하는 것보다 훨씬 낫다고 결정했다.[90] 동독에서 낙태가 허용된 이후인 1990년대 초에 독일이 통일되면서 **독일 하원**은 낙태에 대한 제약을 더욱 완화시켰고, 현재는 독일 정부가 낙태를 공금으로 지원하고 있다.[91]

지난 40여 년간 낙태에 대한 싸움은 공공정책, 국내법과 국제법, 여성의 사회적 역할과 개인의 도덕성 간의 경계를 규정하는 문제와 관련해 법원의 역할을 지지하는 측과 입법기관의 역할을 지지하는 측 간의 대리전쟁 역할을 해왔다. 그러나 권리의 측면에서 법원이 처음 낙태권을 명료화한 것은 1970년대였다. 또 보수 집단이 더 이상 소수 인종과 여성의 평등권에 대해 공개적으로 반대할 수 없게 되자 도덕적 우위를 주장하기 위해 이 사안을 붙잡은 것도 1970년대였다.

결론

아르헨티나 군사정권이 자행한 만행은 사회정치적 목적을 달성하기 위해 공권력으로 다른 인간을 도구화하고 그들의 주체성을 지우는 모습의 전형이다. 그러나 내가 2015년 해군정비학교에 방문했을 때 가장 충격받은 요소 중 하나는 학대자와 피학대자가 숨 막힐 정도로 가까이 있었다는 점이다. 강제수용소가 장교회관 안에 있었다. 독재정권이 지속되는 내내 해군 장교들이 1층과 2층에서 자고, 수감자들이 3층과 다락에서 잤으며 지하실에서 일상적으로 고문이 이뤄졌다.

독재정권기에 해군정비학교 해군 소장을 맡았던 루벤 하신토 차모로Rubén Jacinto Chamorro는 장교회관과 연결된 숙소에서 가족과 함께 살았다.[92] 차모로의 딸은 해군정비학교에서 어린 시절을 보냈다. 그녀의 집에 초대받았던 이들은 훗날 한 구역에서 다른 구역으로 이동하는 사람들을 본 적이 있다고 증언했다. 당시에 그녀는 아무것도 몰랐겠지만, 성인이 된 후 자살한 것으로 봤을 때 죄책감을 느꼈거나 당시 일어난 일과 자신의 어린 시절의 기억을 조화시키는 것이 참을 수 없을 정도로 어려웠던 듯하다. 다른 한편, 좌파 무장단체인 몬토네로스의 대원으로 해군정비학교에 수감됐던 코카 바잔Coca Bazán은 훗날 차모로와 결혼했다. 독재정권이 무너진 후 그녀는 차모로와 함께 남아공으로 가서 그가 사망할 때까지 그곳에서 지냈고, 이후 인도의 한 아쉬람*에 들어갔다고 한다.[93]

1986년에는 우리가 얼마나 정치적인 관점을 바탕으로 자기 자신과 다른 사람의 개인적인 서사를 구성하는가에 대해 생각했다. 그 당시 하버드대학 동기 한 명과 함께 아르헨티나의 경제계 인사들과 군사정권 간의 관계를 조사하기 위해 상당 기간 독재정권의 경제부 장관을 지냈던 호세 알프레도 마르티네스 데 호즈José Alfredo Martínez de Hoz를 인터뷰하러 갔다. 그 후 얼마 안 돼 마르티네스 데 호즈는 군부독재 이전과 독재 기간에 그가 자행한 인권유린에 대해 재판을 받았고, 결국 남은 생을 가택 연금 상태에서 보내야 했다.[94]

우리는 마르티네스 데 호즈를 만나러 산마르틴 광장이 내려다보이는 고풍스러운 카바나 빌딩에 자리한 그의 고급 아파트에 갔다. 산마르틴 광장은 19세기와 20세기 초에 지어진 유럽 스타일의 아름다운 궁전과 저층 건물들에 둘러싸여 있었다. 1930년대 남미에서 가장 높았던 카바나 빌딩은 아르 데코 스타일을 자랑했는데, 50년이 지났음에도 여전히 돋보였다. 인터뷰를 진행한 방은 천장이 아주 높았고 사방이 코끼리, 기린, 얼룩말, 영양 등 그가 사냥한 거대한 동물들의 박제된 머리로 장식돼 있었다. 그것들은 모두 불안하면서도 질책하듯이 우리를 노려봤다.

그 방은 초현실적으로 부조화스러웠다. 죽은 동물들에 둘러싸인 상황에서 그가 수입 도자기에 차와 **과자**를 내왔기 때문만은 아니었다.[95] 우리 앞에 앉아 있는 마르고, 고상하고, 우아하게 차려입은

---

* 힌두교도들이 수행하며 거주하는 곳이다.

그 남자를 노동운동을 탄압하고 노조원들의 살해를 조직한, 워싱턴과 런던에서 잔혹하고 억압적인 정권의 상징으로 유명했던 괴물과 일치시키기 어려웠다. 영국 케임브리지대학에서 학위를 받은 그는, 엘리트들이 흔히 그러듯이, 우리가 자신처럼 특권적인 교육을 받았기 때문에 세상을 보는 방식도 비슷할 거라고 생각했다. 그는 우리가 벽에 장식된 동물의 머리를 세계를 정복하면서 이룬 위대한 업적들로 여기고, 아르헨티나의 발전을 위해 군중의 저항을 억눌러야 했다는 이야기를 수용할 것으로 여겼다. 물론 우리는 그러지 않았다.

마르티네스 데 호즈는 외국의 독재정권을 정당화했을 뿐 아니라, 아르헨티나 경제를 파괴하고 급여 동결을 제도화해 노동자계급에 타격을 주고 사람들을 가난으로 내몰았다. 또한 상속세를 폐지해서 부자들에게 막대한 도움을 주는 데 일조했다. 그중에서도 금융시장과 은행권에 대한 규제를 풀어 (1970년대 기준으로) 미화 1억 달러가 넘는 국가 부채를 남긴 것이 그의 가장 큰 그림자일 것이다. 그 여파는 오늘날까지 지속되고 있다.[96]

그날 오후 마르티네스 데 호즈와의 인터뷰를 마치고 산마르틴 광장에서 찍은 의미심장한 사진이 한 장 남아 있다. 사진 속에는 50대에서 70대 사이의 남자들이 트위드재킷을 입고 중절모를 쓰고, 스웨터 아래에는 넥타이나 크라바트*를 단정하게 집어 넣은 차림으로 광장 벤치에 앉아 즐겁게 대화를 나누고 있다. 그 사진을 볼 때마

---

* 넥타이처럼 매는 스카프다.

다 그날 오후 그 광장에 여자가 없었다는 사실에 깜짝 놀란다. 공공 장소는 여전히 남자들 차지였고 여자들은 밖에 나오더라도 따로 떨어져 앉았다. 마르티네스 데 호즈와의 대화로 마음이 아주 심란한 상태에서, 이렇게 잘 차려입은 **남자들이** 그 암흑기에 무엇을 했고 어떤 역할을 했는지 궁금했다.

같은 해 후반, 무수한 논란 속에서 '최종'법Punto Final law*이 통과되면서 군부 지도자들에 대한 재판에 종지부가 찍혔다. 하지만 이법은 나중에 다시 뒤집혔다.[97] 군부독재 가담자들에 대한 재판은 가해자 처벌이라는 측면에서만 중요한 것이 아니었다. 나치 독일과 마찬가지로, 해군정비학교를 비롯한 여러 곳에서 자행된 만행은 상식적인 윤리적 판단이나 인간에 대한 처벌을 넘어섰다.[98] 재판은 무엇이 독재를 가능케 했는가에 대한 국민의 성찰을 유도하고, (공원 벤치와 공공장소만이 아니라 우리의 사회 세계를 공유하는) 타인에 대한 뿌리 깊은 불신에서 유래하는 민주주의의 독소를 제거하기 위해서도 반드시 필요했다. 또한 재판은 보다 민주적인 사회의 기반을 확립하기 위한 포괄적인 사업의 일환으로도 필요했다. 민주사회의 의미는 시간이 지나면서 진화할 것이었다. 독재정권 이후 수정된 헌법은 시민적·정치적 권리만이 아니라 경제·사회·문화적 권리도 포함했으며, 아르헨티나의 최상위법으로서 국제 인권 규범을 통합했다.

---

* 영문명으로는 'Full Stop Law'다. 1976년부터 1983년까지 아르헨티나의 군부독재 시절 행해진 정치적 폭력에 대한 수사와 기소를 전면 중단하는 법안이다. 쿠데타 세력에 의한 압력으로 수락되면서 논쟁이 계속됐고, 이후 2005년 아르헨티나 대법원에 의해 위헌으로 판결됐다.

그러나 당시 군부정권의 경제정책이 수많은 국민의 존엄성에 끼친 장기적인 폐해는 인권유린으로 분류되지 않았다. 그리고 아르헨티나와 전 세계 여성에게 일상적으로 가해진 잔인한 성폭력과 신체폭력은 국가의 직접적인 폭력이 드러났을 때와 같은 분노를 자아내지 않았다.

요약하자면, 1970년대 들어 근대 인권의 모습을 형성하고, 인권을 통해 사회정의를 실현하는 투쟁에 영향을 미친 세 가지 동향이 있었다. 이 동향들은 개별적이면서도 서로 연관돼 있다. 첫째, 우리는 전통적인 자유주의국가의 '게임의 법칙'을 대체로 수용하면서, 절제돼 있고 급진성이 덜한 인권정치가 부상하는 모습을 목격했다. 그러한 법칙은 (특히 여성의 삶에 끼치는 영향에 있어서) 정치적·경제적 영역과 공적·사적 영역 간의 차이와 권력의 행사를 특정한 방식으로 이해했다. 둘째, 전통적으로는 법 밖의 운동이나 정치적인 운동이 사회변혁을 위한 길로 여겨졌으나, 권리가 법치를 대표하면서 법제화가 할 수 있는 역할이 생겼다. 동시에 냉전정치하에서 경제적 권리는 사법 집행의 대상이 되는 '진짜 권리들'로부터 배제됐고, 대신 사회적 염원으로 전환됐다. 셋째, 정치 영역과 경제 영역 간의 구분은 국제적인 차원에서 유엔(정치)과 브레턴우즈기관들(경제) 간의 제도적 분리에 의해 강화됐다. 1970년대 후반에는 국가를 상대로 개인이 청구하는 권리로서의 인권과 국제적인 경제 및 개발 사안들이, 그 둘을 잇기 위한 노력에도 불구하고, 선명하게 분리됐다.

그러나 설령 국제 인권 프레임워크가 사회변화를 위한 염원을 제한했을지라도, 인권 활동가들은 공적 영역의 경계와 그 안에서 결정될 사안들에 맞서기 위해 카를로스 포먼트Carlos Forment가 말한 "브리콜라주*의 대가들"[99]처럼 전통적인 자유민주주의의 벽돌을 이리저리 조합해 보기 시작했다. 건강권, 특히 여성의 건강권을 위한 투쟁만큼 이것이 분명히 드러난 곳은 없었다.

독재정권하에서 자녀들과 손주들이 강제 실종되는 상황에 문제를 제기했던 5월 광장 어머니와 할머니들the mothers and grandmothers of the Plaza de Mayo의 상징인 흰 스카프는, 2010년대에 들어서면서 성·재생산 건강과 권리를 위한 페미니즘 투쟁을 상징하는 초록색 스카프에 자리를 내줬다. 국내법과 국제법의 점진적인 변화에 기반해 페미사이드(여성 살해)와 젠더폭력을 중심으로 끈질기게 진행된 아르헨티나의 여성운동은 2017~2018년에 시작된 임신 초기 낙태 합법화에 대한 폭넓은 논의로 이어졌다. 더욱이 이 책이 인쇄에 들어갔을 때, 젊은 여성과 나이 든 여성, 이성애자 여성, 성소수자 여성 등 많은 활동가들이 성·재생산 건강과 권리와 성평등을 보다 넓은 사회정의와 연결하고, 현재의 긴축정책을 국제 금융기관의 아르헨티나 부채 상환과 연결하는 운동의 최전방에 서 있었다.

* 여러 가지 도구를 닥치는 대로 써서 만드는 활동이다.

제2장

고통의
의미

성공한 국가와 국민이 있고, 실패한 국가와 국민이 있다.
효율적인 자는 보상을 받아야 하고, 쓸모 없는 자는 벌을 받는
것이 마땅하기 때문이다. 파편화된 기억으로 인해 우리는
빈곤이 부자들의 책임이 아니라고 믿는다.
- 에두아르도 갈레아노Eduardo Galeano[1]

'전염병'은 에이즈를 이해하는 하나의 주된 비유다. 전염병은
(……) 오랫동안 최악의 집단적인 재앙이나 악 또는 천벌을
의미하는 비유로 사용돼 왔다. (……) 그리고 그와 같은 질병의
집단적인 발생은 견디는 것만이 아니라 (누군가에 의해)
가해지는 것으로 이해된다.
- 수전 손태그Susan Sontag[2]

불편한 진실은 (……) 산모들이 치료할 수 없는 질병 때문에
죽는 것이 아니라는 점이다. 여성들이 죽어가는 이유는 사회가
아직 그들의 목숨을 구할 가치가 있다고 보지 않기 때문이다.
- 마무드 파달라Mahmoud Fathalla[3]

다른 시대 혹은 다른 사회였다면, 라토냐는 아기에게 얽매일 마음
이 전혀 없는, 여느 변덕스러운 10대와 다르지 않았을 것이다. 하
지만 라토냐는 아주 어렸을 때부터 선택의 여지가 별로 없었고, 국
가는 그녀의 삶에서 가장 사적인 부분까지 규제하고 있었다. 라토
냐는 열여섯 살 때 고등학교를 중퇴하고 약물에 빠져들었다. 약물
중독은 거래를 위한 성관계로 이어졌고, 그 결과 아기가 생겼다.
1988년 내가 라토냐를 만났을 때 아기의 생부는 아무 신경도 쓰지
않고 있었다. 최근 라토냐가 잠깐 감옥에 간 동안에는 그녀의 어머
니 애니가 아기를 돌봤다. 애니의 억양은 그녀가 성인이 된 이후 북
부로 이주했음을 드러냈는데, 아마도 남부의 인종차별법을 피하기
위해서였을 것이다. 고단했던 삶의 흔적이 얼굴에 고스란히 드러났
던 애니는 여느 엄마들과 마찬가지로 자신의 딸을 비난하면서 동시
에 감쌌다.

들자 하니, 전날 밤에 라토냐가 주방 세제로 아기를 씻기는 바람에 피부 화상을 입어 응급실에 다녀왔다고 한다. 휴대폰이 보편화되기 전이어서, 내가 돕고 있던 담당 사회복지사caseworker 페기는 자세한 상황을 알지 못했다. 정보를 즉각 공유할 수 있기 전까지 사람들은 수차례 전화 통화와 만남을 통해 조각난 정보를 꿰맞춰야 했는데, 이는 정보가 지식과 시간, 물리적 현실과 다른 관계를 맺는다는 것을 보여준다. 우리는 사실관계를 알아보기 위해 라토냐를 직접 만나러 갔다.

라토냐가 연방정부의 한부모 지원 프로그램인 부양자녀가족 수당Aid to Families with Dependent Children을 받기 위해서는 법적 양육권을 갖고 있어야 했다. 우리는 라토냐가 엄마로서 '적합'한지를 평가하기 위해 그녀의 집에 갔다. 여성고용프로젝트Women's Employment Project 의 목적은 라토냐와 같은 여성 전과자들에게 고용과 복지 서비스를 제공하는 것이었다. 대부분의 여성 전과자는 약물이나 성노동 때문에 감옥에 갔고, 그중 일부는 에이즈 보균자였다. 당시 에이즈는 사회적 낙인만큼이나 치사율도 높았다.

애니와 라토냐는 록스베리 임대주택 단지에 있는 평범한 건물에 살고 있었다. 당시 이 지역에서 정장을 차려입은 백인 여성 두 명은 눈에 띌 수밖에 없었다. 1988년 초 보스턴은, 1954년과 1955년에 있었던 미국 대법원의 **브라운 대 교육부**Brown v. Board of Education 판결에 의거한 연방 지방법원의 명령에 따라 의무적으로 인종 통합 스쿨버스를 운영하고 있었다.[4] 그러나 인종차별에 따른 불평등한 교육을 폐지하기 위해 시행한 통합 스쿨버스정책은 계획만큼 효과가 없었는데, 이는 인종차별법이 폐지된 지 오랜 시간이 지난 후에도 미국인의 삶에서 인종 분리의 영향이 지속됐음을 보여준다. 보스턴은 진보정치로 유명하지만 오늘날까지 인종적으로 극심하게 분리돼 있으며, 교육 기회와 보건 통계는 대체로 우편번호(즉, 지역)에 따라 구분된다.[5] 라토냐가 사는 동네는 다른 미국 도시 빈민가가 그렇듯 적막하고 암울한 느낌을 물씬 풍겼다. 마치 정부가 임대주택에 사는 아이들이 가질 수 있는 꿈과 희망을 싹에서부터 자르려고 일부러 지역을 그렇게 설계한 것처럼 보였다.

집 안의 벽은 완전히 비어 있었다(애니와 라토냐가 세상을 보는 방식을 나타내 줄 만한 책이나 그림 같은 것이 전혀 없었다). 우리는 토끼 귀처럼 생긴 안테나가 달린 텔레비전 맞은편 낡은 소파에 앉아 애니와 라토냐의 이야기를 들었다. (내가 보기에 자신의 종교적 신념에 진심이었던) 페기는 내게 일자리를 구하는 것이 대개 어렵다고 말했다. 여성고용프로젝트는 꼭 여성 본인을 위해서가 아니라 이유 없이 고통받는 무고한 자녀들을 위해서라도 여성이 부양자녀가족수당을 받도록 해야 한다는 것에 초점을 맞췄다. 라토냐는 여전히 어린 소녀였다. 소녀의 천진난만함innocence, 즉 무고함은 죄와 비난을 받아야 할 사람은 다른 이들이며 [무고한 이들이 받는] 모든 고통에 대해 정부나 사회가 동일하게 대응하지 않음을 의미한다.

부양자녀가족수당은 프랭클린 루스벨트 대통령의 뉴딜정책 아래 1935년 부양자녀수당으로 출발했다. 루스벨트 대통령은 당시 이 프로그램에 대해 "자선이 아닌 사회적 의무"라고 말했다.[6] 부양자녀가족수당은 1996년에 빌 클린턴Bill Clinton 대통령이 근로연계형복지법Welfare to Work Act, 즉 개인책임 및 근로기회조정법The Personal Responsibility and Work Opportunity Reconciliation Act을 수립하기 전까지 몇 차례 형태를 바꾸며 지속됐다.[7] 내가 1988년에 라토냐를 만났을 때는 악명 높은 조폭 두목인 제임스 "화이티" 벌거James "Whitey" Bulger의 동생으로 잘 알려진 빌리 벌거Billy Bulger가 매사추세츠주 상원 의장을 맡고 있었다. 그는 여러 차례 고용을 조건으로 복지수당을 지급하는 복지 개혁안을 이끌었는데, 이 개혁안은 이후 근로연계형복지법의 시초가 됐다. 당시에는 뉴딜정책 이후 개인의 책임에 대한 태도와, 빈곤으로부터 사람들을 해방시킬 국가의 의무에 대한 태도가 크게 바뀌어 있었다. 이후 클린턴 대통령은 이 법률이 "너무도 많은 사람들을 의존이라는 수레바퀴에 가둬두는 고장 난 시스템"이라며 "일과 독립에 초점을 맞춘 시스템으로 바꿀 것"이라고 주장했다.[8] 부양자녀가족수당은 정형화된 인종과 성별 이미지를 조장해 게으름과 의존성을 영속화시킨다는 혹독한 비판을 받았다. 1980년대에는 가난한 여성, 즉 **유색인 여성**으로 하여금 수당을 더 받기 위해 아이를 더 낳게 한다는 비판을 받기도 했다.[9] 사회적 보호가 사회계약의 일환이 아니라 자선으로 간주될 때, 그것은 가난한 사람들, 특히 라토냐 같은 여성들의 행동에 대한 도덕적 판단과 요구를 조장한다.

1980년대에 빈곤에 대한 생각과 대응이 급변하면서 다른 많은 사람과 마찬가지로 라토냐의 삶도 그 틀 안에 갇혔다. 1980년, 배우였던 로널드 레이건Ronald Reagan이 대통령으로 당선되면서 "미국의 아침"을 선언했다. 이는 1960년대와 1970년대의 혼란과 소요(가령, 민권운동과 여성해방운동)에 종지부를 찍고 새 출발을 다짐한다는 내용이었다. 미국의 아침(그리고 영국의 철의 여인 마거릿 대처Margaret Thatcher가 한 비슷한 선언)은 영국과 미국은 물론 전 세계에서 급격히 이뤄진 시장의 확대와 금융 규제의 완화, 경제적 불평등의 심화를 이끈 정책들을 담고 있었다.

인권을 통해 건강과 사회에 의미 있는 변화를 이뤄내기 위해서는, 먼저 인권이 건강의 의미와 결정요인에 미칠 영향을 반드시 이해해야 한다. 제1장에서는 여성을 포함한 모든 사람의 건강권을 증진하기 위해서는 전통적인 자유주의적 권리 개념을 확대해 '정치적인 것'의 경계와 국가의 책임을 확대해야 한다고 주장했다. 이 장에서 우리는 건강을 권리의 문제로 여기려면 건강 및 보건의료제도만이 아니라 개발의 목표와 수단을 구체적으로 이해해야 한다는 사실을 마주할 것이다. 인권법을 통해 건강이라는 주제를 다루는 것은 아주 복잡한 일인데, 누구의 고통을 그리고 어떤 고통을 국가의 사회적 책임으로 여길지 규명하기 위해서는 경제적·정치적 담론만이 아니라 과학적 패러다임에도 문제를 제기해야 하기 때문이다.

먼저, 이 장에서는 1980년대 정치적 담론과 경제정책에서 발생한 극적인 변화를 살펴볼 것이다. 그러한 변화는 국민을 위한 '평등한 기회의 장'을 수립하는 것과 관련한 국가의 역할을 변화시켰다. 일례로, 1951년부터 1982년까지 미국의 상위 10%에 해당하는 부는 결코 전체 부의 3분의 1을 넘지 않았다. 이와 같이 상대적으로 사회적 평등이 가능했던 이유는 국가가 적극적으로 고용 기회를 창출하고, 대학 학비와 주택 보조금을 지급했으며, 소득세가 누진적이었기 때문이다. 최고한계세율이 1951년부터 1963년까지는 91%였고, 1981년까지는 70% 이상이었다. 그러나 국가와 금융기관이 민간재뿐만 아니라 공공재의 분배에서도 시장의 역할을 확대하고, 정부에게는 허드렛일만 맡기는 신자유주의정책을 채택하면서 이 모든 것이 변하게 됐다. 미국과 영국에서는 경제의 주요 영역에 걸쳐 실시한 규제 완화와 민영화가 부자들에게 이득을 주는 세제 개혁[10]과 병행됐다.[11]

국제적인 차원에서는 경제 발전을 주도하는 시장에 대한 신자유주의적 신념이 1980년대 남반구 국가의 불안정한 채무 부담을 가져왔다. 그 결과 남반구 국가들은 국제 금융기관과 은행들로부터 급진적인 경제 구조조정(구조조정 프로그램)을 요구받았고, '워싱턴 합의Washington Consensus'라 불리는 새로운 강령이 채택됐다.[12] 이 장에서는 그러한 구조조정정책들의 전제와 효과를 일부 검토하면서, **경제 성장으로서의 발전**이라는 지배적인 패러다임을 인간 발전을 확장하는 실질적 자유로 이해하는 (건강권, 특히 건강권에 대한 나의 생각에 영향을 끼친) 아마르티아 센의 생각과 대조할 것이다.[13] 국제 개발의 측면에서는 국제 금융기관이 적극적으로 밀어붙이기 시작한 신자유주의 패러다임이 유엔이 제시한 발전권 개념을 무색하게 만들었고, 국제 교역의 역할에 대한 새로운 개념을 불러왔다.

둘째, 이 장은 사회적 안녕(과 사회적 안녕의 결여)에 대한 국가적 책임의 패러다임 변화를 포괄적으로 살펴본 후, 이러한 정책이 건강에 끼치는 구체적인 영향을 우리가 어떻게 개념화하는지를 검토할 것이다. 건강과 불건강의 패턴은 사회적 관계와 제도적 구성이 인과적인 관계를 맺고 있다고 봐야만 그것이 정의正義의 문제가 된다. 1980년대부터 사회적 불평등과 건강 간의 관계를 보여주는 실증적 증거들이 나타나기 시작했다. 그러나 여러 국제회의에서 제기된, 건강이 사회적 구성물이라는 관점은 다른 패러다임과 경합하고 있었다. 실제로 질병을 사회적 맥락에서 분리된 병리학으로 이해하는 생체의학의 뿌리 깊은 관행은 건강에 대한 책임을 민영화했고, 국가와 영리 주체가 고통을 '응당한deserved 것'으로 간주하도록 하는 신자유주의와 잘 들어맞았다. 필수적인 서비스에도 비용을 부과하는, 건강권에 역행하는 이러한 의료 서비스의 상업화는 구조조정을 통해 남반구국가에도 도입되기 시작했다. 이 책에서는 그러한 관점과, 보건의료제도를 민주적 포용을 증진하는 공간으로서, 사회적 계약의 한 부분인 의료 서비스와 공중보건에 대한 권리로서 이해하는 관점과 비교할 것이다.

마지막으로 나는 두 사례를 통해 1980년대 특정 인구 집단의 건강이 권리의 측면에서 이해되기 시작하는 모습을 보여줄 것이다. 아동 생존과 아동권, 모성보건과 여성 권리의 변화는 모두 인권을 통해 사회변화를 유도하려면 고통받는 사람을 존엄의 주체로 개념화할 필요가 있음을 보여준다. 결과적으로, 역사적으로 비인간화돼 온 집단의 경우, 경험적 지식과 규범적 프레임워크 모두를 발전시키기 위해 기회 구조를 조정해야 한다는 뜻이다.

세계의 개발과 발전이라는 개념*

개발의 목적을 이해하는 방식은 우리가 추구하는 정책에 영향을 끼치고, 이것은 다시 우리가 그 정책의 영향을 평가하는 방식에 영향을 미친다. 1980년대는 불평등한 세상에서 무엇이 거시경제정책의 목표와 개발의 정치경제학을 구성하는지에 대해 사고의 전환이 있었던 시기였다.[14] 1980년대에 남반구를 휩쓸었던 구조조정과 이후의 경제개혁은 19세기의 자유방임 자본주의와 경제적 자유주의의 부활이라고 이해됐기에 '신'자유주의라고 불린다. 시간이 지나면서 신자유주의는 시장에 대한 맹신으로 이어져 경제만이 아니라, 사회적 교류의 가장 사적인 부분까지 시장화하는 결과를 낳았다. 이것은 젠더에 매우 큰 영향을 끼쳤다.

개발의 목표와 수단

내가 '주류 경제학'이라고 느슨하게 지칭하는 분야에서 말하는 개

---

* 이 절에서는 development는 '개발'과 '발달'로, progress는 '발전'으로, rights to development는 '발전권'으로 번역했다.

발의 결과주의적 목표는 경제성장을 극대화하는 것이다. 경제성장은 시간이 지날수록 소득으로 측정되는 빈곤 수준을 낮춘다고 여겨진다. 신자유주의는 정부의 개입이 없는 '자유'시장이 가장 효율적인 경제적 결과를 가져온다는 전제에 기반했다. 노벨 경제학상 수상자인 조지프 스티글리츠Joseph Stiglitz를 비롯한 많은 사람이 실증적으로 오류를 입증할 수 있는, 신자유주의정책에 내재된 시장에 대한 가정과 시장의 실패에 대해 글을 썼다.[15]

다수의 인권학자는 또 신자유주의정책이 어떻게 인권을 저해하는가에 대해 썼다.[16] 그러나 경제학자와 정책 결정자가 개발 목표를 달성하기 위해 사용하는 수단들을 조사하기 전에, 개발의 **목표와** 인권 간의 관계를 분명히 하는 것이 중요하다. 서론에서 지적한 바와 같이, 경제성장은 인간의 번영과 권리에 득이 될 수 있으며 또 **실제로 그래야** 한다. 지속 가능한 경제성장은 사람들이 지구상의 유한한 자원을 인식하고, 계획을 세우고, 이행하는 데 있어서 더 많은 선택권을 가질 수 있도록 해야 한다. 이러한 성장을 위해서는 정부가 사회 구성원들의 복지를 증진하고 미래 세대가 동등한 수준의 자유와 권리를 향유할 수 있도록 더 많은 재원을 제공해야 한다.

그러나 인권의 관점에서 보면 경제성장은 수단이지 목적이 아니다. 모든 경제성장이 유의미한 선택을 증진하거나 사회적 가치를 생산하지는 않는다. 『도덕감정론The Theory of Moral Sentiments』[17]을 쓴 애덤 스미스Adam Smith를 포함해 여러 경제학자가 경제성장의 가치는 본질적으로 사회적 비용뿐만 아니라 그 혜택의 분배에 달려 있다는 사실을 인식했다. 일례로, 이른바 천연자원의 저주란 경제성장을 천연자원의 추출에만 의존하는 국가가 (1) 교육이나 독립기관 또는 인구 건강에 똑같이 투자하지 않거나 그러한 투자를 요구하지 않고, (2) 건강과 환경 측면에서 높은 대가를 치르며 그것이 미래 세대에도 영향을 끼치는 현상을 뜻한다.

더 나아가, 경제성장만으로는 인권의 관점에서 세계 발전에 필수적인 것이 무엇인지 포착하지 못한다. 1970년대와 1980년대에 아마르티아 센과 마붑 울 하크Mahbub ul Haq 등은 개발에 대해 매우 다른 설명을 내놓았다. 센은 '역량 이론capabilities theory'을 통해 사람들에게 정말 가치 있는 것은 자신이 원하는 모습대로 삶을 살고 특정한 일을 할 자유를 갖는 것이며, 개발의 목표를 증진할 때는 "개인이 가진 역량, 즉 자신이 소중하게 여길 이유가 있는 삶을 살기 위해 누리는 실질적인 자유"를 증진해야 한다고 주장했다.[18] 센의 획기적인 이론은 일정 정도는 1943년 일어난 벵골 대기근을 연구하면서 얻은 영감에 기인한다. 당시 농어촌 노동자의 소극적 자유는 기근에 영향을 받지 않았으나, 그들은 영양이 제대로 '작용'하게 하거나 질병 또는 죽음에서 벗어날 '역량'은 없었다.[19]

센은 수입과 부를 각자에게 가치 있는 기능으로 바꿀 수 있는 능력이 사람들마다 다르기 때문에, 평균 소득의 증가에만 협소하게 초점을 맞춘 전통적인 개발 방식은 불충분하다고 주장했다.[20] 하나의 유명한 예로 어렸을 때 병을 심하게 앓아 평생 건강 평등에 관심을 갖게 된 센은, 장애가 있는 사람이 소득을 가치 있는 기능으로 바꾸고자 할 때 '전환 격차conversion gap'에 직면한다고 지적했다.[21] 사회경제적 지위만이 아니라 건강 상태도 사람마다 다양하기에, 센의 통찰은 건강 욕구를 우선시하고 건강 평등에서 정의의 역할을 확인하는 데 매우 중요한 역할을 했다. 또 그러한 전환 격차는 언제나 '불변하는' 생물학적 특성만이 아니라 사회의 제도적 구성에도 불가피하게 영향받는다.

따라서 '인간 발달'을 달성하기 위한 **수단**은 단순히 성장의 인센티브만이 아니라, 시민적·정치적 권리의 침해같이 역량을 가로막는 '부자유'의 제거가 필요하다. 인간 발달 과정은 당시 경제학자들이 경제적 효용성을 최대로 증진하기 위해 고안했던 모든 수단을 이용하기보다 권리를 존중할 것을 요구한다. 서론에서 지적한 바와 같이, 인간 발달은 인권에 대한 총체적인 이해와 밀접히 연관돼 있는데, 그러한 이해는 1990년대에 더 강력하게 부상했다.

개발에 대한 센의 생각은 1990년에 유엔개발계획United Nations Development Programme, UNDP이 발표한 인간개발지수Human Development Index와 「인간개발연례보고서Human Development Report(이하 인간개발보고서)」에 의해 제도화됐다. 「인간개발보고서」는 세계은행이 발표한 「세계개발보고서」의 대안(또는 몇몇 개발 경제학자에 의하면 반대 의견)으로 나온 것이었다. 전적으로 경제성장에만 초점을 맞춰 개발을 측정하는 「세계개발보고서」와 달리 인간개발지수는 '건강하고 장수하는 삶(수명), 지식(교육), 양질의 생활수준(소득)'을 측정했다.[22] 유엔개발계획의 2000년도 「인간개발보고서」는 특히 인권과 인간

발달에 초점을 맞췄다.[23]

구조조정과 워싱턴합의

센과 다른 여러 사람의 활동에도 불구하고 1980년대의 지배적인 경제 모델은 경제성장 목표에 주력했으며, 세계의 다른 사건과 맞물린 자유시장 이데올로기는 그러한 성장을 달성하기 위한 접근법을 변화시켰다. 창립 이후 브레턴우즈기관들, 특히 국제통화기금과 세계은행은 남반구국가들이 단기 융자를 통해 부채를 상환할 수 있도록 하며 국제수지문제를 일시적으로 해결했다. 그러나 1980년대에는 구조적 불안정으로 간주되는 문제들에 대응하기 위해 훨씬 더 야심찬 정책들이 도입됐다. 새로이 탈식민화된 국가나 마르티네스 데 호즈가 재임하던 시절의 아르헨티나와 같이 독재정권하에 있던 다수의 남반구국가들은 수입輸入과 소비수준을 유지하기 위해 많은 돈을 빌렸다. 결국 그러한 지속 불가능한 대출로 인해 부채가 증가하면서 국제수지가 악화됐다.[24] 1982년에 멕시코가 디폴트*를 선언하면서 다른 남반구국가들도 그 뒤를 이어 북반구 은행들을 위험에 빠뜨리고 세계경제체제를 붕괴시킬 것이라는 우려가 급증했다.[25]

　세계은행과 국제통화기금은 (영향력 있는 주주들, 특히 미국의 압력에 의해) 위협으로 여겨지는 이 상황에 대응하기 위해 남반구국가

* 채무 불이행을 뜻한다.

들의 내정과 경제에 더욱 깊이 개입하는 프로그램을 개발했다. '구조조정'이란 디폴트로부터 구제되는 대신, 채무국은 (1) 민영화와 탈규제, (2) 외국인 투자에 시장을 개방하는 무역 자유화, (3) 예산 균형을 위해 사회 보조금 축소 및 폐지 등 여러 가지 신자유주의정책을 채택해야 한다는 뜻이었다.[26] 이와 같은 구조조정 프로그램의 논리를 '워싱턴합의'라고 불렀다.[27] 이러한 시장 친화적인 개혁은 재정 규율과 균형 예산을 우선시했고, 당시 많은 사람이 원했던 포괄적이고 보편적인 복지 프로그램을 (건강 측면을 포함해) 최극빈층의 '기본 욕구'를 충족시키는 프로그램으로 대체했다.

구조조정 프로그램의 '목적이 수단을 정당화한다'라는 논리에 따라, 비공식 경제의 농민들처럼 생산 부문에 포함되지 못하는 인구는 권리를 가진 주체가 아니라 근대화로 가는 길의 외부 효과 externalities로 취급됐다. 더욱이, 다른 모든 정책과 마찬가지로 경제 정책도 젠더화됐다. 구조조정 프로그램, 그리고 보다 넓은 차원에서 신자유주의정책은 여성에게 엄청난 영향을 끼쳤다. 여성들은 공식 경제에 종사하는 비율이 훨씬 낮으면서 더는 정부 서비스를 받지 못하는 사람들을 보살피는 무급 돌봄노동의 부담을 짊어졌다.[28] 또 남성들의 실직과 위축된 남성성은 빈번하게 약물 및 알코올 남용의 증가, 가족 내 식품 유통의 변화, 가정폭력 등의 문제를 초래했다.

또한 여성들은 자신의 재생산 건강과 자녀들의 건강을 돌봐야 하기 때문에 보건의료제도에 대한 의존도가 더 높은데, 당시 남반구국가 중 상당수가 빈곤과 관련된 예방 가능한 질병 문제를 안고 있었다. 구조조정 프로그램하에서 대부분의 정부 보건 지출이 국내총생산GDP의 2% 정도로 축소됐는데, 이는 굉장히 낮은 수치며 1960년대와 1970년대에 비해 크게 축소된 것이었다.[29] 구조조정이 여러 나라의 보건 부문에 끼치는 영향을 조사한 한 연구에서는 "예방 가능한 질병의 발병률이 증가했고, 생애 기간에 회복 불가능한 수준으로 건강이 악화됐다"라는 결과를 보고했다.[30] 1980년대와 1990년대에는 구조조정 프로그램을 따르는 많은 국가가 보건시설에서의 출산 비용과 피임 등 재생산 서비스 비용을 높이면서, (대체로 재정 자원에 대한 결정권이 없는) 여성들이 보건의료제도에서 더욱 멀어지는 결과를 낳았다.[31] 아동영양지표의 측정에 기반한 연구들은 구조조정 프로그램이 빈곤층의 건강에 끼치는 부정적인 영향이 수십 년간 지속될 것으로 예측했다.[32]

구조조정 프로그램은 건강 패턴이 사회정책 결정들을 얼마나 밀접하게 반영하는지 극적으로 보여줬다. 1987년에 유니세프는 구조조정 프로그램에 대한 첫 비판적 보고서 「인간의 얼굴을 한 구조조정Adjustment with a Human Face」을 발표했다. 이 보고서에서 유니세프는 구조조정이 특히 여성과 아동의 건강에 끼치는 부정적인 영향을 지적했다.[33] 1990년대가 되자 세계은행에서도 "여성들이 구조조정으로 촉발된 빈곤의 가장 큰 타격"을 받았고 "경제성장이 일어난 곳에서는 그 혜택이 불균일하게 분배됐다"라고 인정했다.[34]

구조조정은 또한 경제통합을 통해 국가 간 관계를 변화시키고자 했다. 1980년대에는 유엔을 통해 평등한 존엄성이라는 기준을 전파하는 핵심 역할을 해야 했던 다자주의가, 변형된 브레턴우즈기관들을 통해 국제질서에서 신자유주의 규범을 공고히 하는 역할로 급변했다.

제1장에서 지적한 것처럼, 유엔기구들이 인권 모델과 경제 개발 간의 긴장이 증가하는 상황을 그저 바라만 보고 있었던 것은 아니었다. 특히 유엔인권위원회는 필립 올스턴에게 '발전권의 국제적 측면'을 다루는 보고서를 작성하도록 지시했다. 이 보고서는 발전권을 "개발 활동이라는 맥락에서 국제 인권 기준에 따라 실질적인 지침과 영감을 제공할 수 있는 개념"으로 바꾸는 것이 문제의 핵심이라고 지적했다.[35] 1986년 유엔총회는 구속력이 없는 유엔발전권선언을 채택해, 천연자원에 대한 국가의 자결권과 주권에 대한 신국제경제질서의 언어를 "모든 인권과 기본 자유가 온전히 실현될 수 있는 경제·사회·문화·정치적 발전에 참여 및 기여하고, 그러한 발전을 향유"할 권리와 통합시키고자 했다.[36] 그러나 올스턴의 보고서에서 시사한 것처럼 발전권은 여전히 개인의 요구와 국가의 요구 간에 긴장 관계가 내재하는 모호한 개념으로 남아 있었다.

더 중요한 것은, 1980년대에 주류 경제개발 영역에서 영향력 있었던 행위자들이 국제무역의 기존 목적과 성격에서 벗어나는 등 매우 다른 방향으로 관심을 틀었다. 보호주의에서는 멀어졌지만,

국제무역에서 개별 국가의 정치적 강령에 상당한 유연성을 허용했던 관세무역일반협정이 1986년 우루과이라운드*를 통해 크게 확대됐다. 관세무역일반협정은 그동안 기업 지배구조, 노동시장, 세제, 기업과 정부의 관계, 복지국가의 구조에 대한 다른 접근법이 운용될 수 있는 여지, 즉 피터 홀Peter Hall과 데이비드 소스키스David Soskice가 명명한 '자본주의의 다양성'을 허용했다.[37] 일례로, 독일의 사회적 시장경제는 스칸디나비아의 복지국가와 달랐고, 이것은 또 프랑스의 유도계획indicative planning 모델과 달랐다. 대니 로드릭Dani Rodrik은 "관세무역일반협정의 목표는 결코 자유무역을 최대화하는 것이 아니었다. 각자 제 할 일을 하는 다양한 국가들과 최대량의 교역을 달성하는 것이었다"라고 주장했다.[38]

말이 됐다. 국제 교류 체제는 여러 가지 이유로 보호주의에 비해 훨씬 더 선호할 만하다. 이러한 체제는 극적인 경제적 효율성부터 그러한 체제에 따른 다양한 사회적·문화적 형태의 상호 침투와 노출을 가져온다. 그러한 상호 침투와 노출은 다시 창의성을 증진하고 실질적인 발전을 확대하며, 전통적인 사회적·문화적 역할로부터의 해방을 부추기고, 상호 간의 문화적 이해와 인권을 증진할 수

---

* 1986년 우루과이 푼타델에스테에서 시작돼 1994년 종결된 다자간 무역협정으로, 제2차 세계대전 후 설립된 관세무역일반협정 체제를 종결하고 세계무역기구 체제를 출범시켰다. 농산물과 서비스 분야까지 범위를 확대한 국가 간 자유무역 활성화를 특징으로 한다.

** 1930년 대공황 초기 미국에서 공화당 리드 스무트 의원과 윌리스 홀리 의원이 입안한 법안으로, 자국 산업 보호를 명분으로 관세를 과도하게 인상함으로써 결과적으로 세계 각국에 보호무역을 확산하고 대공황을 악화시킨 결과를 낳았다.

있다. 암울한 실패작으로 대공황을 악화시킨 1930년 스무트-홀리 관세법Smoot-Hawley Act**에 반영돼 있는 미국의 극단적인 보호무역주의가 공적 담론 속 깊은 민족주의에 대한 공포와 맞물린 것은 결코 우연이 아니다.[39]

그럼에도 불구하고, 다른 경제성장과 마찬가지로 국제무역에서의 경쟁 우위로 얻는 경제적 이득은 한 국가가 사회적·환경적 비용을 포함한 비용과 혜택을 분배하는 방식에 비례한다. 이러한 조건이 없는 상태에서 어떤 영역은 무역자유화로부터 혜택을 입고, 어떤 영역(특히 그 영역의 노동자들)은 '세계화'로부터 체계적으로 배제될 것이라는 점은 누구나 예상할 수 있었다.[40]

경제학자 존 러기John Ruggie에 따르면, 전후 국제경제질서의 주된 특징인 '일반화된 규범과 행동'은 "국가 내부의 대협상인 그랜드 바겐grand bargain에 달려 있었다".[41] 당시 널리 수용되던 케인스Keynes의 경제 원칙을 바탕으로 "국민들은 국제적인 자유화에 따른 변화와 혼란을 받아들일 것을 요구받았다. 그리고 국가는 새롭게 획득한 경제 및 사회정책적 역할을 통해 그러한 충격들을 완화하겠다고 약속했다". 따라서 "1930년대의 경제적 국수주의와 달리 (……) 전후 국제경제질서는 다자적으로 설계됐다 (……) 그러나 자유무역과 금본위제의 자유방임적 자유주의와 달리, 이 다자주의는 근대 자본주의 국가의 개입주의적 성격에 입각해 있었다".[42] 그럼에도 불구하고, 1980년대 당시 경제학자들 사이에 무역자유화가 거의 종교적으로 떠받들어지면서 관세무역일반협정은 상품만이 아니라 일부 서비스, 그리고 뒤이어 지식재산의 거래까지 포함했다. 이후 그랜드 바겐이 신자유주의적 다자주의에 길을 내주면서 점점 더 국제 엘리트를 위한 프레임워크처럼 보이기 시작했다.

요약하자면, 1980년대에는 빈곤을 라토냐와 같은 사람들의 개인적인 실패로 보는 내러티브가 남반구국가의 정치적 무능력과 결합됐다. 남반구국가가 경제개발을 이루지 못한 것에 대해 비난받고 경제개혁 방안을 지시받으면서 보다 공정한 국제경제질서라는 발상은 연기처럼 사라졌다.

건강과 보건의료제도의 개념: 건강권의 함의

건강권은 **건강할** 권리를 의미하지 않으며 또 그럴 수도 없다. 이는 논란의 여지가 없다. 건강은 개인의 행동과 운을 포함한 다양한 요소들에 영향을 받는다. 그러나 아마르티아 센이 제안한 것처럼 건강을 권리의 문제로 간주하려면 건강이 (1) 존엄성과 불가분하게 연결돼 있고 (2) 사회적 영향을 받는 것으로 이해해야 한다.[43] 여기서 두 번째 조건은 우리가 개인적 재능(아름다운 목소리, 바이올린 연주 등)이나 사회적 영향 밖에 있는 것들에 대해서는 권리를 가질 수 없기에 매우 중요하다. 많은 문제가 개인의 책임과 신의 의지, 사회적 책임성 간의 경계를 탐색하고 재정의할 것을 요구한다는 점에서 건강은 가장 논란이 되는 권리라고 볼 수 있다.

또한, 건강을 이해하는 방식은 다시 건강을 보호하고 증진하기 위해 하는 행동을 결정한다. 분명히 말하자면, 건강에 영향을 끼치는 모든 것이 (공중보건의 전제 조건과 의료 서비스를 포함하는) 건강권에 포함될 수 없으며, 또 그래서도 안 된다. 건강권 옹호 활동에서 우리는 언제나 건강권이 시민적·정치적 권리 및 경제·사회·문화적 권리를 비롯해 존엄한 삶에 필요한 다양한 권리와 불가분의 관계에 있으며 상호의존적이라는 사실을 유념해야 한다. 그럼에도 불구하고, 건강을 생물학적 요소나 행동 요소와 더불어 사회적 영향을 받는 것으로 이해한다면, 우리는 개인이나 인구 집단의 건강을, 보건의료제도의 설계를 포함해 (불)건강의 패턴을 생산하는 사회정치적 및 경제적 맥락으로부터 분리할 수 없다. 이러한 방식으로 건강을 이해하면 우리는 구조조정 프로그램이 끼치는 극적이고 젠더화된 영향이 단순히 운이 없었던 상황이 아니라 부당한 사회정책에 따른 예측 가능한 결과였음을 알 수 있다.

건강의 패러다임: 사회구조에 대한 고찰 대 생물의학적 패러다임

아이러니하게도 1980년대에 신자유주의정책의 이행으로 사회적 불평등이 악화되면서, 그러한 구조적인 요인이 건강에 끼치는 영향과 관련한 실증적 증거들이 분명해졌다. 영국 공무원 집단의 건강 변화를 조사한 화이트홀 연구에 뒤이은 영국의 「블랙 리포트Black Report」는 "직업적 계급 간에 사망률이 크게 차이"가 나며 "상당 부분은 (……) 빈곤, 노동조건, 다양한 형태의 결핍과 같은 계급 구조의 영향이라는 측면에서 이해할 수 있다"라고 결론지었다.[44] 마거릿 대처가 사회 안전망을 누더기 조각으로 만들고 있을 때 등장한 이러한 실증적 증거들은, 이후 건강과 불건강의 패턴이 법과 정책, 프로그램의 예측 가능한 결과임을 주장하는 데 결정적인 역할을 했다. 구조조정 프로그램과 같이 건강과 사회적 불평등에 영향을 끼치는 법률과 정책은 시민적·정치적 권리침해의 동인動因들과 마찬가지로 변화할 수 있다.

국제적인 차원에서는 1978년에 세계보건기구가 알마아타선언Alma-Ata Declaration을 채택했다.[45] 알마아타선언은 건강을 '기본 인권'으로 여기는 유토피아적인 생각을 담았으며 "가능한 한 가장 높은 수준의 건강을 획득하는 일은 전 세계적으로 가장 중요한 사회적 목표 중 하나다. 이를 실현하기 위해서는 보건 부문과 함께 다른 많은 사회적·경제적 영역들의 행동이 필요하다"라고 천명했다.[46] 알마아타선언의 '모두를 위한 보건의료health care for all'는 (비록 보건의 돌봄health care을 의미하지만) 건강과 불건강의 패턴을 사회적 구성물로 개념화했다. 또한, 신국제경제질서의 아이디어를 수용하는 것을 포함해 보건을 넘어 사회 안팎에서 제도적 관계와 사회적 관계를 변화시킬 것을 요청했다.

건강을 공공재로 보는 알마아타의 입장은 1986년 오타와에서 열린 제1차 국제건강증진대회International Conference on Health Promotion에서 재확인됐다. 오타와선언Ottawa Charter은 "건강 증진 과정의 중심에는 지역사회의 역량 부여, 즉 그들의 노력과 운명에 대한 소유권과 통제력을 강화하는 것에 있다"라고 명시했다.[47] '자신의 운명'에 대한 통제력과 삶의 '역량강화'는 인권의 목적과 상통했으며, 이후 건강에 대한 몇몇 인권 중심적 접근법이 발전하는 데 핵심적인 역할을 했다. 그러나 건강을 사회적 구성물로 보는 알마아타의 관점과 지역사회의 역량강화를 통한 건강 증진에 초점을 맞춘 오타와선언의 관점은, 당시는 물론 오늘날의 건강에 대한 주류 담론과도 극명한 대조를 이룬다.

서양의학에서는, 생물의학 패러다임이 비교적 최근이라고 할 수 있는 19세기부터 시작됐음에도 매우 광범위하게 수용되며 거의 당연시되고 있다. 생물의학 패러다임에서 건강은 질병이나 병리적 증상이 없는 **상태** 또는 긍정적으로 표현하자면 '정상적인 종의 기능'으로 이해된다. 이 패러다임에서 **질병**disease은 **질환**illness과 구분된다. 질환의 의미와 질환이 당사자에게 작용하는 복잡한 효과는 사회적 맥락에서만 이해될 수 있다.[48] 이와는 반대로, 생물의학 연구와 임상 실습에서는 병태생리학pathophysiology을 관찰하기 위해서 (예를 들어, 무작위 비교 연구를 통해) 질병과 질병이 발생하는 개인의 몸을 사회적 맥락으로부터 분리시킨다.[49] 따라서 건강을 객관적이고 기술적인 문제로 보는 생물의학 패러다임에서는 「블랙 리포트」 등의 연구에서 드러난 건강의 사회적 **인과관계**와 건강 현상의 사회적 **의미**는 모두 지엽적인 문제가 된다. 또한 객관적이고 기술적인 문제들은 과학자와 임상전문가들이 해독하며, 전문가들의 판단은 심지어 그들이 (미셸 푸코가 말한) '규율 권력'을 행사해 '종의 정상성'을

규정할 때조차도 중립적이고 객관적이며 일반인들이 감히 도전할 수 없는 것으로 받아들여진다.[50]

1980년대에 출현한 에이즈는 건강권의 구성과 주류 생물의학 간의 양가적인 관계를 보여줬다. 서구에서는 처음에 에이즈를 남성 동성애자들의 문제로 여겼다. '게이 전염병'이라고도 불리며 남성 동성애자들의 성적 일탈과 문란한 성생활을 보여주는 증거로 묘사됐다.[51] 성노동자나 정맥 투여식 약물 사용자 등 고통을 겪는 사람들 역시 사회 규범을 일탈한 대가로 형벌을 받는 것이라고 여겨졌다. 생물의학 연구를 통해 10여 년 만에 에이즈를 유발하는 레트로바이러스의 메커니즘이 발견됐고, 그에 따라 효과적인 치료법이 등장했다. 그러나 1980년대와 1990년대에 에이즈 활동가들의 끈질긴 노력이 없었다면 이 연구가 그렇게 빠른 속도로 발전하지 못했을 것이다. 또한, 1970년대 말의 성소수자 운동이 없었다면 에이즈 활동가들 또한 없었을 것이다. 길거리에서 손을 잡고 다닌다고 경찰에게 두들겨 맞지 않기 위해 싸웠던 것은 함께 살기 위한 싸움이 됐다.

에이즈가 종의 정상성이라는 개념을 포함해 온갖 유형의 낙인과 정형화에 기반한 차별이 만들어 낸 사회적 현상이라는 사실을 알리기 위해서는 인권 활동가를 비롯한 많은 사람의 노력이 필요했고 지금도 필요하다.[52] 1980년대 '에이즈는 성적 일탈'이라는 대중적인 내러티브는 (미국 등에서) 에이즈 양성인 사람들의 입국을 금지하고, 남성 동성애자와 같은 '고위험 집단'의 헌혈을 금지하고, 고용과 주거에서 차별을 허용하고, 타인에게 에이즈를 전염시키는 행위를 범죄화하는 법률이 통과되도록 했으며, 또 그러한 법률이 통과되며 강화됐다.

실제로 1990년대 초에는 에이즈 팬데믹과 관련해 공중보건 부문에 널리 퍼져 있던 비성찰적인 차별을 바탕으로 자칭 '건강과 인권운동health and human rights movement'이 등장했다. 조너선 맨Jonathan Mann 등은 에이즈에 진정으로 대응하려면 생물학적 바이러스와 2차 감염만을 다룰 것이 아니라, 법과 제도적 관행에 담겨 있는 인권침해 문제 역시 다뤄야 한다고 주장했다.[53]

보건의료제도: 자선, 시장, 또는 시민의식을 구축하는 공간

제도적 구성 없이는 어떠한 권리도 실현될 수 없다. 우리가 불건강과 고통의 패턴을 생각하는 방식은 보다 넓은 사회정책과 보건의료제도를 설계하는 방식에도 영향을 끼친다. 중세시대로 거슬러 올라가면, 유럽과 이슬람 사회에서는 많은 병원과 보건시설이 종교단체나 자선단체에 의해 설립됐다. 조지 오웰George Orwell이 1929년 프랑스의 한 공립병원에서 자신이 보낸 시간을 기록한 『가난한 사람들은 어떻게 죽는가How the Poor Die』에 따르면 당시 공립병원은 가난한 사람들과, 병원에 수용되는 것을 피할 방법이 없었던 사람들로 가득 차 있었다.[54]

돈 있는 사람들의 집으로는 작은 검은색 가방을 든 의사가 왕진을 왔다. 그러나 20세기를 거치면서 서유럽에서는 항생제를 이용한 감염 관리, 보건의료의 보편화, 포괄적인 위생 조치, 산업안전, 치명적인 질병을 예방할 수 있는 새로운 백신의 발견 등 건강과 보건의료가 비약적으로 발전했다. 남반구에서는 역사적으로 선교사들의 자선활동과, 식민주의자와 신식민주의자들이 가진 위생과 사회 규범에 대한 서구적 관념의 집행 간에 강력한 시너지 효과가 있었다.[55]

1980년대 들어 미국을 비롯한 여러 국가에서 보건의료제도는 구조조정 프로그램을 통해 기업 인센티브에 의해 지배되는 시장으로 변화했다. 보건의료가 시장에 의해 분배돼야 한다는 주장은 기존에도 있었고, 주요 경제학자들에 의해 강한 비판도 받았다. 1963년에 나온 유명한 논문에서 노벨 경제학상 수상자인 케네스 애로 Kenneth Arrow는 건강은 정보의 양이 비대칭적이고 서비스 제공자가 공급과 수요를 모두 결정하기 때문에 특히 시장 원칙에 따라 확립되기 어려운 부문이라고 지적했다.[56]

그럼에도 불구하고, 1980년대에 이르러 시장 근본주의가 사회정책을 휩쓸었다. 보건의료제도에 대한 이해 역시 마찬가지였다. 또 진단과 치료를 위한 의료 기술 의존도가 높아지면서 미국에서 작은 검은색 가방을 들고 다니는 의사는 과거의 유물이 됐고, 의료비가 급속도로 증가했다.[57] 또한 민간의료 서비스가 고용과 연계되자, 서비스 제공자들과 계약을 맺은 보험그룹인 건강관리기구health maintenance organizations, HMO는 비용을 낮추기 위해 재정과 행정을 서비스 제공과 분리하는 '관리의료managed care'를 요구하기 시작했다.[58]

환자들은 점점 더 상업적 거래를 하는 고객으로 취급됐고, 건강과 질병의 패턴에 대한 사회적 맥락이 체계적으로 소외되면서 생물의학적 개인주의는 이러한 의료 서비스 책임의 민영화에 기여했다.

보건의료제도를 점차 시장으로 취급해 가는 정치적 변화는 건강을 개인 행동의 문제, 즉 개인적 책임의 문제로 보는 공적 담론을 유포하는 데 달려 있었다. 일부 경제학자는 의료 서비스 비용이 대신 지불된다면 '소외 계층' 사람들이 건강에 해로운 위험을 감수할 가능성, 즉 '도덕적 해이moral hazard'가 발생할 가능성이 있다고 주장했다. 반대로, 자신이 받을 의료 서비스에 대해 본인이 전액을 부담해야 한다면 사람들은 흡연이나 식습관, 성생활 등에서 더 나은 '선택'을 할 것이라고 주장했다.[59] 낙태를 개인의 선택으로 여기는 미국의 법적 의제에서와 같이, 개인의 주체성에 영향을 미치는 물질적 제약과 사회적 규범이 무시됐다. 법률과 보건정책에서 개인의 선택에 대한 이 두 가지 내러티브는 복잡하게 얽혀 있으나, 보건의료제도와 관련한 보험, 제약 및 기타 산업은 이 시스템으로부터 직접적인 이윤을 취했다.

또 구조조정 프로그램을 통해 보건의료제도 사용자를 **소비자**로 간주하고, 재정을 조직 및 서비스 제공과 분리하는 논리는 남반구의 빈곤국에도 적용됐다. 앞서 지적한 것처럼, 구조조정 프로그램은 도덕적 해이가 우스운 개념이 돼버리는 산과 응급진료와 같은 필수적인 아동·모성 건강 서비스에도 이용료를 도입했다. 이러한 상황에서 여성들은 재생산 건강과 관련해 보건에 대한 필요가 더 크고, 임신과 출산으로 사망할 위험이 있는 유일한 집단이라는 점에서 과도한 고통을 받았다.[60] 특히 농어촌 여성들은 가계의 자원에 대한 통제권이 거의 없었고, 자신의 목숨을 구할 혈액을 구입하기 위해 재산을 팔지 말지 결정하는 것은 전적으로 남성 가족원의 의지에 달려 있었다.

구조조정 프로그램이 보건의료제도에 비용 감축 논리를 적용할 때도 다른 대안들이 있었다. 20세기에 보편적 틀을 채택한 서유럽국가에서는 보건의료제도를 시장이 아닌 사회계약의 일환으로서, 포용적인 민주주의를 성찰하고 증진하는 장소로 바라봤다. 서유럽에서 이러한 제도를 담은 법률이 만들어질 수 있었던 것은 근대 민주주의와 복지국가에서 이뤄진 노동운동과 정치 활동이 권리에 대한 생각을 바꾼 덕분이다.[61]

보건의료제도는 또 중남미의 여러 국가에서 민주적인 논쟁의 장이었다. 유럽에서 온 이민자들은 단순히 인구학적인 변화만 가져온 것이 아니라 복지 혜택을 받을 권리 역시 주장하기 시작했다. 공식 노동 영역과 비공식적 영역 사이에서 종종 사회복지제도의 괴리가 생길 때, 그런 권리 주장들이 이뤄졌다.[62] 1973년에 권좌에서 축출된 칠레의 살바도르 아옌데Salvador Allende 대통령은 전직 의사로, 사회적 의료를 지지한 것으로 유명했다.[63] 독재정권이 막을 내린 후 수립된 1988년 브라질 헌법은 포괄적인 건강권을 명시했고, 건강권이 단순한 의료 서비스가 아니라 민주적인 법치국가에서 사회적 시민권의 한 부분이자 사회 및 경제정책의 한 요소라고 봤다.[64] 그러나 신자유주의의 거침없는 행진으로 1980년대 이후 중남미의 여러 국가에서 이러한 견해가 도전을 받았다.

여성과 아동의 고통을 중요하게 만드는 것
: 건강과 권리의 관계

개인과 집단이 건강권을 향유하기 위해서는 법적 담론과 정치적 담론에서 그들이 존엄성의 주체로 간주되고, 또 스스로를 그러한 존재로 바라볼 수 있어야 한다는 사실은 자명하지만 다시 한번 언급할 필요가 있다. 1980년대의 규범적이고 실증적인 변화를 통해 기회 구조가 바뀌었고, 여성과 아동이 각각 '권리를 가질 권리'가 있다고 이해되기 시작했다.

아동의 건강과 아동권

1982년에 유니세프의 제임스 그랜트James Grant 신임 총재는 앞에서 언급한 폭넓은 인간 발달의 개념에 따라 영아 사망률과 질병률의 감소를 개발의 필수적인 부분으로 재개념화하기 위해 '아동생존혁명'을 출범시켰다.[65] 그랜트의 선언에 대해 초기에는 대부분이 냉소적인 반응을 보였다. 어떤 사람들은 그것이 경제개발에 있어서 주의를 분산시킨다고 생각했고, 또 어떤 사람들은 그랜트가 국제 금융기관의 요구에 너무 많이 굴복했다고 생각했다. 당시 세계보건기구의 사무총장이던 하프단 말러Halfdan Mahler와 같은 비판자들은 그랜트가 성장 발달 관리, 경구용 수액요법, 모유 수유, 예방접종과 같은 개입 패키지로서 "선택적 1차 건강관리"를 지지하는 것은 알마아타선언에 명시된 건강의 사회적 구성이라는 개념을 저해한다고 주장했다.[66]

그랜트와 유니세프는 이런 비판에 굴하지 않았다. 아동생존혁명은 1980년부터 1995년 사이에 예방접종과 경구용 수액요법, 성장 발달 관리, 모유 수유의 홍보, 가족계획, 영양제를 통해 2,500만 명의 생명을 구한 것으로 추산된다.[67] 1982년에는 아동 사망과 영아 사망으로 하루에 4만 명의 아이들이 죽었다.[68] 반면, 2016년 세계 인구가 기하급수적으로 팽창할 당시 하루 아동 사망률은 1만 5,000명이었다.[69]

제임스 그랜트는 아동 건강의 증진을 위해서는 **아동권**이 필수적인 역할을 한다고 생각했다. 1989년에 유엔이 아동권리협약[70]을 선포하고 유니세프가 아동 건강에서 권리 중심적 접근법을 채택하면서 처음으로 건강에 권리가 적용되기 시작했다. 아동권리협약은 획기적으로 '아동의 최대 이익'이라는 기준을 채택했다. 따라서 가정이라는 사적 영역에서만이 아니라 모든 정책 결정에서 "아동의 총체적인 신체적·심리적·도덕적·영적 완결성으로 이해되며, 아동의 존엄성을 증진하는" 아동의 최대 이익을 고려하도록 했다.[71]

물론 다른 조약의 보호조항으로부터 보호받을 수도 있었지만, 아동권리협약은 특히 아동을 성장에 따라 "역량이 점진적으로 발전하는" 온전한 주체로 규정했고, 이는 인권법의 경계가 바뀌어야 함을 시사했다. 여성차별철폐협약하에서 공적 영역과 사적 영역 간의 경계가 계속해서 허물어지는 가운데, 아동을 권리의 주체이자 시민으로 인식함으로써 얻을 수 있는 중요한 결과는 부모가(그리고 기타 민간 행위자들이) 아동의 최대 이익을 고려한 **근거**에 기반해 자녀에 대한 자신의 결정을 **정당화**할 수 있어야 한다는 점이다. 당시에 이러한 생각은 본질적으로 부모와 자녀 관계와 가족의 의미를 재규정한다는 점에서 가히 혁명적이었다. 또한 오늘날 예방접종과 여타 의료 서비스를 거부하는 부모들을 보면 그러한 생각이 아직도 혁명적이라는 사실을 알 수 있다. 역사적으로, 여성과 마찬가지로 아동도 자치self-governance 능력과 이성을 계발할 능력이 있는 주체 또는 시민이 아닌 소유물로 간주됐다.[72]

아동권리협약은 부모의 절대적인 권위에 의문을 제기할 뿐 아니라 발달적이고 관계적인 새로운 관점으로서의 권리를 암묵적으로 채택했다. 아동권리협약이 작성되고 있던 1980년대 말에는, 사회구성주의와 발달심리학의 개념들이 널리 알려져 있었다. 발달심리학의 선구자라고 할 수 있는 장 피아제Jean Piaget는 (아동이 자기 자신에 대해 갖고 있는 생각을 포함해) 아동의 지식 구조가 사전에 형성돼 있는 것이 아니라 부모와 또래집단, 주위 환경과의 변증법적인 상호작용을 통해 발달한다고 주장했다.[73] "점진적으로 발전하는 역량"이라는 표현에서 알 수 있듯, 아동권리협약은 이러한 발달적 관점을 채택했고, 이를 통해 권리가 (칸트의 관점에서 시사하는 것처럼) 이미 온전하게 형성된 개인의 존엄성만을 보호하는 문제가 아니라는 점을 암묵적으로 인정했다. 다시 말해서, 아르헨티나의 군부독재 치하에서 어떤 사람을 자의적으로 구금하는 것은 온전히 형성된 인간성personhood과 존엄성을 침해하는 행위였다. 그러나 라토냐와 같은 여아를 포함한 아동들의 경우, 가정과 지역사회 그리고 사회에서 대우받는 방식이 그들 스스로 존엄성을 지닌 주체로서 자기를 인식할 수 있는지 여부를 결정한다.

1980년대가 되자 정체성에 대한 이러한 대화적 구성dialogical construction이 중립적이지 않으며 유해한 경우가 많음을 보여주는 비판 이론이 성장했다. 사람들은 외부의 인종, 계급, 카스트, 성적 지향, 성정체성 규범 등을 내면화함으로써 자신을 창조했다. 하나의 예로, 특정 지역에 거주하는 어린 여성들은 남성에 비해 열등하거나 하찮은 존재로서, 성적 대상이나 재생산의 도구로 보는 '남자들의 시선'을 통해 스스로를 내면화했다. 이 과정은 과거에는 물론이고 지금까지도 생사를 가르는 결과를 낳는다.[74] 빈곤과 가부장제, 편견으로 삶이 그늘진 어린 여성들은 외부적 요인에 의해서만 선택을 제한받는 것이 아니라, 스스로 삶에서 선택권을 가질 가치가 없다고 믿으면서 자란다.

같은 맥락에서 수루치 타파르 비요케르트Suruchi Thapar-Björket를 비롯한 학자들은 여성의 지배가 "직접적인 위협의 산물이기보다는 피지배자들이 기존 권력관계에 의문을 제기하는 것을 중단한 결과"라고 말한다.[75] 구체적인 맥락 안에서 정체성이 형성되며 시작되는, 비가시적이고 내면화된 지배는 해군정비학교에서 본 것과는 완전히 다른 방식으로 권력을 행사한다. 이는 여아를 비롯한 여성, 그리고 통상적인 젠더에 불응하는 아동, 장애 아동, 차별받는 소수 인종 및 민족의 아동, 기타 소외 집단 아동의 건강권을 증진하는 과정에서는 매우 중요하게 작용했다. 열여덟 살이 된 이후에 자기 삶의 주체가 된다는 사고를 주입하기에는 너무 늦다. 아동권리협약은 인권법에서 그러한 통찰이 갖는 함의를 인식하는 중요한 발걸음을 내디딘 것이었다.

모성보건의 재구상과 여성의 성·재생산 권리에 대한 함의

1980년대에 아동이 미숙한 어른 또는 소유물이 아닌 권리의 주체로 재개념화됐던 만큼, 성인 여성도 아동에게 필요한 존재 이상이라는 재개념화가 진행되고 있었다. 제1장에서 언급한 것처럼, 1970년대와 1980년대 초반에는 인구통계건강조사Demographic and Health Survey의 전신인 세계출산력조사World Fertility Surveys를 제외하고는 여성의 건강에 관한 데이터가 거의 전무했다.[76] 그러나 이것이 바뀌기 시작했다.

1985년 '여성을 위한 유엔 10년'이 검토한 결과 전 세계적으로 해마다 50만 명의 여성이 산과적 합병증으로 사망하고 있다는 사실이 밝혀졌다.[77] 그보다 몇 달 앞서 컬럼비아대학 메일먼공중보건대학Mailman School of Public Health at Columbia University의 고故 앨런 로젠필드Allan Rosenfield와 데버라 메인Deborah Maine이 《랜싯Lancet》에 「모성 사망—방

치된 비극: 모자 건강에서 모_母는 어디에 있는가?Maternal Mortality—A Neglected Tragedy: Where is the M in MCH?」라는 제목의 혁신적인 논문을 발표했다. 이 논문에서 로젠필드와 메인은 모자 건강이 아동의 안녕에 초점을 맞추고 있지만 "모성 사망은 그 원인이 아동 사망의 원인과 매우 다를 뿐 아니라 잠재적인 구제책도 다르다"라는 점을 지적했다.[78]

빈곤율이 감소하면서 제임스 그랜트가 가장 크게 우려했던 영아 사망률은 개선됐지만, 모성 사망률은 개선되지 않았다.[79] 아동의 경우 영양에서부터 주거 조건, 전염병에 이르기까지 여러 요소가 혼합돼 아동이 허약해지고 궁극적으로 사망에 이른다는 사실을 알 수 있다. 따라서 아동 생존이 인간 발달의 지표라고 쉽게 주장할 수 있었다. 그러나 모성 사망은 그러한 패턴을 따르지 않았다.[80] 여성은 산과적 합병증을 경험하거나 경험하지 않을 수 있는데, 합병증이 발생하는 경우 응급처치가 필요하다. 여성이 허약하고, 영양 상태가 부실하고, 빈혈이 있더라도 아이를 순산할 확률이 그렇지 않을 확률보다 더 높다. 반면, 영양 상태가 좋고, 교육 수준이 높고, 산전돌봄 서비스를 이용할 수 있다 하더라도 심각한 산과적 합병증을 경험할 수 있고, 1940년대 이후 선진국에서 제공돼 온 서비스들을 이용하지 못하고 사망에 이를 수도 있다.[81]

따라서 1980년대까지 임산과 출산 시 여성을 지원하는 국제 보건의료제도의 활동은 실증적 증거에 기반한 것이 아니라 **아이들에게 좋은 것이 당연히 임신한 여성들에게도 좋을 것**이라는 뿌리 깊은 이데올로기에 근거하고 있었다.[82] 메인은 1980년대에 아시아의 공중보건 프로그램 기획자들에게 전통적인 조산사와 산전돌봄이 모성 사망 문제를 해결할 수 없다고 설득하려고 했을 때, 엄청나게 부정적인 반응이 있었다고 회상한다. 메인은 "마치 내가 '신은 없다'라고 말한 것 같았다"라고 회고했다.[83]

전 세계적인 검토를 통해 해마다 50여만 명의 여성이 출산으로 사망한다는 사실을 밝혀낸 지 2년이 지난 1987년, 케냐 나이로비에서 2000년까지 모성 사망률을 절반으로 줄인다는 목표하에 '안전한 모성 사업Safe Motherhood Initiative'이 출범했다.[84] 처음으로 모성보건과 관련한 정치적 견인력이 가시화되는 듯했다. 그러나 제러미 쉬프만Jeremy Shiffman과 스테퍼니 스미스Stephanie Smith가 안전한 모성 사업의 '뒤늦은 출범'과 관련해 지적한 것처럼, 모성 사망률의 적절한 측정과 관련한 불확실성, 이 사업을 주도할 제도적 기반의 부재, 모성 사망에 대응하기 위해 무엇이 필요한가에 대한 이데올로기적 논쟁으로 '일관된 의견'이 정립되지 못하며 이 사업은 모멘텀을 잃고 해체됐다.[85]

아동 생존과 달리 모성보건은 제임스 그랜트나 유니세프와 같이 주도할 만한 개인이나 기관이 없었고, 개입과 관련해 논란이 있었다. 모성 사망은 여성을 아동과 분리된 존재로 봐야 하는 동시에, 모성보건을 증진하기 위해서는 보건의료제도와 의료 서비스가 필요하다는 점을 인정해야 하는 복잡한 정치적·실증적 관계 속에 놓여 있었다. 실제로 1980년대에 많은 페미니스트는 안전한 모성보건사업의 패러다임에 관심을 갖지 않았다. 재생산적 자율성과 낙태 문제에 적극적으로 목소리를 냈던 페미니스트들은 안전한 모성에 초점을 맞추는 것은 여성을 재생산의 도구로 보는 본질주의적인 정치적 담론을 지지하는 것이라고 여겼다. 또 여성건강운동은 생물의학계의 권력에 이의를 제기하고 있었는데, 국제 보건에서 산과 응급진료를 추진하는 것은 재생산의 탈의료화와 상반되는 듯 보였다.

그럼에도 불구하고, 1970년대와 1980년대에 여성 권리를 둘러싼 초국적 동원을 통해 여성차별철폐협약을 비롯해 차별을 척결하기 위한 규범들이 등장했다. 낙태나 산과 응급진료와 같이 여성들에게만 필요한 필수 서비스의 결여가 차별과 재생산 권리의 문제로 이해되기 시작했다. 일례로, 낙태 캠페인으로 시작한 '재생산 권리를 위한 세계여성네트워크Women's Global Network for Reproductive Rights'가 **재생산 권리** 운동단체를 표방하는 첫 번째 단체가 됐고, 1990년대에는 이와 같은 단체들이 국제 인권의 제도와 프레임워크를 적극적으로 활용하기 시작했다.

요약하자면, 1980년대에 여성과 아동의 건강에 대한 실증적 접근법이 변화하면서 권리 패러다임에 큰 영향을 끼쳤고, 권리 패러다임이 다시 여성과 아동의 건강에 영향을 끼쳤다. 제임스 그랜트의 아동생존혁명은 아동권리협약의 발전에 중요한 역할을 했다. 아동권리협약은 다시 아동을 변화하는 역량을 지닌 권리의 온전한 주체로 보는 혁신적인 개념을 도입했고, 가족 내의 전통적인 권위주의적 규범에 맞섰다. 또 같은 기간, 모성 사망을 낮추기 위한 노력으로 임신한 여성들이 태아와는 다른 별개의 보건 욕구를 갖는다는 실증적 자료들이 마련되기 시작했다. 연구자들이 여성을 아동에 연결된 부속물이 아니라 존엄성을 지닌 개별적 주체로 **봐야 한다**는 규범적인 전제를 가지고 있었기에, 프로그램의 공백으로 인해 여성들이 얼마나 불필요한 고통을 겪어야 했는지 가시화할 수 있었다.

결론

내가 라토냐를 만났던 1980년대 말, 만약 그녀가 에이즈에 감염됐다면 아마도 이미 저세상 사람이 됐을 것이다. 에이즈가 처음 세상에 알려진 지 거의 40년이 지난 오늘날, 중·고소득국가와 일부 저소득국가에서 에이즈는 사망 선고가 아닌 만성질환으로 간주된다. 이러한 변화는 생물의학 연구와 임상 실험에서의 실질적인 발전, 에이즈 환자들을 위한 인권 활동과 옹호 활동 등이 가져온 결과다. 그러나 오늘날에도 에이즈의 패턴은 국가 간 그리고 국가 내에서의 구조적인 불평등을 보여주며, 사회적 및 정치적 가치를 인정받지 못하는 수많은 사람이 여전히 그 그늘에서 고통받고 있다.

2013년 나는 모성 사망의 세대 간 영향에 관한 하버드 T. H. 찬 공중보건대학원Harvard T. H. Chan School of Public Health의 연구를 감독하기 위해 탄자니아에 머물렀다. 당시 동아프리카에는 에이즈로 부모를 잃은 아동들을 위한 공립 보육원이 거의 없었다. 또한, 해외 기부자들이 보육원에 대한 자선기금의 비용편익을 다시 계산하기 시작하면서, 그나마 있던 보육원들도 심각한 재정난을 겪고 있었다. 탄자니아 다르에스살람에 유일하게 남아 있던 공립 보육원인 쿠라시니 아이들의 집Kurasini Children's Home도 그랬다. 2013년 이 보육원에는 아기에서부터 18세까지 100명이 넘는 아이들이 있었는데, 그중에는 에이즈로 부모를 잃은 아이들과 출산으로 엄마를 잃은 아이들도 있었다. 직접 방문하기 전에 나는 인터넷에서 쿠라시니 아이들의 집 사진을 찾아봤다. 하지만 막상 도착해서 본 모습은 사진과는 완전히 달랐다. 건물 사이의 넓은 마당에서 놀고 있는 아이들은 몇 없었고, 순식간에 나와 탄자니아인 동료에게 어린아이들이 몰려들더니 마치 애정에 굶주린 것처럼 우리에게 달라붙었다. 아이들의 방은 막사와 같았고, 화장실은 음산했으며, 음식은 말간 죽 같았다. 아이들은 머릿니를 없애기 위해 모두 삭발을 한 상태였다. 한때 포스터가 붙어 있었던 벽에서는 아이들이 만든 작품의 흔적이라고는 찾아볼 수 없었다. 그곳의 아이들은 자신만의 고유한 윤리적 소명감을 계발할 것이라고 기대하기는 어려운 암울한 세상에서 자라고 있었다.

마지막 건물에서 우리는 재닛을 만났다. 재닛은 내가 처음 만났던 때의 라토냐 나이 정도로 보였고, 라토냐처럼 어린 아기가 있었다. 재닛은 다른 여자아이들에 둘러싸여 있었고, 그들은 마치 인형을 가지고 놀듯이 재닛의 아기를 데리고 놀고 있었다. 재닛은 방문자들의 관심을 받아서 행복한 듯 보였다. 재닛은 허세로 위장한 얼굴을 하고 있어서 무슨 생각을 하고 있는지 알 수 없었으나 그만큼 취약한 내면이 드러나기도 했다. 우리는 재닛이 수개월째 밤에 나가서 (항구 근처인 지역에서) 얼마 안 되는 돈을 받고 남자들과 성관계를 한 후에, 그 돈으로 술이나 마리화나를 산다는 이야기를 들었다. 재닛의 아기는 열과 설사, 피부 감염증과 같은 에이즈 보균자의 징후를 보이고 있었다. 하지만 재닛도 아기도 검사를 받은 적은 없었다. 쿠라시니 아이들의 집은 사회적 낙인에 대한 우려 때문에, 또한 설령 보균자로 드러난다 해도 치료를 해줄 수 없기에 아이들을 검사하지 않았다. 2~3년 후 재닛이 열여덟 살이 될 때까지 재닛과 아기가 생존한다면 그 둘은 보육원을 나가야 하고, 특별한 기술이 없는 재닛은 아이를 돌봐야 하기 때문에 성노동자가 될 가능성이 아주 컸다.

재닛은 라토냐보다도 더 자기 삶에 있어서 선택권을 가진 적이 없었고, 삶에 대한 아무런 계획도 없었다. 자신과 아기가 먹고 입을 것을 얻고, 성매수자에게 잔인하게 폭행당하지 않고, 당장 보육원에서 쫓겨나지 않기를 바라는 것 외에는 아무런 방법이 없었다. 아이들은 자신이 태어난 세상에 문제를 제기할 수 없다. 재닛은 극도로 가난한 국가의 극도로 가난한 집에서 태어났고, 부모는 에이즈로 죽었고, 이제 자신도 에이즈 보균자일 가능성이 높았다. 자신을 돌봐주겠다는 친척도 없고 끌어다 쓸 자원도 없는, 한마디로 아무런 대안이 없는 상태였다. 아주 어렸을 때부터 재닛에게 주어진 삶의 기회를 고려한다면, 그녀가 성매매와 마약을 한다는 이유로 고통을 당해도 마땅하다고 말하는 것은 지나치게 냉혹하고 오만한 태도다. (다른 소외 집단들과 마찬가지로) 여아를 비롯한 여성들은 어쩔 수 없이 감내해야 하는 심각한 결핍과 폭력을 인지하지 못하도록 체계적으로 훈련받는 경우가 많다. 그러나 마사 누스바움Martha Nussbaum이 지적한 것처럼, 이러한 사회적 조건화로 인해 그들은 삶에서 필수적인 역량과 기능을 획득하는 데 필요한 사회적 지원을 받을 가치가 덜한 것이 아니라, 오히려 더 있다.[86]

요약하자면, 이 장에서는 사람들이 삶에서 경험하는 고통에 어느 정도의 중요성을 부여하는가에 따라 권리를 이용해 건강 관련 사회정의를 증진할 가능성이 달라진다는 점을 살펴봤다. 건강권은 어떤 질병과 질환이 '자연적'이며, 개인의 책임과 사회적 책임의 경계가 어디인가에 대해 지속적으로 조사하고 논쟁할 것을 요구한다. 에이즈 팬데믹에서 우리는 건강권의 증진과 (실질적인 진보의 동력이면서 동시에 정상과 비정상의 개념을 강화하기도 하는) 생물의학 간에 양가적인 관계가 존재함을 봤다. 또 생물의학의 개인주의는 건강을 사회적 맥락과 동떨어진 기술적인 문제로 다루고, 다양한 삶의 조건을 고려하지 않는 의료 서비스의 상업화를 촉진한다. 1980년대에는 건강이 사회적 불평등과 권력 구조에 깊이 영향받는다는 실증적 증거가 축적되기 시작했음에도 불구하고 보건의료제도의 시장화가 미국을 휩쓸었고, 구조조정 프로그램이 남반구국가를 휩쓸고 있었다.

1980년대의 내러티브에서 우리가 얻을 수 있는 교훈은 정의에 관한 도덕적 개념들이 우리가 (성장하면서 그리고 어른으로서) 자신에 대해 생각하는 방식, 그리고 사회에서 당연시하는 제도적 구조에 영향을 끼친다는 사실이다.[87] 1980년대에 도입돼 구조조정을 통해 남반구국가에서 시행된 신자유주의는 국가의 역할에 대한 도덕적 개념과 국가가 사회적 안녕을 보장할 수 있는 역량을 바꾸기 시작했다. 갈레아노가 지적한 바와 같이, 빈곤이 더 이상 '불의의 결과'로 간주되지 않을 때, 빈곤은 동정심을 불러일으킬지라도 불의에 대한 의분義憤까지 유발하지는 않는다.[88] 우리는 또 1980년대에 아동과 여성을 권리의 주체로 보는 각각의 새로운 도덕적 개념의 등장으로 그들의 삶 그리고 미래 세대의 삶과 법률을 변화시킬 수 있다는 것을 목격했다.

1980년대 이후 건강에 인권을 적용하면서 우리는 어떻게 하면 다양하지만 평등한 인간으로 스스로를 여길 수 있는가라는 질문과 함께, 우리 삶의 형태를 구성하는 법과 제도와 담론의 문제를 다뤄야 했다. 과거에도 그렇고 지금도 마찬가지로, 문제는 다름 아닌 피할 수 있는 고통의 정치경제를 재구성하는 것이다.

제3장

발전에 대한
두 갈래의
비유

인권의 증진 및 보호가 건강의 증진 및 보호와 불가분의 관계에 있다는 주장은, 인간의 안녕을 규정하고 증진하는 핵심적인 문제에 건강과 인권이 상호 보완적으로 접근한다는 인식에서 기인한다.

- 조너선 맨 등[1]

신자유주의의 금융 폭탄은 (……) 도시를 폭격해 그 안에 살고 있는 사람들의 삶을 비참하게 만들 뿐 아니라, (……) 그 목표를 경제적 세계화라는 퍼즐 속 또 다른 조각에 불과하도록 만든다.

- 부사령관 마르코스 Subcomandante Marcos[2]

1994년 1월 1일, 사파티스타 민족해방군Ejército Zapatista de Liberación Nacional(이하 사파티스타)이 멕시코 정부에 전쟁을 선포했다. 같은 날, 검은 스키 마스크를 쓰고 입에 파이프를 문 사파티스타 부사령관 마르코스가 다음과 같이 라칸돈 정글 제1차 선언First Declaration of the Lacandón Jungle을 발표했다. "그들은 우리가 아무것도, 정말 아무것도 가진 것이 없다는 사실에 개의치 않는다. 우리에게 머리 위에 일 지붕도, 땅도, 일자리도, 의료보험도, 먹을 것도, 교육도 없다는 사실을 전혀 신경쓰지 않는다. 우리는 자유롭고 민주적인 방식으로 우리의 정치적 대변자들을 선출할 수도 없다. 우리는 정말 '참을 만큼 참았다'."³ 이 극적인 반란과 선언은 북미자유무역협정의 체결과 같은 시기에 이뤄지도록 설계됐다. 전쟁을 선포한 후 12일간 치열한 싸움이 벌어졌다. 사파티스타의 봉기는 무장투쟁과 계급전쟁에 대한 오래된 혁명적 개념이 아니라, 민주사회의 인권과 다양한 정체성의 포용이라는 개념에 확고히 기반하고 있었다. '모두를 위한 모든 권리Todos los derechos para todos'는 냉전 후 첫 번째로 발생한 이 반란의 슬로건이 됐다.[4]

나는 법과대학을 졸업한 후 1990년대 초에 한동안 멕시코에 살았는데, 그때 처음으로 사파티스타 반란의 뿌리였던 극도의 빈곤과 다수의 고통에 대한 정부의 무관심을 직접 목격했다. (아르헨티나 군부독재 정권과 달리) 멕시코는 이론상 민주정부를 구성하고 있었지만, 1917년 혁명 이후 제도혁명당Partido Revolucionario Institucional이 장기 집권하고 있었다. 1990년대 초 제도혁명당은 멕시코의 정치와 민생의 모든 부분에 부정부패한 권력을 행사했다. 사파티스타는 바로 그러한 상황을 바꾸고자 했다.

사파티스타가 수립한 '자율 공동체'는 낸시 프레이저가 말한 '대항적 공공성', 즉 "자신들을 보다 잘 이해하고, 연대감을 형성하고, 과거의 불의에 대한 기억을 보존하고, 그러한 불의의 의미를 해석하고, 자아와 공동체 또는 정의, 보편성의 대안적인 개념을 모색하고 (……) 개인으로서 그리고 집단으로서 어떻게 행동할지를 결정"하기 위해 모인, 국가와 관련해 정치에서 소외된 집단의 원형이었다.[5] 다른 여러 반군들과 달리 사파티스타에서는 여성들이 중요한 직책을 맡았다.

사파티스타는 알마아타선언과 오타와선언에 공명해, 건강이 사회적 구성물이며 공동체의 역량을 강화시킨다는 믿음 아래 자율적인 보건의료제도를 수립했다.[6] 내가 1997년에 찍은 한 사진에는 티셔츠 위에 청진기를 걸치고 **외래환자실**에서 일하던 10대 청소년의 모습이 담겨 있다. 벽에는 느슨하게 묶인 나무판자가 걸려 있는데, 그 안의 종이에는 외래환자실 담당자들의 순번과 공중보건 예방 활동 담당자들의 이름이 적혀 있었다. 1997년 그곳을 방문했을 때 우리는 임산부를 돌보고 출산을 도우며 지식과 기술로 공동체의 존경을 받고 있던 전통적인 산파들을 만났다. 정부의 보건의료제도 내에서 일하는 의사나 간호사와 달리, 산파들은 자신의 환자를 개인적으로 잘 알고 있었고, 익명의 환자가 아닌 여자 대 여자, 인간 대 인간의 수평적인 관계에서 그들을 대우했다.

그럼에도 불구하고 이러한 대항적 공공성은 저항을 통해 사람들의 건강과 삶을 발전시킬 수 없었다. 초기의 무장분쟁 이후, 사파티스타 반군과 정부 간에 평화협상을 하는 시기가 있었다. 정치적 제휴와 종교적 차이(가톨릭 대 복음주의)가 악용되고 조종됐으며, 친정부 성향 공동체 '평화와 정의'처럼 전체주의적인Orwellian 이름을 내건 무장단체들이 땅과 생계를 **빼앗**기 위해 사파티스타 공동체를 공격하기 시작했다.

반군 진압 활동의 일환으로 국가 보건의료제도가 적극 활용됐다. 보건 공무원들은 공중보건 면역 캠페인을 진행하는 동안이나 사파티스타 동조자들이 시설을 방문할 때, 그들을 차별하고 그들에 대한 정보를 수집했다.[7] 결국 사파티스타는 정부의 보건 서비스를 거부했다.[8] 몇 년 후에 공동체가 분열된 분쟁 지역에서 실시된 연구에 의하면, 모성 사망 수치(정상 출산 10만 명당 600명 이상)가 천문학적으로 높았고, 아동 건강이 매우 우려스러운 수준이었다.[9] 제2장에서 논의한 바와 같이, 산모에게 심각한 합병증이 발생할 때 즉시 적절한 응급조치를 취하지 않으면 산모가 사망한다는 증거가 압도적으로 많았다. 그러나 공적 보건의료제도는 그들에게 적대적이었고, 산파들은 수혈이나 수술이 필요한 환자들을 병원에 연계할 수가 없었다. 멕시코 정부는 이러한 모성 사망 사건 대부분을 기록하지 않았다. 가난한 원주민 여성의 죽음에 신경 쓰지 않았고, 그들이 왜 그렇게 살 수 밖에 없는가에 대해서는 더더욱 신경 쓰지 않았다.

'모두를 위한 모든 권리'라는 사파티스타의 목표를 위해서는 원주민 공동체가 오랫동안 강요당했던 불의를 없애고 새로운 사회를 다시금 상상할 수 있도록 하는 것(이 중요하지만), 그 이상이 필요했다. 또 자신의 몸과 재생산에 대한 중요한 통제권의 한 부분으로서 산과 응급조치를 포함해 과학과 물질적 진보의 혜택을 이용하는 것도 필요했다. **인권문제로서의** 모성보건을 포함한 여성의 재생산 건강이 국제적인 강령으로 인식된 시기는 사파티스타 반란 전후의 1990년대였다.

이 장에서는 그 특별한 기간에 일어난 복잡한 이야기를 전달하고자 한다. 1993년 비엔나회의는 시민적·정치적 권리와 경제·사회·문화적 권리 간의 장벽을 허물었고, 여성의 사적인 삶에서 벌어지는 폭력에 대한 생각을 전환했다. 1994년과 1995년 각각 카이로와 베이징에서 열린 유엔회의에서는 재생산 건강과 권리 그리고 성평등을 증진하기 위해 정치적·사회적·경제적 변화를 유도할 수 있는 대담한 행동 계획들이 선포됐다. 이 유엔회의들과 1990년대에 이어진 다른 회의들은 인간 발달이라는 개념을 발전시켰고, 이론과 실천 모두에서 인권과 공중보건 분야를 연결하고자 하는 초기 보건 및 인권운동의 출현을 이끌었다.

더 나아가, 건강권을 포함해 경제·사회·문화적 권리가 마침내 국제적·국가적 차원에서 인정받기 시작했다. 사회권위원회는 경제·사회·문화적 권리의 최소 역치 수준minimum threshold level이라는 개념을 채택했다. 그것이 보장되지 않으면 경제·사회·문화적 권리는 권리로서의 의미를 잃고, 결국에는 존엄하게 살 수 있는 능력이 상실된다고 봤다. 또 아르헨티나의 경우처럼 변혁적인 신헌법과 수정 헌법이 (국제법에 기반하거나 국제법을 직접 삽입해 경제·사회·문화적 권리를 열거했던) 전통적인 자유주의국가의 낡은 사회계약을 대체했다. 이러한 사회권 입헌주의는 다수의 국가 행위자들, 특히 상급 법원들이 건강을 포함해 국제법에 명시된 권리에 대한 합의를 끌어내 자국어로 바꾸고vernacularizing 있다는 뜻이었다. 인권 옹호자들 또한 역내 및 국제 법률 포럼에 의존해 멕시코와 같은 국가들에서 정부의 면책 관행을 척결하고 새로 천명된 성·재생산 건강과 권리에 대한 기준을 수립하고자 노력했다.

또한 1990년대 초에는 경제통합이 심화되면서, 국내의 정치와 국제법 간의 관계에 엄청난 영향을 끼쳤다. 금융화의 증가(즉, 금융 부문이 지배하는 국가 및 세계경제의 비중이 증가함)가 무역 및 외국인 투자의 확대를 수반하고 또 촉진했는데, 이를 위해서는 상당한 법률 및 규제적 변화가 필요했다. 멕시코는 새로운 부의 기회와, 신자유주의 정책이 야기한 비생산적인 집단들의 구조적인 배제를 모두 보여주는 사례였다. 사파티스타 반란이 일어나기 약 6개월 전인 1993년 7월, 《포브스Forbes》는 1991년 이후 멕시코에 11명의 새로운 억만장자가 생겨났다며 축하를 전했다.[10] 그러나 무역을 위한 시장 개방과 수출 증가가 '근대화'의 불가결한 요소라는 프레임에 짜 맞춰지는 중에, 부채 및 무역과 관련해 그동안 정치적인 문제로 간주됐던 사안들이 북반구의 변호사와 경제학자, 은행가들에 의해 관리되는, 일반 국민의 영역을 넘어선 기술적인 문제로 전환되고 있었다.[11] 멕시코의 살리나스Carlos Salinas de Gortari 등 여러 대통령들이 근대화의 구현자라는 역할을 받아들였고, 사실상 유의미한 민주적 논의가 전혀 없는 상태에서 행정부의 권한을 이용해 중요한 개혁안들을 통과시켰다.

지금 돌아보면 이렇게 양분되는 두 움직임 간의 양립 불가능한 관계만이 아니라, 그 둘이 어떻게 변증법적으로 상호작용했는지를 살펴볼 수 있다. 그러나 1990년대 초에 우리는 유엔의 비전과 현장의 도구로서 인권이 지닌 가능성에 대한 열정으로 가득 차 있었다.

인권과 개발에 관한 유엔회의들
: 새로운 국제 규범과 제도의 등장

1980년대는 새로이 축소된 국가에서 생산적인 부문에 포함되지 못한 사람들에게만 기본적인 필요를 지원하는 개발정책들이 주를 이뤘다. 1990년에는 유엔개발계획이 센의 역량 이론에 기반한 「인간개발보고서」와 인간개발지수를 발표하면서, 뒤늦은 대책이 아닌 개발의 출발점으로서 빈곤의 다차원적인 측면들을 다룰 수 있는 제도적인 힘이 확립됐다. 비엔나회의, 리우 지속가능발전회의Río Conference on Sustainable Development, 좀티엔 세계교육회의Jomtien Conference on Education, 카이로 세계인구개발회의Cairo Conference on Population and Development, 베이징 세계여성회의Beijing Conference on Women(이하 베이징회의), 코펜하겐 사회개발회의Copenhagen Conference on Social Development, 로마 세계식량정상회담World Food Summit 등 1990년대에 개최된 유엔회의들은 모두 '사람 중심적'이고 '지속 가능'하고 '사회적'인, 그리고 언제나 전 부문을 아우르는 통합적인trans-sectoral 개발을 강조했는데, 이는 다양한 사람이 모두 잘 살 수 있도록 지원하는 법적·제도적 변화를 필요로 했다. 동시에 이러한 유엔선언에서 탈식민국가와 자원이 부족한 국가의 국민이 권리를 향유할 수 있도록 국제 원조와 협력을 지원하고 강조하는 강령이 신국제경제질서의 개념들을 대체했다.

인권운동의 역사에 관한 연대기에서 로저 노먼드Roger Normand와 세라 자이디Sarah Zaidi는 1990년대 초반에 "오랫동안 방치돼 왔던 인권운동 내부의 균열이 유엔의 세 가지 측면(국제 시민사회 사람들, 유엔 조직 자체 기구와 제도 및 운영 프로그램, 그리고 국가들의 공동체) 모두에서 시정될 수 있었다"라고 주장했다.[12] 1993년에 열린 비엔나회의는 171개국이라는 전례 없이 많은 국가가 "모든 인권은 보편적이고, 불가분하며, 상호 의존 및 상호 연관돼 있다"[13]라며 인권이 시민적·정치적 권리와 경제·사회·문화적 권리라는 점을 인정하고, 인권에 대한 총체적인 이해를 지원하기 위해 유엔 조직을 강화하기로 합의했다. 당시 부트로스 부트로스갈리Boutros Boutros-Ghali 유엔사무총장은 비엔나선언과 그 행동강령을 "다음 세기로 이어지는 인권의 세계 행동을 위한 새로운 비전"이라고 강조했다.[14]

실제로 그랬다. 비엔나회의는 "극도의 빈곤과 사회적 소외는 인권 존엄성 침해에 해당하며, 극빈층의 인권을 증진하고 극빈과 사회적 소외를 종식시키며 사회 발전의 결실이 향유될 수 있도록 개발 문제의 원인을 포함해 극빈과 그 원인을 보다 잘 이해하기 위한 시급한 조치가 필요하다"라고 강조했다. 또한, 빈곤 퇴치를 위한 결정과 계획에 빈곤층의 참여를 증진시킬 것을 요구했다.[15]

이와 동시에, 전 세계가 독재정권의 붕괴와 아프리카 및 유럽에서 시작되고 있었던 재앙 수준의 내전을 목격하면서, 신국제경제질서에 대한 열망이 사그라들었다. 그렇게 해서 인권은 '타고난 권리'며 그 '보호와 증진'은 '정부의 가장 중요한 책임'이라고 표현됐다.[16] "모든 사람은 자유롭게 자신의 정치적 위상을 결정하고, 경제·사회·문화적 발전을 추구하기 위한 자결권을 갖는다"[17]라고 명시된 바와 같이, 국가 발전권의 초점이 대부분 국가 내 개인에게 맞춰졌다. 그리고 비엔나선언은 "국제 협력의 증진"을 요청했다.[18]

비엔나회의는 또 국제 시민사회의 성장을 시사했고, 이것은 1990년대 내내 유엔회의들을 통해 유지됐다. 1993년 개최된 비엔나회의에는 무려 700여 개 비정부기구를 대표하는 7,000명이 넘는 참가자들이 참여했다.[19] 1년 뒤 카이로에서 열린 세계인구개발회의의 비정부기구 포럼에는 133개국을 대표하는 4,000여 개의 비정부기구가 참여했다.[20] 1995년에 열린 제4차 베이징회의의 비정부기구 포럼에는 거의 3만여 명에 달하는 사람들이 참석했다.[21] 준비 회의에서부터 비정부기구 포럼에 이르기까지 모든 단계에서 시민사회의 참여가 활발했고, 이는 결과 문서에 중요한 영향을 끼쳤다.[22] 인터넷이 보편화되기 이전이었고 해외여행이 비교적 어렵고 비용이 많이 드는 시대였다는 점을 감안할 때, 이러한 새로운 국제 시민사회의 힘과 영향력은 놀라웠다.

노먼드와 자이디가 시사한 것처럼, 유엔기구들도 인권 증진을 위해 더 강한 역할을 맡았다. 새로운 지정학적 환경에서 유엔 체계는 목적에 걸맞지 않은 듯 보였다. 비판가들은 유엔의 활동에서 인권 중심적인 정책이 결여돼 있고, 유엔 전반에 걸쳐 인권이 매우 얕게 존재한다고 지적했다.[23] 비엔나 행동계획은 유엔기구 전반에서 인권 활동을 조율하고, 인권 관련 지식과 행동 측면에서 유엔 체계를 강화시키기 위해 유엔인권사무소를 설립하는 계기가 됐다.[24] 유엔인권사무소의 역할 중 일부는 '특별절차Special Procedure'의 감독을 통해 이뤄졌는데, 이 절차를 위해 선정된 전문가들이 특정 인권문제에 대한 인식과 이해를 증진하는 활동을 했다. 일례로, 비엔나회의의 뒤를 이어 1994년에는 유엔인권이사회UN Human Rights Council의 전신인 유엔인권위원회가 첫 여성폭력특별보고관Special Rapporteur on Violence against Women을 임명했다.[25]

비엔나 행동계획은 또 세계 각국에 국가인권기관National Human Rights Institutions과 국제적인 조율기구(현재의 세계국가인권기구연합Global Alliance of National Human Rights Institutions)의 설립으로 이어졌다.[26] 집행 권력을 견제하는 국가인권기관의 효과는 예산과 강령, 역량, 독립성에 달려 있다.[27] 그러나 유엔 및 새로이 등장한 국가적 기구들은 거버넌스와 정치적 현실이 변화함에 따라 제도적 구조가 끊임없이 수정되는 모습을 보여준다. 실제로 이러한 역사는 우리가 오늘의 국제적인 또는 국가적인 거버넌스제도를 운명으로 받아들일 필요가 없음을 알려준다.

여성의 권리, 인권이 되다

전 세계적으로 대성공을 거둔 페미니스트들의 여성운동은 모든 인권의 상호 의존성과 불가분성을 재확인하고 "신체적 완결성에 대한 권리와 폭력으로부터의 자유 등 여성 인권이 갖는 특수성을 확립시키는 데 도움이 됐다".[28] 비엔나회의는 국제 인권 규범이 성인지적인gender-sensitive 방식으로 해석되기 시작한 출발점이었다. 그에 따라 국가는 여성차별철폐협약이 명시한 것과 같이 이제 차별적인 법률이나 전통 관행을 폐지할 책임만 갖는 것이 아니라, 사적 영역에서의 여성폭력을 **예방하거나 제재하지 못하는 것** 역시 인권침해로 규정할 수 있었다.

비엔나에 비정부기구 활동의 일환으로 세워진 '여성 인권침해에 관한 국제재판소Global Tribunal on Violations of Women's Human Rights'는 각국 정부로 하여금 여성폭력의 영향과 불의의 경험에 내재된 젠더화된 성격을 인식하고자 하는 상징적인 노력이었다. 33명의 여성이 증언을 했고, '판사'들이 증언에서 언급된 폭력의 책임 소재를 평가하면서 왜 그러한 행위가 인권 원칙에 위배된다고 해석될 수 있는지 설명했으며, 여성권 침해에 대한 구제책을 구체적으로 제안했다.[29] 아르헨티나에서와 같이 독재정권이 막을 내린 후 분열된 사회를 하나로 만들기 위한 재판이 (마크 오시엘Mark Osiel이 '자의식적 연극과 같은' 양상[30]이라고 명명한) 대중의 구경거리처럼 되는 것이 중요했던 만큼, 이 재판소도 마찬가지였다. 재판소는 전 세계와 정부 대표들이 바라보는 가운데, 매우 공적인 공간에서 (이론적으로는) 사적인 문제들을 단호히 주장하는 여성들과 그녀들의 목소리를 보여줬다. 공적인 공간에서 이러한 과정을 보여준 결과, 국가의 책임과 규범에 대한 해석을 여성이 체험하는 현실에 대응하는 방식으로 설명했을 뿐 아니라, 여성들이 스스로를 권리의 청구인으로 여길 수 있도록 역량을 강화시켰다. 권리의 패러다임 변화에 대한 엄청난 지지를 끌어냈으며, 여성폭력특별보고관의 활동을 수립하도록 압력을 가했다. 동시에 이 상징적인 재판소는 여성권 침해와 관련한 책임 소재의 확립 방식이 사회동원에서 재판 중심적인 접근법으로 이동하는 동향을 반영했다.

국가와 여성의 체계적인 종속 관계에 대한 이러한 새로운 이해는 비엔나회의가 개최된 지 불과 몇 달 후에 유엔총회에서 채택된 구속력 없는 '여성차별철폐에 관한 선언Declaration on the Elimination of Violence against Women'에 반영됐다.[31] 또 중남미 페미니스트들의 활동으로 미주기구Organization of American States가 구속력 있는 '여성폭력의 예방과 처벌 및 철폐에 관한 미주협약Inter-American Convention on the Prevention, Punishment and Eradication of Violence Against Women, Convention of Belém do Pará'을 선포하게 됐다. 이 협약은 공적 또는 사적 영역에서 개인이 자행하는 여성폭력 행위를 예방하고 제재해야 할 국가의 의무를 명시했다.[32]

그러나 비엔나회의가 여성의 건강권에 끼친 영향은 1990년대에 개최된 일련의 회의들과 별개로 이해할 수 없다. 제1장에서 논의한 바와 같이, 1960년대와 1970년대 이후 북반구의 여성운동은 대체로 재생산적 자율성과 가정폭력, 고용에서의 형식적 평등에 초점을 맞췄다. 반면, 남반구에서 여성들은 전혀 다른 경제·사회·문화적 문제들, 다른 환경, 다른 운동의 가능성을 경험하고 있었다. 또 남반구의 많은 페미니스트는 국제경제질서가 양산해 낸 불평등을

우려했다. 비엔나에서부터 시작해 1990년대에 분야를 초월해trans-
sectional 이뤄진 일련의 유엔회의들에서, 남반구와 북반구의 페미니
스트 활동가 네트워크들이 서로 만나게 된 것은 새로운 이해를 구
축하고 성평등 목표를 둘러싼 정치적 의제에서 거리를 (적어도 일시
적으로라도) 좁히는 데 더없이 중요한 역할을 했다.

세계인구개발회의와 베이징
: 개발의 패러다임 변화에서 중요한 것은 무엇이었나?

세계인구개발회의 행동계획은 인구학적 목표에 기반한 인구정책
에서, 모성보건권을 포함한 성·재생산 건강과 권리에 기반한 정책
으로의 극적인 변화를 반영했다. 1995년 베이징에서 열린 제4차 세
계여성회의는 세계인구개발회의의 패러다임을 확장시켰고, 여성의
평등권을 달성하기 위해 정치적·제도적 변화가 필요함을 지적했다.

세계인구개발회의: 개발의 중심에 있는 여성들

내가 이 책에서 주장하는 내용의 핵심은 노동력과 경제성장에 맞
춰 설계된 실용주의적인 인구정책에서 재생산 권리로 전환하는 것
의 중요성이다. 1990년대에 인구 논쟁은 전혀 새로운 것이 아니었
다. 아마르티아 센은 18세기 말에서 19세기 초에 있었던 콩도르세
Condorcet와 맬서스Malthus의 논쟁에 대해 설명하면서, 자신이 명명한

'협력collaborative' 접근법과 '기각override' 접근법의 구성이 그 논쟁에서 처음 나왔다고 설명했다.[33] 콩도르세는 합리적인 인간 행동, 즉 "생산성의 증가, 절약과 낭비 예방 그리고 교육, 특히 (출산율을 낮출 수 있는) 여성 교육을 통해" 인구과잉의 문제를 해결할 수 있다고 자신했다.[34] 그는 일반 여성들이 교육을 받고 필요한 정보와 조건을 제공받으면 "어리석게 (……) 쓸모없고 비참한 인간들로 세상을 어지럽히는 대신" 자발적인 가족계획을 통해 가족의 규모를 제한하는 가치를 알게 될 것이라고 했다.[35] 반대로, 맬서스는 일반 여성들의 이성적 사고력을 믿지 않았고, 인구과잉을 제어하기 위해 그들의 의지를 '기각'하는 방법을 선호했다.[36] 세계인구개발회의는 여러 가지 성과를 이뤄냈는데, 그중에서도 특히 일반 **여성**이 사회제도를 통해 정보와 지원을 제공받을 때, 자신의 삶과 자녀의 삶에 대해 합리적인 선택을 할 수 있다고 믿었다는 점에서 '협력' 접근법의 승리를 보여줬다. 그로 인해 세계인구개발회의는 여성과 여성의 출산력을 도구화함으로써 인구학적 목표를 달성하고자 하는 인구정책이 아니라, 이성과 양심을 가진 인간으로 여성을 바라보는 (존엄성과 모든 권리의 기반이 되는) 관점을 채택했다.

세계인구개발회의는 단순히 사상의 대격변만을 보여준 것이 아니었다. 그것은 또 보건 영역 안팎에서의 정책과 프로그램, 실천에 있어서 혁명적인 변화가 필요함을 암시했다. 가족계획, 성병, 모성보건과 같이 이전까지 별개로 관리되던 프로그램들이 이제 새로이 정의된 '성과 재생산 건강'이라는 개념 아래 연결됐다.[37] 어떤 분야가 경계선을 그을 때는, 그 분야 내 사안들과 그로 인해 영향받는 인구 집단에 대한 어떤 이해가 있음을 함의한다. 세계인구개발회의에서는 재생산 건강이 재생산적 삶에 대한 사람들의(그리고 **여성들의**) 주체성에 기반하며, 이는 "사람들이 만족스럽고 안전한 성생활을 할 수 있고, 언제 또 얼마나 자주 재생산 활동을 할지 결정할 자유가 있다는 것을 의미한다".[38]

물론 세계인구개발회의에는 '평화와 사랑과 무지개와 유니콘'만 있는 것은 아니었다.[39] 북반구와 남반구의 성소수자, 낙태 운동가, 여성 건강권 활동가들이 한자리에 모여 만들어 낸 이 놀라운 발전은 보수 집단들의 강렬한 반대에 부딪혔고, 결과 문서에 이르는 과정에서 어려운 선택을 해야 했다. 결과적으로 최종 결과 문서에서는 성적 권리가 삭제됐다.[40] 낙태는 "안전하지 않은 낙태가 건강에 끼치는 영향"이라는 측면에서 언급됐고[41], 낙태 합법화의 확대 역시 최종 결과 문서에 포함되지 않았다.

그럼에도 불구하고 세계인구개발회의는 인간 발달의 기반으로서 재생산 권리와 여성의 결정 역량을 개념화하고, 남반구와 북반구의 여성운동을 하나로 모은 획기적인 사건이었다고 할 수 있다. 또한 "재생산 건강을 위해 법률과 정책, 권리의 이용을 증진"하는 데 있어 핵심 요소로 작용했다.[42]

베이징: 젠더와 권력의 사회적 구성

1995년 베이징에서 열린 베이징회의는 여성의 건강과 확장된 인권

플랫폼을 중심으로 성·재생산 건강과 권리 운동이 지속적으로 추진될 수 있게 했다. 베이징 행동강령은 비엔나회의에서 규정한 대로 여성폭력은 인권침해라는 점을 재차 강조하고 강화했다.[43] 베이징회의는 또한 세계인구개발회의의 패러다임을 다시 언급하고 '성 고정관념'과 '성 편견'을, 극복해야 할 권력의 불공평성으로 규정했다. "건강정책과 프로그램은 성 고정관념을 영속화하고, 여성 간의 사회경제적 격차와 다른 차이들을 고려하지 못하며, 여성이 자신의 건강에 대해 자율성을 갖지 못한다는 사실을 충분히 고려하지 않는 경우가 많다. 여성의 건강은 또 보건의료제도에 내재된 성적 편견에 의해서도 영향을 받는다."[44]

1990년대 중반 주디스 버틀러Judith Butler를 비롯한 주요 학자들은 젠더의 사회적 구성과 여성의 삶에서 성별 종속이 작용하는 방식을 이론화했다. 버틀러는 "생물학적 사실로서의 성sex과 그 사실에 대한 문화적 해석 또는 의미로서의 젠더gender"를 구분했다.[45] 버틀러는 젠더 행동gender performance의 '대본'은 사회적으로 규정된 의미를 통해 전달되며, 우리의 삶에서 반복적으로 재현되고, 한 세대에서 다음 세대로 전달된다고 주장했다. 이러한 이론은 성역할이 사회적으로 그리고 문화적으로 규정되며, 고정되거나 불변하는 것이 아니기 때문에 성역할의 의미가 변경되고 전복될 수 있다고 설명했다. 베이징 행동강령은 이러한 사고의 변화를 반영했고, 특히 여성의 건강권을 실현하기 위해서는 여성차별철폐협약이 불과 15년 전에 명시한 여성과 남성의 동등한 대우는 물론, 제한적인 성역할을 전복시킬 필요가 있다는 점을 인정했다. 내면화된 성 고정관념이 갖는 힘, 즉 **여성은 어떻게 행동하고 무엇을 원해야 하는가**에 대한 자연화된 믿음naturalized shortcut에 도전하기 위해서는, 어린 세대들을 위한 기본 교육 등 여성에 대한 법적 차별의 철폐를 넘어서는 다양한 전략들이 필요했다. 여성 권리를 강화하기 위한 전략으로서 국제적인 법적 움직임이 자리를 잡은 것이 바로 이 시기였다.

　　사회적 구성물로서의 젠더라는 개념은 종교적 보수주의자들에게는 위험신호였다. "종교적 보수주의자들은 이것을 인간관계에 대한 확실성을 교란시키는 코드로 해석했다."[46] 베이징 행동강령은 여성의 삶에 대한 선택과 주체성을 개발의 중심에 놓은 세계인구개발회의와 접목돼 성평등에 반대하는 보수주의자들, 특히 바티칸과 보수적인 이슬람국가들, 미국의 기독교 복음주의자들의 반대 운동에 불을 지폈다. 그러나 당시 나와 동료들 대부분은 한시라도 빨리 우리의 정체성에 대한 이 새로운 프레임을 실천으로 옮기고 싶은 마음이 간절했다. 얼마나 다양한 형태의 역풍에 부딪힐지, 그것이 얼마나 기나긴 싸움이 될지는 미처 예상하지 못했다.

건강과 인권운동의 기반을 세우다

인간 발달과 인권이 새롭게 연결되고 차별로 인한 건강 장벽에 대한 관심이 증가하면서, 건강과 인권을 공식적으로 한데 모으는 학술 분야가 수립되기 시작했다. 1990년대 초, 조녀선 맨 박사가 현現 하버드 T. H. 찬 공중보건대학원의 프랑수아그자비에 바그누 건강인권센터François-Xavier Bagnoud Center for Health and Human Rights(이하 건강인권센터)의 초대 센터장으로 부임했다. 엄청난 카리스마를 가진 그는 건강인권센터가 학술 연구만 할 것이 아니라 '세계적인 운동'을 촉진해야 한다고 선언했다.[47] 맨과 그의 동료들은 건강과 인권 간의 세 가지 관계를 명시했다. 공중보건정책과 프로그램이 개인의 인권에 끼치는 영향, 인권침해의 보건적 결과, 그리고 공중보건의 증진과 인권 증진 간의 불가분의 관계다.[48]

에이즈 세계로부터 출발한 맨의 첫 번째 패러다임은 제2장에서 논의한 고의적인 또는 부주의한 차별과 같은 보건정책과 관행 그리고 프로그램에 의한 잠재적인 인권침해를 강조했다. 그는 그러한 차별이 무엇보다도 '다수의 이익'을 위해 '소수의 권리'를 제한하는 오랜 전염병 관리 원칙에 내재돼 있다[49]고 주장했다. 두 번째 패러다임은 고문과 같은 인권침해가 장기적으로 사회적·신체적·정신적 건강에 끼치는 영향을 강조했다.

한동안 여성건강운동과 성·재생산 건강 및 권리 옹호자들의 핵심 주제가 됐고, 1990년대 여러 유엔회의에서 반영됐던 부분은 맨과 그의 동료들이 설명한 세 번째 패러다임, 즉 건강과 인권 간의 '불가분의 관계'였다. 여성의 문화적·사회적·정치적·경제적 권력의 부족에서 체계적인 인권침해가 드러났고, 그것은 다시 보건 서비스와 그 결과에 반영됐다. 여성폭력과 같은 문제들은 건강이 생물학적 요소들의 산물만이 아니라, 공적 영역과 사적 영역을 모두 아우르는 사회적 권력관계에 의한 산물이라는 점을 분명히 보여줬다. 그리고 다양한 여성들의 건강과 불건강의 패턴이 변화하면서 생물의학적 개입만이 아니라 사회의 권력 구조도 제도적으로 바뀌어야 했다.

사회권과 새로운 사회계약

비엔나회의에서 인권의 불가분성과 상호 의존성을 재확인하게 되면서, 국제 인권 규범의 구축과 헌법에 있어서 중요한 변화가 이뤄졌다. 1990년 사회권위원회는 「일반논평3: 국가적 의무의 성격 General Comment 3: The Nature of State Parties' Obligations(이하 일반논평3)」을 채택하고, 다음과 같이 필수적인 최소 수준essential minimum level의 경제·사회·문화적 권리라는 개념을 확립했다. "상당수의 개인들에게 필수적인 식량, 필수적인 1차 보건의료, 기본 주거, 또는 가장 기본적인 형태의 교육이 결핍돼 있는 국가는 외견상prima facie 본 협약에 규정된 국가의 의무를 이행하지 못하는 것이다."[50] 그에 따라 사회권위원회가 사회의 최빈곤층을 극빈이라는 고난의 굴레로부터 보호하는 일은 프로그램의 열망이나 칭찬받을 만한 노력이 아닌 사회권위원회 당사국들의 **법적 의무**며, 그러한 의무 없이는 이러한 권리들이 모두 "존재의 이유가 크게 부족해진다"라고 강조했다.[51]

「일반논평3」에 반영돼 있는 사상은 개인의 비의존성을 보장하기 위해서는 필수적인 최소 수준이 필요하며, 어느 누구도 어떤 목적으로도 그것을 도구로 전락시킬 수 없다는 것이다. 필수적인 최소 수준을 **권리의 문제로** 받아들인다는 것은 또한 극빈의 원인이 법률, 정책, 프로그램의 입안과 실행을 포함한 정치적인 선택을 통해 바뀔 수 있음을 인식한다는 뜻으로, 이것은 비엔나선언에 잘 반영돼 있다.

사회권위원회의 입장에서는 국내의 정치적 선택으로 인한 빈곤의 원인을 국제 관계에 내재된 원인들로부터 분리하는 일이 분명 쉽지 않았을 것이고, 특정한 맥락을 초월하는 '최소한의 핵심minimum core'이라는 개념을 세우는 것 역시 어려웠을 것이다.[52] 그럼에도 불구하고 나는 최소 역치 수준을 설정한 것이 1990년 당시 사회에서 경제·사회·문화적 권리가 **진정한 권리로** 발전하는 데 근본적으로 기여했다고 믿는다. 첫째, 사회권위원회가 제공한 예시 목록은 결코 고정불변하다는 의미로 제시한 것이 아니었다. 둘째, 맥락적 차원은 현실적인 한계와 결함을 인정한 상태에서 당사국들과의 대화, 즉 '관찰과 벤치마크scoping and benchmarking' 과정을 통해 해결할 것이었다. 사회권위원회는 (정부가 경기침체를 핑계 삼을 때를 포함해) 입증 책임을 정부에 전가했다. 정부 조치에 대한 자원의 한계 등 여타 제약뿐 아니라, 자국 내 경제·사회·문화적 권리의 심각한 침해를 시정하기 위해 조치를 취하고 있다는 합리적인 논거와 타당한 증거를 제시하도록 정부에 요구할 수 있었다. 그로 인해, 중소득국가 내 소외된 소수 집단(가령, 멕시코 원주민 집단)에 가장 필요했던 1차 진료가 부재한 상황이나, 절대 다수가 궁핍한 상황에서 경제·사회·문화적 권리가 부재한 현실에 대한 논의가 이론상 달라질 수 있었다.

둘째, 필수적인 최소 수준은 절대 사회권위원회하에서 경제·사회·문화적 권리의 점진적인 실현과 관련한 의무를 대체하거나, 그 의무와 분리돼 별개로 해석될 것이 아니었다.[53] 이것이 건강권을 포함한 경제·사회·문화적 권리가 심각하게 악화된 상황에서 임시방편적인 처방으로 끝나지 않고 보다 평등한 사회를 구축하는 디딤돌이 되기 위해서는 최소한의 핵심 의무minimum core obligations에 대한 올바른 이해가 중요했다.

국가적 차원: '변혁적 입헌주의'와 법원의 새로운 역할

필수적인 최소 수준은 원래 비스마르크식 국가의 의무*를 둘러싼 사회학적 개념에서 나왔다.[54] 실제로, 다수의 헌법적 표현들이 필수적인 또는 실존주의적인 최소 수준이라는 개념을 헌법에 명시된 근대 복지국가 또는 민주적인 법치국가의 목적과 명시적으로 연결시켰다. 1980년대 말부터 1990년대 중반까지, 아르헨티나에서부터 남아프리카에 이르는 여러 국가에서 새로 개정된 헌법에 시민적·정치적 권리와 상당한 수준의 경제·사회·문화적 권리들이 포함됐

---

* 19세기 독일에서 산업화가 진행되며 노동자계급이 경제적으로 취약해졌고, 사회주의와 노동운동 진영이 급성장했다. 이러한 상황에 대응해 세계 최초로 건강보험, 산업재해보험, 노령연금, 장애인연금보험 등의 정책을 통해 노동자의 사회적 권리를 보장하는 것이 국가의 의무로 설정됐다.

고, 사회계약에 대한 새로운 비전이 반영됐다. '법률에 기반한 정치적 과정을 통해 거대한 사회변화를 지향하는' 이러한 '변혁적' 또는 '사회적 입헌주의'[55]는 독재정치 이후의 전환기에 봇물처럼 터져 나왔다. 이러한 헌법은 역사적인 억압을 넘어 해방의 염원을 담고 있었다.

콜롬비아 헌법재판소는 1991년 개정된 헌법에서 국가에 대한 변화한 개념을 다음과 같이 명시하고 있다. "자유와 평등의 실현은 개인이 혼자서 이룰 수 없는 조치와 행동, 권리, 서비스를 필요로 한다. 따라서 사회적 법치국가는 자유주의적 법치국가에서 발전한 것으로, 자유와 평등의 물질적인 전제 조건이 효과적으로 보장되도록 한다는 목적을 갖는다."[56] 이와 같이 새로운 헌법들은 여전히 권리에 대한 자유주의적 견해에 기반하고 있었지만, 훨씬 더 평등한 국가 건설 프로젝트를 지향했다.

변혁적 입헌주의는 또한 법원과 법원의 판결이 보다 정치적 및 도덕적으로 관여할 수 있고, 특히 상급 법원이 민주화의 동력이 될 수 있다는 생각을 내포했다. 헌법 개정은 구조 개혁과 함께 진행됐고, 어떤 경우에는 헌법재판소(가령, 콜롬비아와 남아프리카) 또는 헌법재판소 내 전문 분과(가령, 코스타리카)의 설치로 이어졌다. 상급 법원 판사들은 더 이상 적법성 여부의 판단자가 아닌, 헌법에 명시된 새로운 평등이라는 목표들의 수호자, 그리고 현실에서는 새로운 법률 체계에서의 수석 기술자로 여겨졌다.[57] 1991년 개정 헌법을 통해 수립된 콜롬비아 최초 헌법재판소의 시루 안가리타Ciro Angarita 재판관은 이러한 관점을 다음과 같이 강렬하게 설명했다.

> 헌법재판소는 권리의 해석과 집행에서 일관성과 지혜를 보장한다. 기본권과 재판관 간의 이러한 새로운 관계는 이전 헌법과는 매우 다르다. 이 변화는 기본권의 발전을 증진시킬 책임을 행정부나 입법가가 아닌 판사에게 부여하는, 권리 집행의 새로운 전략이라고 할 수 있다. 기존 제도에서는 권리가 상징적인 위력만 있었다. 이제 새로운 헌법과 함께 권리는 판사들이 규정하고 (집행할 수 있는) 것이 됐다.[58]

1990년대에는 이러한 새로운 입헌주의가 권리와 법치를 통해 사회변화를 약속하는 듯 보였다. 또한, 정부의 정치 부서들이 간과하거나 조장해 빈곤층의 존엄성이 침해되는 일에 대해서도 법적 재판이 이뤄질 것으로 기대했다.

이와 같이 보다 참여적인 판결에서는 법률에 대한 사법적 해석이 형식에 구애받는 경향이 감소했는데, 이는 경제·사회·문화적 권리들을 진정한 권리로 증진하는 데 매우 중요한 역할을 했다. 콜롬비아 같은 몇몇 국가에서는, 법원이 권리의 범주 제한을 체계적으로 약화시킴으로써 건강권과 같은 경제·사회·문화적 권리의 실행을 위한 길을 열어나갔다. 그러한 권리들은 기존에는 기본권이 아닌 공공 서비스나 정책의 원칙 중 하나로만 포함돼 있었다. 다른 국가에서는 생명권이 보건의료에 대한 접근성을 포함해 폭넓게 해석됐다. 민주적인 법치국가에서 법원이 갖는 역량이 새롭게 조명되면서, 사법부가 '정치적인 질문들'의 원칙에 근거한 사회정책을 다룰 때 직면했던 장벽들이 허물어지기 시작했다.

헌법에 명시된 권리를 교리 해석에 대한 경직된 규칙에 따라 해석하는 형식주의적인 접근법이 약화되면서 판사가 세운 절차 역시 건강권의 법적 집행에서 중요해졌다. 예를 들어, 법정 조언자 amicus curiae의 확대와 같은 재판 관행상의 혁신이 이뤄지며, 건강권 관련 사건에 제3자 변호인과 과학적 전문성이 도입될 수 있었다. 또한, 수리권water rights이나 공해가 건강에 미치는 영향을 다루는 집단소송에서 직접적으로 피해를 입은 원고들을 대신해서 비정부기구 등이 소송을 할 수 있도록 기존 규칙이 다양한 수준에서 완화됐다.

갑작스레 헌법 차원의 문제가 돼버린 건강권을 포함한 경제·사회·문화적 권리와 관련된 문제들을 해결하기 위해 중남미의 여러 국가에서는 새로 개정된 헌법하에서 보호영장protection writs(가령, **암파로**Jámparos, **투틀라**tutelas 등)을 새로 도입하거나 수정했다. 이는 개인이 재판을 이용하는 방식을 완전히 바꿨다. 새로운 보호영장은 비용을 낮추거나 없앴고, 대기 시간을 (수개월 또는 수년에서 수일로) 크게 줄였다. 몇몇 국가에서는 이러한 영장이 구두로 제시될 수 있었으며(바나나 잎에 적는 코스타리카 사례가 유명하다), 법적 대변인을 필요로 하지 않는 경우가 많았다.[59] 행정국가의 무관심으로 인한 불만이 이제 헌법의 문제가 되면서 법을 통해 문제를 해결하는 방식이 매력적으로 부상했다. 건강과 관련된 문제는, 일례로 교육에 비해, 훨씬 더 쉽게 개인화됐다. 앞으로 제6장에서 보겠지만, 특히 건강권을 지키기 위한 개별적인 보호영장이 이후 수십 년간 기하급수적으로 증가하면서, 결국 중남미국가의 건강정책에서 법원이 하는 역할에 대한 의문이 제기됐다.

국제 인권과 국내법 간의 관계

1990년대 초, 국가적 및 국제적 차원에서의 급격한 변화가 사회적 입헌주의를 통해, 권리 옹호자들이 초국적 포럼을 활용하는 새로운 방식을 통해 국제 인권법과 국내법 간의 관계에 영향을 끼쳤다.

사회권 입헌주의와 자국어화, 그리고 권력의 역학

사회적 입헌주의는 국제 인권의 언어와 법률에 큰 영향을 받았다. 어떤 경우에는 확대된 권리 목록을 채택했으며, 또 어떤 경우에는 독재정권의 종식 후에 도입된 아르헨티나의 1994년도 개정 헌법처럼 '헌법 블록constitutional blocs'*을 통해 국제 인권조약을 헌법의 틀 안에 통합시켰다. 프랑스 입법의회의 교리와 다른 유럽국가의 법률에서 유래한 헌법 블록이라는 개념은, 중남미국가의 새로 개정된 헌법에서 널리 채택됐다.

---

* 헌법 블록은 헌법 본문에 공식적으로 나타나지는 않지만 규범적으로 헌법에 통합되는 일련의 규칙, 규범 및 원칙으로 구성되며 위헌법률심판의 척도로 함께 기능하는 헌법군을 의미한다. 아르헨티나는 이러한 방식으로 여러 인권조약을 직접적이고 명시적으로 헌법화했다.

테런스 할리데이Terence Halliday와 브루스 카루더스Bruce Carruthers가 지적한 것처럼, 규범과 법적 제도를 이곳저곳에서 차용해 수정하는 과정은 결코 선형적으로 진행되지 않는다.[60] 국제법과 헌법 간의 관계에서 비롯되는 문제들은, 동등한 법률 영역에서 위계 규칙과 법의 저촉conflict-of-laws이 탐색되는 연방주의 시스템하의 법적 해석 문제와는 매우 다르다. 권리에 대한 정의가 본질적으로 갖고 있는 불확정성, 국가적 규범과 국제적 규범 간의 모순, 해석에 대한 논쟁, 주어진 맥락에서 규범의 해석과 적용에 참여하는 행위자의 수가 많은 문제 등은 모든 인권과 특히 건강권을 증진하는 과정에서 어려움을 야기한다.

인류학자 샐리 엥글 메리Sally Engle Merry는 처음으로 '자국어화 vernacularization'라는 표현을 사용해 인권의 개념이 "국제법과 법적 제도 영역에서의 담론과 실천에서 구체적인 고통과 폭력의 상황으로" 전환되는 문화적인 과정을 설명했다.[61] 대니얼 브링크스Daniel Brinks와 바룬 가우리Varun Gauri, 카일 선Kyle Shen은 건강권을 비롯한 경제·사회·문화적 권리가 헌법에 포함되면 이후 그러한 권리들이 "자국어화 과정을 거치는데, 이는 겉보기에 보편적인 열망을 지역의 사회적·정치적 현실에 깊이 뿌리 박혀 있는, 훨씬 더 지역화된 버전으로 선택적 번역을 하는 것이다. 그러한 권리들이 얼마나 보편적일지, 특정적일지, 효과적일지는 이 자국어화 과정에 달려 있다"라고 주장했다.[62] 세 연구자는 자국어화를 법적 규범의 지역화라는 데 초점을 맞춰 "사회권, 그리고 특히 사회권의 법적 집행에 관한 비교 문헌은 권리의 보편적인 언어가 어떻게 특정한 맥락에 의해 변화하고 또 특정한 맥락을 변화시키는가에 대한 설명으로 읽을 수 있다"라고 설명했다.[63]

지역화 과정은 특히 건강권에서 복잡하게 전개됐다. 건강권은 사회권규약 제12조에서 보건의료와 공중보건의 전제 조건을 포함해 포괄적으로 규정됐다. 국가 내에서는 보건부가 특정 사안을 담당하고, 다른 부처는 영양nutrition과 공중보건 조치들을 담당할 수 있다. 연방제도에서는 연방 정부와 하위 정부들 간에 각각 보건정책이 분리되는데, 각 정부는 예산을 책임지며 다양한 사람들 사이에서 우선 집단을 구분해야 한다. 비국가 행위자들이 의료 서비스와 건강 상태에 대한 접근성을 제공하고 또 그러한 접근성에 큰 영향을 끼치는 경우가 있으며, 상업적인 민간 행위자들이 보건 분야에서 점점 더 막대한 영향력을 행사하게 됐다. 마지막으로, 건강이라는 주제는 과학적 증거와 관련된 기술적인 문제들, 그리고 성 고정관념과 '민감한 윤리적' 문제들(흔히 성·재생산 건강과 권리가 그렇게 비친다)을 모두 포함한다. 1990년대 초, 건강권이 헌법에 규정되기 시작한 이래 이러한 문제들이 반복적으로 논란이 돼왔다.

따라서 건강권이 연성법soft law과 국제적인 차원에서 채택되는 해석적인 선언문들을 통해 점진적으로 정교해지고, 국가 내에서 정책 결정자들이나 법원에 의해 단순히 **운영된다**는 생각은 옳지 않으며, 이런 생각은 자국어화 과정의 중요성을 간과하는 것이다. 중요한 것은 왜 그렇게 되는지를 분명하게 설명하는 것이다. 장 드레즈

Jean Dreze가 식량권에 대해 "이 권리와 연관된 자격entitlement과 책임은 (……) 상당히 모호하다"라고 지적했는데, 이는 건강권도 마찬가지다.[64] 본질적으로 불완전하게 이론화된 인권의 성격과 특히 건강권에 대한 명료함의 결여는 균형trade-off에 대한 성찰 과정을 **요구한다.** 이 성찰 과정은 과학적 증거를 고려하지만, 동시에 언제나 맥락화된다. 마지막으로, 그러한 '이행 전략'은 국가 내에서 경험되는 장애물의 상대적인 중요성을 잘못 해석해서 비효과적인 접근법이 탄생하는 경우가 많다.

로베르토 가가렐라Roberto Gargarella가 정확히 지적한 것처럼, 중남미에서 헌법에 '이식' 또는 '접목'된 사회권은 복잡한 결과를 가져왔다.[65] 한편으로는 사회권의 포함이 민주주의적 법치국가의 근본원칙에 새로운 상상을 반영했으나, 다른 한편으로 그러한 권리를 실현하는 데 필요한 국가제도의 견고한 구조를 바꾸지는 않았다. 앞으로 제6장에서 보겠지만, 실제로 건강권이 국가 헌법에 포함되면서 이러한 권리에 대한 사법적 해석이 보건 분야에 대한 신자유주의적 개혁과 마찰을 빚는 경우가 늘어났다. 이러한 구조적 장벽에 대응하기 위해서는 의제를 결정하는 권력에 도전하고 건강권과 사회적 평등을 증진하기 위한 구체적인 전략을 수립해야 한다.

국제 포럼을 이용한 국가의 책임성 규정

탈독재 시기와 전환기가 맞물려 변혁적 입헌주의로 변화하며 국제인권 옹호 활동에 있어서도 책임을 규명하는 것이 중요해졌다. 개인의 삶에 침범한 국가의 행위를 규탄하고 아르헨티나의 해군정비학교에서 벌어진 충격적인 만행 등을 중단시키는 데 초점을 맞췄던 기존의 인권운동과 달리, 이제 인권 옹호자들은 인권 침해자들과 그러한 침해 행위를 명령한 체제에 대한 처벌을 요구했다. 재판은 더 이상 집단적 성찰과 사회적 재구성을 위한 기회만이 아닌, 정상적인 도덕적 판단을 피해 간 행위들을 처벌하기 위한 장이 됐다. 이러한 동향은 르완다와 보스니아에서의 종족학살 이후 국제전범재판소[66]에서, 그리고 차후에 국제형사재판소International Criminal Court에서 가시화됐다.[67] 나아가 이는 인권 전반에서도 나타났는데, 국가적으로 자행된 인권 범죄의 피해자들을 구제하는 데 국가제도가 효과적이지 않은 경우, 인권 옹호자들은 새롭게 강화된 역내 포럼과 국제 포럼들을 활용했다. 1990년대 초, 인권 범죄자들이 면책되지 않도록 인권 사건을 초국적 포럼에 상정하기 위해 사법정의와 국제법센터Center for Justice and International Law와 같은 인권 비정부기구들이 생겨났다.[68]

1990년대 초, 나는 멕시코 동료들과 협력해 초국적 포럼에 인권 사건들을 상정할 목적으로 사회적 기업을 위한 에코잉그린재단 Echoing Green Foundation 펠로십을 받았다. 이 펠로십은 면책과 민주주의의 역기능에 대한 안전장치로서 국제적 메커니즘을 이용하는 일의 중요성이 인권 변호사들 사이에서 공감을 얻고 있던 현실을 반영했다. 일례로, 나와 동료들은 고문과 임의적 처형 등 조직적인 인권침해에 관여한 연방 경찰들의 이동, 재배치, 승진 내역을 기록했고, 멕시코의 고문방지협약 준수 여부를 심의하는 유엔고문방지위원회 UN Committee against Torture에 이를 상정했다.[69] 당시 멕시코에서 진행된 인권 활동을 통해 도시와 농어촌 지역 모두에서 약탈적인 경찰과 군부의 활동이 가난하고 소외된 사람들에게 훨씬 더 악영향을 끼친 다는 사실이 확인됐다. 경찰의 총을 맞고 자신의 작은 땅을 거대 토지주에게 뺏긴 **농부**, 멕시코시티에서 이유 없는 감금, 고문, 살해로 아들을 잃은 부부, 폭력적인 남편에게 살해당하고 공범인 경찰에 의해 시신마저 실종된 젊은 여성과 같은 사건이 많았다. 그래서 여러 멕시코인 동료들과 나는 그 가해자들의 면책을 막는 행동이, 때로는 경제 구조조정과 직접적으로 연관된 자의적인 폭력과 착취로부터 힘없는 개인과 집단의 권리를 보호하는 방법이라고 생각했다.

그러나 최근 들어 점점 더 많은 학자가 이러한 '반反면책주의로의 전환'을 비판적으로 검토했다.[70] 돌이켜 보면, 개인 행위자를 겨냥한 **형사사법**criminal justice으로 정의를 구성한 것은, 체계적인 사회적 불의에 대한 국가의 책임을 부인하는 국제적인 신자유주의적 내러티브에 기여했다. 그러나 인권운동을 설명할 때는 국제 비정부기구와 현장에서 일하는 현지 비정부기구를 구분하고, 그 맥락 역시 구분하는 것이 중요하다. 멕시코의 의사이자 보건학자인 아사 로렐Asa Laurell이 지적한 것처럼, 멕시코는 신자유주의적 근대화를 추구하면서 '국가의 개입을 줄이기 위해' 기존 제도들을 해체하는 과정에서 국가가 결정적으로 억압적인 역할을 했다.[71] 일례로, 공식 노조를 이용해 급여 인상을 요구하고 민영화 및 해고에 반대하는 목소리를 폭력적으로 진압했다. 인권 변호사들은 이런 인기 없는 사건들을 맡아 사파티스타가 저항했던 구조적 불의의 또 다른 면을 보여주고 자 했다. 그들은 또 치아파스에서 군과 무장단체들이 사파티스타에 가한 폭력을 상세히 기록했다. 멕시코의 인권 비정부기구들은 정치 적, 경제적으로 어떤 일이 일어나고 있는지 잘 알고 있었다. 그들은 국제 비정부기구들처럼 계급 없는 투쟁을 선택하지 않았다. 그러나 현실적으로는 국가의 직접적인 억압을 피하기 위해 (물론 안타깝게도 피할 수 없을 때가 많았지만) '정치적 중립성'을 내세워야 했다.

반면책주의로의 전환은 특히 성평등과 여성의 건강권에 복합 적인 영향을 미쳤다. 몇몇 저명한 법률학자들은 페미니스트들에 의 한 이러한 전환을 크게 비판했다. 일례로, 재닛 핼리Janet Halley는 "형 법은 그들이 선호하는 개혁과 집행의 도구다. 그리고 그들은 국민 을 위해 관리하거나 경고하고 예방하기 위해서가 아니라, **면책을 중 단**시키고 **폐지**하기 위해서 형법을 이용한다"라고 말한다(강조는 원 문 그대로).[72] 한편으로는 비엔나회의에서 봤듯이, 공적 영역은 물론 사적 영역에서 벌어진 여성폭력 가해자들에 대한 처벌을 요구하는 것이, 여성의 권리를 인권으로 보호하기 위해 국가의 역할을 재규 정하는 데 핵심적인 역할을 했다. 다른 한편으로는, 여성을 보호하 기 위해 가해자들에 대한 형사처벌을 강화하는 것이, 일례로 행정 국가가 낙태한 여성과 시술자를 형사적으로 처벌하는 데도 도움이 됐다.

더 나아가, 규칙과 책임성을 확립하기 위한 국제적인 메커니즘에서 이러한 전환은 국제기구 및 재판소와 역내 기구 및 재판소가 해석하는 '순수'한 것으로 간주됐던 국제법과, 국내의 법원 및 입법부가 해석하는 국내법 간의 위계 관계를 의미했으며, 또 현장에서 그러한 위계가 확립되기 시작했다. 이러한 구분은 여성의 성·재생산 건강과 권리 및 성평등에서 특히 복합적인 함의를 가졌다.

1990년대 초, 국제 인권법의 위계 구조를 확립하는 일이 설득력 있었던 이유는 여성의 건강과 권리에 가장 큰 영향을 끼쳤던 사안들이 공적인 '정치적' 숙의에서 배제되고, 사적인 도덕적 및 윤리적 문제로 간주되면서 국내의 정치와 법에서 소외됐기 때문이었다. 따라서 1990년대 초와 중반에는 국가를 초월한 소송이 '멀리 떨어져서 보는 관점'을 제공하고 여러 국제회의에서 논의된 재생산권에 대해 새로운 기준을 수립할 방법으로 여겨졌다. 1992년에는 재생산권센터Center for Reproductive Rights(당시 재생산 법률과 정책센터Center for Reproductive Law and Policy)가 설립됐고, 마사 피네모어Martha Finnemore와 캐스린 시킹크Kathryn Sikkink의 표현에 의하면 세계적으로 재생산권과 관련해 단연 가장 중요한 '규범 주창자norm entrepreneur'[73]가 됐다. 그로부터 몇 년 후 루이사 카발Luisa Cabal과 모니카 로아Monica Roa, 릴리안 세풀베다Lilián Sepúlveda는 중남미에서 재생산권센터가 진행한 활동에 대해 "재생산권을 인정한 국제사회의 동향이 국내의 법률과 정책, 사법제도에 보다 잘 반영되고 국제법하에서 재생산권 보호를 위한 새로운 기준을 개발하기 위한 전략으로서 국제 소송을 선구적으로 이용했다"라고 설명했다.[74] 성·재생산 건강과 권리의 국제적 메커니즘과 '국제사회'에 대한 신뢰로의 전환이 이러한 규범 주창자 정신norm entrepreneurialism에 대한 후속 작업, 즉 젊은 층을 포함해 국가 내여러 영역에서 피네모레와 시킹크가 지칭한 규범의 '내면화'에 필요한 사회적 및 규범적 정당성을 구축해야 할 필요성을 충분히 고려하기까지 수년이 더 걸렸다. 그러한 후속 작업은 지속적인 정치적 및 사회적 변화를 위해 권리를 사용하는 데 반드시 필요했다.[75]

다른 이야기: 심화되는 신자유주의와 부채와 무역의 탈정치화

신자유주의적 '근대화'의 다른 이야기는 북미자유무역협정과 맞물려 사파티스타 반란이 일어난 이유를 이해하는 데 매우 중요하다. 역내의 몇몇 다른 국가들과 달리, 멕시코에서는 1992년 사유재산을 강화하기 위해 **에히도**ejido(부락민이 공동으로 소유하고 경작하는 농장)제도를 바꾸는 헌법 개정이 발효됐다. 북미자유무역협정에 따른 외국인 투자를 위해 이러한 변화가 필요하다고 여겨졌기 때문이다.[76] 헌법 개정은 1990년대 초부터 멕시코를 비롯해 다른 정부들도 체결한 협약과 법률 개혁에 대한 훨씬 포괄적인 이야기의 일부에 불과했다.

국가들의 다른 약속들: 부채와 무역

1990년대 초 국제통화기금은 전 세계에서 구조조정을 통한 시장 자유화를 선도적으로 홍보하는 기관이 돼 있었다.[77] 켄티켈레니스 Kentikelenis와 밥Babb은 10년도 채 되지 않아 이뤄진 국제통화기금의 급격한 변화와, 그 변화가 세계의 경제적 거버넌스에 끼친 모든 영향은 "**규범 대체**norm substitution 과정, 즉 특정한 활동의 적절성에 대한 일상적인 가정을 변경함으로써" 일어났다고 설명했다.[78]

예를 들어, 브레턴우즈기관과의 협상처럼 전후의 '그랜드바겐'과의 단절을 암시하는 조약에 대한 공식적인 재협상은 없었다. 켄티켈레니스와 밥이 지적한 것처럼 "실질적으로 일어나지만, 법률에 근거하지는 않는 제도적 변화는 공개적인 논쟁이나 장황한 협상을 선제적으로 차단하고, 상징적인 활동을 통해 기저의 정치학을 감춘다. 즉, 이러한 과정은 비정치적이고 기술관료적인 사안처럼 보이도록 의도된 이슈들이 대중의 철저한 조사로 의도치 않게 공론화되지 않도록, 비밀리에 진행된다".[79]

국제 금융기관 생태계에서의 변화와 함께 국제통화기금에도 비슷한 변화가 이뤄지자, 국제 금융기관이 다뤘던 사안들이 그들의 기술관료적 전문성이라는 범위 안에 있다고 간주됐다. 따라서 그들이 다루는 문제가 본질적으로 기술관료적인 문제들로 비쳤는데, 이것이 바로 그들이 얻고자 했던 결과였다.

1991년 말까지 75개국이 미화 410억 달러에 상당하는 구조조정차관loans을 받았고[80], 이 중 여러 국가에서 구조조정 프로그램이 정치적으로 상당한 파장을 불러왔다. 1989년 베네수엘라에서는 정부가 채권자들에게 부채를 상환하기 위해 실시한 긴축 조치로 인해 폭동이 일어났고 300여 명이 사망했다.[81] 1980년대의 구조조정과 국제통화기금 변화의 주요 설계자인 제임스 베이커James Baker의 뒤를 이어 당시 미국 재무장관이던 니컬러스 브레이디Nicholas Brady가 이후 '브레이디 플랜Brady Plan'이라 불리게 된 제안을 내놓았다. 멕시코는 살리나스 대통령하에서 부채를 이러한 채권으로 전환한 첫 번째 국가가 됐다. 멕시코의 채무 부담을 완화시키기 위해 살리나스는 국영 산업의 85%를 민영화했다. 다른 부채는 증권화돼 '브레이디 채권'으로 전환됐다. 멕시코의 뒤를 이어 10여 개국에서 브레이디 채권이 발행됐다. 거대한 부채 덩어리와 달리 브레이디 채권은 특정 채권자의 대차대조표에 있지 않았고, 자본시장에서 거래될 수 있었다. 브레이디 채권은 보다 포괄적으로 부채를 증권화하고 국가 경제의 구조적인 문제를 해결하기 위해 국제 금융시장에 의존하는 시대가 열렸음을 암시했다.[82]

따라서 지금까지 정치적인 문제로 간주됐던, 베네수엘라와 같은 국가에서는 국민의 정치적인 시위를 빈번하게 유발했던 부채가 국제통화기금을 비롯한 국제 금융기관의 손에서 기술관료의 영역으로 넘어갔다. 국가 부채의 원인과 정당성이 정치적인 논쟁에서 벗어났고, 지불의 메커니즘이 거의 언제나 북반구의 전문 변호사와 경제학자, 투자자들에 의해 계획됐다.[83] 부채는 이제 기술관료적인 언어로 포장됐고, 이렇게 분할된 부채를 구입하는 정치적인 위험성은 증권 사업설명서의 공시 정보로 축소됐다.

또한, 다자무역 규칙이 재규정되면서 국가경제를 크게 교란시켰다. 새로운 무역 체제로 인해 공식적인 조약 협상이 요구됐을 때, 예상대로 정치적인 반발이 일어났다. 1994년 1월 1일 사파티스타 반란이 일어난 날, 북미자유무역협정을 통해 캐나다와 멕시코와 미국 사이에 세계 최대 규모의 자유무역지대가 생성됐다. 1년 후인 1995년 1월 1일에는 세계무역기구가 관세무역일반협정을 대체했고, 트립스Trade Related Intellectual Property Rights, TRIPS라 불리는 무역 관련 지식재산권 협정*이 본색을 드러내기 시작했다.84 트립스는 1994년 관세무역일반협정의 우루과이라운드에서 서비스무역에 관한 일반협정General Agreement on Trade in Service과 같은 다른 사안들과 함께 협상의 한 부분으로 협의됐다. 여러 국가를 세계무역기구로 끌어들이는 데 상당한 미끼가 됐던 회원국을 위한 무역 특혜와 기타 혜택을 누리기 위해서는 트립스를 비준해야 한다는 전제 조건이 붙었다. 또한, 국가들이 세계무역기구의 분쟁해결절차를 따르게 되면서 트립스가 실질적인 집행권을 갖게 됐다.85 트립스는 세제와 기업 지배구조, 복지국가의 구조에서도 추가적인 변화를 요구했는데, 그러한 변화는 건강권의 일환으로서 의약품에 대한 접근성 등 경제·사회·문화적 권리의 기본 전제들과 대립하는 경우가 많았다.

* 국제무역에 있어 지식재산권의 중요성이 증대됨에 따라 특허권과 의장권, 상표권, 저작권 등 지식재산권에 대해 수립된 다자간 협정이다. 우루과이라운드 다자간 협상의 의제 중 하나로 채택됐으며 1994년 출범한 세계무역기구에 의해 채택됐다.

제3장 발전에 대한 두 갈래의 비유

심화되는 개혁 패키지는 국제 금융기관에 의해 설계됐다. 이 기관들은 남반구국가의 통상 규제와 금융제도를 체계적으로 검토해 해당 국가들이 자유무역과 자본시장의 탈규제라는 큰 목표에 부응하도록 만들었다. 우리가 1990년대의 여러 유엔회의에서 초분과적 및 제도적 의제들을 살펴봤던 것처럼, 테런스 할리데이는 "개발이론에서 제도의 중요성을 강조하는 관념으로의 변화는 (국제 금융기관 소속) 변호사들의 업무를 계약서 작성과 규제 감시에서 거시경제적 발전을 보호하기 위한 법률 개혁으로 바꾸기 시작했다"라고 주장했다.[86] 그러나 이러한 거시경제적 **개발**이라는 개념은 유엔회의에서 지지한 인간 발달과는 극명한 대조를 이뤘고, **법률 개혁**은 변혁적 입헌주의 그리고 국제 인권법에 명시된 사회계약의 확장된 개념들과는 정반대로 향하고 있었다.

새로운 기관들

확대된 권리의 범위와 해석에 대응하기 위해 새로운 인권기관들이 생겨난 것처럼, 서비스와 지식재산에서 무역의 중요성이 증가하자 이에 대응하기 위한 새로운 기관이 필요했다. 지식재산에 대응하기 위한 기관은 유엔의 세계지식재산기구World Intellectual Property Organization에서, 기술관료적이고 '비정치적'인 세계무역기구로 옮겨졌다. 지식재산의 보호는 무역자유화에 관한 세계무역기구의 다른 역할들과 달랐다. 남반구국가들에 대체로 존재하지 않았던 지식재산 규정의 경우, 세계무역기구는 상품의 교역을 '자유롭게 풀어주는' 것과

반대로 매우 침해적인 규정의 채택을 요구했다.[87]

그 결과, 지식재산 논쟁을 포함한 무역 분쟁의 집행권이 세계 무역기구와 역내 및 양자 간 무역협정에 규정된 전문적인 분쟁해결 기구로 이전되면서, 민주적 공간에서 체계적으로 빠져나갔다. 이러한 분쟁해결 메커니즘은 표면적으로는 기술관료적인 의사결정자들을 정치적인 영향력으로부터 보호한다는 목적을 띠었지만, 동시에 결정에 대한 근거를 변형시키는 상징적인 기능을 수행했다. 일례로, 북미자유무역협정 규정 제11장은 내국인 투자보다 외국인 투자를 보다 강력히 보호하며, 분쟁 발생 시 이 협약하에 설치된 중재재판소에서 해결하도록 규정했다. 그래서 멕시코의 입법기관들은 설령 원했더라도 공중보건과 환경을 보호하기 위한 법률을 공포할 수 있는 역량이 제한됐을 것이다. 하나의 예로, 1997년 멕시코의 어느 지방정부가 유독 폐기물 처리장의 건설을 불허하자 관련 미국 기업은 북미자유무역협정 규정의 이행을 방해한 것으로 소송을 제기했고, 그 결과로 미화 1,560만 달러의 손해배상금을 받았다.[88]

지식과 거버넌스 담론의 구성 그리고 민주적인 논쟁의 퇴출

국내법과 거시경제정책에서의 이러한 지각변동은 세계적으로 진행되는 신자유주의를 논쟁의 여지가 없는 자연스럽고 합리적인 것으로 포장해야 했다. 이는 앞서 언급했듯이 국제 금융기관들의 내부 규정을 변경함으로써 이뤄졌다. 또 각국의 입법부는 이러한 새 규정들을 수용하고, 인간의 존엄성이 아닌 자본시장을 위해 권력을 사용해 법과 제도를 바꿔야 했다. 이처럼 정교한 정당화 정치는 복잡한 과정을 간단한 측정값으로 축소시키는 지표를 사용하면서 용이해졌다.[89]

국제 금융기관, 민간 채권자와 투자자, 신용평가기관들이 특정 국가의 진행 상황을 평가할 수 있도록, 구조조정 목표와 수치화된 지표가 개발됐다. 여기에는 인플레이션, 재정 적자, 국제수지 등 몇몇 실질적인 사안들을 비롯해 질서 있는 파산 규칙과 같은 법률과 규정의 이행이 포함됐다. 할리데이가 주장하듯, 이러한 지표를 법적 구조의 측면에서 사용함으로써 국제적 차원의 규정 수립과 국가적 차원의 법 제정이 반복적으로 이뤄졌다. 상당한 빈틈이 있는 경우가 많았지만 어찌됐든 사회적 입헌주의와는 반대 방향으로 갔다.[90]

보다 광범위하게는, 겉보기에 중립적이며 이론의 여지가 없는 수치적 지표로 평가하는 것은 국제 금융기관들과 주요 회원국들이 증진하는 국제적 거버넌스와 지식 담론을 유지하는 데 중요한 역할을 했다. 모르텐 보이스Morten Bøås와 데즈먼드 맥닐Desmond McNeil은 다음과 같이 주장했다.

강대국(특히 미국)과 힘 있는 기관들(일례로 국제통화기금) 그리고 어쩌면 힘 있는 학제들(경제학)까지도 대체로 프레이밍을 통해 자신의 권력을 행사하는데, 이는 잠재적으로 급진적인 생각이 변화를 이뤄낼 수 있는 힘을 제한한다. 성공적인 프레이밍은 특정 사안을 중요한 사람들의 눈에 띄게 하고, 그들이 해당 사안을 특정한 방식으로 보게 할 것이다. 그리고 그러한 결과는 최소한의 갈등이나 압력을 통해 얻어진다. 그러한 생각들이 '자연스럽'고 '상식적'으로 보이기 때문이다.[91]

이러한 프레이밍에서 핵심은 신자유주의적 과정을 '근대화'라고 명명한 것이었는데, 멕시코를 포함해 남반구의 많은 정부와 엘리트들이 열의를 갖고 이러한 프레이밍을 따랐다.

살리나스 대통령은 그가 취임사[92]에서도 열렬히 부르짖은 근대화의 이름으로 규제를 완화하고, 보건 영역 등을 민영화하고, 외국인 투자에 문을 열기 위한 행정적인 조치들을 취했다. 근대화는 심화된 구조조정정책을 만드는 새로운 프레임이었는데, 제2장에서 논의한 바와 같이 이 정책들은 여성과 아동의 건강에 불균등하게 더 큰 고통을 유발했다. 보건 영역의 저임금 직종에 더 많이 종사하고 있던 여성들에게 유연한 고용계약이라는 이름으로 수당 등의 혜택을 없애는 근대화의 현실은 더 나을 것이 없었다. 여성들은 이러한 개발의 중심에 있지 않았고, 세계인구개발회의와 베이징회의에서 요구한 제도적·문화적 변화는 이러한 '근대화'의 현실과 동떨어져 있었다.

멕시코 살리나스 대통령은 초집중화된 집행권을 이용해 국제금융기관들의 목표를 달성했고, 그러한 목표를 살리나스 정부의 목표로 채택했다. 이 근대화 프로젝트에서 행정 조치를 통해 직접적으로 달성할 수 없는 부분은 집권 여당이 장악한 의회에서 거의 아무런 저항 없이 통과됐다. 그러나 신자유주의 의제가 민주적 논쟁에서 배제된 곳은 멕시코만이 아니었다. 후안 아로요Juan Arroyo는 1990년대에 중남미 전역에서 진행된 보건 개혁을 '침묵의 개혁'이라고 불렀는데, 제도의 구조를 결정하는 데 공적인 논의나 민주적인 논의가 결여됐기 때문이다.[93]

비민주적인 정부에서 막강한 권력을 가진 행정부가 경제적·정치적 이득을 위해 새로운 기회와 함께 '근대화'를 주창하는 새로운 역할을 받아들였다. 그러나 세계경제통합이 심화되며, 채무국들이 신자유주의 프레이밍에 저항하기 점점 더 어려워진 것도 사실이다. 토머스 프리드먼Thomas Friedman이 시사했듯, 정치적 선택의 범위가 여당은 '코카콜라'를 제공하고 야당은 '펩시'를 제공하는 것과 같은 프레이밍으로 축소됐다.[94] 보다 급진적인 제안들은 민주적 영역의 주변부로 밀려나 심각하지 않은 것으로 여겨지며 정당성을 박탈당했다. 또 북반구와 남반구의 정치제도 모두 어쩌다 한 번씩 진행하는 당대표 선출 투표로 정치 참여를 국한시켰다. 이는 신자유주의적 경제 조직화로 인한 여러 가지 문제를 해결하는 데 필요한 의미 있는 집단적 성찰을 유도하기에는 역부족이었다. 2000년, 70여 년 만에 처음으로 제도혁명당 출신이 아닌 대통령이 당선됐을 때도 멕시코 정부는 계속해서 똑같은 신자유주의 각본을 따랐다. 2018년에는 매우 다른 국제 상황 가운데 보다 진보적인(중도좌파) 정부가 집권했는데, 이로써 다른 정책을 위한 기회가 열릴 수도 있다(또는 그렇지 않을 수 있다).

결론

2016년 나는 비엔나에서 처음으로 개최된 국제재판과 그 뒤를 이은 다른 재판들의 목적과 스타일을 본떠, 멕시코시티에서 개최된 '모성 사망과 산과폭력에 관한 상징적 재판소'에 판사로 참여했다. 우리는 멕시코시티의 거대한 폴리포룸 시케이로스에서 판사 가운을 입고 패널 뒤에 앉았다. 그리고 멕시코 전역에서 온 여성들과 아내를 잃은 남성들로부터 27건의 증언을 듣고, 그들의 구체적인 고통을 인권법의 틀 안에 배치한 후 판결을 내렸다. 한 명씩 증언할 때마다 이야기는 점점 더 참혹해졌다.[95] 비엔나에서 여성폭력이 명명됐던 것처럼, 무시와 폭력, 자연분만에 대한 불필요한 의료 처치 등의 '산과폭력'이 이제 인권의 문제로 명명됐다. 비엔나에서와 같이 상징적인 재판소였기 때문에 우리는 구제 조치를 지시하지 않았고, 이 무렵 나는 재생산 건강에서 징벌적 책임을 강화하는 것의 문제점을 더 잘 알고 있었다. 그럼에도 불구하고, 나는 자신의 삶과 사랑하는 이들의 죽음이 차가운 무관심으로 외면당했던 이들에게 공적인 공간에서 자신의 이야기를 공유하고, 그 깊은 고통을 상징적인 재판소에서 불의로 인정받는 경험이 얼마나 카타르시스적인 효과를 낳는지 보고 놀랐다.

여성의 권리가 국제법에서 처음 인권으로 명시됐던 1990년대 초 이후, 인권을 이용해 여성의 성·재생산 건강과 권리를 증진하는 활동이 크게 변했다. 2017년에 실시된 한 설문조사에서 멕시코시티 시민들은 개인적으로 인권을 여성의 권리와 결부시킬 가능성이 '매우 높다'(1~7점 척도에서 6.3점)라고 답했다.[96] 더욱이, 재생산권센터와 같은 여러 단체와 학자들의 활동을 통해 우리는 국제법의 비계를 만들었다. 또, 여성 건강권의 여러 측면이 정당하게 집행될 수 있음을 목격했다. 그러나 여전히 많은 문제가 남아 있었고 새로운 문제들도 등장했는데, 이 문제들은 1990년대 성·재생산 건강 및 권리 옹호 활동이 걸었던 길과 다변화하는 신자유주의 내러티브가 여성의 건강권에 끼치는 영향에 대해 많은 것을 드러낸다.

1990년대 말, 세계는 개발에 대해 초분과적인 유엔회의에서 설정한 것과는 매우 다른 접근법을 추구하고 있었다. 성·재생산 건강과 권리는 모성 사망률을 낮추기 위한, 비정치화된 것처럼 보이는, 국제 강령으로 대체됐다. 그러나 산과 응급진료의 접근성에 대한 증거 중심적인 주장이 왜곡돼, 병원 출산의 모니터링이 정책과 예산 지원의 근거가 되는 지표로 이용됐다. 조산사들이 '전문적'으로 여겨지려면 공식적인 보건 영역에 속해야 했다. 전통적인 산파들은 환자들을 보건시설로 데려갈 수는 있었지만 아기를 직접 받으면 처벌을 받았다. 2016년 상징적 재판소에 참여하기 위해 치아파스에서 온 산파들은 비공개 회의에서 20년 전에는 자신들의 기술이 지역에서 존경을 받았지만 이제는 국가의 처벌을 두려워하는 지역 주민들로부터 의심과 위협, 폭력을 당한다고 증언했다. 이와 함께 국가의 강압에 의해 출산이 제도화됐으나 그에 따른 예산과 직원 수, 시설 공간은 확보되지 않았다. 이러한 환경은 보건제도 내에서 산과폭력과 인권침해가 발생하는 온상이자, 상징적 재판소를 열게 된 근본 원인이었다.

우리는 또 보건제도를 넘어 사회적인 건강 결정요인들에 대응해야 할 필요성에 대해서도 훨씬 잘 알게 됐다. 여기에는 그동안 신자유주의적 개혁에 의해 확대된 민간 행위자와 초국적 기업의 권력이 초래하는 요인들도 포함된다. 북미자유무역협정 이후 지표수와 대수층aquifer에 대한 권리와 거대한 면적의 토지가 민영화되면서, 지역 주민들의 물 사용이 차단됐고 값싼 탄산음료를 판매하는 거대 기업들이 그 물을 이용하게 됐다. 그 결과, 치아파스에서는 전염병보다 당뇨가 더 큰 위험 요인이 됐다.[97] 겉으로 드러나는 현상들이 달라졌다. 그러나 멕시코의 경제가 성장하고 개발에 따른 발전이 있었음에도 불구하고, 치아파스의 원주민들에게, 오래전에 사파티스타가 비판한 사회적 배제와 권리의 박탈(즉, 사회 개혁을 통해 예방할 수 있는 '질병의 근본 원인'[98])은 별로 달라진 것이 없었다.

지금 돌이켜 보면, 점점 더 세를 넓혀가는 신자유주의와 건강 및 사회적 불평등의 구조적 동인에 맞서 건강과 사회정의를 달성하기 위해 우리가 채택했던 도구와 전략의 한계를 쉽게 알아낼 수 있다. 거대한 국제 비정부기구들을 넘어 전 세계 인권운동의 다양한 행위자들이 모두 이러한 경제개혁이나 이데올로기적 결탁으로 인한 폐해를 몰랐다는 것은 사실이 아니다. 이 책에서도 볼 수 있듯 인권을 이용해 진보적인 사회변화를 달성하고자 할 때 중요한 교훈은, 그 과정이 반복적이고 혼란스럽고 비선형적이라는 점이다. 권리 옹호 활동에서 우리는 불가피하게 다양한 행위자와 다양한 관점, 파편적인 지식을 다뤄야 하며 주어진 시점마다 나타나는 기회와 장애물에 대응해야 한다. 그러한 대응은 종종 예기치 않게 긍정적인 결과에 더해 부정적인 결과를 초래한다.

우리는 건강과 기타 영역에서 평등과 존엄을 위한 투쟁이 시시포스의 바위처럼 힘들고 끝없이 반복되는 일이라는 사실을 알아야 한다. 그리고 그 노력 가운데 실패한 부분들도 인정할 수 있고, 또 실제로 인정해야 한다. 그러나 동시에, 지속되는 투쟁의 가치를 폄하해서는 안 된다. 더 나아가, 1990년대에는 더 많은 사람들의 존엄한 삶을 위해 여성을 비롯한 다양한 사람들이 권리를 확장하는 데 참여했고, 실제로 사람들의 삶에 실질적인 변화가 일어났다는 사실을 간과해서도 안 된다. 생각만으로는 변화가 일어나지 않는다. 1990년대 초 성·재생산 건강과 권리를 둘러싼 인권 규범이 확대되면서 수많은 비정부기구와 '건강과 인권'을 다루는 많은 학문 영역이 생겨났고, 멕시코를 비롯한 세계 곳곳에서 다양한 집단의 건강권을 주장하기 위한 법적·사회적 노력들이 집결됐다. 그리고 그러한 움직임은 지금까지도 지속되고 있다.

제4장

근대화라는
디스토피아

대부분의 국민은 후지모리 정부와 몬테시노스의 노련한 선전에
집중 공세를 당해 과거에 일어났던 일에 대해 눈을 감는 쪽을
택했다. 신자유주의적 환상이 지배하는 시대였다.

- 카를로스 이반 데그레고리 Carlos Iván Degregori[1]

위협이나 성폭력을 당하지 않을 권리와 같은 소위 소극적
권리들이 주목할 만한 발전을 보이고 있지만, 스스로를 해방
운동의 일부로 보는 우리는 단순히 권력을 견제하는 권리만
원하는 것이 아니다. 그러한 권리는 (……) 폭력적인 정책과
관행을 지속시키는 위계 구조를 해체하는 데 기여하지 않았고,
모두를 위한 역량과 인간의 자유를 확대하고 확장하는 데
도움이 되지도 않았다.

- 줄리아 타마요 Giulia Tamayo[2]

2014년 8월 마치 겨울처럼 안개가 자욱한 아침, 커밀라 지아넬라 Camila Gianella와 나는 리마에 있는 교회에서 아우구스토 멜로니Augusto Meloni를 인터뷰했다. 멜로니가 처음부터 성직자 생활을 한 것은 아니었다. 그는 내가 페루에 살고 있던 1990년대 말, 알베르토 후지모리 대통령 밑에서 보건부의 고위 공직자로 재직했다. 멜로니는 금융·투자·해외원조 사무국Oficina de Financiamiento, Inversiones y de Cooperación Externa의 국장으로 가족계획 프로그램과 관련한 국제 원조를 확보하는 일을 맡고 있었다. 당시 페루의 가족계획 프로그램을 통해 25만여 명에 달하는 사람들이 조직적으로 불임시술을 받았는데, 그 중 원주민 여성이 압도적인 다수를 차지했다.[3] 후지모리의 가족계획 프로그램에 참여한 공직자 중 일부는 나중에 유엔인구기금에서 일하거나 다른 중요한 직책을 맡았지만 멜로니는 예외였다. 수년이 지난 현재, 그는 낙태권에 반대하는 보수 가톨릭교회의 대변자가 돼 있었다. 2000년 전후로 페루에서 극명하게 드러난 것처럼, 여성의 몸과 삶은 너무도 자주 신자유주의나 전통적인 가족의 가치와 같은 원대한 사회적 목표라는 미명하에 짓밟혔다.

　리마로 온 후 얼마 안 돼서 처음으로 줄리아 타마요를 만났다. 줄리아는 여성단체인 라틴아메리카 및 카리브해 여성권리수호위원회CLADEM[4]의 요청에 따라 원주민 여성을 조직적으로 불임시키는 정책과 관련한 증거를 수집하고 보고서를 작성하는 중이었다. 어느날 아침, 우리는 서류 더미가 쌓여 있는 그녀의 집에 앉아 있었다. 줄리아는 미주인권위원회Inter-American Commission on Human Rights에 사건을 상정하기 위해 증거를 찾고 있었다. 사건의 한 피해자는 카하마르카 출신의 33세 원주민 여성이자 일곱 명의 자녀를 둔 마리아 마메리타 메스탄자였다. 마메리타는 1998년에 양측 난관결찰술을 받았다. 그녀와 그녀의 남편은 가족의 건강에 관한 모든 권한을 쥐고 있는 지역 보건소 관리자에게 수년 동안 지속적으로 형사처벌하겠다는 위협을 받아왔다. 마메리타는 시술 전에 기본 검사를 받지 못했고, 시술 후에는 구역질과 두통이 있었음에도 불구하고 다음 날 보건소에서 집으로 보내졌다. 마메리타의 남편은 그녀의 상태가 악화되고 있다고 계속해서 보건소에 호소했지만 보건소는 이를 무시했고, 마메리타는 9일 만에 집에서 사망했다. 마메리타가 죽은 후에 보건부는 메스탄자 가족에게 명목상의 돈을 줬고, 지역 보건 당국은 형식적인 '조사위원회'를 소집해 그 보건소 관리를 면책했다.[5]

　줄리아와 그녀의 동료들은 마메리타의 죽음을 둘러싼 전반적인 상황을 알아냈고, 그녀의 죽음을 전국 보건소에 난관결찰술 시행 목표를 달성하도록 지시한 국가정책에 의한 것으로 여겼다. 1999년에 라틴아메리카 및 카리브해 여성권리수호위원회는 또 다른 여성인권단체인 여성인권수호연구회DEMUS[6]와 주류 인권 비정부 기구인 페루인권연합Asociación Pro Derechos Humanos, APRODEH과 함께 메스탄자의 사례를, 불과 몇 년 전에 발효된 지역 내 협약인 '여성폭력의 방지·처벌·철폐에 관한 미주협약Inter-American Convention on the Prevention, Punishment, and Eradication of Violence against Women 또는 Belém do Pará Convention'에 따라 여성폭력을 방지, 처벌 및 철폐할 국가적 의무를 위반하고 생명, 신체적 온전성, 평등한 법적 보호에 대한 권리를 조직적으로 침해한 상징적인 사건으로 미주인권위원회에 회부했다.[7] 이후 재생산권센터와 사법정의와 국제법센터가 공동 진정인으로 합류했다. 2002년에 들어선 신정부는 2003년 우호적인 합의에 서명했고, 페루 정부의 법적 책임을 인정하며 메스탄자의 가족에게 배상하기로 합의했다.[8] 그러나 수천 명에 달하는 다른 여성들과 그 가족들은 배상을 받지 못했고, 신체적·심리적 피해에 대한 상담도 받지 못했다. 2017년 여성인권수호연구회는 미주인권위원회에 페루 정부의 불이행에 따라 우호적인 합의절차를 재개해 줄 것을 요청했다.

이 장에서는 2000년 전후 페루에서 일어났던 사건들을 바탕으로 인권을 이용해 여성의 건강, 특히 여성의 성·재생산 건강을 증진하고자 할 때 직면하는 문제를 설명할 것이다. 알베르토 후지모리는 마오쩌둥주의Maoist 계열의 무장단체인 '빛나는 길Sendero Luminoso'

과 이보다 규모가 더 작은 마르크스주의 계열의 게릴라단체 '투팍 아마루 혁명운동Movimiento Revolucionario Tupac Amaru'을 근절하겠다는 공약을 내세웠고, 군사작전과 함께 블라디미로 몬테시노스Vladimiro Montesinos가 지휘하는 국가정보원의 힘을 빌려 공약을 실천했다. 후지모리는 테러 혐의자들을 상대로 행사했던 것과 똑같은 권위주의적인 위세로 신자유주의 교리를 이행했다. 그러나 초기에는 세계인구개발회의와 베이징회의에서 확립된 아이디어들을 지지했고, 여성운동을 분열시킨 보수 가톨릭교회에 맞섰다. 1998년이 되자 후지모리가 생각하는 근대화된 페루에는 농어촌 지역의 영세농민이 포함되지 않는다는 점, 세계인구개발회의가 제시한 메시지와는 반대로 원주민 **여성**이 자신의 몸과 삶에 대해 기본적인 선택을 할 수 없다는 점이 분명해졌다. 그리고 후지모리 정부는 다수의 국제 기부자들로부터 지원을 받아 개인의 주체성을 '기각'하고 그들의 생식력을 통제하기로 결정했다.

2000년 후지모리가 부패와 반인권 범죄에 대한 책임을 피하기 위해 일본으로 도망간 이후, 알레한드로 톨레도Alejandro Toledo 행정부가 수립한 보건정책은 전통적인 기독교적 가치를 복원하려 했다. 아이러니하게도 톨레도 행정부는 성·재생산 건강과 권리에 대한 여성들의 주장을 비윤리적인 근대성으로 인한 결과라고 규정지었다. 톨레도 정부하에서 보수적인 가톨릭 교리를 중시하는 보건부가 탄생한 시기는 성·재생산 건강과 권리에 대한 전 세계적인 반격이 있던 때였다. 2001년 유엔이 출범시킨 유엔새천년개발목표는 세계인구개발회의와 베이징회의 이후에 성취된 성·재생산 건강과 권리에 대한 보수파의 거대한 저항을 단적으로 드러냈다. 동시에 유엔새천년개발목표는 브레턴우즈기관들이 이제 직간접적으로 기술관료적인 유엔 개발의제들을 설계한다는 사실을 드러냈다.

마지막으로, 이 장에서는 페루에서 일어난 사건들을 바탕으로 인권을 이용해 여성의 재생산 건강과 보다 폭넓게는 건강 전반을 증진하고자 할 때 초래되는 결과를 논의할 것이다. 과거에는 그러한 분석이 불가능했다. 건강을 비롯한 재생산 건강문제를 **권리**로 명명하고, 이러한 규범적 이해에 기반해 (제3장에서 논의한 새로운 기관 및 행위자들의 결합과 관련된) 새로운 기회 구조가 마련된 뒤에야 비로소 건강을 위해 인권을 활용하는 일의 함의와 그에 따른 변화를 성찰할 수 있게 됐다. 페루의 사례로 볼 때, 나는 건강과 보다 폭넓게는 경제·사회·문화적 권리의 발전을 평가하기 위해서는 엄격한 명령의 준수나 법원 판결과 같이 시민적·정치적 권리를 측정하기 위해 통상적으로 사용되는 척도를 포함하되, 그러한 척도를 넘어서는 프레임워크가 필요하다고 주장한다. 실제로 경제·사회·문화적 권리 공동체는 건강권의 효과적인 향유를 평가하기 위해 건강과 관련한 투자 및 결과 그리고 예산 활동과 같은 정량적인 지표가 필요하다는 사실을 인식했다. 우리는 또 다층적인 차원에서의 제도적·정치적 변화, 권리에 대한 다양한 프레이밍이 갖는 효과 등 보다 덜 정량적인 측정법을 탐색할 필요가 있었고, 여전히 필요하다. 나는 건강에 인권을 적용함으로써 얻어지는 가장 중요하고도 지속되는 효과는 쉽게 눈에 띄지 않을 수 있지만, 원주민 여성과 같은 하위 집단이 자신의 몸과 삶에 대한 주체성을 향유하는, 그러나 특별히 기록되지는 않는 경험들을 통해 조금씩 드러날 수 있다고 결론짓는다.

페루 : '극명한 유토피아'는 디스토피아를 낳는다

수십 년 전 경제학자 칼 폴라니Karl Polanyi가 말했던 것처럼, 자율적으로 규제되는 시장이라는 환상은 '극명한 유토피아'를 암시하는데, 이러한 유토피아는 곧 사회의 인간적인 측면을 파괴하는 디스토피아가 되기 마련이다.[9] 제3장에서 논의했듯, 1990년대에는 국제 금융기관들의 '전문성에 기반한 권위'를 바탕으로 남반구국가들이 경제적 구조조정과 관련한 일련의 '모범 관행'을 중심으로 모여들었다. 이러한 권위는 자원 조달만이 아니라, 세계와 이 세계 속 국제 금융기관의 역할에 대한 새로운 프레이밍을 바탕으로 세밀하게 구축됐다. 세계은행은 스스로를 '지식은행'이라고 부르기 시작했고, 부유한 기부국의 모임인 경제협력개발기구Organisation for Economic Co-operation and Development, OECD는 '정책은행'이 됐다. 1990년대 후반에 토머스 프리드먼은 이러한 모범 관행을 황금 구속복이라고 부르면서 "당신의 국가가 아직 금으로 된 구속복을 입지 않았다면 조만간 그렇게 될 것이다 (……) 그 옷을 입으면 경제가 성장하고 정치가 줄

어든다(두 가지 일이 일어난다)"라고 말했다.[10]

그러나 페루를 비롯한 여러 국가에서 권위주의적인 행정부는 경제성장을 반기는 동시에 정치의 위축을 받아들였다. 민주적으로 선출된 알베르토 후지모리는 자신의 선거공약에도 불구하고 1990년 취임 직후에 소위 '후지쇼크'를 도입했다. 후지쇼크는 재정과 화폐개혁, 공공 지출의 대폭 삭감, 국영기업의 대대적인 민영화와 노동 '유연화'를 포함했다. 노동 유연화는 보건 분야를 포함해 경제 전반에서 수당이 없는 단기 용역 계약을 도입했다.[11] 소비자물가지수가 7,650% 오르고, 실급여가 바닥을 모르고 추락했다. 특히 보건 부문이 최악의 인플레이션을 겪었는데, 1990년에서 1991년 사이 의료 비용이 평균 8,400% 인상됐다. 1994년에는 페루 국민의 약 60%가 빈곤층에 속했는데, 농어촌의 빈곤 수준은 훨씬 더 심각했다.[12]

그럼에도 불구하고 '황금 구속복'[13]은 급격한 경제성장을 가져왔고, 금융 규제와 약화된 노동자 보호장치와 자유무역으로부터 이득을 얻은 계층에서 후지모리의 인기가 상승했다. 또한, 후지모리는 국제 금융기관들 사이에서 모범적인 인물로 여겨졌다. 1990년대 초 페루는 세계은행으로부터 구조조정차관으로 10억 달러 이상을 받았고, 미주개발은행Inter-American Development Bank에서 추가로 차관을 들여왔다. 여기에는 '금융 부문 조정차관' 4억 달러, '구조조정차관 프로젝트' 3억 달러, '무역정책 개혁 프로젝트' 3억 달러가 포함됐는데 이것들은 모두 '국가 근대화'를 목표로 했다.[14] 멕시코에서 그랬던 것처럼 근대화는 이러한 공식과 동의어가 됐다. 따라서 이에 반대하는 사람은 누구나 **발전**에 반대하는 것으로 규정됐는데, 페루에서는 무장 반군에 대응하는 후지모리의 방식에 반대하는 사람들까지 여기에 포함됐다.

프리드먼이 주장했듯이, 신자유주의의 구속은 또 정치와 경제 정책에서의 선택권을 좁혔다. 정치의 축소는 후지모리의 권위주의적인 통치 성향과 잘 맞았다. 페루의 극적인 구조조정은 거의 전적으로 (최소 923개의) 대통령령과 장관령을 통해 이뤄졌다. 국제법에서 이제 막 경제·사회·문화적 권리가 인식되고 있던 상황에서, 후지모리는 법률 및 제도 개혁에 대한 아주 다른 국제 처방전을 따르고 있었다. 민주적인 논의가 거의 전무한 상태였기 때문에 페루를 위한 국제 금융기관들의 구조조정 프로그램을 실행시킬 수 있었다. 1992년 4월, 정치적 저항에 직면할 듯한 분위기가 보이자 후지모리는 '친위 쿠데타'를 일으켰다. 그는 의회와 헌법재판소, 국가사법위원회National Council of Judiciary를 해산하면서 이들 기관이 (1980년대 말 리마까지 확산됐던) 테러주의를 척결하고자 하는 노력을 방해하고 있다고 주장했다.

후지모리는 자신을 경제와 국가 안보의 구원자로 내세웠다. 포퓰리즘을 추구하는 독재자들이 소셜 미디어를 상상하기도 전에 후지모리와 그의 악명 높은 보좌관 블라디미로 몬테시노스는 대중 언론을 능숙하게 이용해 거짓 정보를 퍼뜨리고, 주의를 분산시키고, 민주기관에 대한 신뢰를 떨어뜨렸다.[15] 다른 정부기관들의 감시가 축소된 상황에서 후지모리 정부는 거의 10년 동안 대규모 저항 없이 인권을 유린할 수 있었다. 1991년에는 그루포 콜리나Grupo Colina 반공 암살단이 테러리스트 소탕이라는 명목하에 리마에서 8세 아동을 포함해 15명을 암살하는 사건이 일어났다. 후지모리의 묵인하에 몬테시노스의 직접적인 지시로 이행된 이 학살은 라칸투타대학에서 일어난 학살과 함께 후지모리 정권이 휘두른 무소불위의 면책권을 상징했다. **바리오스 알토스**Barrios Altos라 불리는 이 학살 사건은 1995년 4월이 돼서야 조사가 시작됐는데, 의회는 사면법을 통과시켜 사건 조사를 무마했다. 사면법은 군사법원의 지지를 받았다. 이 사건은 미주인권위원회에 상정됐고, 최종적으로 미주인권재판소 Inter-American Court of Human Rights까지 올라갔다. 미주인권재판소는 2001년 사면법을 폐지시켰다. 재판소는 페루 정부가 조사를 재개하고 피해자들에게 충분히 배상할 것을 명령했다.[16] 2000년에 도피했던 후지모리는 2007년 칠레로 송환돼 반인권 범죄로 기소됐다. **바리오스 알토스**는 국제법이 전임 대통령에 대한 국내 형사사건에 영향을 끼친 첫 사례다.

사회문화적 맥락에서의 가족계획사업

산아제한정책은 처음부터 후지모리의 구조조정 계획에서 필수적인 부분이었다. 다수가 원주민인 페루의 빈농들은 그의 근대화 계획에서 제외됐다. 따라서 후지모리의 고용과 경제성장 목표를 달성하기 위해서는 그들의 숫자를 통제할 필요가 있었다. 그럼에도 불구하고 후지모리는 세계인구개발회의와 베이징회의 의제를 지지하는 것처럼 행동했다. 후지모리 정부는 국제기구 및 여성단체들과 협력해 세계인구개발회의의 행동강령 이행을 감시하는 기술위원회에 참여했다. 또 후지모리가 직접 베이징회의에 참석해 그의 정부가 베이징 행동강령을 이행하겠다고 공표하기도 했다.[17] 재집권 초기인 1995년, 그는 또한 "여성들은 자신의 운명을 스스로 책임지게 될 것이다"라고 선언했다.[18] 이러한 행동으로 인해 몇몇 여성단체들은 보수 가톨릭교회와 가부장제에 대항하는 싸움에서 후지모리가 동맹군이 될 것이라고 생각했다.

실제로 후지모리는 가족계획의 홍보를 넘어서 페루의 가톨릭교회에 맞섰다. 일례로, 1991년에 그는 형법을 개정해 부부강간을 범죄화하고, '성적 자유에 관한 범죄'라는 용어를 도입했다. 1997년에는 행정부의 조언에 따라 강간범이 피해자와 결혼하는 경우 형사 처벌을 면해주는 조항을 폐지했다.[19] 이러한 조치는 당시 지지 기반을 넓혀가고 있던 여성폭력에 대한 면책 반대 투쟁과 잘 맞아떨어졌다.

세계인구개발회의의 영향으로 페루는 미국과 영국, 일본, 그리고 심지어는 유엔인구기금으로부터 '카이로의 이행Bring Cairo Home'*을 위한 기금을 지원받았다. 실제로 1995년부터 2000년까지 페

---

* 1994년 이집트 카이로에서 열린 유엔인구기금의 행동계획Programme of Action은 인구정책을 넘어 여성 건강과 사회발전을 다뤄야 한다고 범위를 확대해 생식 건강관리, 안전한 임신과 출산, 합법적인 낙태, 성병의 예방과 치료, 여성에 대한 유해한 관행의 철폐 등의 이행을 권고했다. 그러나 자원과 조직 역량의 부족, 이념 간 합의의 부족 등으로 인해 현실화하는 데 어려움이 컸으며, 이에 카이로 행동계획의 현실화를 위한 운동인 카이로의 이행이 전개됐다.

루에서 가장 중요했던 여성단체 중 하나인 마누엘라 라모스 여성 운동Movimiento de la Mujer Manuela Ramos은 보건부와 함께 레프로살루드 ReproSalud 프로젝트를 이행하기 위해 미국국제개발기구US Agency for International Development로부터 상당한 기금을 받았다. 레프로살루드를 통해 지역 주민들을 대상으로 가족계획을 포함한 재생산 건강과 권리에 대해 교육을 하고 인식 증진 활동을 벌였다.[20]

1996년에 후지모리 정부가 영구 피임법을 우선시하기로 결정했을 때, 국민들은 그로 인해 어떤 영향이 있을지 정확히 알지 못했다. 그러나 그로부터 얼마 지나지 않아 줄리아와 다른 연구자들은 페루 북서 지역인 후안카밤바에서 인권침해 사례와 양측 난관결찰술 할당제가 있다는 이야기를 들었다. 조사 결과, 페루 전역에서 (이제 안정적인 고용이 아니라 유연 계약직으로 일하고 있는) 보건 노동자들이 매달 일정한 횟수의 불임시술을 해야 한다는 사실이 드러났다.[21] 목표를 달성하지 못한 보건 노동자들은 불이익을 받았기 때문에, 마메리타 메스탄자 사건에서와 같은 협박과 종용, 폭력이 만연했다. 어떤 여성들은 보건소에서 무료 건강검진을 받을 수 있다는 말을 듣고 갔다가 시술을 받지 않으면 벌금을 내야 하거나 향후 의료 서비스 이용이 불가했고, 심지어는 감옥에 갈 수 있다는 위협까지 받았다. 1996년과 2000년 사이 페루에서 약 30만 명이 가족계획사업을 통해 불임시술을 받았다.[22] 농어촌 지역의 원주민 여성에게 시행한 양측 난관결찰술이 27만 2,000건으로 대다수를 차지했는데, 자세한 정보를 숙지한 상태에서의 동의는 고사하고 기본적인 위생과 의료 기준도 충족되지 않은 환경에서 시술이 이뤄졌다.

페루의 보건의료제도: 사회적 배제를 강화시키는 공간

이러한 불임시술은 페루의 보건의료제도가 만들어 낸 조직적인 비인간화와 밀접하게 연결돼 있다. 페루의 보건의료제도는 역사적으로 해안 도시지역에서 발전했는데, 정부는 이 지역에서 서구의 위생과 생물의학 개념이 확산되는 상황을 원주민 집단, 특히 '깨끗하고 근대적'이어야 한다고 여겨졌던 여성들의 문명화와 식민화 과정의 일환으로 간주했다.[23] 원주민들의 우주론과 완전히 상반되는 개인주의적인 생물의학 접근법은 오랫동안 주창돼 온 '근대화와 문명화' 기조와 맞물렸고, 특히 가족계획사업에서 극도로 폭력적인 형태로 나타났다. 활동가들의 조사에 의하면, 원주민 여성을 이성이 결여되고 남편에 의해 지배받는 존재로 보는 의료 서비스 제공자들의 편견이 그러한 불임시술을 더욱 촉진했다.

1990년대에 보건의료제도에 가해진 구조 개혁은 역사적인 차별 패턴과 더불어 보건의료에서의 생물학적인 접근법과 시너지를 일으켰다. 세계은행과 미주개발은행의 지침에 따라 설계된 보건 개혁은 보편적인 프로그램이 아닌, 축소된 기본 서비스 패키지를 '빈곤층'에 '타기팅targeting'하는 식으로, 정부 지출을 줄이는 방식으로 진행됐다.[24] 1993년 보건부가 발표한 '사회정책을 위한 지침Guidelines for Social Policy'은 다른 경제 영역에서의 구조적 변화가 가져온 폐해와 인구의 절반 이상이 빈곤층임을 고려해 다음과 같이 지

적했다. "국가는 전 인구에 보건 서비스 접근성을 보장해야 한다. 그
**것이 시민의식과 근대 민주주의를 지탱하는 평등의 기반이 되기 때문이
다.**"25(강조는 원문 그대로) 그럼에도 불구하고 국제적 차원에서 수립
된 경제·사회·문화적 권리의 개념을 반영하고자 하는 열망은 효율
성을 우선시하는 '타기팅' 정책하에서 무시됐다. 미주개발은행 전
문가들은, 페루에서 1995년부터 2000년까지 후지모리가 모자 건
강에 배정한 예산으로는 **극빈층** 여성과 아동에게 필요한 서비스의
20%도 감당할 수 없다고 계산했다.26

수치적 목표는 대상 자격을 규정하는 것만이 아니라 프로그램
의 '효율성'을 높이는 데도 사용됐다. 가족계획만이 아니라 산전 검
사, 병원 출산 등의 서비스에도 목표 수치가 도입됐다. 가족계획사
업에서는 관련 정책에 따라 1996년부터 2000년까지 불임시술 대
상 목표가 해마다 증가했다. 심지어는 보건시설 직원 수의 단위에
따라 난관결찰술 대상 '모집'과 수술의 목표 건수가 나뉘어 배정됐
다.27 노동 '유연화'에 따라 많은 보건 노동자가 고정 월급제가 아닌
용역 계약으로 일하고 있었기 때문에, 그들을 조종하기가 훨씬 더
쉬웠다. 매달 할당 목표를 채우지 못하면 급여가 삭감되거나 해고
됐고, 다른 곳에 다시 취직하기가 어려웠다. 보건시설과 노동자들
은 목표 수치를 달성했는지 여부에 따라 평가됐다.28

노동자들에 대한 징벌적 처우는 가족계획사업에서 가장 극단
적으로 묘사되는 직접적인 폭력으로만 나타난 게 아니었다. 유연한
용역 계약으로 인해 노동자들이 부업에 참여하면서 결근율이 높아

졌다. 결근은 페루뿐만 아니라 정규직을 용역 계약으로 대체한 국가들 전반에서 상당한 비용을 야기했다.[29] 그러나 보건의료제도 설계에 따른 이러한 결과의 비용은 '외부화', 즉 노동자와 환자들이 부담했고, 세계은행과 미주개발은행이 적용하는 보건의료제도 평가에는 포함되지 않았다.

분권화부터 재정과 행정을 서비스 전달에서 분리하는 것에 이르기까지, 보건 개혁의 다른 측면들도 계획대로 되지 않았다. 거버넌스와 책무성에 충분한 주의를 기울이지 않은 분권화는 민주화보다는 불평등과 지역의 부정부패를 가져왔다. 재정을 서비스 전달에서 분리한 것은 기술 전문성을 지닌 전문가들이 보건 개혁 지원 프로젝트PARSalud를 위해 직접 일하도록 '비정치적인' 수평적 기관을 설립하는 결과를 낳았다. 후지모리 정부는 실제로 국고를 약탈한 책임이 있는 것으로 드러났는데, 이러한 수평적 기관이 보건 분야의 부정부패를 방지했다는 증거는 없다. 반면, 입찰을 통해 민간계약자를 선정하면서 새로운 형태의 정실 인사와 결탁을 조장했고, 국가의 보건의료제도 강화에 아무 기여도 하지 못한 모래성 같은 기관들이 세워졌다는 증거는 있다.[30] 또한 보건 개혁 지원 프로젝트는 원조가 아닌 차관을 이용했기 때문에 사업 실패로 인한 결과는 보호장치가 있는 채권자들이 아닌 가난한 페루 국민이 떠안았다.

여성 건강을 위한 인권 활동
: 프레이밍, 연합 그리고 전략

주류 인권공동체는 후지모리에 맞서 줄기차게 저항한 몇 안 되는 집단 중 하나다. 이처럼 초국적 포럼의 힘을 빌리는 것이 독재국가에 저항하는 주요 전략 중 하나였다. 미주인권재판소가 테러리스트 혐의를 입은 칠레인들에 대한 정체불명의 군사재판을 무효로 선언한 후, 1999년 후지모리는 미주인권협약American Convention on Human Rights의 관할권에서 일방적으로 빠져나가고자 시도했지만 성공하지 못했다. 집권 여당의 실세 의원이었던 마르타 차베스Martha Chávez는 당시 이렇게 말했다. "음흉한 좌파 이데올로기가 미주인권재판소를 점령했다."[31]

　더 나아가 미국 전역의 제도, 조약감시기구에 제출하는 「섀도 리포트shadow reports」 등과 같은 초국적 포럼을 활용하는 전략은 후지모리 정권이 테러리스트와의 전쟁에서 법치를 무시하고 시민적·정치적 권리를 침해하는 행위에만 국한되지 않았다. 비정부기구들은 후지모리 정권이 신자유주의적인 의제를 증진하고 자본의 족쇄를 풀어주기 위해 노동권을 파괴했다고 봤고, 이에 맞서 싸웠다. 페루인권연합과 또 다른 비정부기구인 페루노동지원센터Centro de Asesoría Laboral, CEDAL는 '연금수급자 5인 대 페루 정부Five Pensioners v. Peru'와 '라고스 델 캄포 대 페루 정부Lagos del Campo v. Peru' 등의 소송을 제기하면서 수년간 국제법의 선례를 만들었다.[32] 또 페루인권연합과 페루노동

지원센터를 비롯한 단체들은 활동의 상당 부분을 건강과 교육을 포함한 경제·사회·문화적 권리와 원주민의 권리를 증진하는 데 할애했다. 페루의 비정부기구들은 1999년에 발효된 경제·사회·문화적 권리에 관한 미주인권협약 부속 의정서Additional Protocol to the American Convention on Human Rights on ESC Rights('산살바도르 의정서'라고도 불린다)의 비준에도 주도적인 역할을 했다.[33] 내가 페루에 살고 있을 당시, 인권단체들은 경제와 사회 개혁 이후 정권의 소외 계층 착취에 맞서 싸우는 몇 안 되는 목소리 중 하나였다.

그러나 중남미의 여러 국가와 마찬가지로 페루의 주류 인권운동은 역사적으로 가톨릭교회의 진보적인 인사들과 강한 유대를 맺어왔는데, 그로 인해 여성의 성·재생산 건강과 권리 투쟁에서 복잡한 관계가 형성됐다.[34] 실제로 멕시코에서는 당시 치아파스 주지사가 형법하에서 낙태를 자유화하자, 사파티스타의 영웅인 사무엘 루이스Samuel Ruiz 주교가 개정 형법을 지지하는 사람들은 제명하겠다고 위협해 주지사가 결정을 번복했다.[35] 페루에서도 후지모리 정권이 가톨릭교회 지도자들의 가족계획사업 반대 입장을 공격하자, 주류 인권운동계는 초반에 가톨릭교회의 입장과 독재정권하에서 공공정책에 대한 의견을 표명할 권리를 지지했다. 그러나 강제불임시술의 실체가 드러나자 페루인권연합은 **마메리타 메스탄자** 사건 서명운동에 참여했고 다른 비정부기구들도 정권 규탄에 힘을 실었다.

인권운동계는 강제불임시술이 페루의 보건의료제도와 사회 전반에 뿌리 박혀 있는 가난한 원주민 여성들에 대한 구조적인 폭력이라고 봤다.[36] 정부와 미국국제개발기구는 이 문제를 의료 서비스상의 개선과제로 간주했고, 인권운동계는 불임시술을 건강과 신체적 완결성, 평등, 존엄성에 대한 권리와 연관된 **인권문제로** 규정하는 데 많은 노력을 기울였다. 줄리아는 젠더만이 아니라 계급, 인종, 민족에 기반해 서로 맞물려 있는 권력 구조에서 원주민 여성이 직면하고 있는 '교차적 차별intersectional discrimination'을 해체해야 한다고 강조했다.[37] 페루의 다양한 여성을 포괄하는 완전한 평등의 개념이 새롭게 이해되면서 여성운동의 얼굴과 구성도 바뀌었다. MAM 푼다시오날Movimiento Amplio de Mujeres-Fundacional의 코디네이터인 마리아 에스터 모고욘María Esther Mogollón과 같은 활동가들은 페루 사회에서뿐 아니라 전통적인 여성운동 공동체에서도 진실과 자기평가의 시간을 갖고자 노력했다. 치열한 활동가였던 모고욘은, 나중에는 지체장애인으로서 다양한 장애 여성들의 성적 쾌락과 성적 시민권에 대한 글을 쓰고 가르치는 일을 했다.[38]

원주민 여성들은 뿌리 깊은 위계 사회에서 자신의 목소리를 내고, 운동을 조직하고, 심지어는 정치에도 참여할 수 있게 됐다. 일찍부터 불임시술 관련 시위를 주도하고 로비 활동을 조직해온 힐라리아 수파Hilaria Supa는 쿠스코 지역 안타여성연맹Federación de Mujeres de Anta의 코디네이터로 선출됐다. 수파는 2006년 의원으로 선출됐고 페루 역사상 처음으로 케추아족의 언어로 의원 선서를 했다. 그리고 2011년에는 안데스 의회Andean Parliament의 의원으로 선출됐다.[39] 페루 농민들의 재생산 건강과 권리는 정치적인 문제만이 아니라 민주화 운동의 의제에도 포함됐고, 궁극적으로 일본으로 도망친 후지모리 대통령으로 하여금 2000년에 팩스로 사임서를 제출하게 만들었다.[40]

　　강제불임시술을 둘러싼 정치적 및 법적 옹호 활동과 함께 **마메리타 메스탄자** 사건은 '여성폭력의 방지·처벌·철폐에 관한 미주협약'과 같이 회원국에 구속력을 갖는 법적 규범의 차원에서만이 아니라, 사회적 규범 차원에서도 1990년대에 여성폭력에 대한 이해가 급격히 변화하는 상황을 반영했다. 샐리 엥글 메리가 지적한 것처럼, 인권은 여성폭력을 재구성하는 데 엄청난 영향을 끼쳤는데 인권이 "폭력은 자연스럽고 불가피하다는 관점과 완전히 단절"하기 때문이었다.[41] 이런 현상이 안정적인 국가와 정치질서에서만 나타난 건 아니었다. 당시 유고슬라비아와 르완다에 대한 국제재판을 통해 전시 성폭력이 국제 인권법하에서 전쟁범죄로 재규정되고 있었다.[42]

　　이러한 측면에서 **마메리타 메스탄자** 사건과 의료시설에서 발생한 의사에 의한 성폭력 사건[43]은 여성폭력에 대한 새로운 패러다임을 이용한 획기적인 사건들이었다. 특히 **마메리타 메스탄자** 사건은 가해자들이 처벌받지 않는 관행을 철폐하기 위해 보다 포괄적인 인권을 활용했을 뿐 아니라, 사회에서 여성들이 온전한 평등을 누리는 데 있어서 여성의 몸과 건강을 필수 요소로 규정했다. 여성인권수호연구회와 라틴아메리카 및 카리브해 여성권리수호위원회, 플로라 트리스탄 Movimiento de la Mujer Flora Tristán 등의 단체들은 폭력에 대한 처벌과 함께 교육과 예방을 증진하는 법률 개혁과 같은 제도적 변화를 중심으로 집결했다. 당시 레베카 쿡Rebecca Cook이 썼듯이, 여성의 건강은 "몸의 정치에서, 그리고 정치, 경제, 종교, 보건 등 분야에 상관없이 영향력 있는 기관들에서" 여성의 권리가 충족되는지 (또는 충족되지 않는지)를 보여주는 은유법이다. 쿡은 국제 인권법에서 '법적 원칙의 발전'은 여성 건강권의 침해에 대한 구제책을 제공할 수 있다고 주장했다.[44]

돌이켜 보면, 1990년대에 새로운 법적 원칙을 발전시키고 면책을 철폐하기 위해 초국적 포럼에 의존하는 경향이 증가하면서 국내법과 정치 위에 국제법, 특히 미주인권재판소의 법학이 존재하는 위계 구조가 반사적으로 수용됐다.[45] 예를 들어, 로베르토 가가렐라는 아르헨티나 군사정권하에서 실종됐다가 우루과이에서 수감 중에 딸을 낳은 여성에 관한 사건인 '**겔만 대 우루과이 정부**Gelman v. Uruguay'에 대해 집필했다.[46] 미주인권재판소는 우루과이 정부의 사면을 무효화했고, 국가에 책임자 처벌을 가로막는 장벽을 제거하도록 명령했다. 가가렐라는 그러한 과정에서 페루의 경우처럼 독재정권이 자신들을 보호하기 위해 실시한 사면과, 1986년 민주정부하에서 통과되고 다수의 시민이 참여한 국민투표에서 두 번이나 승인된 우루과이 사면법을 재판소가 구분하지 않았다고 지적했다.[47] 이 구분이 중요한 이유는 재판소가 재판소의 법리학을 통해 권리의 판결에서 무엇이 중요하며 어떤 주장이 설득력이 있고 없는지를 정하는 본보기를 수립하기 때문이다. 이 사건에서 재판소는

민주적인 의사결정을 제쳐두고 하나의 모듈화된 프로젝트로서의 권리를 내세웠다.[48]

　그럼에도 불구하고, 민주적인 절차와 '도덕률' 간의 적절한 균형을 찾는 일은 간단한 문제가 아니며 여성의 건강과 성·재생산 건강과 권리, 소외 집단의 권리 문제에서 특히 그렇다. 제3장에서 지적한 것처럼, 성·재생산 건강과 권리 운동에서는 위계상으로 국제법을 정치보다 상위에 있는 것으로 보는 관점이 인기를 끌었다. '민주국가'에서조차도 성·재생산 건강과 권리와 관련한 여러 사안이 전통적인 '정치적 숙의'의 경계 밖에 있거나 종교 세력들이 지배하는 입법기관에 의해 고의적으로 배제됐기 때문이었다. 일례로, 후지모리가 물러나고 페루가 이론적으로나마 민주주의로 복원된 이후, 성폭력 피해자로서 건강을 위협받고 있던 10대 여아들에 대한 치료적 낙태를 거부한 두 가지 사건이 있었다. 재생산권리센터와 페루의 성·재생산 건강과 권리 단체인 성·재생산 권리증진 및 보호센터 PromSex는 국내의 구제 조치가 무익하다고 보고 초국적 소송을 추구했다.[49] 이들 사건에서 주목할 점은 다음과 같다. 첫째, 여성폭력을 척결하기 위한 주류 인권단체들 간의 연대가 치료적 낙태를 추진할 수 있을 정도까지 이뤄지지 않았다. 둘째, 재생산권리센터는 (국제인권법이 '순수'하고 정치 위에 존재한다는 통념과 달리) 미주인권재판소의 판사들이 보수적인 종교적 성향을 갖는다는 점을 고려해 이 두 건의 낙태 사건에서 모두 미주체제가 아닌 다른 통로를 신중하게 모색했다. 셋째, 성·재생산 건강과 권리의 기준을 설정할 때 초국적

소송을 매력적인 선택으로 만들었던 기회 구조들이, 소송 결과가
정치적으로 실행될 때는 장애물이 됐다.

성·재생산 건강과 권리에 대한 반격
: 국내외적인 변화

페루에서 일어난 사건들이 전 세계적으로 국제기관에서 일어난 변
화와 불가분의 관계를 맺고 있었던 것처럼, 그 폭로 역시 국제적
인 반향을 일으켰다. 미국 정부를 비롯해 전 세계적으로 일어난 종
교적인 낙태 반대 운동이 페루의 강제불임시술을 이용했다. 특히
1998년 미국에서는 크리스 스미스Chris Smith 하원의원의 강력한 로비
로 타이아트 수정안Tiahrt Amendment이 통과됐다. 이 수정안의 주요 내
용 중 하나는 미국의 원조 기금을 받는 국가는 가족계획사업이 '자
발적'이어야 하며 할당제나 목표치를 사용해서는 안 된다는 것이
다.[50]
    페루에서의 사건들은 카이로회의와 베이징회의 이후 재생산
권을 약화시키려는 공격적인 반격과 비슷한 시기에 벌어졌다. 보수
주의 반대파들은 세계인구개발회의와 베이징회의에서 명시한 '재
생산 건강과 권리'가 (교황청과 다른 보수 기독교계의 주된 우려인) '자유
로운 낙태'와 동성애, 혼전 및 혼외 성관계, 그리고 성·재생산 행동
에 대한 여성의 통제권을 증진하기 때문에 도덕적으로 잘못됐다고

주장했다.[51] 이를 중심으로 단합한 보수주의자들은 세계인구개발회의와 베이징회의에 대한 반격을 외쳤고, 여성의 재생산권을 비도덕적이고 물질주의적인 근대화로 인한 쾌락주의로 규정지었다.

2000년에 발표된 유엔사무총장 보고서 「21세기 유엔의 역할 We the Peoples: The Role of the United Nations in the 21st Century」이 차기 개발의제 설정에서 회원국이 고려해야 할 세계적인 우선과제를 제시했을 때, 보건의료 분야 내 유일한 과제는 전염병과 관련된 것이었고, 성평등과 관련된 유일한 과제는 교육 목표 안에 얌전하게 담겨 있었다.[52] 유엔사무총장의 선언문은 G-77(유엔의 비공식적인 개발도상국 연합)과 교황청, 보수 이슬람국가들, 미국의 복음주의 기독교계가 의도적으로 연대해 새로운 개발의제에서 성·재생산 권리와 건강이 언급되는 것을 막았다는 사실을 보여준다.[53]

2000년 가을, 2015년까지의 새로운 개발의제를 제시한 새천년선언Millennium Declaration에 189개국이 서명했다. 회원국들은 존엄성과 평등의 가치를 강조하는 단어들을 수차례 사용하면서 "극빈이라는 비참하고 비인간적인 환경으로부터 남성과 여성 및 아동을 해방시키기 위해 노력을 아끼지 않을 것"을 결의했다.[54] 그러나 카이로회의가 열린 지 7년이 지났음에도, 재생산 건강과 권리의 역할에 대해서는 아무런 언급도 나오지 않았다.

새천년선언을 여덟 개의 국제적인 개발 목표로 바꾸는 과정은 유엔기구의 경제학자와 통계학자로 구성된 소수의 기술관료에 의해 불투명하게 진행됐다.[55] 사회적인 참여가 활발했던 1990년대의 유엔회의들과 비교해 보면 이보다 더 대조적일 수 없었다. 바버라 크로세트Barbara Crossette가 지적했듯이 "이처럼 절차가 (보다) 간소화되면서 재생산 건강과 서비스를 포함시키기 위해 치열하게 싸우는 사람들의 참여가 제한됐다. 비정부기구는 물론이고 심지어는 정부 전문가들조차도 이 과정에서 철저히 배제됐다".[56] 재생산 건강과 권리는 '모성 건강 증진'이라는 비정치화된 목표에 관한 유엔새천년개발목표 5번으로 축소됐다. 무슨 일이 일어나고 있는지 사람들이 미처 알기도 전에, 여성의 건강권을 증진할 중요한 기회의 문이 닫혔다. 마지 버러Marge Berer는 "이렇게 여성 건강을 증진하기 위한 25년간의 국제적인 노력은, 쾅 하는 소리가 아닌 들릴 듯 말 듯한 속삭임과 함께, 공기 중으로 사라졌다"라고 표현했다.[57]

이러한 분위기 속에서 페루의 상황도 보수적인 목표에 기반해 재생산권을 부정하는 쪽으로 다시 바뀌었다. 유엔새천년개발목표가 채택된 해인 2001년에 집권한 알레한드로 톨레도 정부는 '종족학살'이라는 표현까지 동원하면서 가족계획사업에 대한 두 가지 조사를 실시했다. 톨레도 정부에서 신임 보건부 장관으로 임명된 루이스 솔라리Luis Solari(그리고 그의 계승자)는 극보수주의 가톨릭 분파인 '기독교 생명공동체Sodalitium Christianae Vitae'의 일원이었다. 불임시술 사건 이후 엄격한 규제를 받게 된 외과적 피임법이 장관령에 의해 피임법에서 완전히 제거됐고, 그 과정에서 민주적인 논의는 후지모리 정권 때와 마찬가지로 거의 없었다. 새 정권하에서 여성의 생식력은 '신의 의지'에 의해 결정되는 문제였고, 그에 따라 모든 피임이 엄격히 제한됐으며 낙태에 대한 형사처벌이 강화되고 훨씬 더 정기적으로 집행됐다.[58] 동시에, 페루가 미국국제개발기구 기금을 잃을 위험에 처했을 때, 유엔새천년개발목표 5번의 '안전한 모성'이라는 개념은 보건부를 장악한 보수 가톨릭계에 논쟁의 여지가 없는 완벽한 목표와 담론이 됐다. 2000년대 초에 '모성 사망률 저하를 위한 비상대책'을 지휘한 세실리아 코스타Cecilia Costa는 나와의 인터뷰에서 다음과 같이 말했다. "가족계획사업에 대해 그들이 우리를 비판할 수는 있겠지만 지금 모성 사망과 관련해서 우리가 하고 있는 일을 보십시오. 모성 사망은 우리 국가의 우선과제고, 우리는 이 문제에 집중할 것입니다. 여성들의 생명을 구하는 일은 **두말의 여지가 없는 좋은 목표입니다.**"[59]

(어쩌면) 아이러니하게도 산아제한주의자들의 폭력을 유발한 신자유주의 개발 모델은 여성 건강의 비정치화에도 적합했다. 유엔새천년개발목표 의제에서 발전의 정도는 각 목표에 포함된 정량적인 목표와 타깃 및 지표로 측정될 수 있었다.[60] 유엔새천년개발목표의 환원주의는 앞서 다수의 유엔회의에서 나온 제도적·법적·정치적 변화의 열망에 대한 직접적인 반향이었다. 유엔새천년개발목표는 명백히 국가 내에서 그리고 국제질서에서 신자유주의적 경제에 덧붙여진 협소한 기술관료적 목표였다. 실제로, 유엔새천년개발목표로 인해 정치적인 유엔 개발 과정의 성격이 국제 금융기관이 적절한 '근대화'를 달성하기 위해 사용한 기술관료적인 원거리 통치governance-at-a-distance와 매우 비슷해졌다. 마지 버러는 단순히 여성은

동이 배제된 것만이 아니었다고 말한다. "세계은행과 국제통화기금이 국제적인 의제를 접수했다. 이러한 '쿠데타'는 이전까지 세계의 거버넌스를 담당했던 유엔 대신, 새롭게 자리를 차지한 이해관계자들이 권력을 강화하면서 나온 부산물이었다."[61]

건강에 인권 프레임워크와 전략을 적용한 결과에 대한 평가

건강에 인권을 적용함으로써 발생하는 효과를 측정하기 위해 우리가 선택하는 방식은 인식론적, 실증적, 규범적 전제들에 따라 달라진다. 내가 볼 때 이것은 기존의 법률적 측정법과 건강 측정법을 넘어서야 한다.

새로 생긴 건강과 인권이라는 분야에서 소피아 그루스킨Sofia Gruskin과 같은 몇몇 학자들은 프로그램상의 건강 척도를 이용해 발전 정도를 측정할 것을 제안하면서, 차별 금지, 교육, 정보, 사생활과 같은 권리는 "프로그램의 관심을 집중시키고 건강 관련 개입을 증진하는 데 도움이 될 수 있다"라고 주장했다.[62] 이와 반대로, 오드리 채프먼Audrey Chapman은 "인권을 모니터링하는 일은 학문 활동이 아니다. 그것은 국제 인권 기준을 위반함으로써 유발되는 인간의 고통을 줄이기 위한 것이다"라고 했다.[63] 첫 번째 접근법은 개선된 건강을 존엄한 삶에 반드시 필요한 중요한 도구로 보는 것이 아니라, 건강 프로그램을 개선하기 위해 권리를 도구화하는 경향이 있었다. 반대로, 채프먼의 주장은 국제법에 명시된 경제·사회·문화적 권리의 침해를 평가하기 위해 새로 수립된 「구속력이 없는 경제·사회·문화적 권리의 침해에 관한 마스트리흐트 지침Maastricht Guidelines on Violations of Economic, Social and Cultural Rights(이하 마스트리흐트 지침)」과 맥을 같이했다.[64] 줄리아 타마요와 동료들은 「마스트리스트 지침」에 따라 효과적으로 사실 확인법을 사용해 증언과 의료 기록, 정책 문서를 수집해 정책으로 인한 직접적인 권리침해와 차별을 입증해 보였다.

이후 수십 년간 학자와 기관은 지표와 통계 데이터를 이용해 (예산을 포함해) 결과와 정책 효과를 측정함으로써 건강과 경제·사회·문화적 권리의 침해만이 아니라 발전 정도도 측정할 수 있는 방법들을 고안해 냈다. 특히, 일찍부터 지표를 이용해 건강권의 이행과 발전 정도를 측정할 것을 주장했던 사람들은 그러한 측정이 건강정책과 프로그램에서 정부가 실행하고 있는 사안과 실행하지 않는 사안을 드러내는 정성적 증거를 보완할 것이라고 생각했다.[65] 그러나 공중보건 지표의 사용은 (우리가 제7장에서 보게 되겠지만) 권력 역학을 드러내는 만큼 모호하게 하면서 권리를 점점 더 도구화하는 방향으로 발전했다.

인권의 영향을 측정하는 전통적인 법률적 측정법에서는 확립된 규범과 소송인에 대한 직접적인 피해를 중시한다. 일례로, 우리는 우호적인 합의의 일환으로 내려진 법원 명령에서 기인하는 직접적인 영향을 규명할 수 있다. 여기에 메스탄자 가족과 피해 여성 집단에 대한 배상[66]과 같은 물질적인 변화가 수반된다. 페루에서는 불임시술을 받은 여성에게 국가가 지원하는 의료보험이 제공됐는데, 이 여성들은 그게 아니더라도 법적으로 그러한 의료보험을 이용할 수 있는 자격이 있었다. 앞서 언급했지만, 불임시술을 받은 여성들은 신체적 상해나 심리적 트라우마에 대해 별도의 배상을 받지 못했다.

그러나 소송 당사자에 대한 직접적인 물질적 영향이나 인권 캠페인만을 고려하면, 제도적 변화와 같이 권리의 이용과 법적 소송에서 기인하는 가장 중요한 영향을 일부 놓치게 된다. 페루에서는 (병원과 같은) 특정한 상황에서 외과적으로 불임시술을 해야 하는 정책과 정확한 정보를 숙지한 상태에서 동의를 받는 프로토콜이 마련됐다. 또, 강제불임시술 사건이 터졌을 때 보건부, 궁극적으로는 정부 내의 권력관계와 행위자들에 큰 변동이 있었다.

판결의 영향을 검토한 논문에서 세사르 로드리게스 가라비토 Cesar Rodríguez Garavito와 다이애나 로드리게스 프랑코Diana Rodríguez Franco 는 직간접적인 물질적 효과와 더불어 '상징적인 효과'를 조사해야 한다고 강조했다. 여기에는 담론적 영향과 사람들의 태도 변화가 포함된다.[67] 이 경우에 메스탄자 사건 때문만이 아니라 강제불임시술 문제가 정당과 시민사회단체의 민주화 의제에 포함되는 등 사건이 폭로된 후 사회동원이 일어나며 정치 담론이 변했다는 데는 의심의 여지가 없다. 또한, 가정이나 보건소에서 여성에게 가해지는 폭력이 불가피한 것이 아니라는 생각을 (비록 시골 지역에선 아직 덜 했지만) 페루 전역에서 여성들이 가지기 시작했다.

성·재생산 건강과 권리를 넘어선 건강권을 위한 시민사회의 활동 역시 발달했다. 강제불임시술 사건을 포함한 몇 가지 건강권 활동을 바탕으로 설립된 시민사회건강 포럼Foro Ciudadano en Salud, FOROSALUD은 페루 전역의 보건의료 전문가들과 인권 활동가들을 포괄하는 거대한 시민사회네트워크를 형성했다. 그 결과, 건강권의 개념이 보다 널리 확산됐고, 향후 몇 년간 시민사회가 제안한 다양한 법안들이 통과됐다. 의료시설에서의 환자의 권리를 명시한 법률 29414도 그중 하나다.[68]

더 나아가, **마메리타 메스탄자** 사건이 '우호적인 합의'로 종결되긴 했지만, 그 사건은 향후 몇십 년간 지역을 넘어, 전 세계적으로 규범의 발전에 지대한 영향을 끼쳤다. 페루에서 일어난 이 사건은 강제불임시술을 신체적 완전성과 비인간적인 처우를 받지 않을 권리 등 다양한 권리의 침해로 규정할 수 있는 길을 닦았다.[69] 또한 국가와 국제적 단위의 재판부들이 페루의 사건에서 큰 영향을 받았다. 그러나 그러한 영향을 판단하기까지는 수년 또는 몇십 년이 걸릴 수 있다. 유럽인권재판소European Court of Human Rights는 슬로바키아에서 집시 여성들을 대상으로 충분한 사전 동의 없이 진행한 불임시술이 유럽인권협약European Convention on Human Rights에 위배되는 비인간적이고 모멸적인 처우에 해당한다고 결정했다.[70] 2016년 미주인권재판소의 'I. V. 대 볼리비아 정부I. V. v. Bolivia' 사건에서는 어느 원주민 여성에 대한 강제불임시술이 교차차별intersectional discrimination에 해당한다고 판결했다.[71] 아프리카에서 국내재판에 회부된 최근의 사건에서도 법정 조언자의 의견서에 **마메리타 메스탄자**의 사건이 선례로 인용됐다.[72]

반면, 페루 내에서는 건강과 관련된 의제에 논쟁들이 따라붙었고, 의료 행위자들이 바뀐 후에도 개입과 관련한 의사결정이 여전히 행정적인 목표 및 세부 목표와 연계돼 진행됐다. 페루의 보건부는 이후의 정권에서도 여전히 권위주의적이고 징벌 중심적인 행태를 보였다. 모성 건강과 페루의 보건 개혁에 관해 내가 2002년 출간한 저서의 서문에서 줄리아 타마요는 강제불임시술 사건을 초래한 구조적 불평등과 성 불평등이 지속적으로 불균등하게 농어촌 지역의 가난한 원주민 여성들의 산과 의료 서비스를 가로막아 "그들에 대한(지속적이고 근본적인) 차별을 공고히 했다"라고 설명했다.[73]

앨리스 밀러Alice Miller가 주장한 것처럼 페루의 사건들은 여성의 성·재생산 건강과 권리에 대해 "'권리 중심적인 접근법'을 취하기" 위해서는 기존의 인권 보고서와 소송이 했듯, 단순히 가해자의 비행을 폭로하고 비난하는 것을 넘어서야 한다. 성·재생산 건강과 권리를 증진하기 위해서는 "권리가 어떻게 실제가 되는가, 어떻게 서비스가 수정되며 정책 결정자와 지역 당국이 기존 관행이 바뀌어야 한다는 사실을 깨닫게 되는가, 어떻게 하면 피해자들이 이러한 권리가 자신들의 행동과 요구의 이면에 있음을 인식하고 그에 따라 행동하게 되는가라는, 더욱 복잡하게 얽혀 있고 맥락 중심적인 질

형식 및 범주	영향
의사결정기관 (법원, 보건부 등)의 명령	피해자(들)에 대한 직접적인 물질적 영향
규정 수립 및 배포	다른 관할권(들)에서 법적 기준의 채택과 배포
제도적·정책적	제도적 그리고/또는 정책적 변화 및 예산 등 건강문제와 관련한 변화
행위자 및 권력관계	의사결정 과정. (구체적인 사안을 포함하고 넘어서는) 건강과 관련한 새로운 정치적 행위자/연맹들, 건강 관련 기획, 우선과제 설정, 프로그램 수립, 모니터링의 활용
정치적 담론 및 사회적 가치	건강 그리고/또는 구체적인 건강 관련 문제들과 연관된 사회적 목표, 정치적 담론, 사회적 가치
관념적·상징적	(직접 영향을 받는 집단을 포함하되 거기에 국한되지 않는) 소외 집단/개인들이 자신의 건강/삶에 대해 주관성과 주체성을 가짐. 지역사회/사회/국가에 대한 관계 변화

표. 전략의 영향에 대한 분석 범주

문들을 고민해야 한다".[74]

　간단히 말해서, 표에서 볼 수 있듯이, 사회변화를 위한 전략에서 인권을 사용함으로써 발생하는 영향을 포착할 수 있는 범위까지 우리의 프레임을 확장할 필요가 있다. 그 영향은 순수하게 직접적인 보상이나 재발 방지의 보장 또는 법률 개혁만으로 측정될 수 없다. 사회변화를 지속시키고자 할 때 보건시설에서의 불임시술과 같은 문제들을 **불의**로서, 담론적으로 이해하는 일이 중요하다. 건강권을 위한 여러 투쟁과 마찬가지로 성·재생산 건강과 권리에서도 발전은 직선적이지 않으며, 이 사례에서와 같이 흔히 반격이 뒤따른다.

이 책에서 계속 주장하는 것처럼, 신자유주의적 구조조정으로 인해 성·재생산 건강과 권리 그리고 경제·사회·문화적 권리에 가해진 구조적인 한계를 고려하지 않고는 [인권을 사용함으로써 얻을 수 있는] 영향을 알 수 없다. 2000년대 초 후지모리가 극심한 구조조정을 단행한 후에도 페루의 외채는 국내총생산의 38%에 달했고, 연간 채무원리금 상환에 보건 부문보다 4배나 더 많은 돈을 지출하고 있었다.[75] 또 페루의 부채 중 40%가 변동금리상품이었고, 약 3분의 2가 달러로 돼 있었다. 따라서 세계의 다른 정부처럼 페루 정부도 환율 변동성과 리스크에 극도로 취약했다. 앞으로 제5장에서 보겠지만, 이와 동시에 금융시장의 규제 완화로 변동성이 더 커졌고, 이로 인해 경제 위기가 더 빠르게 전파됐다. 또한, 정부가 장기적인 투자 관점에서 어떤 자원을 보건과 사회 부문에 할당할 수 있을지를 예측할 수 없었다.

그러나 다른 국가들과 마찬가지로 페루에서도 가장 큰 관념적인 변화는 독특한 경로를 따를 가능성이 있는데, 이는 쉽게 측정될 수는 없지만, 장기적으로 매우 큰 변화를 가져올 수 있다. 그러한 결과를 평가하는 일은 매우 까다롭다. 어떤 효과는 측정이 불가하다는 사실을 인정하고 반드시 '영향'과 일치하지는 않는 다양한 차원에서의 '배움'을 수용할 수 있는 역량이 필요하다.

결론

2017년 당시 페드로 파블로 쿠친스키Pedro Pablo Kuczynski 대통령이 크리스마스 이브에 후지모리 전 대통령을 사면하자, 인권단체들은 **바리오스 알토스**와 같은 반인륜적 범죄는 사면될 수 없다고 주장하면서 미주인권재판소에 사건을 회부했다. 20여 년에 걸쳐 발전해 온 국제법 규범을 바탕으로 여성단체들은 강제불임시술이 반인륜적인 범죄에 해당한다고 주장했다. 2018년 11월, 후지모리를 비롯해 가족계획 프로그램에 참여했던 몇몇 고위 관료들이 강제불임시술을 지휘한 혐의로 페루 법원에서 형사 기소됐다. 또 여성단체들의 끈질긴 투쟁으로 인해, 우리가 아우구스토 멜로니와 인터뷰를 한 후 채 2년이 되기 전에 페루 정부는 성·재생산 권리증진 및 보호센터와 재생산권센터가 상정한 **라고스 델 캄포 대 페루 정부** 사건에 대한 여성차별철폐협약위원회의 결정에 따라 치료적 낙태에 관한 의정서를 채택했다.[76]

　　페루에서의 시간을 고찰하고 여성 건강에 인권을 적용해 보면 복잡한 이야기가 나온다. 한편으로, 후지모리의 강제불임시술 사업은 여성의 권리가 인권으로서 보편적으로 수용되고 다양한 여성들의 의사결정이 재생산 건강과 개발정책의 핵심이 돼야 한다는 생각에 역행하는 것이었다. 또 한편으로는, 유엔회의들을 비롯해 다른 중요한 규범적인 변화들 덕분에 페루의 활동가들이 국제법을 이용해 강제불임화를 인권침해이자 민주주의를 자처하는 페루 정부의 주장에 반하는 구조적 불의로 규정할 수 있었다. 그 전까지는 불가능했던 일이다.

보다 넓게 보면, 후지모리는 남반구국가들에 억지로 떠안긴 신자유주의정책의 전형으로 여겨지는 인물이었다. 그는 반민주적인 방식으로 기관들을 해체했고, 보건 분야도 예외는 아니었다. 그 과정에서 그는 가족계획사업을 자신의 경제적 '근대화'를 위한 도구로 이용했다. 그러나 페루만 그런 것이 아니었다. 경제적 세계화에 부응하라는 국제 금융기관과 북반구국가의 요구는 행정부의 초집중화된 권력, 허약한 민주주의기관과 상호작용하며 독성을 유발했다. 경제·사회·문화적 권리가 이론화되고 정교화되는 동시에 '황금구속복'은 민주적 정책이 들어설 공간을 체계적으로 차단했다. 또, 후지모리 정권하에서 누더기가 된 성·재생산 건강과 권리를 되찾기 위한 여성들의 투쟁은 세속적인 '근대화'를 반가족·반전통·반종교로 규정하는 역풍에 휘말렸다.

그럼에도 불구하고, 페루에서의 건강권과 관련한 또 하나의 중요한 이야기가 있다. 60여 년 전에 엘리너 루스벨트Eleanor Roosevelt가 지적한 것으로, 넓은 세상에서 권리가 현실화되기 위해서는 먼저 작은 공간에서 인식돼야 한다는 점이다.[77] 한 예로, 페루에서 살던 당시에 나는 마리오 리오스Mario Ríos와 함께 페루인권연합에서 건강 관련 인권에 관한 프로그램을 만들었다. 이는 급성장하는 영역을 반영하는 일이었다. 우리는 함께 그리고 따로 전국을 다니면서 지역 단체들과 협력해 인권으로서의 건강이 현장에서 갖는 의미에 대한 워크숍을 진행했다. 이러한 대화는 인권만을 강조하는 자리가 아니었다. 우리는 '전문가'로서 지역 사람들을 교육시키기 위해 그곳에 있는 것이 아니라, 다양한 지역사회의 사람들이 각자의 삶에서 건강과 관련해 겪는 어려움을 듣고 함께 논의할 기회를 마련하고자 했다. 특정 보건소에서 받은 인권침해적인 처우에서부터 부당 요금, 식수와 위생시설의 결핍에 이르기까지, 사람들은 각자의 상황에 맞는 건강권의 의미를 주체적으로 생성했다. 외부자로서 나는 종종 '한발 떨어진 곳에서 보는 관점'을 제공해 미처 생각하지 못했던 문제를 조명하거나 임신한 여성을 보건소로 데려가는 문제와 같은 구체적인 어려움을 다른 지역사회에서는 어떻게 해결했는지 나누곤 했다.

이러한 모든 공간에서, 특히 여성들만 참여한 공간에서, 대화는 사적 영역과 공공정책의 문제들을 연결했다. 때로는 정말 사적인 대화를 하며 복잡한 슬픔과 분노를 나누며 공식적인 공적 영역에서 배제된 사람들, 특히 여성들은 사회적으로 구성된 취약성에 대해 생각한다. 그들은 보건의료제도 내에서, 때로는 그것을 넘어서 함께 협력해 권력에 대응할 방법을 생각하기 시작한다.

우리 모두는 우리가 살고 있는 사회 및 사회제도와의 관계 속에서 자신을 이해한다. 그러나 우리는 또한 신자유주의적 근대화의 약속에서부터 죄와 구원에 대한 종교적인 이야기에 이르기까지, 자신과 사회에 대해 어떤 특정한 내러티브를 끊임없이 주입받고 있다. 원주민 여성을 비롯한 소외 계층 사람들이 인권을 이용해 집단적으로 자신과 세상에 대한 대안적인 알레고리를 만들 때, 그러한 '영향'은 쉽게 측정하거나 다양한 맥락 간에 비교하기도 어렵다. 그러나 궁극적으로, 우리 자신과 다른 사람을 다르게 볼 수 있는 인간의 능력은 새로운 정치적 행동만을 가능케 하는 것이 아니다.[78] 여성의 성·재생산 건강권이나 그 증진뿐만 아니라 더욱 폭넓게 사회 정의를 위해 인권 전략을 이용할 때, 잠재적으로 가장 큰 변화를 가져올 수 있다.

제5장

위기와
에이즈 팬데믹,
규범의 세계화

세계화는 시험대에 올라 있다. 부분적으로는 이러한 혜택이
아직 수억 명에 이르는 지구상의 빈곤층에 도달하지 않았기
때문이고, 또 부분적으로는 (……) 에이즈의 급속한 전파에서
목격한 것처럼 (……) 세계화로 인해 한 곳에서 발생한 위기가
다른 곳으로 급속히 확산될 수 있는 새로운 유형의 문제들이
초래되기 때문이다.

- 거시경제와 건강에 관한 세계보건기구위원회WHO Commission on
Macroeconomics and Health [1]

막대한 양의 자원이 유엔새천년개발목표 캠페인에 할애되고
있다. 유엔새천년개발목표는 개발 전반에서 과제의 우선순위를
바꿔놓았다. 그러한 의제 안에 인권이 포함되지 않는다면, 개발
활동에서 인권의 통합 또는 주류화에 대해 지난 20여 년간의
미사여구는 큰 의미가 없게 된다.

- 필립 올스턴[2]

전후의 기관들은 **국제**inter-national사회를 위해 수립됐다. 하지만
지금 우리는 **세계화**global된 세상에 살고 있다.

- 전 유엔사무총장 코피 아난 Kofi Annan [3]

동아프리카에 거주한 지 몇 년 지났을 무렵, 나는 말라위 남부에 살고 있던 엘바의 가족을 인터뷰했다. 엘바는 남편으로 인해 에이즈에 감염된 후 2012년 여섯째 아이를 낳다가 사망했다. 엘바의 남편인 크리스토퍼는 정서적으로나 신체적으로나 엘바와 아이들을 학대했다. 그는 가끔씩 일자리를 얻었던 남아공에서 에이즈에 감염됐고, 당시 에이즈가 완전히 진행된 상태였다. 말라위는 인구의 80% 이상이 빈농이었고, 남자들은 대체로 남아공에서 계절노동을 했다.[4]

엘바의 어머니인 폴린에 따르면, 크리스토퍼는 남아공에서 얻은 항레트로바이러스제ARV를 복용하다가 어느 순간부터 중단했다. 그는 엘바가 콘돔이나 다른 피임법을 사용하지 못하게 했다. 엘바는 자신이 HIV 보균자인 사실을 마지막 임신 중일 때 알았는데, 부부강간에 의한 감염이었다. 그러나 말라위에서 부부강간은 범죄가 아니었고, 엘바가 낙태를 할 수 있는 가능성은 없었다. 엘바는 모자감염을 막는 약인 네비라핀을 투여받았는데, 이는 아기의 목숨은 구했지만 엘바는 구하지 못했다.

엘바가 출산한 보건소는 산과적 응급상황은 고사하고 수술할 수 있는 여건도 갖추지 못했다. 추천 네트워크referral network의 부재로 구급차가 없었고, 자가용을 이용할 수 있는 바우처나 보건소와 병원 간의 안정적인 소통 체계도 없었다. 폴린은 동네에서 유일한 포장도로를 따라 수 시간에 걸쳐 블랜타이어 지역 병원까지 가까스로 엘바를 데려갔다. 하지만 병원에 도착했을 때 엘바를 치료할 사람이 아무도 없었다. 그곳에서 시간은 더 지체됐고, 폴린은 절박한 심정으로 딸을 다시 보건소로 데려왔지만 엘바는 결국 사망했다.

엘바가 죽은 후에 크리스토퍼는 집을 나갔고, 결국 폴린이 아이들을 양육하게 됐다. 크리스토퍼는 한 번도 도움을 주겠다고 하거나 집에 온 적이 없었다. 그는 내가 폴린과 인터뷰하기 얼마 전에 에이즈로 사망했는데, 폴린은 다른 지역 주민으로부터 그의 사망 소식을 전해 들었다. 아이들은 모두 상태가 좋지 않았다. 눈에는 파리가 붙어 있고 머릿니가 있고 피부병을 앓았으며, 잘 먹지 못하고 잠도 못 자고 학교에서도 집중하지 못했다. 그 외에도 내가 모르는 문제들이 많았을 것이다. 엘바의 가족이 2012년에 남아공에 살았다면 에이즈로 인해 고아가 된 아이들을 위한 사회복지수당을 받았을 것이다. 하지만 말라위 남부의 시골 벽지에서 이들은 아무런 도움도 받지 못했다.

이 장에서 우리는 국가적·국제적 사건과 현실 간의 변화하는 회귀적 관계에 초점을 맞춰서, 2000년대에 들어서도 지속된 건강권 투쟁을 살펴볼 것이다. 세계경제는 그 어느 때보다도 강력하게 신자유주의정책들에 의해 통제됐고, 2000년대에 들어서면서 '인터넷으로 연결된 전 세계적인 경기장'을 통해 기업 행위자와 투자자들이 실시간으로 전 세계에서 활동할 수 있게 됐다.[5] 탈규제로 자본시장이 엄청나게 확장되면서 남반구 정부들은 기본 경제정책과 기획에서 거의 통제권을 갖지 못했다. 또 지구상의 어느 한 곳에서 경제 위기가 발생하면 그 여파가 순식간에 다른 곳으로 전달됐는데, 2008년 세계경제위기에서 그 정점을 이뤘다.

갈수록 심화되는 국제적인 경제 지배구조와 국내의 정치 간 갈등은 남아공에서 극심하게 드러났다. 1996년 캐나다 밴쿠버에서 열린 국제에이즈회의International AIDS Conference에서 (현재 항레트로바이러스제로 알려진) 단백질 분해효소 억제제를 이용한 병용요법이 등장했다. 그 이후로 에이즈 팬데믹을 둘러싼 전 세계의 옹호 활동이 개발과 건강권의 방향을 모두 바꿔놓았다. 1996년 브라질에서는 활동가와 비정부기구, 중앙 및 지방정부, 개발기구들이 협력해 항레트로바이러스제에 대한 접근성을 인권으로 규정했으며, 남반구국가 중 최초로 항레트로바이러스제에 대한 보편적 접근성을 제공했다.[6] 아르헨티나와 인도를 비롯한 다른 국가들이 그 뒤를 이었다. 그러나 남아공만큼 에이즈의 피해가 심각하고 그 상황에 대한 내러티브가 분석된 곳은 없다. 남아공에서는 헌법하에서 에이즈 약에 대한 권리를 쟁취하기 위해 소송과 여타 사회동원이 종합적으로 사용됐다.

남아프리카에서의 에이즈의 창궐은 새로운 개발의제를 통해 에이즈에 대응한다는 방향성을 바꿔놓았고, 에이즈 기금은 유엔새천년개발목표의 성공 사례가 됐다. 그러나 전반적으로 유엔새천년개발목표는 제도 및 정치적 변화를 통해 개발을 이룬다는 열망의 관점에서, 목표와 타깃을 국제적인 단위에서 설정하고 측정하는 분절된 개입들에 대한 기술관료적 접근으로 완전히 바뀌었다. 이러한 상황에서 유엔은 개발 협력과 관련한 '인권 중심적 접근법'을 규정하고자 했다. 「아동 및 모성 건강에 관한 유엔새천년개발목표 태스크포스MDG Taskforce on Child and Maternal Health(이하 밀레니엄 태스크포스)」도 유엔새천년개발목표의 달성에서 인권의 중요성을 강조했고, 건강을 권리로 간주한다는 것이 보건의료제도에서 어떤 의미를 갖는지 명료히 설명했다.

　　그러나 인권공동체는 대체로 개발 분야와 단절돼 있었다. 2000년대 이후 첫 10년 동안 인권법을 이용해 건강권을 증진하려는 노력에는 진전도 있었고 실수도 있었다. 한편으로는 장애인, 성소수자와 같은 집단이 평등한 권리를 지닌 존엄한 주체로 인식됐는데, 이때 무엇이 사람을 온전히 인간으로 만드는지, 사회계약이 의미하는 바는 무엇인지를 재평가해야 했다. 또 여성의 성·재생산 건강과 권리에서 새로운 기준들이 수립됐으나, 동시에 국가적으로 그리고 국제적으로 보수적인 종교적 의제를 둘러싸고 엄청난 반발이 있었다. 다른 한편으로는 유엔에서 인권제도와 절차가 기하급수적으로 증가하면서 보다 전문화된 인권 옹호자들을 필요로 하는 관료주의가

촉진됐다. 보건과 인권, 그리고 인권에 대한 **전문가의 전문성으로** 전
환되면서 관련 수업의 수요도 급증함은 물론, 다시 법률 중심적인
전략에 힘이 실렸다. 이 전략은 지역적 문제와 사회정치적 현실에서
동떨어진 경우가 많았다.

세계화된 경제: 불평등과 불안정

2000년대 초에는 국가 내에서 그리고 국가 간에 경제적 불평등이
눈에 띄게 증가했다. 2000년 김용Jim Yong Kim은 (2012년부터 2018년까
지 세계은행 총재를 역임한 이후 관점이 완전히 바뀐 듯 보이긴 했지만) 다
른 저자들과 함께 당시 국제통화기금과 세계은행의 주장에 의문을
제기하며 "신자유주의가 국제 금융과 개발을 지배한 지 20년이 지
난 현재, 16억 인구의 삶은 경제적으로 더 악화됐다"라고 주장했
다.[7] 실제로 1970년대 말 이후 경제적 혜택은 빈곤국의 경우 최상위
20%와 외국 기업 및 은행에 돌아갔고, 미국에서는 상위 1%의 재산
이 2배 이상 증가했다.[8]

국가 간 불평등도 증가하고 있었다. 21세기에 진입할 무렵 사
하라 이남의 아프리카국가들은 국민들의 교육과 보건에 지출하는
것보다 4배나 많은 돈을 북반구국가들에 대한 부채 상환에 쓰고 있
었다.[9] 페루가 그랬던 것처럼 많은 경우 이러한 부채는 변동 금리가
적용돼 장기적인 국가발전계획을 세우기가 사실상 불가능했다. 거

시경제와 건강에 관한 세계보건기구위원회의 세르히오 스피나치 Sergio Spinaci가 지적했듯이 "부채 상환을 위한 예산 비중이 크고, 거시경제정책이 작은 인플레이션조차 차단하고 사회 부문에 대한 지출 상한선을 엄격히 정하는 데 초점을 맞추고 있을 때는" 보건에 더 투자하기가 쉽지 않다.[10] 또 '재정의 근대화'를 통해 정보의 비대칭성과 금리 및 환율 변동성을 악용하는 행위에 대한 유의미한 규제가 해체됐고, 이제 불안정화 효과가 순식간에 다른 국가와 지역으로 확산될 수 있었다.[11] '최루탄 각료회의'라 불린 1999년 세계무역기구 회의의 반대 시위 등이 언론의 주목을 받았지만, 정책 결정자들은 시위대를 현실과 동떨어진 급진주의자로 일축했다.[12] 그들의 주장이 고도로 신중하게 구축된 현실과 동떨어졌다는 것이었다.

글로벌 경제 거버넌스 대 국가정책: 남아공의 에이즈 사례

아파르트헤이트*가 종식된 이후postapartheid 남아공 정부에 부과된 경제적 제약은, 국가의 정치가 에이즈로 인한 사회적 위기와 보건 위기에 대응할 수 있는 능력과 극적으로 충돌했다. 새로 개정된 헌법에 더해 넬슨 만델라 정부는 수십 년간 지속된 아파르트헤이트로 인해 보건을 포함해 사회 곳곳에 뿌리 박혀 있는 구조적 불평등을 해소하기 위해 전면적인 사회적·경제적 개혁을 실시하겠다고 공약

---

* '분리'를 뜻하는 아프리칸스어로 1948년 남아공 백인정권에 의해 실시된 유색인종 차별정책이다. 거주지의 차별, 타인종 간 결혼 금지 등 심각한 인종차별이 국가정책적으로 자행됐고, 1994년에 이르러 넬슨 만델라 당시 대통령에 의해 폐지됐다.

했다. 특히 농어촌 지역의 경우 빈곤으로 인한 질병이 만연했고 기본 의료와 위생시설이 부족했다. 또 HIV 감염자 수가 증가하고 있었는데, 1999년에는 전체 성인 인구의 22%가 감염된 것으로 추정됐다. 2000년에는 "매해 최대 7만 명의 아동이 HIV에 감염된 채 태어나는 것"으로 추정됐다.[13]

그러나 1990년대 말 미국은 남아공 정부가 항레트로바이러스제의 무료 배급을 포기하도록 압박하기 위해 남아공에 대한 우호적인 관세를 폐지했다. 1999년 2월에는 만델라 정부가 복제약generics 사용 관련 법을 통과시키자, 이를 번복하도록 압력을 가하기 위해 앨 고어Al Gore 부통령이 남아공을 방문하기도 했다.[14] 당시에는 불과 몇 년 전에 발효된 세계무역기구의 무역 관련 지식재산권 협정인 트립스가 제약회사들의 비용을 높이고 접근성은 낮춰 빈곤국에 복제약이 보급되는 것을 더 어렵게 만들었다.[15] 2001년 카타르 도하에서 열린 각료회담에 이르러서야 에이즈와 같은 공중보건 위기상황에 대한 예외 규정이 트립스에 도입됐다.

남아공은 아파르트헤이트 기간에 국제사회에서 소외된 국가였기 때문에 "과소 차입underborrowed"* 상태에 있었다. 하지만 남아공이 민주국가로 다시 태어난 후 세계은행은 즉시 주택과 인프라 등의 개선사업을 위해 막대한 차관을 조달해 줬다. 남아공 정부도

---

* 사업에 필요한 자금을 조달할 때 일반적으로 타당하다고 생각되는 정도 이하로 차입하는 것을 의미한다.

세계경제에 참여하고 외국인 투자를 유치하고 싶어 했다. 아프리카 민족회의African National Congress가 집권한 이후 처음 두 행정부는 대체로 국제 단위의 경제적 처방을 따랐고 '성장을 통한 재분배를 희망'하면서[16] 관세를 대폭 낮췄다. 국제무역과 자본의 흐름에 문을 열고, 인플레이션에 맞서 싸우고, 아파르트헤이트로 인한 심각한 빈곤이 자명함에도 불구하고 보수적인 재정정책을 추구했다. 남아공은 불안정한 상황에 직면해 있었고, 보수적인 엘리트 정치인들을 달래야 했다. 이를 위해서 특히 민영화 보조금을 지급했는데, 훗날 학자들은 이 보조금이 보건 부문을 포함해 부패의 온상을 마련하는 기회가 됐다고 지적했다.[17]

이와 동시에, 아프리카민족회의 소속 두 번째 대통령인 타보 음베키Thabo Mbeki가 재임하는 동안 일부 추정치에 의하면 젊은 비숙련 흑인이 다수를 차지하는 실업이 무려 40%로 세계 최고 수준에 달했다. 2000년대 초에는 자본의 흐름이 자유화되면서, 통화가치 절하를 통해 제조업 분야에서 이윤을 높이려는 시도가 무산됐다. 또 제조업 부문에 대한 보조금을 높이면 비숙련 노동자들을 위해 더 많은 일자리를 만들 수 있었지만, 이 방법은 세계무역기구 규정과 충돌했다. 세계무역기구 규정은 약품에 대한 의무적인 허가와 관련해 이미 여러 마찰의 원인이 되고 있었다.[18]

가로막힌 정치적 기회 구조 속 사회동원

1998년 재키 아흐마트Zackie Achmat를 비롯한 몇몇 활동가들에 의해 트리트먼트액션이 설립됐다. 이들은 대부분 아파르트헤이트 철폐 운동을 이끈 베테랑 활동가였고, 트리트먼트액션은 순식간에 에이즈 사태를 중심으로 한 폭넓은 사회운동으로 발전했다. 트리트먼트액션 등으로부터 사회적·정치적 압력을 받은 남아공 정부는 (엘바가 투여받았던) 네비라핀을 사용해 모자감염을 예방하는 2개년 시범사업에 예산을 지원하고, 시범사업이 효과적일 경우 이후 지역별로 선정된 두 곳보다 더 많은 곳까지 사업을 확대하기로 합의했다. 2001년 네비라핀은 공식적인 모자감염 억제약으로 등록됐다. 그러나 음베키 정부는 네비라핀의 안전성과 효과, 그것을 집행하는 보건의료제도의 역량, 그리고 HIV와 에이즈 간의 연관성을 의심했고, 보건부는 시범사업을 확대시키지 못했다. 트리트먼트액션은 사회적·정치적 운동과 정책 제안으로 방향을 전환했고, 정치적 노력이 효과가 없을 때는 소송을 이용했다.[19]

남아공의 에이즈 대응 사례는 오늘날까지 많은 논란이 되고 있다. 타보 음베키와 당시 보건부 장관이었던 만토 차발랄라 맥시망Manto Tshabalala-Msimang은 지역 보건부 장관들과 함께 에이즈 치료를 발전시킬 수 있는 정치적 통로들을 완벽히 차단했다. 그러나 몇몇 사람들은 (이들은 음베키의 지지자는 아니다) 음베키가 지나치게 비방당하고 희화화됐다고 주장한다. 일례로, 통계국장이었던 팔리 레홀라Pali Lehohla는 2000년 초 항레트로바이러스제의 엄청난 비용(1인당 연간 1만 달러 이상)을 고려할 때 "남아공은 국제통화기금과 세계은행, 기타 자본시장으로부터 빌린 돈 때문에 파산하고 사망자 수

는 더 늘었을 것”이라고 주장했다. 레홀라는 음베키의 전략이 “몰려
드는 자본주의자들의 침입을 막고, 복제약의 보급을 위해 전 세계
를 단합시키며, 글로벌 자원을 공유하도록 세계를 교육시키고, 가
난하고 문맹인 사람들이 소외되지 않도록 보다 간단하고 실용적인
의약품 보급 체계를 요구”하는 것이었다고 주장한다.[20] 그러나 실
제로 제약회사들의 가격 요구를 차단하고, 국제적인 연대를 끌어내
고, 세계의 의식을 끌어올린 것은 결국 시민사회였다. 그리고 그 과
정에서 사법부가 중요한 역할을 했다.

트리트먼트액션 모자감염 억제약 사건의 판결
: 건강권에 관한 전력적 소송의 분수령

2002년 남아공 헌법재판소는 모자감염 억제약을 지역당 두 곳으로
제한해 제공하는 것은 존엄성에 대한 권리와 생명권을 침해하고,
성인과 아동이 의료 서비스를 이용할 권리를 침해한다고 결정했다
(지금은 유명한 역사적 판결이 됐다). 이 판결은 정부가 해야 할 일을 규
정하지는 않았지만, 모자감염 억제약을 위한 국가행동계획을 개발
할 것을 정부에 명령했고, 그 내용과 실행이 헌법적 요건에 부합하
는지를 검토하기로 결정했다.[21] 헌법재판소의 그러한 결정은 공정
과 평등의 증진이라는 목적에 부합하는 엄격한 검토와 헌법에 명시
된 권력의 견제 사이에서 균형을 잡은 판결로 폭넓은 찬사를 받았
다. 권력의 균형은 그동안 경제·사회·정치적 권리의 집행에서 주요
하게 비판을 받아온 문제였다. 헌법재판소는 정치 영역의 권한을

침해하지 않으면서도 그들의 행동을 촉진했다.[22]

모자감염 억제약에 대한 판결은 연방과 지방정부의 저항으로 인해 일률적으로 집행되지 않았다. 따라서 법원의 명령에 따르지 않은 것을 포함해 추가적인 소송이 필요했다. 그때 새로운 정책과 국가행동계획이 채택됐다. 올레 노르헤임Ole Norheim과 시리 글로펜 Siri Gloppen은 2010년까지 네비라핀 보급률이 60%에 이르며 약 100만 명에 달하는 여성과 신생아의 목숨을 구한 것으로 추산했다.[23]

이 판결은 또 직간접적인 영향을 넘어서 제4장에서 논의한 바와 같은 상당한 상징적 효과가 있었다. 공적 담론에서 에이즈로 인한 사망이 더 이상 운 나쁘게 끔찍한 병에 걸린 탓으로 전가되지 않고, 법적인 불의로 간주됐다. 가난하고 병에 걸린 흑인들이 스스로를 새롭게 건설된 남아공의 동등한 구성원으로 바라보게 됐고, 자신의 국가가 상징적인 헌법에 명시된 약속을 이행하도록 자신의 주체성을 활용할 수 있게 됐다.

또 남아공을 넘어서까지 영향을 끼칠 정도로 규범의 확산 효과가 상당했다. 이 재판의 성공으로 수감시설에서의 HIV 치료[24], 2차 치료에 대한 접근성[25], HIV 보균자들에 대한 강제불임시술[26], HIV 보균자의 사생활권 침해[27], '가짜 약'을 금지한다는 미명하에 항레트로바이러스제와 기타 약물에 대한 접근성을 가로막은 법률에 대한 지식재산권 소송 등 남아공뿐만 아니라 아프리카의 다른 지역에서 HIV와 관련한 소송이 이어졌다.[28]

트리트먼트액션의 모자감염 억제약 사건에 앞서 이를 위한 발판이 된 사건이 하나 있었고 항레트로바이러스제에 대한 접근성을 크게 확장한 또 다른 사건이 있었는데, 이 두 사건은 모두 변화를 유도하는 과정에서 동일하게 중요한 역할을 했다. 앨 고어가 복제약 생산을 금지하도록 압력을 가하기 위해 남아공 정부를 방문했던 해면서, 도하선언Doha Declaration의 예외규정이 나오기 전인 1999년, 39개의 제약회사가 저렴한 항레트로바이러스제를 보급하기 위해 병행 수입과 강제 실시권을 허용하는 법안을 통과시킨 남아공에 소송을 제기했다.[29] 제약협회Pharmaceutical Manufacturing Association는 사람들이 빠른 속도로 죽어가는 상황에서 자신들의 지식재산권을 고집할 경우 받게 될 비난을 우려해 합의를 선택했다. 그 후 트리트먼트액션은 초국적 제약회사들이 가격을 낮추도록 제약회사들을 상대로 여러 건의 소송을 걸었다.

모자감염 억제약 판결이 나온 뒤 2003년 남아공 공정거래위원회South African Competition Commission에서 헤이즐 타우Hazel Tau 사건이 합의됐다. 트리트먼트액션은 외국계 제약회사인 글락소스미스클라인Glaxo SmithKline과 베링거인겔하임Boeringer Ingelheim의 가격 담합 관행이 남아공의 공정거래법을 위반했다고 주장했다. 두 회사는 최대 5%의 로열티를 조건으로 항레트로바이러스제와 라미부딘, 네비라핀 복제약을 수입하기로 합의했는데, 이것은 항레트로바이러스제의 접근성을 높이고 민간 기업에 대한 선례를 남겼다는 점에서 큰 승리였다.[30] 트리트먼트액션과 다른 국제 시민단체의 적극적인 로비 덕분에 현재 남아공에서 판매되는 항레트로바이러스제의 상당

수가 인도에서 수입되는 복제약이다. 이러한 사건들에서 드러났듯, 건강권을 위한 법적인 싸움에서는 국제 인권법이나 헌법만이 아니라 독점금지법, 재산법, 계약법, 행정법 등을 활용한 다양한 전략이 필요하다.

요약하자면, 모자감염 억제약 사건의 영향은 다른 사건들 또는 보다 폭넓은 사회적·정치적 운동과 분리해 평가할 수 없다. 당시 재판부들은 새롭게 확장된 헌법적 권리들을 집행하면서 민주정치에 대한 신자유주의의 침입을 막을 수 있는 방어벽을 제공하는 듯 보여 인권 옹호자들에게 희망을 안겨줬다. 에이즈법률프로젝트AIDS Law Project의 마크 헤이우드Mark Heywood는, 당시 경제·사회·문화적 권리 공동체의 사람들이 느낀 것처럼, 트리트먼트액션 일화가 "인권에 대한 요구를 바탕으로 법제도와 법률을 이용해 건강권 증진 운동을 성공시킬 수 있다"라는 사실을 보여줬다고 평가했다.[31] 돌이켜 보면, '법적인 수단을 통해 사회권이 실질적인 사회 서비스의 형태로 실현'되는 데 있어서, 트리트먼트액션이 정치 중심적인 접근법으로 만들어 낸 기회 구조와 에이즈를 둘러싼 고유한 상황이 중요한 역할을 했다.[32]

국제 보건과 개발

인권 옹호자들에게 에이즈는 건강권의 한 부분으로서 건강에 대한 비차별적인 권리가 이행될 수 있는 가능성을, 경제적 규칙의 한 형태인 지식재산보다 권리가 더 중요하다는 사실을, 그리고 국제적인 연대의 가능성을 극적으로 보여줬다. 국제기관이 보기에 에이즈는 국제 보건안보에 위협이 될 뿐만 아니라, HIV 보균자의 대다수가 생산연령이라는 점에서 사하라 이남 국가들의 경제에 심각한 영향을 끼칠 수 있는 문제였다. 그 결과, 에이즈 기금이 급증해 남아공이나 사하라 이남에서만 아니라 전 세계적으로 프로그램이 확대될 수 있었다.[33]

유엔새천년개발목표 여덟 개 중 세 개가 보건 부문(아동 건강, 모성 건강, 전염병[에이즈, 결핵, 말라리아])에 할애됐다. HIV 보균자들의 시민사회운동은, 다수의 기관이 연합해 설립한 유엔에이즈계획 UNAIDS과 함께, 유엔새천년개발목표 기간에 에이즈 척결 활동을 진행할 수 있도록 기부금을 대폭 증액하는 데 성공했다. 정부, 시민사회, 빌&멀린다 게이츠재단Bill & Melinda Gates Foundation(이하 게이츠재단)을 포함한 민간 부문 행위자들 간의 협력으로 2002년 유엔의 에이즈·말라리아·결핵 퇴치를 위한 세계기금UN Global Fund to Fight AIDS, Malaria and Tuberculosis이 설립됐고, 거기에서 모금된 기금은 대부분이 유엔새천년개발목표가 진행되는 동안 에이즈 사업으로 전달됐다.[34] 2003년 미국 조지 부시George Bush 대통령은 대통령 직속 에이즈비상계획United States President's Emergency Plan for AIDS Relief을 수립해 유엔새천년개발목표 기간에 미국의 에이즈 기금을 연간 27억 달러에서 68억 달러로 증액했다.[35]

유엔새천년개발목표 기간에 에이즈와 관련해 기금과 관심이 급증한 것은 분명 개발 프레임워크 자체를 넘어 여러 요소에서 기인한 것이다. 그러나 에이즈 프로그램은 베이징회의에서 요구한 것과 같이 에이즈와 성·재생산 건강을 둘러싼 성 불평등을 해소하기 위한 노력 등 보다 포괄적이고 통합적인 사업에서 멀어진 현실을 반영했다.[36] 유엔새천년개발목표는 이제 국제적인 차원에서 추적이 가능한 정량적 측정법(가령, 항레트로바이러스제 보급률)을 사용하는 기술적인 수직적 개입에 초점을 맞추고 있었다.

거버넌스와 책무성의 변화

유엔새천년개발목표에서는 순차적인 목표와 타깃, 지표라는 구조를 통해 세계의 발전 정도가 측정됐다. 그 목표는 보건 영역과 기타 빈곤 감축 영역에서 우선과제를 수립하고 글로벌 목표를 정하기 위해 설정됐다. 그러나 기부자들의 기금과 의제로 인해 이러한 글로벌 목표가 순식간에 타깃과 지표를 이용하며 국가계획 목표로 전환됐다.[37] 이러한 변화는 자원이 부족한 국가의 정부 권력이 국제적인 관료 체제와 기관으로 이동해 (1) 국가 발전을 위한 강령으로서 목표 선택을 통해 우선과제를 정하고, (2) 원조를 받는 대가로 정부가 달성해야 하는 성과 목표를 수립하고, (3) 발전 정도를 측정하는 측정법을 결정해야 함을 암시했다. 당시에 원조 의존국은 변화를 지속시키는 데 필요한 제도적인 변화도 아니고, 선택된 결과 지표에서의 변화율도 아닌, 구체적인 결과 목표outcome target를 달성할 책임을 부여받았다.

이것은 말이 되지 않았다. 예를 들어, 페루에서 모성 사망률을 75% 줄이는 일은 말라위에서 그만큼 줄이는 것과 완전히 다른 문제였다. 또, 결과적으로 많은 정부가 보건과 관련해 우선과제를 수립하고 달성하는 과정에서 자국민보다 국제기관과 기부자들에 대해 더 큰 책무성을 갖게 됐다. 국가 발전의 우선과제를, 정책을 수립하거나 수립된 정책 아래 사는 사람들이 아닌, 국제 전문가들이 결정했다. 에이즈의 경우에는 이러한 변화 덕분에 에이즈 검사와 치료가 크게 확장됐으나, 다른 영역에서는 그 결과가 훨씬 더 엇갈렸다. 유엔새천년개발목표가 끝날 무렵, 사하라 이남 아프리카국가들이 목표에서 훨씬 더 뒤처져 있었다. 유엔새천년개발목표의 수직적인 프로그램들이 에이즈의 사회적인 결정요인은 고사하고 출발 지점과 인프라, 제도 구축을 고려하지 않았기 때문이다.[38]

유엔은 개발기관의 핵심 자금을 잃고 있었는데, 지타 센Gita Sen은 이에 대해 "2000년 중반에 시작된 (민간기관을 포함한) 글로벌 콤팩트Global Compact를 통해 유엔을 초국적 기업들에 더욱 가까워지도록 밀어붙였다"라고 설명했다.[39] 세계보건기구의 예산이 갈수록 줄어들고 협소해지는 동시에, 국제 보건 데이터를 대안적으로 제공할 목적으로 2007년 게이츠재단의 지원을 받아 건강측정평가연구원Institute for Health Metrics and Evaluation, IHME이라는 민간기관이 출범했다.

건강측정평가연구원은 연 1회 발행되는 「세계질병부담연구Global Burden of Disease」를 넘겨받았다. 이 연구는 장애보정수명disability-adjusted life years, DALY*을 사용해 건강을 측정했다. 건강측정평가연구원은 처음부터 다른 여러 자료원data source으로 각국 통계청의 자료를 보완했고, 알고리즘을 이용해 자료원을 병합하고 유엔새천년개발목표의 발전 정도를 추정했다. 건강측정평가연구원은 통계청의 역량을 강화하는 것은 자신의 업무가 아님을 분명히 했다. 과거에 경제적 구조조정 목표가 그랬던 것처럼, 목표 수립과 지식 생산, 발전 정도의 측정 활동이 국가 차원에서 원격 거버넌스로 이동했다. 돌이켜 보면 (세계의 신자유주의 구조 위에 덧붙여진) 유엔새천년개발목표에 내장된 거버넌스 논의는 '거대 권력과 부유국의 기관들, 발전의 모습을 보여주기 위해 만들어진 기관들로 동화돼야 하는 거스를 수 없는 운명'을 더욱 강화했다.[40]

개발에 대한 인권 중심적 접근법: 건강과 보건의료제도

2000년대 초가 되자, 국가 차원에서의 인권은 거시경제적 발전과 실질적으로 분리됐다. 국제 금융기관과 권력을 가진 회원국이 개발 의제에 막강한 영향을 끼치는 상황에서, 유엔은 다시 한번 권위를 세우고 적어도 개발의 한 가지 측면, 즉 개발원조에 다시 인권을 포함시키고자 시도했다. 2003년 '유엔 개발원조에 관한 공통된 이해

---

* 건강한 삶을 유지한 나이를 뜻한다.

UN Common Understanding on Development Assistance'는 원조 프로그램이 보편성과 양도 불가성, 불가분성, 상호 의존성과 상호 연관성, 비차별과 평등, 참여와 포용, 책무성, 법치라는 인권 원칙에 기반하며 그러한 인권 원칙을 증진해야 한다고 규정했다.[41]

2005년에 린 프리드먼Lynn Freedman과 로널드 월드먼Ronald Waldman이 유엔새천년개발목표 달성에서 인권의 중요성을 명시한 보고서인 「밀레니엄 태스크포스」를 공동으로 이끌었다.[42] 「밀레니엄 태스크포스」는 **보건의료제도**의 중요성을 강조했는데, 당시 보건의료제도가 수직적 프로그램들에 의해 약화됐다는 인식이 팽배했

항목	일반 접근법	태스크포스 접근법
1차적인 분석 단위	개인적인 위험 요소에 초점을 맞춘, 특정 질병 또는 건강 상태	보건의료제도가 핵심적인 사회기관으로 자리함
보건의료제도의 구조를 뒷받침하는 주요 근거	상업화 및 시장의 형성, 민간 부문을 통해 재정적 지속 가능성과 효율성을 추구함	교차보조cross-subsidization와 제도 전반의 재분배를 통한 포용과 형평성
환자/사용자	선호가 있는 소비자들	권리와 자격을 지닌 시민들
국가의 역할	시장이 실패할 때 관여해 공백을 메움	배제와 불공정을 정당화하는 세분화가 아닌, 사회적 연대와 재분배를 보장할 의무를 지닌 공직자
평등성 전략	빈곤층 겨냥	포용을 증진하는 구조적 변화

표. 건강권에 기반한 보건의료제도(「밀레니엄 태스크포스」에서 수정됨)

출처: www.unmillenniumproject.org

다.[43] 일례로, 일부 예외가 있기는 했으나 사하라 이남 국가들 전반에서 에이즈 실험실과 치료를 위한 프로그램들이 보건의료제도 인프라와 단절된 채로 실행됐다.

앞서 논의한 바와 같이 건강이 **권리**로 간주되려면 보건의료제도를 포함해 민주사회에 공정한 구조가 만들어져야 한다.[44] 즉, 보건의료제도가 각 개인을 평등하게 배려하고 존중해야 하는데, 이것은 재정에서부터 환자와 보건의료 종사자의 처우에 이르는 모든 부분에 영향을 끼친다. 이 책의 초반부에서 봤듯이 보건의료제도가 평등한 배려와 존중의 원칙을 반영하지 않는 경우가 너무도 많았다. 따라서 표에서와 같이 태스크포스의 제도 접근법이 유엔새천년개발목표 안에서 이러한 인식을 높이는 데 매우 중요한 역할을 했다.

모성 건강과 보건의료제도 및 건강권의 현실

보건의료제도에 대한 이러한 강조가 모성 사망을 연구하는 린 프리드먼에게서 나왔다는 사실은 놀랍지 않다. 항레트로바이러스제가 삶과 죽음을 가르는 개입 요소로 인정되고 있을 당시인 1997년, 「산과 서비스의 제공 및 이용의 모니터링에 관한 유엔 지침UN Guidelines for Monitoring the Availability and Use of Obstetric Services」이 채택됐다.[45] 이 지침은 모성 건강 프로그램의 패러다임이 드디어 여성을 부차적인 존재로 대하는 것에서 모든 임산부에게 산과 응급진료에 대한 접근성을 제공하는 것으로 바뀌었다는 신호였다. 데버라 메인과 서아프리카에 있는 그녀의 여러 동료의 연구에 힘입어, 모성 사망의 주된 원인인 세 가지 지체 상황을 방지하기 위한 새로운 공중보건 패러다임이 마련됐다. 세 가지 지체 상황은 (1) (임신 중, 산전 또는 산후에) 산과 응급상황을 인지하고 도움을 요청하는 과정에서의 지체, (2) 산과 응급진료를 제공할 수 있는 의료시설에 도착하기까지의 지체, (3) 의료시설에 도착했을 때 적절한 산과 응급진료를 받기까지의 지체다.[46] 엘바의 죽음에서 드러났듯이, 모성 사망을 예방하기 위해서는 포괄적인 성교육, 성관계에서 협상을 하고 성병으로부터 자신을 보호할 수 있는 능력, 폭력으로부터의 보호를 포함한 성·재생산 건강과 권리가 필요했다. 그러나 또 원치 않는 임신을 방지할 수 있는 피임에 더해, 응급상황에 대처할 수 있는 능력과 연계 역량을 갖춘 실효성 있는 보건의료제도가 필요했다. 항레트로바이러스제와 같은 단 하나의 만병통치약은 없었다. 실제로 항레트로바이러스제는 엘바와 같은 여성들을 위험에 노출시키고, 낙인과 배제의 패턴을 만드는 가부장적 규범과 기타 사회적 규범을 바꾸는 데는 아무런 기여도 하지 못했다.

이 책의 초반부에서 논의한 것처럼, 보건의료제도는 오랫동안 민주화 운동에서 논란이 됐고, 사회학자와 인류학자 그리고 몇몇 저명한 보건의료 학자들은 보건의료제도가 정치적·사회적 기관이라고 지적했다.[47] 그럼에도 불구하고 프리드먼의 연구는, 다른 제도가 다른 권리에 중요한 영향을 미치는 것처럼, 보건의료제도가 **인간 건강권의 핵심**이라는 사실을 분명히 하는 데 매우 중요한 역할을 했다.[48] 실제로, 2005년 「밀레니엄 태스크포스」가 나온 뒤에 초대 유엔건강권특별보고관인 폴 헌트Paul Hunt는 유엔총회에 제출한 그의 2006년도 보고서에서 모성 사망에 관한 인권 캠페인을 요청했는데, 이 보고서는 유효한 보건의료제도가 건강권과 모성 사망 예방의 핵심이라고 명시했다.[49]

「밀레니엄 태스크포스」가 나온 2005년, 린 프리드먼은 "보건의료제도에 반영된 빈곤은 누가 보건의료에 접근할 수 있는지, 그 접근성이 어떤 조건에 달려 있는지를 분석함으로써 드러난다. 더 나아가, 환자와 서비스 제공자가 서로 간에, 그리고 지불 체계나 정보 접근성 또는 인적자원 관리를 통해 보건의료제도 전체와 맺는 관계는 사회적 가치와 차별을 반영한다"라고 설명했다.[50] 그러나 보건의료제도의 특정 문제와 권력관계에 대한 건강권의 함의에 초점을 맞추는 구체적인 근거는 이 시기에 지지 기반을 확보해 건강권을 발전시켰던 다른 방법들과 달랐다.

국제 인권: 확산되는 규범과 논쟁 그리고 글로벌 관료 체제의 번성

에이즈와 국내 법원과의 연관성, 국제 보건기구와의 연관성에도 불구하고, 또한 「밀레니엄 태스크포스」가 유엔새천년개발목표에서 인권이 핵심이라고 주장했음에도 불구하고, 인권공동체는 대체로 개발의제와 별개로 운영되고 있었다.[51] 2000년대 들어 첫 10년 동안, 더욱 다양화된 인권공동체는 새 영역으로의 확장에 관심을 기울였고, 역내 및 국제 단위에서 경성법hard law과 연성법soft law기관이 증가하면서 직업으로서 인권의 전문화가 가속화됐으며, 국가적 판결과 초국적 판결들이 연구됐다. 획기적인 장애인권리협약Convention on the Rights of Persons with Disabilities을 비롯해 새로운 조약과 기관들이 계속해서 비준됐다. 성·재생산 건강과 권리를 둘러싼 소송은 새로운 판례와 함께 그에 대한 반작용을 낳았다. 국제적인 전문가들의 지침이 쏟아져 나오면서 이 기간에는 건강 관련 인권이 국가정책에서 국제적인 관료 체제로 더욱더 이동했다.

"인간다움humanness"의 재구성: 장애인 권리와 성적 권리

2007년 역사적인 장애인권리협약이 선포됐고, 2008년에는 기록적인 속도로 발효됐다.[52] 장애인권리협약은, 이전의 인권제도들이 아동권과 여성권의 틀을 바꿔놓은 것처럼, 신체적·지적·사회심리적 장애의 틀을 바꿔놓았다. 이 협약은 장애를 "장애인이 다른 사람과 동등하게 사회에 온전하고 효과적으로 참여하지 못하도록 가로막는 태도 및 환경적 장벽과 장애인 간의 상호작용"에서 기인하는 것으로 규정했다.[53] 따라서 장애인권리협약은 그동안 보편적으로 받아들여졌던 장애에 대한 생물의학적 개인화를 거부하고, 장애 자체가 갖는 사회적 성격과 그것이 사회 안에서 만들어 내는 불이익을 인식하면서, 온전한 사회참여를 증진하기 위한 조치를 요구했다.

장애에 대한 이러한 인식은 건강과 건강을 넘어선 영역에서 엄청난 함의를 가져왔다. 일례로, 건강권을 증진하는 일이 단순히 개인에게 '정상적인 종의 기능'을 가능한 한 최대한도로 복구하는 것만을 의미하지는 않는다. 그보다는, 시청각장애인의 지식 접근성을 보장하기 위해 교육 프로그램을 수정하고, 환경을 구축하고, 반사적으로 **타자화**되는 몸과 마음에 낙인이 찍히지 않도록 법적 규범과 제도적 관행을 바꾸는 등의 일을 필요로 한다. 아동권리협약에서 더 나아가, 장애인권리협약은 누가 행위능력을 소유하는가에 대한 기존의 가정에 문제를 제기했다. 여성 및 아동과 마찬가지로, 지적장애인을 포함한 장애인을 동등한 존엄성을 지닌 주체로 보도록 우리의 인식을 바꾸기 위해서는, 온전한 인간이 되기 위해 어떤 능력이 필수적인가에 대한 우리의 이해와 법제도에서 그것을 어떻게 반영할 것인가를 재해석해야 했다.[54]

또 장애권을 진지하게 고려하려면 발전을 측정하는 방법을 바꿔야 한다. 수디르 아난드Sudhir Anand, 파비엔느 피터Fabienne Peter, 아마르티아 센이 지적한 것처럼, 건강측정평가연구원의 세계질병부담연구를 통해 도입돼 2000년대 초기 10년 동안 주류 공중보건계획에서 널리 채택된 장애보정수명과 같은 건강효용척도들은 이중의 불이익을 부과한다. 장애보정수명과, 그 대응 개념인 질보정수명은 모두 장애인을 위한 개입의 가치를 평가절하하는데, 그들의 수명이 이미 무가치하다고 치부하기 때문이다.[55] 일례로, 시각장애인이나 지적장애인의 수명을 연장하기 위한 개입은 '정상적인 종의 기능'을 지닌 사람에게 똑같은 개입을 제공할 때와 그 가치가 동일하지 않을 것이다.

2006년 도입돼 2017년에 개정된, 구속력이 없는 「욕야카르타 원칙Yogyakarta Principles」은 세계인구개발회의와 성적 지향 및 성정체성 권리에 대한 다른 규범 지침에서 빠진 공백을 메웠다. 「욕야카르타 원칙」은 다시 성소수자들, 그리고 성인 간의 동의에 의한 성관계에서 파트너를 선택하는 능력이 동등한 권리주체라는 개념과 관련돼 있다는 믿음에 내재한 뿌리 깊은 낙인에 문제를 제기했다.[56] 1990년대 초부터 활동가와 학자들은 생물학적 성과 문화적으로 구성된 젠더를 더 이상 구분하지 않았다. 실제로, 「욕야카르타 원칙」이 처음 도입되고 개정되는 동안에 우리는 퀴어이론을 통해 젠더 표현과 섹슈얼리티의 유동적이고 미완적인 성격을 볼 수 있게 됐는데, 이것은 전통적인 가부장제 가족을 근본적으로 뒤흔든다. 오늘날 성적 지향 및 성정체성에 대한 권리는 이성애 관계를 모방하는 것만이 아니라 성적 시민권sexual citizenship과 인간관계를 재상상할 것을 요구하고 있다.

2007년도 「욕야카르타 원칙」은 또 법과 현실에 만연해 있는 낙인과 폭력, 차별로부터 성소수자들을 보호해야 한다는 의무를 시사하기도 했다. 「욕야카르타 원칙」의 포부와 보호적 차원은 전 세계 성소수자 공동체의 매우 다양한 체험된 현실을 반영했다.

1990년대 에이즈 팬데믹이 지속되는 상황에서, 국내 법원과 국제재판소에서는 동성애금지법과 기타 차별법을 폐지하라는 소송들이 제기됐다. 일례로 **투넨 대 호주 정부**Toonen v. Australia 사건에 대한 유엔인권위원회의 획기적인 결정이 있다.[57] 2000년대에는 동성결혼civil union 합법화를 위한 소송들이 제기됐다. 그러나 2000년대에 여러 국가에서 성소수자에 반대하는 법률과 관행이 증가했고, 정치적인 목적에 따라 동성애금지법이 강화되고 이용됐다. 원조 의존도가 높은 사하라 이남 국가에서는, 기부자의 우선과제를 수용하는 상황에서도, 성소수자 권리와 같은 서구의 도덕적 가치에 반대하는 것이 서구 식민주의로부터의 독립을 나타내는 하나의 방법이었다. 그 대표적인 예로, 우간다의 무세베니Musevini 대통령은 2009년 '동성애자 살해Kill the Gays' 법안을 상정하고 '동성애 가중범죄'라는 새로운 범죄를 만들었다.[58] 미국법과정의센터American Center for Law and Justice, 패밀리워치인터내셔널Family Watch International, 휴먼라이프인터내셔널Human Life International과 같은 극우집단은 에이즈가 문란한 성생활에 대한 처벌이라는 견해를 지지하며 증오와 잘못된 정보를 퍼뜨렸는데, 이들 집단의 영향으로 의회는 무세베니를 더욱 추켜세웠다.[59]

여성의 성·재생산 건강과 권리 지지 운동과 반대 운동

여성의 성·재생산 건강과 권리를 지지하는 운동은 소송과 섀도 리포팅이라는 인권 기제를 활용해 낙태, 시험관아기, 응급 피임약 보급 등에 관한 기준을 수립하는 데 시간과 노력을 투자했다. 재생산권센터와 같은 진보적인 단체들은 성공적인 전략들을 개발했다. 2000년대 초에 이르렀을 때, 낙태 등의 쟁점에 관한 국제적 프레이

밍이 국내법과 역내 네트워크의 활용을 이용하도록 권장했다.[60]

　동시에 진보단체들이 국제 포럼을 이용하는 전략은 베이징회의 이후 동원된 보수 진영의 거센 반격을 초래했다. 2000년대 초, 이들 보수집단은 다른 상황에서는 여전히 사용되고 있는 과도하게 도덕주의적인 언어 대신, 태아의 권리나 가족의 권리와 같은 인권 언어를 사용해 공공정책 포럼에서 자신들의 주장을 내세웠다. 또한 젠더를 포함해 모든 사람의 성·재생산 건강과 권리를 규정하는 여러 개념을 조직적으로 공격하기 시작했다. 가톨릭국가인 폴란드에서 처음으로 낙태, 성평등, 성교육 그리고 가끔은 (낙태와의 연관성으로 인해) 죽을 권리의 문제를 포괄하는 소위 젠더 이데올로기라는 개념이 보수집단에 의해 사용됐고, 학교 교과과정을 통해 배포되기 시작했다. 이들은 자국 내에서 학교와 기초교육을 이용하기 시작했고, 국제 포럼들을 이용해 사회적으로 구성된 젠더는 자연에 반하는 사상을 조장함으로써 가족과 성역할에 대한 전통적이고 올바른 견해를 저해하는 '이데올로기'라는 입장을 확산시키고자 했다.[61]

　유엔 포럼은 점차 페미니스트들의 영향을 받는 국가들과 정치적·종교적으로 보수적인 국가들 간의 적대적인 대립과 결과 문서에서의 논쟁으로 점철됐다. 2004년에 폴 헌트 유엔건강권특별보고관이 유엔총회에서 성·재생산 건강과 권리에 대한 보고서를 발표했을 때, 한 보수단체는 헌트의 보고서가 "동성애, 트랜스젠더, 다수 파트너와의 성적 방종 그리고 세금으로 무제한적인 낙태를 허용하려는 조율된 노력의 일환"이라고 주장했다.[62]

여성의 건강과 권리 단체들은 국제법을 국내의 권력정치 밖에 존재하는 것으로 봤고, 이를 이용해 보건을 비롯한 여러 분야에서 평등을 증진하고 차별을 척결하고자 했다. 보수단체들은 성·재생산 건강과 권리에 반대하는 법적·정치적 운동을 통해 유엔 포럼 안으로 정치를 들여왔다. 동시에 보수주의자들은 국제법이 전반적으로 비민주적이며 부당하다고 주장했다.

글로벌을 향한 국제 인권의 변화

2000년대 들어 첫 10년 동안 국제적인 차원에서 규범적인 지침과 절차가 급증했다. 2000년 이전에는 조약의 규정에 대해 일반적인 규범 해석 지침을 제공하는 조약감시기구들의 일반논평 및 권고가 총 89개였다. 반면, 2000년 이후 약 200개가 발표됐고, 여러 조약기구의 관할 영역과 중첩되는 사안을 다루는 경우가 많았다. 또 특별보고관Special Rapporteur, 독립전문가Independent Expert, 실무단Working Group을 포함한 이른바 '특별절차'가 만들어졌다. 2001년에는 초대 유엔 건강권특별보고관으로 영국 에식스대학의 법학 교수인 폴 헌트가 임명됐다.

2010년까지 39개의 특별절차가 개발됐고 2010년에만 13명의 새로운 임무 수임자mandate-holder가 임명됐다.[63] 2010년 한 해에만 48개 국가와 영토에 67회를 방문하는 특별절차가 수행됐고, 인권이사회Human Rights Council에 58개의 국가 방문 보고서를 포함해 156개의 보고서가 제출됐다. 또한, 유엔총회에는 26개의 보고서가 제출

됐으며, 232개의 성명서가 발표됐고, 110개 국가에 604개의 서면 통신문이 전달됐다.[64]

이러한 절차와 포럼이 급성장하면서 이를 지원하기 위해 관료 체제가 확장돼야 했다. 유엔인권사무소는 예산은 부족한 반면, 일은 너무 많았다. 급성장하는 인권 기제는 인권 활동가와 인권단체들의 전문화에 의존했고, 또 그것을 조장했다. 국제 비정구기구들이 제네바와 뉴욕에 사무소를 열고 중요한 유엔 포럼에서 로비를 했다. 2000년대 후반이 되자 국제 단체들은 지역 사무소를 열기 시작했고 자연스럽게 현지 단체로부터 인적·재정적 자원을 끌어들였다.

그러나 전문화는 북반구에서만 일어난 것이 아니었다. 북반구와 남반구 모두에서 전문적으로 훈련을 받은 인권 옹호자들이 증가했고, 이들은 초국적 재판소와 역내재판소들이 쏟아내는 규범적 지침과 결정을 소화하는 데 초점을 맞췄다. 물론 남반구에서의 활동은 국제적 상황과 국가적 상황 간의 상호작용에 대응하는 데 더 가까웠다. 보수주의자들이 초등학생의 의식을 바꾸는 데 집중하고 있던 반면, 건강을 비롯한 여러 분야에서의 인권 교육은 (국제법에서부터 연구 기법, 대학원생 수의 증가에 이르기까지) **역량** 훈련을 중심으로 발전했다.

인권 규범과 기관의 **빠른** 확장은 불가피하게 파편화 효과를 가져오기도 했다. 역내 인권제도와 함께 유엔 차원의 수많은 그룹과 위원회가 모두 고려돼야 했기 때문이다. 2006년이 되자 국제법위원회International Law Commission는 「국제법의 파편화: 국제법의 확장과 다각화로 인한 문제Fragmentation of International Law: Difficulties Arising from Diversification and Expansion of International Law」라는 보고서를 발간하며 "규범 간의 충돌을 부정하는 추정"이란 규범들 간에 어떠한 관계성도 구체적으로 명시하지 않을 때를 포함해 가능한 한 "서로 일치하는 것으로 이해하고자 노력해야 한다"라는 뜻임을 강조했다. 국제법이 국내법에 통합되는 현상이 가장 두드러졌던 중남미에서는 여러 학술 연구와 강의가 헌법제도와 국제조약제도 간의 조화를 보다 체계적으로 다루기 시작했다.

건강권에 대한 유엔 차원의 규정

2000년 5월에 발표된 사회권위원회의 건강권에 대한 일반논평은 비교적 오랫동안 준비된 내용이었다. 1996년에 유엔인종차별철폐위원회UN Committee on the Elimination of Racial Discrimination가 「모든 형태의 인종차별 철폐에 관한 협약 제5조에 대한 일반 권고General Recommendation on Article 5 of the Convention on the Elimination of All Forms of Racial Discrimination」를 발표하면서 공중보건과 의료 서비스의 문제를 다뤘다.[65] 아동권리위원회Committee on the Rights of the Child도 아동 건강과 관련한 다양한 차원을 다루는 일반논평들을 발표했고, 2003년에는 에이즈와 청소년 건강, 그리고 2013년에는 건강권과 관련한 구체적인 일반논평을 발표했다.[66]

여성차별철폐협약위원회도 카이로와 베이징에서 나온 여러 아이디어를 바탕으로 1999년 '여성과 건강'에 관한 일반 권고를 발표했는데, 이에 앞서 여성의 건강과 관련해 보다 협소한 범주의 권고들이 있었다.[67] 이 위원회는 여성에 대한 차별과 함께 계급, 민족 등에 기반한 여성들 **간의** 차별 문제를 지적했다. 교차적 차별과 취약성, 불리함disadvantage에 대한 인식이 이제 장애와 이주, 나이로 확장됐다. 반면, 불리함은 여전히 여성들(그리고 사람들)을 사회경제적 사다리에서 낮은 지점에 묶어두는 요소들과 연관돼 있었고, 거시경제 정책에 의해 사회적 격차가 **어떻게** 형성되고 있는가에 대한 논의는 전혀 이뤄지지 않았다.

도달 가능한 가장 높은 수준의 건강을 향유할 권리에 대한 「일반논평14」는 여러 조약감시기구에서 흔히 사용하는 분석틀을 사용했고 국제 인권법의 변화를 보여줬는데, 이는 보건에 인권이 적용될 수 있는 방식에 영향을 끼쳤다. 먼저, 권리에 관한 다른 일반논평과 마찬가지로, 「일반논평14」는 사회권규약의 중요한 측면들을 업데이트했다. 일례로, 1966년에는 이 규약에서 재생산 건강이 언급조차되지 않았다.[68] 또한 「일반논평14」에는 조약감시기구 전반에서 사용되기 시작한 분석틀이 포함됐다. 예를 들어, AAAQ 프레임워크는 건강권을 보장하기 위해서는 이용 가능하고availability, 접근 가능하고accessibility, 수용 가능하고acceptability, 품질이 충분한quality 보건시설과 물품 및 서비스가 필요하다고 명시했다.[69] 여성차별철폐협약위원회는 이전에 여성 건강의 차원에서 AAAQ를 설명하면서 페루의 강제불임시술 사건이 일어난 직후에 '수용 가능한 서비스'를 "여성이 정보에 기반해 온전히 동의하고, 여성의 존엄성을 지키고, 기밀성을

보장하고, 해당 여성의 욕구와 관점을 고려하는 방식으로 전달"돼야 한다고 명시했다.[70]

　　다른 일반논평에서와 마찬가지로, 「일반논평14」에서 사용된 두 번째 프레임워크는 '존중respect, 보호protect, 충족fulfill'이다. 이것은 노르웨이의 법학자 아스비에른 에이드Asbjørn Eide가 시민적·정치적 권리와 경제·사회·문화적 권리를 소극적 권리 대 적극적 권리로 구분하는 오류를 바로잡기 위해 처음 설명한 개념으로, 「마스트리흐트 지침」에서 채택됐다.[71] 「일반논평14」는 다른 모든 권리와 마찬가지로 건강에 대해 국가는 직접적으로 침해(가령, 차별)하지 않고 **존중**하며, 제3자의 간섭(가령, 가정폭력이나 공해)으로부터 **보호**하고, 긍정적인 법적 조치와 기타 조치(가령, 보건의료 및 위생 조치sanitary measures의 확대)를 통해 **충족**시킬 의무가 있다고 명시했다.

건강권과 국제 인권법의 타당성

「일반논평14」는 매우 상세한 정책 지침을 제공하기 위해 작성됐다. 이 문서는 어떤 면에서는 법적 권리를 증진하기 위해 건강권의 이론화가 필수적이라고 생각한 사람들과, 프로그램 기획에서 인권이 유용하다고 생각한 사람들 간의 대립에서 후자가 승리한 것이라고 볼 수 있다. 적어도 세 가지 측면에서 그렇다. 먼저, 「일반논평14」는 법적 집행 가능성legal enforceability의 중요성을 축소하고 있다. 「일반논평14」가 "건강권을 침해당한 개인 또는 집단은 국가 및 국제적 차원에서 효과적인 사법적 구제 **또는** 다른 적절한 구제 조치를 이용할 수 있어야 한다"[72]라고 명시하고는 있다. 하지만 "건강권은 법적으로 시행 가능한 특정 요소들을 포함한다"[73]라는 표현과, 보건시설과 물품 및 서비스에서의 비차별을 명시하고 있는 각주에서 알 수 있듯이 그러한 구제책의 범위를 지나치게 제한하고 있다. 하지만 이는 명백히 사실이 아니며 존중과 보호, 충족을 인식하는 일의 중요성을 약화시킨다. 예를 들어, 「일반논평14」가 발표될 당시에 공해나 가정폭력을 방지하는 법률이나 산업재해를 규제하는 법률이 널리 자리 잡고 있었고, 또 시행 가능한 상태였다. 실제로 2000년 무렵에는 보통법 적용 국가(가령, 인도와 남아공의 시행 초기)와 대륙법 또는 대륙법 및 보통법 혼용 국가(가령, 브라질, 아르헨티나, 콜롬비아, 코스타리카)에 건강권을 충족하는 긍정적인 차원의 중요한 법제도가 이미 있었다.

둘째, 건강권에 대한 사회권위원회의 해석이 다른 권리들을 대체함으로써, 법원이나 다른 감독기구에서 건강권의 점진적인 실현을 위해 채택된 조치의 합리성을 평가하지 못하게 만들었다. 「일반논평14」는 건강권이 보건의료 서비스만이 아니라 '안전한 식수와 충분한 위생시설, 안전한 식량과 영양 및 주택의 충분한 공급, 건강한 노동 및 환경적 조건, 성·재생산 건강을 포함한 건강 관련 교육과 정보에 대한 접근성 등 건강의 결정요인들'로 구성된 '포용적인 권리'라고 규정했다.[74] 이 책의 초반부에서 우리는 (1) **건강**이 존엄성과 본질적으로 연관돼 있으며 사회적 영향을 받고, 폭넓은 경제적·정치적 정책들에 민감하게 반응한다는 점과 (2) 공중보건의 전제 조건과 보건의료 서비스를 포함하는 **건강권**이 다른 많은 권리와 상호 의존적이라는 점을 인식하고 이 둘을 구분하는 것이 중요하다는 사실을 살펴봤다. 존 토빈이 지적한 것처럼, 「일반논평14」의 문구는 존엄한 삶과 동일하게 중요한 다른 권리들(가령, 식량과 주거)에 비해 건강권의 경계를 모호하게 남겨뒀다.[75] 또 의무 목록이 다양하고 방대한 것에 비해 국가 및 초국적 차원의 임무 수행자들duty-bearer에 대한 내용도 마찬가지로 모호하게 남겨뒀다.

셋째, 국내법으로의 통합을 통해 법원이 '본 규약을 직접 참조함으로써' 적어도 건강권과 관련한 핵심 의무에 대한 결정을 내릴 수 있을 것이라는 사회권위원회의 설명에도 불구하고[76], 광범위한 핵심 의무는 그 반대의 상황을 만들었다. 「일반논평14」에서 사회권위원회는 「일반논평3」에서와 같은 최소 역치 수준을 포기했다. 대신 위원회는 광범위한 핵심 의무를 규정했다. 여기에는 보건시설에 대한 접근성, 비차별적인 물품과 서비스 제공, 모든 사람에 대한 굶주림으로부터의 자유, 기본 주거와 위생, 충분하고 안전한 식수, 필수 약품, 모든 보건시설과 물품 및 서비스의 공평한 분배, "참여적이고 투명한 과정을 바탕으로 (……) 전 국민의 건강문제에 대응하는, 역학적 증거를 바탕으로 한, 국가의 공중보건 전략과 행동계획"이 포함됐다.[77] 그다음 문단에서 사회권위원회는 "건강과 인권에 대한 교육을 포함한, 보건 인력을 위한 적절한 훈련" 등 "마찬가지로 중요한" 또 하나의 의무 목록을 제공했다.[78]

여러 학자가 「일반논평14」의 핵심 의무 목록을 비판했는데, 나도 전반적으로 그 내용에 동의한다. 이러한 비판에는 (1) 여러 조건에 내재된 모호성, (2) 「일반논평3」에서 확립된 가정과 반대로, 이론적으로 "훼손 불가능한" (즉, 반드시 충족돼야 하는) 의무의 범위, (3) "핵심 의무"와 "비견할 만큼 중요한" 의무 간의 불분명한 관계, (4) "국제적 지원과 협력" 의무의 불분명한 성격 등이 포함됐다. 무엇보다도 존 토빈이 지적하듯이 이 목록은 "원칙적이거나, 실질적이거나, 일관된 근거를 제공하지 않는다".[79]

이러한 훼손 불가능한 의무는 세계인권선언에 명시된 실질적인 행동을 위한 공통된 기반 또는 중첩되는 합의overlapping consensus와는 거리가 멀다. 또 「일반논평3」에 명시된, 존엄성에 필요한 비의존성과도 거리가 멀다. 우리는 숙고와 자국어화를 거쳐야 하는 불완전하게 이론화된 주장에서 (규범적 근거나 심지어는 실증적 근거에 의해서도 뒷받침되지 않는) 길고 긴 의무 목록으로 이동했다. 노먼 대니얼스가 특히 건강에 대해 주장한 것처럼 "권리는 가꾸지 않아도 맨땅에서 저절로 자라나고 익는 윤리적인 과일이 아니다".[80]

분명히 말하자면 「일반논평14」가, 「일반논평3」이 사회권규약에 명시된 권리들의 존재 이유를 박탈하는 것과, '필수적인 1차 진료essential primary care'를 박탈당한 수많은 사람과 관련해 시작한 이야기를 발전시킨 것은 사실이다. 일반논평은 변화하는 현실을 반영해 기존의 입장과 조약의 조건들을 갱신하기 위한 것이며, 「일반논평14」는 실제로 다른 영역에서 그렇게 했다.

그러나 최소한의 핵심 의무와 관련해 사회권위원회는 '필수적인 1차 진료'와 (지역 역량강화와 국제질서의 효과를 언급한) 알마아타선언에서 채택된 1차 보건의료 접근법 간의 연관성을 분명히 할 수도 있었다. 2000년이 되자 우리는 재정에서부터 연계 네트워크에 이르기까지 ('1차 보건의료 서비스'를 넘어서는) 보건제도 설계의 교차적이고 젠더화된 측면들을 훨씬 더 잘 이해할 수 있게 됐다. 이 목록을 갱신하는 방법은 여러 가지가 있다.

「일반논평14」의 기본 의무 목록은 다양한 사람들의 존엄성을 위해, 그리고 그들을 지원하는 데 필요한 건강 관련 제도를 위해 요구되는 최소 수준이 무엇인지에 대한 목록을 갱신하지 않았다. 반대로, 근거 없는 이 목록은 핵심 내용과 점진적 실현 간의 규범적인 구분을 약화시켰다. 「일반논평14」는 점진적인 실현을 "제12조의 완전한 실현을 향해 가능한 한 신속하게 그리고 효과적으로 움직여야 할 구체적이고 지속적인 의무"로 규정했다.[81] 다시 말해, 여기서 말하는 점진적인 실현은 고소득국가들에서 도달한 또는 곧 도달하게 될 최종 지점으로 가는 고정된 길이며, 이 책의 초반부에서 논의한 대로 숙의 과정을 통한 지속적인 발전이라는 역동적인 개념과 반대되는 것이다.[82]

후자의 방식은 국가가 적절한 조치를 취하는 것을 무한정 연기할 수 있다는 의미가 아니며, 자원에 있어서 국가 간의 큰 격차를 부정하거나 국가를 초월한 영향을 개선할 국제사회의 실질적인 의무를 부정한다는 뜻이 아니다. 이 책의 초반부에서 논의한 것처럼, 이러한 역동적인 접근법은 (1) 건강의 욕구가 진화하면 그에 따라 건강권의 내용이 진화하고 (2) 가장 부유한 국가에서조차도 어느 특정 시점에 건강상의 모든 욕구가 충족되지는 않으며 (3) 따라서 공정하게 건강 관련 욕구를 충족시키기 위한 선택 상황이 필요하다는 뜻이다. 우리는 경험을 통해 이 선택 상황이 보건의료제도와 국경을 넘어선 요소들을 통제한다는 뜻임을 알게 됐다. 순수하게 실증적으로만 볼 때, 방대한 목록의 실질적인 핵심 의무는 고소득국가에서도 충족되지 않았다. 따라서 이러한 의무를 "훼손 불가능"하다고 하는 것은 「일반논평14」의 규범적 정당성을 약화시켰다(사회권위원회는 차후의 일반논평에서는 "훼손 불가능"이라는 표현을 사용하지 않았다). 그뿐 아니라, 유의미한 점진적 실현과 최소 역치 간의 구분을 모호하게 만드는 이 표현은 인권이 최저 보장 수준subsistence guarantee만으로 충족될 수 있다는 논리를 부추겼다.

　「일반논평14」와 관련해 현실에서는 두 가지 유형의 반응이 있었다. 먼저, 인권 활동가와 학자들 사이에서 「일반논평14」는 거의 성서와 같은 지위를 획득했고, 저널 논문과 변론 취지서에서 자주 인용되거나 분석되고 있다. 반면, 공중보건 윤리학자와 보건 경제학자들 사이에서는 특히 핵심 의무 목록이 웃음거리가 되거나 무용한 것으로 치부됐다.[83] 국가적 차원에서는 모자감염 억제약 사건에서 남아공 헌법재판소가 최소한의 핵심 의무의 개념에 반대했으며, 대신 이 핵심 의무 목록을 합리성 검토reasonableness review의 한 측면으로 봤다. 최소한의 핵심 의무를 채택한 국가들의 법원조차도 자국의 사회보장제도와 다른 범주들을 바탕으로 그렇게 했다.

돌이켜 보면, 「일반논평14」는 국제법하에서 건강과 관련한 일관성과 유의미함을 증진하지 않았다.[84] 데이비드 케네디David Kennedy는 「일반논평14」가 인권법에 끼친 포괄적인 영향을 평가하면서 「일반논평14」를 "문자적 표현에만 지나치게 형식적으로 의존한 조합물이며, 불분명하고 구속력도 없고 엉성한 인도주의적 주장일 뿐"이라고 비판했다.[85] 인권 분야에서 우리는 조약 해석과 관련해 조약감시기구와 사회권위원회의 권위가 당연한 것이 아니라 언제든 무너질 수 있음을 기억해야 한다.

성·재생산 건강과 권리 그리고 다른 건강 관련 사안에서 국제인권법이 국내 법률과 정치를 '이기기' 위해 사용되는 동시에, 국제인권법은 점점 더 파편화되고 규범적 정당화에서 벗어나고 있었다. 또 당시 발표된 여러 해석 문건에서 사회권위원회를 비롯한 조약감시기구들은 조약감시기구의 소관 영역을 훨씬 넘어섬으로써, 국가가 자국의 행동을 정당화하기 위해 설득력 있게 내세우는 주장들을 독립적으로 감시하기가 더욱 어려워졌다. 국제 인권법의 정당성을 유지하기 위해서는 보건을 비롯한 모든 정책 결정이 상호 절충을 필요로 한다는 점을 인식하고, 각국 정부로 하여금 기본 의무를 이행하지 못하거나 건강권을 점진적으로 실현시키지 못한 데 대해 정당한 사유를 제시하도록 하는 일 사이에서 정교하게 균형을 잡아야 한다.

더 나아가, 2000년대 들어 유엔의 조약감시기구들이 건강과 다른 경제·사회·문화적 권리에서의 인권 의무 이행과 관련해 정부가 해야 할 일에 대해 열변을 토하고 있을 때, 유엔새천년개발목표는 실질적으로 정부가 한 일을 규명하는 데 훨씬 더 강력한 동기를 갖고 있었다. 마지막으로, 남반구 정부들은 금융화의 증가와 글로벌 경제 거버넌스의 다른 조치들로 인해 정책적 입지가 축소돼 유엔새천년개발목표에서 기부자들이 규정한 기술적인 개입 그 이상은 수행할 수 없게 됐다.

결론

2013년 봄, 나는 제네바 유엔 유럽본부에서 열린 유엔새천년개발목표하에서의 빈곤 감축과 성평등의 성과 측정에 관한 세션에 참가했다. 발언에 참여한 국가 대표들은 대체로 자국의 성공을 강조하면서 유엔새천년개발목표에서 추적한 일련의 통계 지표를 인용했다. 세션의 회의록만 읽으면 유엔새천년개발목표 덕분에 세계적으로 빈곤과 가부장제의 어두운 그림자가 사라지고 있다고 믿을 수도 있었다.

그로부터 몇 주 후에 나는 말라위의 네노에서 엘바의 죽음에 대해 그녀의 어머니 폴린을 인터뷰했다. 블랜타이어로 가서 폴린이 엘바를 데려갔던 지역 병원에 들른 다음, 다시 폴린이 엘바를 데리고 간 길을 따라 차를 몰고 네노로 갔다. 네노주의 주도는 기본적으로 하나의 비포장도로와, 국제 비정부기구들이 말라위의 유엔새천년개발목표 달성을 지원하기 위해 여기저기 설치한 캠프들로 이뤄져 있었다. 네노에 거주하는 말라위인들은 대부분 전기와 수도, 심지어는 재래식 변소도 없는 움막에서 극도로 빈곤한 삶을 살고 있었다.

다음 날 아침, 나는 허리춤에 **캉가**를 둘러 치마를 만들고 자갈투성이의 경사지를 거의 기어오르다시피 해서 부족 공동체의 최고 지도자의 집을 방문했다. 인터뷰를 진행하기 위해서는 그의 허락을 받아야 했다. 내게는 그 과정이 단순히 흥미로운 의식일 뿐이었는데, 내가 자라면서 그러한 젠더 개념을 내면화하지 않았기 때문이다. 하지만 그 공동체에 살고 있는 여성들에게는 (엘바에게 그랬듯이) 정교한 부족적, 가부장적 그리고 신가산제적neopatrimonial 권력과 순종이 정체성에 영향을 끼쳤고 세대를 거쳐 전달됐다.

그러나 세상에서 동떨어졌다고 여겨지는 이곳에서도 이러한 사회제도들이 여전히 땅에 묶여 있는 반면, 우리가 살고 있는 조건을 형성하는 실제적인 힘은 점점 더 글로벌 공간으로 흘러갔다. 나는 여기서 (인권과 개발 규범, 경제적 거버넌스에 의해 형성되는) 국제질서로부터 무관한 '체현된 현실'이 있다거나 **그러한 현실을 상상하는 것이 가능하다**고 주장하는 것이 아니다. 그보다 나는 인권을 이용해 건강과 사회정의를 증진하기 위해서는 지식의 충돌을 포함해 세계와 지역 간의 회귀적인 관계를 이해하고 가시화해야 한다고 주장한다. 여기에는, 예를 들면, 유엔 유럽본부에서 드러난 젠더와 사회정의의 증진과 관련한 다양한 의견들, 네노의 도로를 군데군데 점령하고 있는 국제 개발 비정부기구들을 움직이는 의견들, 그리고 실제로 불의를 체화하도록 강요받는 엘바와 같은 사람들의 의견이 포함된다.

말라위의 이웃 국가인 남아공의 사례는 국가와 세계의 위치를 모두 파악하고 대응하는 일의 어려움을 잘 보여주지만, 또한 희망을 품을 이유가 되기도 한다. 2000년대 중반에 이르자 남아공은 상당한 경제적 성장을 이뤘다. 2000년에서 2007년 사이 가구당 평균 소득이 3배 증가했다.[86] 하지만 그러한 부는 최상위층에게 돌아갔다. 민주주의로 전환한 지 10년이 조금 더 지나서 남아공은 세계에서 가장 불평등한 국가가 됐다. 팔마비율Palma ratio에 의하면, 상위 10%가 하위 40%보다 7.1배의 부를 더 가졌다.[87] 전국의 시위자들이 집권당인 아프리카민족회의에 공약을 이행하라고 외쳤다. 2000년대 중반 국제통화기금은 남아공과 다른 국가들이 경제 위기를 겪는다고 해서 국제통화기금이 처방을 재고해야 한다는 의미는 아니며, 국가적 비효율성과 역량 부족, 부패에 대응하기 위해 그러한 조치들이 필요했다고 역설했다.[88] 실제로, 남아공의 정치가 겉보기에는 제대로 기능하는 듯하면서 뒤로는 거래가 만연했으나, 국제 금융기관의 지시로 생성된 기회 구조가 민주적인 거버넌스를 위한 공간을 차단하고 정실 자본주의와 지대추구rent-seeking*에 대한 인센티

---

* 임대료를 인상하는 것처럼 공급이 제한돼 독점하고 있는 상황에서 이익을 위해 가격을 인상하는 행위로서, 생산성의 제고 없이 소유권을 이용해 부를 축적하려는 행위다.

브를 높인 것도 사실이다. 2009년 제이컵 주마Jacob Zuma가 대통령으로 선출됐으나 전례 없는 부패 스캔들이 터지면서 2018년 불명예 퇴진했다.[89] 대다수의 국민들은 엄청난 희망을 가졌던 민주제도에 대해 점점 더 냉소적으로 변해갔다.

그러나 앞에서 본 것처럼 인권 옹호 활동의 내러티브는 지속적인 적응의 내러티브다. 내가 2019년에 섹션 27에서 열린 (영감을 주는) 활동가 리더십 학교에 참가했을 때 트리트먼트액션과 섹션 27을 포함한 다양한 시민단체가 조세정의, 정신장애인 대상 서비스를 포함한 서비스의 민영화, 그리고 가장 중요하게는 국가의 경제 및 보건 현실과 광산에 대한 경제적 의존도, 국제경제질서 등 여러 사안 간의 연관성을 중심으로 활발하게 움직이고 있었다.

또 국제 보건과 권리에서 특히 20년 전에 에이즈 팬데믹에 맞서 인권 전략을 이용한 것은 일반인들이 자신에 대해 들었던 내러티브를 바꿀 수 있고, 집단행동을 통해 정부와 초국적 제약회사, 정부 간 기관들의 권력에 도전할 수 있음을 보여줬다. 아파르트헤이트 반대 투쟁과 같이, 한때 불가능해 보였던 일이 갑자기 가능해졌다. 오늘날 인권 의식과 에너지의 가장 중요한 원천은 '권력의 병리학'에 영향을 받고 거기에 맞서 함께 싸우는 다양한 사람들이며 앞으로도 언제나 그러할 것이다.[90]

제6장

불평등과
민주주의
그리고 건강권

모성 사망은 더 이상 운명이나 신의 뜻으로, 또는 인간의
통제를 벗어난 예정된 일이라는 말로 치부할 수 없게 됐다.
(……) 정부가 적절한 예방 조치를 취하지 못할 때, 그 실패는
여성의 인권을 침해한다.

- 레베카 쿡[1]

사회정의는 삶과 죽음의 문제다. 그것은 사람들이 살아가는
방식에 영향을 끼치고, 그로 인해 질병에 걸릴 가능성과 조기
사망의 위험성에 영향을 끼친다.

- 세계보건기구 건강의사회적결정요인위원회WHO Commission on Social
Determinants of Health[2]

오늘날 (……) 글로벌시장의 명령에 기술관료적으로 짜
맞춰지는 과정에서 우리는 우리의 정치제도가 점점 더
민주적인 실체를 박탈당하는 것을 볼 수 있다. 우리의
자본주의적 민주주의는 명목상의 민주주의로 축소될 위험에
처해 있다.

- 위르겐 하버마스[3]

2015년 8월, 리우데자네이루 외곽에 있는 노바 이가수 종합병원 Hospital Géral de Nova Igaçu의 신생아 집중치료실은 인큐베이터로 가득 차 있었고, 거의 모든 인큐베이터 안에는 조산으로 태어나 신생아 합병증을 앓고 있는 아기가 있었다. 산모 병동에는 얼마 전에 제왕절개를 마친 산모들이 줄지어 누워 있었다. 이 두 병동의 모습은 서로 연관돼 있다. 제왕절개는 태반의 문제와 관련이 있고, 태반의 문제는 조산으로 이어진다. 제왕절개는 또 감염이나 과다출혈, 자궁절제, 그리고 심한 경우 사망에 이를 수 있는 복부 수술이다.[4] 당시 브라질은 세계에서 가장 높은 제왕절개수술 비율을 기록하고 있었다. 전체 출산의 30%를 차지하는 민간병원의 제왕절개수술 비율이 88%, 공립병원이 46%였다.[5] 당시 가장 정확한 자료를 바탕으로 세계보건기구는 제왕절개수술을 전체 출산의 5~15%로 유지할 것을 권고했다. 이와 같은 제왕절개의 남용은, 앞서 말라위의 엘바 사건에서 제왕절개의 부재가 보여줬듯이, 제도의 문제와 성차별을 드러냈다. 제3장에서 논의한 것처럼, 2015년이 되자 멕시코의 상징적 재판소에서는 재생산과 출산에 대한 경시와 폭력만이 아니라 자연스러운 생식 과정의 병리화와 출산의 과잉 의료화가 '산과폭력'으로 개념화됐다.[6]

나는 브라질인 동료이자 내과의사인 산드라 발론게이로Sandra Valongueiro와 함께 노바 이가수 종합병원을 방문했다. 그곳에서 알리네 다 시우바 피멘텔이라는 한 여성이 사망했는데, 그녀의 죽음이 2011년 국제법적으로 역사적인 사건이 되면서 산모 보건의료에 대한 권리를 확립했기 때문이다.[7] 여성차별철폐협약위원회가 브라질 정부의 협약 준수가 공식적으로 완료됐다고 선언했음에도 불구하고, 브라질 정부의 초청으로 우리는 구조적 권고안의 실행과 관련한 정치적 논의를 촉진하기 위해 브라질을 방문했다. 2015년 사회권위원회는 판결에 대한 공식적인 후속절차를 수립하지 않은 상태였고, 여성차별철폐협약위원회를 비롯한 다른 조약감시기구들의 절차는 자원과 역량이 결여됐다는 비판을 받았다.[8] 빅토르 아브라모비치Víctor Abramovich가 지적했듯이, 초국적 역내재판소(그리고 조약감시기구)가 제시한 구조적인 구제책을 효과적으로 이행하기 위해서는 국가 기구와 사법부, 국가인권기구, 시민사회 등 국내 행위자들을 다시 참여시켜야re-engaging 했다.[9] 우리는 특정 맥락 안에서 제대로 기능할 수 있는 복합적인 건강권을 만들 방법을 지역 행위자들이 조사하도록 독려하기 위해 국제적 차원에서 국가적 차원으로,

법적이고 대립적인 영역에서 정치적이고 숙의적인 영역으로 들어가고자 했다.

2002년 알리네는 28세의 나이로 두 번째 임신 중에 사망했다. 임신 6개월 반이 채 안 됐을 때 산통이 시작됐고, 베우포르드호슈에 있는 민간병원에서 사산아를 출산했다. 하지만 남은 조직을 제거하는 수술을 받기 위해서는 다음 날까지 기다려야 했다. 그 후 알리네의 상태가 악화됐고, 제4장에서 살펴본 마메리타 메스탄자의 경우처럼 가족들의 호소는 받아들여지지 않았다. 며칠이 지난 후 알리네는 내출혈로 수혈이 필요한 상황에 처했다. 알리네를 받겠다고 한 유일한 병원조차도 그녀를 옮기기 위해 구급차를 이용하는 것은 거부했다. 브라질에서는 제왕절개를 예약한 환자가 너무도 많아서 자연분만을 원하는 여성이나 다른 산과 진료를 필요로 하는 여성들은 병실에 자리가 날 때까지 오래 기다려야 했다. 알리네의 경우 기다림은 사형선고나 다름없었다. 알리네의 가족은 민간 구급차를 부를 돈이 없었기 때문에 8시간이 지난 후에야 알리네를 이송시킬 수 있었다. 하지만 병원에 도착했어도 쓸 수 있는 병실이 없었다. 알리네는 구토와 복통을 호소하면서 처음 베우포르드호슈 병원에 간 날로부터 5일 후, 노바 이가수 종합병원에서 사망했다.

2007년 재생산권센터와 브라질 비정부기구인 시민인권연대 Advocacia Cidadã Pelos Direitos Humanos(이후 활동을 중단함)가 막 발효된 선택의정서하에서 알리네 사건을 여성차별철폐협약위원회에 상정했다. 2011년에 나온 이 위원회의 조사 결과는 국제법에서 중요한 선례를 남겼다. 처음으로 초국적 '재판소'가 (1) 여성에 대한 비차별의 문제로서, 산과 응급진료에 대한 권리를 보장하는 국가적 의무를 시행했고 (2) 구체적인 사건에서 인종과 젠더, 계급에 기반한 교차적 차별을 해석했으며 (3) 건강과 생명에 대한 여성의 권리를 보호할 국가적 의무의 일환으로서, 보건 부문에서 민간 행위자들을 규제할 의무를 명시했다.[10]

이 장에서는 **알리네** 사건을 중심으로 민주적인 제도 및 절차와 건강권의 증진 간의 연관성을 조명할 것이다. 2011년, 우리는 재생산 건강과 관련한 인권침해 개념이 아르헨티나의 해군정비학교에서 일어난 폭력이나 페루의 강제불임시술 사건으로 한정되던 때로부터 많은 진전을 이룬 상황이었다. **알리네** 사건은 인권과 공중보건에서 수년간 병렬적으로 일어나 시너지 효과를 낸 활동들이 만든 결과였다. 레베카 쿡이 지적한 것처럼, **알리네** 사건은 모성 사망이 정부의 대응과 무대응에 따른 예측 가능한 결과며, 모성 사망을 예방하는 데 필요한 정책과 프로그램이 국제법하에서 집행될 수 있다는 점을 보여줬다. 또한 "추상적이고 열망적인 것에서 의무적이고 구체적인 것"으로 인권에 대한 사람들의 이해를 바꿔놓았다.[11] 이는 불과 20년 전만 해도 상상할 수 없던 일이었다.

실제로 2010년대가 되자 건강권에 대한 사법적 집행이 에이즈를 넘어서 성·재생산 건강과 권리 및 모성 건강의 여러 이슈만이 아니라, 다양한 상태에서의 치료 접근성까지도 포함하게 됐다. 그러나 개인이 보호영장을 재판에 청구하는 경우가 수만 건에 달했던 브라질과 다른 중남미국가에서는, 집행 가능한 건강권이 남아프리카에서와는 달리 매우 미미했다.

2000년 말이 되자 일부 최상위 법원에서 정책이 건강에 끼치는 다면적인 영향에 대응하기 위해 구조적인 구제책을 가지고 실험을 했다. 제5장에서 논의한 트리트먼트액션 모자감염 억제약 사건에서 이용된 것과 같은 구제책은 정부가 해야 할 일을 규정하는 것이 아니라, 정부의 정치조직들 간의 대화를 촉매하려는 시도였다. 나는 인도 식량에 관한 권리 사건, 아르헨티나 공해 관련 사건, 콜롬비아 보건의료제도의 대대적인 구조조정을 요구하는 사건 등을 간략히 검토하면서 그러한 구제책들이 건강을 둘러싼 정치적 대응을 바꿀 수 있다는 희망을 제공하기도 하지만, 동시에 상당한 어려움을 가져다줄 수 있다는 사실을 보여줄 것이다.

우리는 또한 건강, 특히 모성 건강과 관련한 정책과 프로그램에 인권 의무를 적용하기 위해 정부가 해야 할 일을 규정하는 데에도 상당한 발전을 이뤘다. 유엔새천년개발목표의 후반부에서 인권운동가들은 건강권에 대한 인권 중심적 접근법을 개발해 유엔새천년개발목표에서 추진되고 있는 재생산, 산모, 신생아, 아동 건강 등에 대한 협소한 접근법에 트로이 목마와 같이 인권을 넣는 작업을 진행했다. 초기의 인권 중심적 접근법들은 통상적인 접근법과 반대되는 개념화를 진전시켰는데, 돌이켜 보면 이는 건강에 인권 프레임워크를 적용하는 목적에 대해 지속적으로 진행됐던 논쟁을 드러낸다. **알리네** 사건은 또 지역 행위자들의 행동을 촉진할 목적으로 내려진 초국적 결정을 이행하기 위해 인권 접근법을 구현한 선례가 됐다. 브라질의 사례는 인권 중심적 접근법이 무엇을 할 수 있는지 (그리고 할 수 없는지)를 보여준다.

동시에 우리는 건강권이 보다 명료하게 정의됐던 수십 년 동안 불평등이 증가하는 것을 목격했다. 극단적인 사회적 불평등은 인구 건강에 해를 끼치는 상황을 넘어서 민주주의의 가능성을 약화시켰다. 브라질은 묵묵부답의 보건의료제도와 제대로 기능하지 않는 정치제도를 가진 국가에서 사람들이 국가적 차원에서는 어떻게 법원을 통해 유리한 법적 기회 구조들을 이용했는지, 초국적 차원에서는 어떻게 인권기구들을 이용했는지를 보여주는 완벽한 예다. 또 정치 영역에서 사람들은 브라질 노동자계급의 대변자로 여겨지는, 노동당 창립자면서 2002년 브라질 대통령으로 선출된 루이스 이나시우 룰라 다시우바Luiz Inácio Lula da Silva와 같은 포퓰리스트 구세주에게 의존하는 경우가 많았다. "룰라"(로 일반적으로 불린 그)는 여러 연설에서 자신의 아내가 임신 8개월 때 병원에 갈 돈이 없어서 아기와 함께 죽는 모습을 보면서 정치를 하기로 결심했다는 일화를 전했다.[12]

이 장은 궁극적으로 건강권을 증진하기 위해서는 민주적 절차와 제도, 그리고 이에 영향을 받는 사람들에 대한 사회적 책임성을 유의미하게 증진하는 전략이 필요하다는 점을 강조한다. 아울러 건강권 증진을 위한 정책 공간을 조직적으로 축소시키는 국제적인 힘의 역학 관계에 맞서자고 제안한다.

불평등: 건강과 민주주의에 대한 함의

방대한 영토의 브라질은 젠더와 인종, 민족, 사회계급, 지리적 위치에 따른 불평등이 만연한 국가다. 독재정권이 종식된 이후인 1988년 수립된 변혁적인 헌법은 경제·사회·문화적 권리를 강력히 열거한다 해도 행정부에 강한 권력을 집중시키면 발생하는 문제에 대한 (제3장에서 논의한) 가가렐라의 통찰을 잘 보여주는 예다.[13] 동시에 연방정부와 주州 정부, 시市 정부 간에 책임이 공유되면서 건강을 비롯한 여러 분야의 거버넌스에 분열과 어려움이 발생한다. 상원에서는 대통령제, 하원에서는 20여 개 정당으로 구성돼 의회처럼 보이는 비례대표제를 갖춘 정치제도는 거버넌스 문제를 더 복잡하게 만든다. 후보들이 특정 정당보다 자신을 더 홍보해야 하는 이러한 시스템에서 (복음주의, 농어촌 지역 등의) 초당적인 '코커스caucus'*가 정당보다 더 큰 힘을 갖는다. 라이언 로이드Ryan Lloyd와 카를루스 올리베이라Carlos Oliveira가 지적한 것처럼 "이제 이 모든 요소를 더해보자. 정치인들은 끊임없이 자금줄을 찾고, 정당들은 조직이나 힘이 없으며, 당의 구분을 초월하는 강력한 이해관계가 있다. 법안을 통과시키려면 12개가 넘는 정당에 소속된 수백 명의 의원이 투표 연합을 구성해야 한다. (……) 정부의 바퀴를 굴리려면, 의회의 각 의원에게 돈을

---

* 미국의 특수한 형태의 정당 집회. 제한된 수의 정당 간부나 선거인단이 모여 공직 선거에 나설 후보자를 선출하거나 지명 대회에 참석할 대의원을 선출하는 모임으로 정당별 대통령 후보를 선출하는 예비 경선의 한 방식이다.

지불해야 한다. 그렇게 기름칠하지 않으면 의회는 서서히 멈춰 서고 만다".[14] 브라질은 정치적 역기능을 보여주는 극명한 사례지만 유일한 사례는 아니다. 제1장에서 논의한 바와 같이 역사적으로 인권법 안에 내포돼 있는 자유주의적 권력(명시적인 의사결정에서 이해관계interests는 정치적 행동과 동등한 것으로 이해되며, 권력의 행사란 주요 사안에서 반대 의견보다 우위를 점하는 것을 의미한다)이라는 개념은 정치적 의제를 주도하기 위한 밀실 담합에서 드러나는 실질적인 권력을 설명할 수 없다.[15]

더욱이 브라질 경제는 자본시장의 휘발성에 의해 촉발돼 성장과 고용률이 감소하고 공공부채가 급증하는 결과를 낳았던 1997년 외환 위기로 심각한 타격을 입었다.[16] 정부가 국민의 극심한 고통에 무심하고 역기능적이며 엘리트 집단에 붙잡혀 있는 상황에서, 카리스마 넘치는 룰라는 2002년 대통령 결선투표에서 압도적인 승리를 거뒀다. 그러나 한때 사회주의자였던 룰라가 당선되기 전, '룰라 리스크Lula Risk'가 외국인 투자자들의 신뢰에 영향을 끼치면서 그는 이례적으로 「브라질 국민들에게 드리는 편지Carta ao povo brasileiro」에 서명해야 했다. 그는 그 편지에서 선거에서 이기면 해외시장과 해외투자에 부정적인 영향을 끼치는 일은 하지 않겠다고 약속했다.[17]

빈곤과 불평등, 계량적 분석

2002년 룰라가 대통령에 당선됐을 때, 브라질 인구의 12%가 넘는 2,200만 명에 달하는 국민이 세계은행이 지정한 하루 1.90달러라는 최저 빈곤선 이하에서 생활하고 있었다. 룰라가 취임한 2003년에는 인구의 25%가 국가 기준 빈곤선보다 열악한 수준에서 살았지만, 이 수치는 2009년까지 약 11%로 감소했다.[18] 또 소득분포를 측정하는 지니계수로 본 브라질의 소득 불평등도 룰라가 재임하는 동안 꾸준히 감소했다.

룰라는 굉장히 대중적인 프로그램을 시행했다. 일례로 보우사 파밀리아Bolsa Familia는 기아를 줄이기 위한 야심 찬 캠페인이자, 알리네 다 시우바와 같은 가난한 사람들에게 조건부로 현금을 제공하는 프로그램이었다. 그는 또한 건설 등의 부문에서 최저임금을 인상하고, 새롭게 공식 채용된 수십만 명의 (대부분이 남성인) 노동자들에게 더 큰 협상권을 줬다. 그는 부채를 갚아서 국제 금융기관에 대한 의존도를 줄였고, 그 결과 브라질은 심지어 채권국이 됐다. 이 시기에 브라질 경제가 회복됐는데, 특히 세계 무역시장에서 경제가 호황을 이뤘다는 점도 도움이 됐다.

룰라는 더욱 민주적인 국제경제질서를 수립해야 한다고 강조했고, 남미국가 간의 자유무역지대인 남미공동시장 메르코수르 MercoSur를 강화하고자 했으며, 아프리카와의 교역을 늘렸다. 국제적으로는 소위 브릭스BRICS(브라질, 러시아, 인도, 중국, 남아공)의 힘을 강화하면서 세계 권력의 역학을 변화시킨 주동자 중 한 사람으로 간주됐다. 2010년 룰라는 《타임Time Magazine》이 꼽은 세계에서 가장 영향력 있는 지도자 중 한 명으로 선정됐다.[19] 그로부터 2년 후인 2012년에 룰라와 그가 후계자로 지명한 지우마 호세프Dilma Rousseff

의 계획하에, 제3장에서 언급한 1992년 유엔회의의 후속으로 유엔
지속가능발전정상회의United Nations Conference on Sustainable Development가
리우에서 개최됐다. '리우+20'이라 불리는 이 회의는 어젠다 2030
과 유엔새천년개발목표의 뒤를 이은 지속가능발전목표를 이끌어
낼 프로세스를 수립했고, 개발의제에 관한 권한을 기부자 클럽에서
보다 광범위한 범주인 국가에 넘겼다.

룰라의 재임은 빈곤문제가 선거를 통해 구제할 수 있는 정치적
선택임을 보여주는 듯했다. 그리고 그것은 분명 어느 정도 사실이
었다. 그러나 이후 브라질이 이룬 기적의 상당 부분에 의문이 제기
됐다. 경제학자들은 사회복지 프로그램과 급여 인상이 빈곤을 줄이
기는 했으나(중산층이 늘어났고 지니계수가 하락했다), 상위 10%와 하
위 90%의 격차와, 상위 1%와 나머지 국민들 간의 격차가 커져 가난
한 자와 부자 간의 (투자로 인한 부를 포함해) 부의 불평등이 증가했다
고 지적했다. 조건부 현금 지급은 시급한 의료비를 지불하도록 도
왔고, 중저소득층이 상품과 서비스의 수요를 움직이는 소비자가 되
도록 했다. 그러나 알리네 다 시우바와 같은 아프리카계 여성들이
바닥을 차지하는 브라질의 구조적 불평등을 바꾸지는 못했다.

브라질은 상위와 하위 간에 부의 불평등이 증가하는 전반적인
동향을 보여줬다. 1980년대 초부터 2008년까지 미국의 상위 10%
는 소득이 증가하면서 경제성장으로부터 100% 이득을 봤다. 반면,
하위 90%는 소득이 하락했다.[20] 상위 1%는 소득 비중이 60% 이상
증가했다. 왜 그리고 어떻게 이런 일이 일어났는가? 일례로, 1979년

미국에서 가장 성공적인 기업의 CEO들은 직원에 비해 평균 30%를 더 벌었다. 2013년에 이르렀을 때 이 수치는 300배로 증가했다.[21] 그러나 이게 전부가 아니다. 브라질과 미국 그리고 다른 국가들도 생산 영역에서 (2000년대 디지털 기술에 의해 급증한) 금융화, 탈규제, 조세정책으로 계속 변화하는 환경에 직면했다.

수십 년간 지속된 금융화와 탈규제는 조세정책과 맞물려 사적인 부와 공적인 부의 균형을 근본적으로 바꿔놓았다. 국가경제와 세계경제의 더 많은 부분이 금융 부문에 의해 주도되고 통제됐는데, 금융은 수십 년간 차등적인 세제를 적용받았다(그리고 실질적으로는 대부분의 과세에서 빠져나갔다). 그사이 재정적 여력을 만들고 사회복지에 투자하는 데 필요한 공적인 부는 구조조정이라는 처방하에서 맥없이 축소됐다. 미국 부동산시장의 거품이 터지면서 시작된 2008년 세계금융위기가 전 세계로 급속히 확산됐고, 그 결과 물가가 하락하고 성장률이 급강하했다.[22] 브라질은 처음 몇 년간은 그 위기를 놀라울 정도로 잘 견뎠으나, 결국 무너졌다.

불평등과 건강

2008년 세계경제가 하향 곡선을 그릴 때 세계보건기구 건강의사회적결정요인위원회가 획기적인 보고서를 발표했다. 이 보고서는 건강 형평성을 건강과 관련한 전체적인 발전을 이룬 후에 대응해야 할 문제가 아니라, 정책을 구성하는 출발점부터 고려해야 할 문제로 재구성했다. 이 보고서는 다양한 방법론을 통해 여러 연구를 조합해 "사람이 태어나고, 성장하고, 생활하고, 일하고, 늙어가는 환경"(즉, 인권의 실질적인 향유에 의해 영향을 받는 조건)이 건강에 무척 중요하다는 사실을 보여줬다.[23] 지난 몇십 년간 이뤄진 인권 활동이 교차적인 차별과 낙인, 그 밖의 다른 형태의 소외로 인해 어떻게 특정 부류의 사람들이 사회적 사다리의 아랫부분에 묶여 있게 되는지를 보여줬다면, 세계보건기구 건강의사회적결정요인위원회의 보고서는 부의 사회적 경사도social gradient가 어떻게 그 자체로 건강에 영향을 끼치는지를 보여주는 기존 보고서들을 강력히 뒷받침했다.

제2장에서 언급한 것처럼, 사회적 경사도가 건강에 끼치는 영향은 수십 년 동안 체계적으로 문서화됐다. 급증하는 사회역학 문헌들은 불평등이 여러 가지 방식으로 우리의 건강에 악영향을 끼쳤다는 점을 1980년대를 지나면서 더욱 분명히 보여줬다.[24] 매우 영향력 있는 한 연구에 따르면 "신뢰가 침식되고, 불안과 질병이 증가하고, 과도한 소비가 조장되는 등 불평등이 사회에 미치는 치명적인 영향"은 가난한 사람들만 아니라 부자들에게도 큰 영향을 주는 것으로 나타났다.[25] 그럼에도 불구하고, 학자들은 계속해서 불평등의 적절한 척도와 **우리가 왜 불평등에 신경 써야 하는가**(그것이 빈곤 및 사회적 배제와 연관됐고, 보다 포괄적으로는 민주적 거버넌스와 연관돼 있기 때문이다)에 대해 논쟁했다. 이 구분이 아주 중요한데, 브라질이 보여줬듯이 빈곤을 줄이더라도 불평등은 늘어날 수 있기 때문이다.

불평등과 민주주의

인권에 있어서 우리가 불평등에 신경 쓰는 이유를 구분하는 일은 중요하다. 그것은 건강권이 단순히 권리의 충분한 보장sufficiency guarantee인지, 사회와 국제질서에서 다양한 제도의 순서 배치를 다루기 위해 보다 포괄적인 조치를 요구하는지를 결정한다. 고대 그리스 철학자들부터 시작해 학자들은 극심한 부의 불평등이 민주주의에 치명적이라는 사실을 지적해 왔다. 부유한 엘리트들은 일반 시민들과 교류를 줄이고 자신이 사회를 지배할 능력이 더 많다고 믿기 시작한다. 아르헨티나의 독재정권은 '대중'에 대해 이러한 관점을 갖고 있었고, 남아공 아파르트헤이트는 인종과 계급에 기반한 분리를 제도화했다. 민주주의에서도 극심한 부의 불평등이 이러한 효과를 낼 수 있다. 따라서 민주주의의 인식적 가치는 정부의 공식적인 형태에 있지 않다. 70여 년간 제도혁명당이 지배했던 1990년대 초의 멕시코는 분명 '민주주의'였다. 후지모리 체제하의 페루, 제이컵 주마 체제하의 남아공도 마찬가지였다. 우리는 민주주의가 스스로를 통치하는 데 있어서 보통의 시민들도 발언권을 가질 수 있게 하기에 그 가치를 높이 평가한다. 실질적 민주주의는 정치제도의 구성원을 존엄성을 지닌 주체로 여기는 정치적 발현이다. 스페인 철학자인 마리아 잠브라노Maria Zambrano는 이보다 더 나아가, 민주주의는 단순히 사람들로 하여금 온전히 인간이도록 허용하는 것만이 아니라 인간이기를 요구한다고 주장한다.[26] 이와 같이 민주주의와, (건강권을 포함해) 인권과 민주주의의 관계를 보다 확실하게 이해하기 위해서는 단지 시민적 자유의 보호를 통해 사람들을 분리하는 것만이 아니라 서로를 인간화하는 상호작용 속에서 다양한 사람을 모으는 작업이 필요하다.[27]

그러나 엘리트 집단과 일반 대중 간에, 법과 정책을 만드는 사람들과 그러한 정책적 결정에 영향을 받는 사람들 간에 격차가 커지면, 이러한 조건들이 충족될 수 없다. 2010년대에 이르러 북반구와 남반구의 여러 국가에서 정치인을 포함한 엘리트들은 대체로 자신의 부를 이용해 공교육과 공중보건제도, 대중교통, 그리고 체조를 하고 사람들을 만나고 함께 어울리는 공적인 공간에서 벗어났다. 일례로, 브라질의 유명한 근대주의 조경예술가인 호베르투 부를리 마르스Roberto Burle Marx는 공적인 공간에서의 디자인 작업을 선호했는데, 그 공간이 "사람들에게 존엄성을 제공하기 때문"이었다. 내가 2015년 브라질에 갔을 때 코파카바나 해변 보도를 따라 만들어진 그의 상징적인 흑백 모자이크 '그림' 작품은 여전히 사람들이 산책할 수 있는 공적인 공간이었다. 그러나 2015년이 되자 민간 기업인 페이스북이 디지털 세상의 '글로벌 광장'이 됐고, 물리적인 현실인 리우는 브라질의 나머지 지역들과 마찬가지로 인종과 계급으로 극명히 분리돼 있었다. 대부분 유럽과 아시아계인 부유층들은 보안이 철저한 호화 주택가에 사는 반면, 아프리카계와 다른 혼혈 인종이 대부분인 가난한 사람들은 상수도와 기본 위생시설조차 없는 빈민가에서 뒤엉켜 살았다.

내가 리우를 방문한 지 몇 달이 되지 않아 지카바이러스 사태가 터졌다. 깨끗한 물이 없는 빈민가에 살고, 피임약을 구하기 어렵고, 배우자와 성관계를 타협하기 어려운 가난한 여성들은 모기 퇴치제만 뿌린 채 모기에 물린 경우 임신하지 않도록 주의하라는 말을 들었다. 임신을 한 경우에는 당시 브라질 법률하에서 낙태를 할 수 없었다. 정치적인 실패를 가난하고 힘없는 여성들의 책임으로 떠넘긴 브라질과 다른 여러 정부는 인권 중심적 접근법을 설계해 지카바이러스에 대응하고자 했다.[28]

건강에 대한 인권 중심적 접근법의 규정

유엔이 2003년 개발에 대한 인권 중심적 접근법의 기틀을 마련한 이후, 당시 유엔인권사무소의 나바네뗌 필레이Navanetham Pillay는 "권리를 더 쉽게 주장하고 이해하기 위한 메커니즘으로서" 프로그램 이행에 권리를 통합시킬 것을 권장했다.[29] 건강과 관련한 세계보건기구의 목적은 세계보건기구의 활동에 인권 중심적 접근법을 통합하는 역량강화도 포함하고 있었다.

인권 옹호자들은 유엔새천년개발목표의 중반부에 도달하자, 유엔새천년개발목표 5번에서 성·재생산 건강과 권리 문제들을 탈정치화함으로써 나타나는 여성 건강과 관련한 부정적인 실증적 결과들을 점차 인식하고 있었다. 즉, 출산 건강관리delivery care에 대한 수직적 접근법은 보건의료제도를 구축하거나 다양한 여성이 직면한 위험의 사회적 결정요인에 대응하지 못했다. 많은 여성단체가 유엔새천년개발목표와 거리를 두는 상황에서도 새로운 연합과 연맹이 출현했고, 모성 건강이 경제·사회·문화적 권리로서 그리고 성·재생산 건강과 권리로서 건강을 증진하는 공간이 됐다. 2007년에는 세계에서 가장 회원 규모가 큰 인권 비정부기구인 국제앰네스티Amnesty International가 전통적인 강령을 시민적·정치적 권리에서 경제·사회·문화적 권리를 포함시키는 것으로 확대하는 '존엄성을 요구하라Demand Dignity' 캠페인을 출범시켰다. 이 캠페인은 건강과 관련해서는 모성 건강에 초점을 맞췄다.

같은 해에 모성 사망과 인권에 관한 국제적 이니셔티브International Initiative on Maternal Mortality and Human Rights, IIMMHR(이하 IIMMHR)가 출범했다. 이 사업은 인권과 성·재생산 건강과 권리를 옹호하는 단체들과, 보건 서비스 전달 프로그램을 실행하는 단체들을 하나로 모았다. 10년 전만 해도 IIMMHR의 강령은 상상하기 어려웠을 것이다. 무엇보다도 IIMMHR는 "모성 사망이 초법적 처형이나 고문, 자의적 구금과 마찬가지로 인권침해가 될 수 있다"라는 인식을 증진하고자 했다.[30]

더 나아가, 초대 유엔건강권특별보고관을 역임한 폴 헌트는 유엔인권이사회에서 모성 건강과 관련한 인권 중심적 접근법에 대한 행동을 촉구하는 과정에서 중추적인 역할을 했다. 헌트의 리더십과 기관의 지원, IIMMHR를 위시한 시민사회의 역할이 하나로 뭉쳐지면서 2009년과 2010년, 2011년에 유인인권이사회는 유엔인권

사무소에 모성 사망과 인권 간의 연관성, 우수 사례, 그리고 「유엔기술지침」에 대한 보고서를 준비하도록 요청하는 일련의 결의안을 통과시켰다.[31]

인권 중심적 접근법에서 권리와 권리 소유자에 관한 건강 프레임워크의 규정: 성·재생산 건강과 권리와 재생산, 산모, 신생아, 아동 건강의 비교

「유엔기술지침」은 유엔인권이사회가 건강문제와 관련해 인권 중심적 접근법을 수립하고 회원국 정부들이 승인한 최초의 문서였다. 따라서 인권 중심적 접근법에 대한 설명과 관련해 다음과 같은 요소를 강조할 필요가 있다. (1) 모성 사망을 성·재생산 건강과 권리의 맥락에 놓는다. (2) 건강에 대한 일반적인 접근법과 인권 중심적 접근법을 구분 짓는 주요 사안들을 확립한다. (3) 인권 중심적 접근법이 국가의 예산 책정, 자국어화 그리고 건강권이 실제로 기능하는 방식에 대한 고찰을 독려하도록 한다.

첫째, 「유엔기술지침」은 재생산·산모·신생아·아동 건강reproductive, maternal, newborn, and child health, RMNCH(이하 RMNCH)에 기반한 의료 서비스 방식의 연속체와 반대로, 모성 건강을 더욱 폭넓은 성·재생산 건강과 권리의 프레임워크 안에 포함시켰다. RMNCH는 세계보건기구하에서 이러한 사안을 전문으로 다루는 이해관계자들을 위한 포괄적인 글로벌 기구로 설립된 '산모·신생아·아동 건강을 위한 파트너십Partnership for Maternal Newborn and Child Health'에서 유엔새천년개발목표 안에 제도화됐다.[32] 이는 의미론적semantic인 문제와는 거리가 멀다. 제2장과 제3장에서 논의한 것처럼, 여성의 건강권을 명료화하기 위해서 규범적으로 여성을 자녀 및 여성의 재생산적 역할과 분리시켜야 했던 상황을 상기해 보자. RMNCH 프레임워크는 (연계 네트워크의 필요성과 연관돼 있는) 보건의료제도 내에서 의료 서비스의 연속성이 필요함을 강조함에도 불구하고, 세계인구개발회의의 포부와 같이 여성을 자기 몸과 삶에 대한 주체성을 지닌 개인으로 대하지 않고 재생산적 의도와 역량으로 환원시켰다는 점에서 한 단계 후진했다.

이는 여성의 건강과 권리가 제도화되는 방법에 일련의 여파를 초래할 수 있다는 점에서 물러설 수 없는 지점이었다. 일례로, 브라질 정부는 '성적 권리와 재생산권에 대한 국가정책National Policy on Sexual Rights and Reproductive Rights'을 채택하는 등 유엔새천년개발목표 5번을 달성하기 위해 모성 사망과 관련해 다양한 조치를 취했다. 그럼에도 불구하고, 모성 사망과 질병률을 낮추기 위한 브라질의 핵심 이니셔티브와 전략은 RMNCH 중심적인 접근법을 채택한 스토크 네트워크Stork Network*였다. 우리는 **알리네** 사건에 대한 판결 이후의 후속 활동에서 의료 서비스 접근법의 연속체를 통해 생성되는 재생산 의도와 역량이라는 측면에서, 재생산에 대한 브라질 보건의료제도의 고도로 의료화된 접근법으로 인해 제도로서의 여성의 권

---

* 황새stork가 아이를 가져다준다는 전설에서 차용해 '황새 네트워크'라고 명명된다. 브라질에서 2011년 시작된 이 기념비적 보건정책은 모자 건강, 산부인과적 건강 증진, 아동 건강관리 등을 목표로 한다.

리가 크게 악화됐다는 사실을 발견했다. 분만과 분만 과정에 대한 여성의 선택을 의사가 대신해 버리는 절대적인 권력으로 인해 제왕절개 비율이 올라갔을 뿐 아니라, 임신과 분만 과정에서 침해적이고 폭력적인 또다른 개입도 증가하는 결과를 낳았다(가령, 자궁 수축을 가속화하기 위해 자궁 저부를 압박하고 옥시토신을 남용하는 경우).[33]

건강에 인권을 적용한다는 것의 의미와 그 중요성에 대해

보다 포괄적으로 「유엔기술지침」은 건강권 및 연관된 권리들에 대한 국제법적 기준이, 여러 맥락상 건강권이 기능하도록 하는 방법에 대한 다양한 이해와 불가피한 절충을 수용할 여지를 충분히 허용하면서도, 원칙이 있는 정책 지침으로 전환될 수 있다는 사실을 보여줘야 했다. 이처럼 서로 뒤얽혀 있는 목적은 다음과 같은 네 가지 요점을 보여준다.

첫째, 「유엔기술지침」은 **예방 가능한 모성 사망과 질병의 감축이라는 맥락에서** 적용된, **건강에 대한 인권 중심적 접근법**을 확립했다. 다시 말해서, 생물의학적 패러다임과 반대로, 인권 프레임워크는 질병에 따라 그 적용이 달라지지 **않는다.**[34] 더 나아가, 내가 이 책에서 주장하듯이 건강과 불건강의 패턴이 사회적 관계와 결정요인에 의해 유발되는 것으로 이해한다면, 인권 중심적 접근법은 다양한 인구집단에서 불건강을 유발하는 요인들을 변화시키고자 노력해야 한다.[35] 여성차별철폐협약위원회가 지적한 것처럼, 브라질에서는 알리네의 죽음이 브라질 보건의료제도에서 소외의 패턴을 보여주는 상징과 같았다. 브라질의 보건의료제도는 그 사회의 사회적·인종적·젠더적 불평등이 교차하는 모습을 반영하고 있다.

둘째, 우리가 논의한 것처럼 건강이 권리라면 보건의료제도는 단순히 개입과 상품의 전달 장치가 아니며 시장도 아니다. 보건의료제도는 그 사회의 실질적 민주주의의 속성을 반영하는 것이다. 따라서 「유엔기술지침」은 "성·재생산 건강의 상품과 서비스, 그리고 정보는 보건의료제도의 사용자와 제공자, 정책 결정자들로부터 시장에 의해 분배되는 상품이나 자선 활동이 아니라 기본 권리로 이해돼야 한다"라고 단언했다.[36]

브라질은 1988년도 헌법에서 건강권을 인식하고 SUSSistema Único de Saúde라 불리는 국민의료보험제도를 통해 건강권을 제도화했으나, 점차 시장화에 길을 내어주면서 보편적 제도universal system의 본질이 훼손됐다. 국민의료보험에서 부자들이 탈퇴하고 나머지 국민에 대한 예산이 축소되면서, SUS는 민간 서비스 제공자들과 협약을 맺는 경우가 점점 많아졌다. 2009년이 되자 민간의료 지출이 전체 의료 지출의 54%를 차지했다.[37] 성과 기준을 포함해 민간의료보험 계약의 한도를 설정하지 않음으로써 법과 규제에 큰 공백이 생겼고, 보건의료 서비스의 책무성과 공정한 서비스 전달에 심각한 영향을 끼쳤다.[38] 알리네의 죽음은, 여성차별철폐협약위원회가 민간 서비스 제공자에 대한 효과적인 규제의 실패라고 지적한 데서 볼 수 있듯이, 그러한 공백으로 인한 결과였다.[39]

더 나아가, 민주적 제도로 간주되는 보건의료제도 내에서 인권 중심적 접근법은 린 프리드먼이 말한 것처럼 "사람들과 그들의 정부 간에, 그리고 민관을 아우르는 포괄적인 보건의료제도를 형성하는 복잡한 관계의 시스템 안에서 권리와 의무의 역학"을 증진하고자 한다.[40] 이것은 일선 서비스 제공자와 환자에서부터 정책 결정자에 이르는 모든 단위를 포함하는데, 이를 위해서는 관계 속의 긴장을 전면으로 드러내고 눈에 바로 띄지 않는 장애물들을 점검해 보건의료제도 안팎에서 건설적인 책무성을 구축해야 한다. 브라질에서 우리는 여성의 권한이 박탈되고, 그들이 물건처럼 여겨지고, 의료 서비스 제공자들이 여성 환자에 대해 어떠한 의무감도 갖지 않는다면 보건의료제도에 건설적인 책무성이 있을 수 없다는 전제로부터 시작했다.

셋째, 건강권이 **진정한** 권리라면, 인권 중심적 접근법은 사법적 구제책을 포함해 다양한 형태의 책무성을 수반해야 한다. 외부적 강제 없이 실시할 수 있는 모니터링과 검토 및 행동으로 책무성의 범위를 축소시킨 국제 보건의 여타 '책무성 프레임워크'들과 달리[41], 「유엔기술지침」은 사법적 구제책의 확립을 요구할 뿐 아니라, (나중에 착상한 것afterthought이 아닌) **정책과 예산 사이클의 초기부터** 사법부와 기타 감독기구의 권한 및 독립성과 함께 충분한 기금과 인적자원의 확립을 요청했다.[42]

알리네 사건에서 여성차별철폐협약위원회는 실제로 정부가 충분한 구제 조치를 실시하고 재생산권에 대해 사법부 관계자들을 교육시킬 것을 요구했다. 후속 사업에서 우리는 알리네의 어머니와 딸에게 제공되는 구제책이 (모성 사망에 대한 단독 책임이 있는 경우가 드문) 일선 보건 종사자들에 대한 단순한 처벌로 끝나지 않고 시스템의 변화와 연계돼야 한다고 주장했다. 브라질의 연방 검찰청에 몇 가지 긍정적인 변화가 있는 것을 봤으나, 보건의 효과적인 감독과 관리 부분에서 눈에 띄는 문제도 있었다.

마지막으로, 사회권규약의 「일반논평14」와 2011년에 발표된 「경제·사회·문화적 권리 영역에서 국가의 역외의무에 관한 마스트리흐트 원칙Maastricht Principles on Extraterritorial Obligations of States in the Area of Economic, Social and Cultural Rights(이하 마스트리흐트 원칙)」, 그 밖의 다른 유관 연성법과 강성법에 근거해, 「유엔기술지침」은 기부자들에게도 해를 끼치지 않고[43] "자신들이 통제하는 민간 행위자들을 효과적으로 규제할 의무가 있다. 여기에는 제약회사, 상품 및 장비 제조자, 그 외 외국에서의 성·재생산 보건 서비스의 제공에 영향을 끼치는 기업들이 포함된다"라고 지적했다.[44] 건강권을 실현하기 위해서는 초국적 기업의 권력을 제한하고, 국내 규제만이 아니라 국제적인 역학을 바꿔야 한다는 사실은 이미 자명했다.

인권 중심적 접근법의 한계: 권리의 기능 방법을 규정할 수 있는가?

인권 중심적 접근법에서는 현실 세계에서 일어나는 지역적 논쟁의 가능성을 배제하지 않는 것이 중요하다. 다시 말해서, 모성 사망이나 국제법하의 다른 건강 관련 권리에 대응하는 조치의 **적절성**은 산과 응급진료의 중요성이나 제왕절개수술 비율의 적정 범위처럼 실증적 증거에 의해 어느 정도 결정될 수 있다. 국가적 조치의 **적절성**은 다양한 여성이 형식적 평등뿐만 아니라 실질적 평등을 향유할 자격이 있다는 규범적 전제에 의해 일정 부분 결정될 수 있다. 성·재생산 건강과 권리는 모든 여성이 질병과 고통으로부터 해방되고 사회에 온전히 참여할 수 있도록 한다. 마찬가지로, 적절성 역시 (산과 폭력을 포함해) 젠더 기반 폭력과 (여성차별철폐협약위원회가 지적했듯이 알리네와 같은 아프리카계의 빈곤 여성들에 대한 차별 등) 교차적 차별에 대한 원칙에 의해 결정될 수 있다. 적절성은 또한 (정보에 기반한 동의와 같은) 자치에 근거할 수도 있다. 건강권은 충분한 근거 없이 일상적인 경제적 우선순위에 밀려서는 안 되며, 권리의 축소가 불균형적으로 소외 계층에 영향을 끼쳐서도 안 된다. 건강권은 종합된 결과에만 초점을 맞추지 않고 모든 사람에게 건강권을 향유할 공정한 기회를 제공해야 한다. 물론 이러한 원칙들은 예산과 정책의 기획 및 결과, 이행, 모니터링, 감독에 영향을 끼친다.

그러나 인권 중심적 접근법은 일각에서 주장하듯이 하나의 건강 상태에 어느 정도의 보건 예산을 지출해야 하는지, 또는 존엄한 삶의 다른 측면들과 비교할 때 건강에 어느 정도의 예산을 지출해야 하는지에 대한 명쾌한 해답을 제공할 수는 없다. 또, 인구 밀집 지역과 달리 소외 집단이 거주하는 벽지 지역에서는, 물론 그 사람들이 공정한 기회를 누려야 한다고 정립할 수는 있지만, 무엇을 지출해야 하는지 구체적으로 명시할 수도 없다. 유엔새천년개발목표는 모자 건강에 대한 수직적인 개입과 에이즈를 비롯한 전염병에 대한 이러한 비민주적인 접근법을 증진했다.

제5장에서 설명한 것과 같이, 조약감시기구의 일반논평에서 나열한 광범위한 '핵심 의무' 목록으로 우선순위를 결정할 수도 없다. 앞으로 제7장에서 논의하겠지만, 건강과 관련한 우선과제를 수립하기 위해서는 다양한 맥락에서 공정하게 건강 요구를 충족시키는 방법을 결정할 수 있는, 민주적으로 정당한 절차가 있어야 한다. 정치적인 논란을 피할 방법은 없다. 따라서 인권 옹호자들이 원칙을 고수하기 위해서 또는 후퇴에 대한 두려움 때문에 대화를 통한 설득을 거부한다면, 그들은 건강권의 실질적인 영향을 제한하게 된다. 인권 원칙에 따라 이 과정은 다시 투명성을 요한다. 무엇보다 피영향 집단이 형식적인 논의가 아니라 정말 의미 있게 참여할 수 있는 기회를 포함해야 한다. 권리에 기반한 민주적인 보건의료제도는 발전과 관련한 문제와 시스템상의 장벽을 진단하고 구제 조치를 제안할 때, 피영향 집단의 목소리가 중요시되도록 해야 한다.[45]

브라질의 제왕절개수술 비율과 관련한 복잡한 원인을 드러내는 것은 보건의료제도의 구조적 문제와 그것이 반영하는 보다 큰 사회적 문제를 보여주는 좋은 예다. 이는 정책과 프로그램, 그리고 여성들 마음의 기저에 여성 건강권이 자리하도록 하는 가장 효과적인 방법에 대한 맥락적 지식과 집단적 고찰을 필요로 한다. 다시 말해서, 특히 브라질에서 제왕절개가 비록 산모와 신생아에게는 불필요하고 잠재적인 위험성이 크더라도, 의사에게는 위험성이 낮으며 사전에 일정을 잡으면 편리하다는 장점이 있었다. 둘째, SUS가 점차 민영화되는 상황에서 제왕절개는 민간병원의 좋은 수입원이었다. 셋째, 대부분의 의과대학에서 자연분만은 가르치지도 않았고 의사 교육에서도 제왕절개를 권장했다. 넷째, 브라질의 뿌리 깊은 **남성 우월주의**가 브라질 보건의료제도의 극단적인 생물 의료화 및 의사들의 제한 없는 재량권과 맞물려 여성의 비인간화와 여성 몸의 대상화를 조장했다.

더 나아가, 문화적으로 자연분만은 지저분하고 추하고 원시적인 것으로 묘사됐으며, 인권침해적인 보건의료제도가 이를 부추겼다. 제왕절개는 '근대적'이며 (중대한 복부수술로부터의 회복 기간을 제외하고는) 고통이 따르지 않았다. 또 불평등이 심각한 브라질 사회에서 부유층은 제왕절개와 함께 손톱 손질, 얼굴 마사지, 심지어는 복강 성형술까지 받을 수 있는 '리조트 클리닉'으로 가는 경우가 많았다. 가난한 여성들은 그런 부유층을 모방하고 싶어 했다. 결국, 욕망은 개인적인 현상이 아니라 우리가 선망하는 사람들이 무엇을 원하는가에 따라 형성되는 것이고, 르네 지라르René Girard가 말한 '모방 욕구'는 소셜미디어가 뿌리를 내린 오늘날 더욱 만연해 있다.[46]

따라서 산과폭력은 제공자에 대한 처벌적 제재와 추상적인 인권 원칙의 선언, 그 이상을 필요로 하는 체계상의 문제를 반영하며, 복잡한 제도와 사회에서 건강권을 행사하기 위해서는 더욱 난잡하고 맥락적인 질문과 숙의를 필요로 한다. SUS가 민주주의의 결정판으로 비치면서 브라질이 보건 서비스에 대한 포괄적인 참여를 위한 구조를 확립한 것으로 널리 알려졌지만, 여성의 권리는 형식적인 자문을 통해 다뤄지는 경우가 많았다. 결과적으로 우리는 브라질 방문 보고서에서 브라질 정부에 어떤 유의미한 토론과 논쟁이 필요한지 강조하게 됐다.

이는 사회정의를 위한 인권을 실천할 때 인식해야 할 중요한 점이다. 왜냐하면 '참여'라는 미사여구가 추한 현실을 가리는 경우가 빈번하기 때문이다. 젠더와 계급, 인종, 카스트 등 정체성에 기반한 사회적 차이의 구축이 권력을 보여주듯이, (언제나 정치적인 공간인) 소위 참여적인 포럼에서 **실질적인** 권력의 차이를 지우는 것도 권력을 보여준다. 낸시 프레이저가 지적한 것처럼, 동등한 사람들의 유의미한 참여가 이뤄지려면 먼저 부와 계급이 엇비슷해서 동등한 목소리와 기회가 허용돼야 하고, 인정recognition 및 사회적 지위, 문화가 비슷해서 이들이 상호작용할 때 서로가 동등하게 존중될 수 있어야 한다.[47] 실제로 배경 조건의 격차가 큰 상황에서 정부와 민간 영역, 보건 종사자, 일반 시민 등 모든 이해관계자가 동등한 위치에서 교류할 수 있는 것처럼 가장하는 이러한 포럼들은 권력의 근본 구조를 바꾸는 데 아무런 영향도 끼치지 못하는 민주적인 의사결정의 가면극을 만들어 낸다.

인권 중심적 접근법 계획들의 진화

알리네 사건의 후속 조치가 「유엔기술지침」을 이용한 유일한 사례는 아니었다. 유엔인권사무소는 유엔인권이사회에 「유엔기술지침」의 잠재적인 적용과 활동에 대해 세 개의 후속 보고서를 제출했다.

IIMMHR 회원들과, 우간다에서 멕시코에 이르기까지 무수히 많은 시민사회단체로부터 유기적인 접근법들이 쏟아져 나왔다. 일례로, 페루에서는 제4장에서 언급한 시민사회건강 포럼과 함께 케어페루 CARE Peru가 지역의 보건 종사자들을 조직해 지구 단위의 의사결정에 의견을 냈다. 인도에서는 사하요그SAHAYOG가 모바일 기술을 이용해 시설의 사회적 책임성을 증진했다.[48] 트리트먼트액션이 달성한 엄청난 변화에 비해서는 다소 작았지만, 이러한 변화들은 지속적으로 서발턴subaltern*적인 저항과 의식의 공간들을 구축했다. 이러한 공간들은 장기적으로 볼 때 건강에 인권을 적용함으로써 얻을 수 있는 가장 중요한 성과 중 하나가 될 가능성이 높다.

더 나아가, 유엔인권이사회가 「유엔기술지침」을 환영하는 결의안을 통과시키자마자 아동 건강과 관련해 또 다른 지침이 도입됐다. 인권 중심적 접근법이 정부 간 문서만이 아닌 유엔특별절차에 의한 지침으로서, 서비스를 제공하는 비정부기구들의 프로그램 지침으로서 확산되기 시작했다. 다양한 방법을 통해 법률과 정책, 실행, 권리의 상징적 전용에 대응하기 위한 유기적인 노력들은 현장에서 권리 실행을 가로막는 장벽들에 대해 매우 유용한 정보를 제공했다.[49] 그러나 이처럼 고무적이고 유용한 사례들은 (적절하게) 맥락화되는 경우가 많았다. 대부분의 경우 인권 중심적 접근법이 특

---

* 여성이나 노동자, 이주민과 같이 권력의 중심에서 배제되고 억압을 당하는 사람 또는 그런 무리를 뜻한다.

정 질병에 한정됐으며, 타협에 도움이 되지 않는 추상적인 원칙들을 제시하고, 상향식 협상과 동등한 참여에 필요한 조건들을 무시하고, 민주국가에서 구제 조치가 하는 중요한 역할을 간과하거나 과소평가했다.

인권 중심적 접근법의 영향을 측정하려는 노력이 빠르게 뒤를 이었는데, 그 정의가 매우 다양해서 문제가 더욱 복잡해졌다. 2013년 세계보건기구는 인권 중심적 접근법이 여성과 아동의 건강에 끼치는 영향의 증거를 분석한 단행본을 발간했다. 관련 영역에서 최초로 등장한 이 연구는 정부, 특히 보건부의 인권 중심적인 건강 관련 개입 프로그램들의 효과를 보여주는 증거에 초점을 맞췄다.[50] 2014년이 되자 많은 사람이 인권 중심적 접근법의 동향을 우려의 시선으로 바라봤다. 당시 나는 그러한 접근법이 잠재적으로 권리를 보다 쉽게 이해하고 주장할 방법을 제공할 수는 있겠지만, 나비 필라이Navi Pillay가 제시했듯 "인권 중심적 접근법이 특정한 사람들을 조직적으로 소외시키고 성·재생산 건강과 권리 등의 인권침해에 노출시키는, 본질적으로 난잡하고 논란을 야기하고, 정치적이고 맥락적인 문제들을 얼버무리는 기술관료적인 공식으로 전환되지 않는 것이 중요하다"라고 우려한다.[51] 물론 전부 그런 것은 아니지만 너무도 많은 인권 중심적 접근법이 네오코스모스Neocosmos가 주장했듯이 "국가가 인권을 부여해 주도록 애원하는"[52] 것으로 환원되고 있었고, 우리는 건강에서의 인권 적용이 전환적인 변화를 가져오는 데 반드시 필요한 인권과 해방적 정치 간의 연관성을 놓치고 있었다.

건강정의 구현을 위한 법원의 역할

정치적인 통로가 막혀 있는 상황에서 알리네 사건을 비롯한 여러 사건의 구제책을 초국적 포럼에서 찾고자 하는 노력이 커지면서, 사람들은 권리 실현을 위해 법원으로 눈을 돌렸다. 세계적으로 건강권 소송은 에이즈 치료를 위한 항레트로바이러스제의 접근권 관련 초기 소송들에 의해 길이 열렸다. 그러나 소송은 순식간에 에이즈를 넘어선 다른 영역들로 확산됐다. 모성 사망 사건에 대한 소송이 인도에서부터 우간다에 이르는 여러 국가에서 진행됐다.[53] 소송은 다양한 문제(가령, 정신건강이나 환경보건)와 인구 집단(가령, 장애인, 성노동자, 약물 사용자)을 포괄했고, 공적 제도와 함께 공공 부문 행위자만이 아니라 민간 부문 행위자에 대한 규제 문제(가령, 보험 계약의 취소)도 점점 더 많이 다루게 됐다.[54] 건강 관련 권리에 대한 소송은 때로는 (인도와 같이) 생명권과 기타 자유에 대한 확대 해석에 기반했으며, 제도적 정책만이 아니라 정치적 담론에도 영향을 끼치기 시작했다.

변혁적 헌법을 가진 여러 국가에서 건강권은 실질적인 법적 권리로서 성숙함에 이르렀고, 다른 헌법들에 대한 형식주의적 해석을 확장하는 용도로 사용되고 있었다. 그러나 남미에서 (전부는 아니지만 대부분 개별 자격individual entitlement을 위해) 보호영장 조치를 취하는 건강권 소송이 급증하면서 건강에 대한 **권리**가 건강 평등성을 개선했는지, 또는 보건의료제도와 사회에서 불평등을 악화시켰는지에 대한 견해가 양극화되는 결과를 낳았다.

브라질과 중남미에서의 사법화: 쟁점과 논란

브라질에서 건강권 소송과 관련한 논쟁 중 일부는 다른 지역으로 일반화돼 적용될 수 있다. 첫째, 1988년 헌법에 규정된 건강권에 대한 포괄적인 개요에도 불구하고, 1990년대 이후 제기된 수십만 건의 건강권 소송 중 다수는 약물 치료와 같은 건강상 권한에 대한 개인의 접근성을 보장하기 위해 마련된 잠정적인 보호조치를 이용했다. 이러한 동향은 지역 전반에서 두드러졌다.[55] 옥타비오 페라즈Octavio Ferraz나 대니얼 왕Daniel Wang과 같은 비평가들은 사법화가 새치기, 즉 소송과 서비스를 이용할 수 있는 사람들이 다른 사람들에 비해 특별 대우를 받는 상황을 조성함으로써 **형식적 평등**(비슷한 상황에 있는 모든 환자를 동등하게 처우하는 것)을 훼손했다고 주장했다. 둘째, 비평가들은 법원이 제시하는 값비싸면서 임상적으로는 입증되지 않은 치료들이 **실질적 평등**(브라질을 포함한 중남미국가들처럼 불평등이 심각한 사회에서 사람들이 평등하게 건강권을 누릴 수 없도록 하는 불평등에 대응하는 조치를 취하는 것)을 저해한다고 주장했다.[56]

그러나 주앙 비엘João Biehl, 마리아나 소칼Mariana Socal, 조 에이몬Joe Amon과 같은 학자들은 소송이 브라질의 부유층에 혜택을 준다는 주장은 실증적 증거에 근거해 정당화되지 않는다고 주장한다.[57] 또 대니엘 보르헤스Danielle Borges와 같은 학자들은 개인화된 소송이 불공정과 비효율성을 만들어 내기 때문에 2012년 브라질 정부가 보건기술평가기구를 설립한 것처럼 정부로 하여금 의사결정을 합리화하고 보다 공정한 결정을 내리기 위한 조치를 취하도록 만든다고 주장했다.[58] 마리아나 모타 프라도Mariana Mota Prado는 소송이 공정성에 미치는 영향에 대한 논쟁이 사법적 집행의 또 다른 중요한 측면, 즉 브라질의 복잡한 보건의료제도에서 규범적 책임성 및 감독의 증가를 간과하게 만든다고 지적했다.[59]

내가 볼 때 브라질과 다른 중남미국가에서 재판을 통한 건강권의 집행은 복잡한 현상으로, 법제도 및 보건의료제도는 물론 보다 거시적인 관점을 통해 다양한 형태로 나타나는 영향을 조사하는 것이 중요하다. 현재까지, 사법적 결정으로 인해 다른 사업으로 갈 예산이 전용되거나, 소송 외의 다른 방식을 택했을 때 불투명하고 단편적인 우선과제 수립절차가 빈곤층에 우호적으로 수행될 것이라는 실증적 증거는 거의 없다. 더 나아가, 브라질이 아닌 콜롬비아와 아르헨티나에서도 이러한 사건 대다수는 관련법의 준수와 규제적 허점의 문제로 보는 것이 더 적절하다. 즉, 사회보험제도에서 보장된 권리가 실제로 제공되지 않거나 부실하게 규정됨으로써(가령, 혈관 성형술이 스텐트 시술*을 포함하는가) 사법적 행동주의가 아닌 사법적 분노를 부추기는 것이다. 정부가 제대로 기능한다면 그러한 사건들은 수혜제도의 규제와 정의의 증진으로 이어지겠지만, 그렇지 않은 경우가 많다.

* 협착된 부위의 혈류를 개선시키기 위해 그물망을 설치해 혈관을 넓히는 시술이다.

일각에서는 건강권의 사법화가 공급과 수요 간의 격차에 의한 것이라고 주장한다. 실제로 여러 사례에서 보건 개혁을 통해 사회 보험의 보장 대상이 확대됐다.[60] 우리가 개인 소비자의 선택과 행동보다 민주주의의 기능에 더 초점을 맞춘다면, 브라질과 같이 변화하는 건강권의 모습에 대응하고 관련 행위자들을 규제할 수 있는 정치적인 통로가 만성적으로 제대로 작동하지 않는 상황에서, 보다 우호적인 기회 구조에 의존하는 것으로 소송을 이해할 수 있다. 중남미에서 소송은 심각한 (그리고 갈수록 커지는) 사회적 불평등과 극도로 파편화되고 의료화된 보건의료제도와 밀접하게 연관돼 있다. 그러한 보건의료제도는 제대로 규제되지 않으며, 너무도 빈번하게 일관된 논리나 공적 정당화 없이 우선과제가 정해진다.

예를 들어, 아르헨티나의 희귀 질환 백신orphan vaccine 제조, 콜롬비아의 빈곤한 주의 보건 조건과 관련한 중남미의 중요한 집단 소송에 주목하지 않는 것은 진실을 오도할 수 있다. 또한 적절한 규제가 없는 상황에서 중남미의 법원들이 민간의료 서비스 제공자나 보험회사, 보건의료제도 내의 관련자들에 대해 헌법적 정당화의 중요한 기준을 제공했고[61], 건강에 악영향을 미치는 제품의 정보와 마케팅의 기준을 제공했다는 점도 주목해야 한다. 법원은 또 소외 집단에 속하는 원고가 관료행정으로 인해 갖는 부담(가령, 수혜를 받기 위해 빈곤 수준을 입증하는 것, 모자 건강에 대한 지방정부의 예산 배정)을 완화시키기 위해 입증 책임을 전환했다. 그러나 마찬가지로 자격과 관련한 대다수의 건강권 소송이 (빈곤층에 더 영향을 끼칠 가능성이 있는) 건강의 전제 조건이나 사회적 결정요인이 아닌 치료적 처치와 관련돼 있다는 점도 기억해야 한다.[62] 더 나아가, 이와 같은 보건의료제도와 사법제도, 민주주의 기능에 대한 사법화의 '일상화'에는 거래 비용이 들어간다.[63]

요약하자면, 건강권의 사법적 집행에 대한 개괄적인 묘사는 오랫동안 또는 다양한 맥락에서 지속될 가능성이 낮다. 따라서 건강권이 집행될 수 있는지 묻는 기존 질문에 대한 답만으로는 충분하지 않았다. 우리는 이제 어떤 상황에서 사법적 집행이 보건의료제도 전반에서 공정성과 책임성을 증진하고 보다 폭넓은 사회적 평등을 증진할 수 있는지에 대한 답을 찾아야 한다.

구제 조치의 재구성: 판결을 이용해 정치적 행동을 촉진하다

여러 국가에서 법원은 적어도 **브라운 대 교육부** 소송 이후 구제 조치를 이용해 정부의 정치적 기관들이 행동하도록 촉진하고자 했다.[64] 1989년 퀘벡 정부는 캐나다권리와자유헌장Canadian Charter of Rights and Freedoms의 '그럼에도 불구하고notwithstanding 조항'을 적용해 이 헌장 하에서 표현의 자유에 위배되는 불어 표지판에 대한 캐나다 대법원의 결정을 '기각'시켰다.[65] 이 결정은 일반적으로 마크 투쉬넷Mark Tushnet의 '약한 형태'의 사법적 검토[66] 또는 가가렐라가 말한 견제와 균형 제도의 '대화적 이해'의 출발점으로 인용된다.[67]

론 풀러Lon Fuller의 표현을 빌리자면, 개입에 대한 하나 이상의 자격에 영향을 미치는 결정은 본질적으로 '거미줄' 같은 영향으로 얽혀 있고[68], 입법부와 행정부에 적합한 방식으로 공공정책과 다양한 이해관계 사이에서 균형을 잡아야 할 필요가 있다. 따라서 이러한 형태의 재판을 통한 구제 조치들은 특히 공중보건 관련 사안들에 적절한 것처럼 보였다. 실제로 공중보건 사안들은, 제5장에서 논의한 트리트먼트액션 모자감염 억제약 사건, 인도의 식량권, 아르헨티나의 공해, 콜롬비아 보건의료제도의 이행 원칙 등 다양한 차원과 형태로 된 대화적 구제책의 주제가 됐다.

인도와 아르헨티나에서는 법원이 의료 서비스를 넘어선 여러 사안에서 그와 같은 열린 구조의open-textured 절차를 이용했다. 인도에서는 대법원이 보건의료 및 식량과 같은 다른 사안들을 삶의 조건에 대한 헌법상 권리로 해석했다. 2001년 '식량권' 침해를 주장하는 영장에 대한 진정서writ petition가 인도 대법원의 공익소송제도 아래 제기됐다.[69] 법원은 국가가 생명권(식량)을 침해했으며, 보관 및 유통 문제로 인해 유발된 식량 부족을 개선하라고 명령했다. 따라서 모성 사망과 관련해 **알리네** 사건과 마찬가지로, 법원은 굶주림이 자연스럽거나 불가피한 문제가 아니며 명백히 정책과 정부 결정의 산물임을 인정한 것이다.

법원은 또 이 사건을 진행형으로 두고 사건 진행 과정에서 일련의 임시 명령서interim order를 발부했다. 중요하게는, 법원 명령만으로는 영속적인 사회변화를 이루기 어렵다는 견해에 따라 2001년 식량권캠페인Right to Food Campaign이라는 시민사회단체가 설립됐다. 따라서 이 사건은 트리트먼트액션과 비슷하게 관련 사안을 진전시키기 위해 법원을 '망치'로 사용하는 정치 중심적인 캠페인이었다.[70] 대부분의 학자들은 용두사미로 끝나버린 다른 여러 판결에 비해 이 사건이 크게 성공한 이유가 서로 연결되는 사안들(부패, 고용, 여성의 역량강화, 사회보장연금, 통합적인 아동 발달 서비스)에 대해 이 캠페인이 지속적으로 압력을 가했기 때문이라고 봤다.[71]

아르헨티나에서 마탄사 리아추엘로강 유역의 환경 훼손이 인근 주민들의 건강에 심각한 영향을 끼쳤던 **멘도사**Mendoza 사건은 아르헨티나 대법원에서 여러 단계를 거쳤다. 2008년 대법원은 정부 당국의 파편화되고 중첩된 책임성과 정책적 의지의 결여가 문제의 원인이라고 보고, 중앙과 주 및 지방정부에 하천 유역을 정화시키고, 배수와 위생 체계를 수립하고, 비상계획을 수립해 그간의 피해와 앞으로 발생할 피해에 대응하도록 명령했다.[72] 그러나 정화사업의 이행 전략은 대법원이 규정하지 않았다.

이행 과정에는 여러 차례에 걸쳐 대법원의 후속 판결이 필요했는데, 국제기구들의 상당한 재정 지원 덕분에 하천 유역과 바다에서 수천 톤의 쓰레기를 치우고, 규제와 감독을 강화하고, 오염 지역에 거주하는 주민들을 이주시킬 수 있었다. 그러나 정화사업은 불충분하고 느리게 진행됐다. 더 나아가, 전반적으로 빈곤이 감소하기는 했으나 지방자치제 간에 재원을 조달하는 역량의 차이로 주민들이 이전한 빈곤 지역들 사이에서 불평등이 생겼다. 시걸Sigal, 로시Rossi, 모랄레스Morales는 대법원의 그러한 명령들이 준수해야 하는 단계를 늘리고 제도적 결함을 드러내 다시 이에 대한 반응이 나타난다고 주장했다.[73] **멘도사** 사건에서는 환경관리계획을 이행하기 위해 '관할정부 간 하천 유역 관리소(스페인어 약어 ACUMAR)'가 설립됐고, 법원 명령 이행을 감시하는 새로운 기구가 마련됐다.[74]

인도의 경우와 같이 시민사회의 참여가 **멘도사** 사건을 공적 의제에 올려놓는 데 필수적인 역할을 했다. 아르헨티나 대법원은 몇 년간 공청회를 개최한 후 2016년에 시민사회가 명목상이 아닌 유의미한 참여를 할 수 있도록 기준을 마련했다.[75]

콜롬비아: 보건의료제도 재구성을 위해 인권을 적용하다

콜롬비아의 변혁적 헌법은 본질적으로 신자유주의 교리에 따라 설계된 1993년도 보건의료제도와 바로 충돌했다. 법률100Law 100*은 '공식' 고용자와 '비공식' 고용자 간의 불공정성을 견고히 하는 이중 체계, 부실하게 정의되고 설계된 보험 혜택, (처음부터 부족했던) 강력한 규제와 감독을 요하는 복잡한 '관리된 경쟁' 시스템 등 수많은 결점을 갖고 있었다. 중남미의 다른 국가들과 같이 보건 개혁은 공적인 견제와 검토가 거의 이뤄지지 않은 채 대체로 칙령에 의해 파편적으로 채택됐다.[76] 적절한 감독이나 규제가 없었고, 시스템 설계상의 문제로 인해 법원을 탈출구로 이용하는 경우가 증가했다. 1991년도 헌법에서 확립된 분산형 헌법 관할권diffuse constitutional

---

* 정부의 연금 계획을, 정부가 후원하고 통제하는 민영화된 의료보험과 연결시킨 콜롬비아의 법안이다. 1993년 비준됐다.

jurisdiction 아래 해마다 건강권 침해에 대한 수만 건의 **보호영장**이 법원에 청구됐다.

2008년 헌법재판소는 행정부(정부 보조형 제도의 자격 기준, 관료 행정에 따른 장벽을 낮출 의무 등)와 입법부(법률에서 지향한 바와 같이 기여형과 보조형 제도의 통합에 대한 예산 제공)의 정책에 대한 헌법적 기준을 반복적으로 강조한 후에, 보건의료제도의 주요 요소를 재구성할 것을 요구하는 포괄적인 판결을 내렸다(T-760/08). 헌법재판소는 건강권이 이전 판례들에 따라 기본권에 속한다고 재차 강조하면서 보편적 의료보장을 달성하고, 이중 체계를 갱신 및 통합하고, 의무 프로그램(스페인어 약어 POS)에 속하지 않고 법원이 명령한 의료 서비스에 대해 정부가 민간 보험업자에게 지불하는 환급 수준을 합리화하도록 요구했다.[77] 마누엘 호세 세페다Manuel José Cepeda 판사가 내린 이전의 구조적 판결(T-025/04)이 그랬듯이, 2008년도의 판결은 헌법재판소 내의 검토위원회와 특별 단위로 하여금 후속 조치를 진행하도록 명령했다.[78]

다른 학자들과 마찬가지로 나는 대화적 구제책과, 찰스 사벨 Charles Sabel과 윌리엄 사이먼William Simon의 표현대로 '실험주의적 규제'를 이용한 이 판결을 극찬했다.[79] 그럼에도 불구하고, 이 프레이밍에 젠더 관점이 결여됐으며 그로 인해 **모두**를 포용하는 공간으로서 보건의료제도의 비전이 제한됐다는 점을 지적할 필요가 있다. '건강'이라는 개념은 질병이 없는 생물의학적 상태며, 이때 질병은 임상의의 과학적 전문성에 의해 결정되는 의료 서비스를 이용함으로써 해결되는 것이다.[80] 헌법재판소는 「일반논평14」의 '존중, 보호, 충족' 프레임워크를 채택하지만, 국가가 어떻게 건강권의 존중 및 보호에 실패할 수 있는가에 대한 설명에서 재생산 건강의 사례는 단 하나도 포함시키지 않고 있다. 이는 당시에 치료적 낙태를 허용하는 헌법재판소의 C-335/2006 판결을 집행하기 위해 법원에 **보호영장**이 신청되고 있었다는 점에서 특히 주목할 만하다.[81] 실제로, 헌법재판소는 그 정당성에 대한 논의 없이 건강권에서 연역적으로 배제될 수 있는 사항의 사례로서 여성의 불임 치료를 들고 있다.[82] 또한, 이 판결은 공식 노동자와 비공식 노동자를 위한 제도들 간의 구분이 어떻게 불균등하게 여성들에게 더 피해를 주는지에 대해서는 아무런 언급도 하지 않는다. 여성들은 남편의 지위에 의존하거나(이는 아동도 마찬가지인데, 아동에 대해서는 구체적인 언급이 있었다) 비공식 영역에 더 많이 종사하기 때문이다.

T-760/08 판결로 인해 우리베Uribe 정부의 미숙한 초기 대응과 (헌법에 위배되는 것으로 금방 드러난) 권위주의적 칙령에 의해 촉발된 건강권에 대한 인식이 높아지는 등 다양한 영향이 나타났다. 청구인 22명이 제기한 모든 직접적인 배상 청구가 해결됐고, 시간이 지나면서 **보호영장** 청구가 단순한 접근성 문제에서 부차적인 서비스와 품질 문제를 다루기 시작했다.[83] 소외 집단들은 여전히 의료 서비스를 이용하는 데 상당한 장벽을 경험하기는 하지만, 보험 혜택의 통합으로 빈곤층의 의료 서비스 접근성이 증가했다. 보험 혜택의 정기적인 갱신 등 상당한 제도적·절차적 변화가 있었다.[84] 그럼

에도 불구하고 콜롬비아의 고도로 생물의학적인 보건의료제도는 여전히 제대로 규제되지 않으며, 힘 있는 기업에 휘둘리고 부정부패와 정치적 연고주의, 심각한 불공정성, (특히 성·재생산 건강과 권리에서의) 인권침해 등의 문제를 안고 있다. 이는 콜롬비아 사회의 사회적 불평등을 반영한다.

다수의 콜롬비아인들은, 정치조직의 무관심과는 대조적으로, 헌법재판소를 민중의 수호자라고 믿는다. 헌법재판소는 다른 사건과 마찬가지로 이 사건에 대한 공청회를 열었는데, 후속위원회를 맡았던 전직 부치안판사 에베랄도 람프레아Everaldo Lamprea는 그러한 공청회가 정부에 상당한 압력을 가하는 진정한 숙의의 공간이라고 묘사했다.[85] 다른 사람들은 덜 낙관적인 입장으로, 헌법재판소의 공청회가 유의미한 숙의 없이 단순히 다양한 정치적 입장과 권력관계를 드러낼 뿐이었다고 지적했다. 그럼에도 불구하고, 후속절차를 통해서 시민사회는 2015년에 발효된 새로운 건강기본법Statutory Framework Law on Health에서 그러한 핵심적인 역할을 할 수 있었다.[86] 이 책의 초판이 인쇄에 들어갈 당시 그러한 법적 틀을 실행하기 위해서 건강에 관한 '유기적 법률'(민법)에 대한 논의가 이뤄질 예정이었다.

2008년 이후 행정부와의 대화는 다양한 국면을 거쳤다. 더 나아가, 헌법재판소는 정치적 행동을 촉진하기 위한 목적의 포괄적인 명령에서 벗어나 구체적인 명령으로 옮겨 갔는데, 전반적으로 그 효과는 입증되지 않았다.[87] 헌법재판소는 또 점점 더 보수화됐고, 대대적인 후속 작업이 필요한 구조적인 구제책에는 흥미를 잃은 듯 보였다. 2018년 이반 두케Ivan Duque 대통령의 선출 등 정치적인 상황으로 인해 현재 재임 중인 판사들은 T-760/08 판결을 종결시키려고 하고 있을지도 모르겠다.

요약하자면, 건강 관련 사안들의 사법화를 둘러싸고 복잡한 정치경제학이 존재한다. 다른 한편, 건강의 단절되고 기술적인 특성으로 인해 정책과 우선과제가 면밀한 공적 조사를 거치는 일이 드물며, 정치화와 지대추구에 휘둘리는 분야의 우선과제는 민주적인 수용은 고사하고 일관된 논리에 의해 정당화되지 않는다. 그 결과, 사람들은 구제책을 얻기 위해 법원에 의지하게 됐는데, 그러한 구제책은 각 국가들의 헌법이 만들었다.

개인의 보호영장소송이 고장 난 제도에 따른 기회를 활용할 때, 키스 사이렛Keith Syrett이 주장한 것처럼, 이와 같은 포괄적인 판결은 잠재적으로 "정책과 판결에 대한 논증과 추리 및 설명이 공적으로 증진 및 검토될 수 있는 공간"을 제공하고 "그러한 결정은 '교육적인' 역할을 하며, '정의와 공적 이성이라는 정치적 가치에 부합하는 헌법적 문제를 해결하기 위해 포괄적인 정치적 논의가 원칙에 입각한 형태를 취하게' 한다".[88] 우리가 보건의료제도를 한 사회의 사회적 기관으로 이해한다면 이러한 규범적인 역할이 필수적이다. 또 사법 권력에 대한 자유주의적 이해와 같이, 이러한 창의적인 구제책에서는 법원이 구체적인 행동을 명령하지 않고 오히려 시민사회의 압력과 연대해 정치적 의제를 재구성한다는 점을 주시해야 한다.

이러한 판결들은 또 법적동원과 사회동원 간의 이분법이 허위

임을 보여준다. 콜롬비아 법학자인 로드리고 우프림니Rodrigo Uprimny
는 "특히 특정 유형의 권리 투쟁과 연관돼 있을 때, 사법적 개입은
사회집단의 역량을 강화하고, 그들의 사회적 및 정치적 행동을 촉
진하는 한도 내에서 사회적·정치적 운동의 기제로서 작동할 수 있
다"라고 설명한다.[89] 결국, 건강의 기저를 이루는 조건을 변화시키
는 일은 **알리네** 사건과 같은 재생산 건강, 식량, 공해 또는 제도 그
자체 등 건강과 관련된 사안들을 둘러싼 정치적 기회 구조를 열기
위해 법원과 초국적 포럼을 포함한 권리 전략들을 사용하는 것에
달려 있다.

결론

알리네 사건에서 아마도 가장 큰 아이러니는 알리네가 사망한 이유
가 아이를 원했기 때문이 아니라, 더 이상 원하지 않았기 때문이라
는 점일 것이다. 베우포르드호슈에 있는 병원은 자녀가 두 명 있는
여성에 한해 난관결찰술을 시술하도록 한 정부 규제를 따르지 않
는다고 알려져 있었다. 알리네는 아이를 한 명 낳은 후 더 이상 아이
갖기를 원하지 않았다. 그래서 브라질의 비효과적인 가족계획 규제
를 지키지 않는 것으로 알려진 민간시설을 선택했다. 그녀는 결국
산과 서비스에 대한 비효과적인 감독 때문에 사망했다.

되돌아보면, 역사적인 **알리네** 사건은 국제 인권법에 따라 계

산된 구성품이지만 특이한 점들이 있었다. 알리네의 어머니인 돈나 로르데스Doña Lourdes는 우연히도 중남미의 저명한 페미니스트 중한 명인 소니아 코레아Sonia Correa의 어머니를 돌보는 일을 하고 있었다. 유엔새천년개발목표가 전 세계의 관심을 모성 건강으로 이동시킨 후, 재생산권센터는 모성 건강을 부각시킬 수 있는 사건을 찾고 있던 시점에 코레아가 알리네의 어머니를 재생산권센터에 연결시켜 줬고, 그 결과 획기적인 선례가 됐다. 기술적 후속위원회Technical Follow-Up Commission의 긍정적 및 부정적인 조사 결과가 브라질 정부에 제출돼 논의됐다.[90] 그 방문과 다양한 행위자들과의 광범위한 대화 그리고 보고서 덕분에 한동한 지역에서 대화가 재개될 수 있었다고 한다. 정치가 개입하기 전까지 말이다.

2011년 여성차별철폐협약위원회가 **알리네** 사건에 대한 결론을 발표했을 때, 브라질은 세계에서 가장 **빠르게** 성장하는 경제국 중 하나였다. 그럼에도 불구하고, 2015년이 되자 상품시장이 하락했고 브라질은 높은 실업률, 긴축재정, 정부 계약과 관련한 부정부패 스캔들에 시달리고 있었다.

알리네 판결이 나온 해에 세계은행은 융자팀을 통해 혁신적인 부분적 신용보증을 제공하겠다고 발표했다. 건설회사 오데브레히트Construtora Norberto Odebrecht S.A.는 그 제도를 통해 수십억 달러에 달하는 브라질의 건설 계약에 대한 보증 증서를 얻을 수 있었다. 이 자금조달 모델은 시작부터 정경유착의 가능성을 **빤히** 담고 있었다. 그래도 세계은행은 브라질에서 그 모델을 시행했고 이후 중남미 전역으로 확대했다. 2016년 8월 브라질 의회는 오데브레히트 계약과 연관된 부패 혐의로 호세프 대통령을 탄핵했다.[91] 2017년에는 (2018년 대선 유력 주자였던) 룰라도 오데브레히트와 연관된 부패 혐의로 기소됐다. 비록 많은 사람이 그의 재판이 조작됐다고 주장했지만, 룰라는 2018년 국민들의 엄청난 분노 속에서 유죄가 확정되고 실형을 선고받았으며 2019년에 다시 유죄판결을 받았다.

여기서 반론의 여지가 없는 사실은 2016년 12월에 호세프를 탄핵시킨 보수파가 장악한 의회가 국제법 의무를 위반하고 향후 20년간 공적 지출을 동결시키는 개헌을 통과시켰다는 점이다.[92] 연방 예산 내에서 보건 관련 지출이 2017년에만 17% 하락했다. 그해에 여성의 사회적 및 법적 역량강화사업을 위한 예산은 52%가 삭감됐고, 여성폭력 관련 서비스 제공 건수가 15% 하락했다. 식량안보사업에 대한 예산 삭감으로 룰라의 기아 종식을 위한 노력과 그 성과가 물거품이 됐고, 아프리카계와 다른 소외 집단들에 불균형적으로 더 심각한 영향을 끼쳤다. 그러나 그러한 긴축재정이 부자들에게는 해를 입히지 않았다. 2018년 옥스팜Oxfam은 여섯 명의 브라질인이 하위 50%의 재산을 더한 만큼의 부를 축적하고 있다고 추정했다.[93]

2018년도에 벌어진 이러한 극적인 상황에서 강성 보수파인 자이르 보우소나루Jair Bolsonaro가 부정부패를 근절하고 기강을 확립하겠다는 공약을 선언하면서 대통령에 당선됐다. 수년간 상원의원을 역임했음에도 불구하고 보우소나루는 자신이 정치를 바로잡고 제대로 일을 추진할 수 있는 아웃사이더라고 홍보했다. 이 보수적인 포퓰리스트 정치인은 여성혐오와 인종차별, 동성애혐오를 공개적으로 드러냈다.[94] 2012년 리우회의에서 나온 절차를 통해 출범한 '지속 가능한 발전'의 시대에 보우소나루는 '세계의 허파'라 불리는 아마존을 개발하는 데 열성을 보였다. 아마존 개발로 석유 시추와 삼림 벌채가 가속화되면 원주민 공동체가 추방되고 파괴될 일은 불을 보듯 뻔했다.

요약하자면, 2015년에 우리는 성·재생산 건강과 권리 운동 및 건강권 운동에서 초기에 지향했던 목표들이 결실을 맺는 것을 봤다. 국가와 초국적 단위에서 법원은 적극적 자격들affirmative entitlements에 대한 권리를 집행했고, 모성 사망을 불운이 아닌 부정의로 간주했다. 오랫동안 상상도 못 할 일이었다. 건강권의 집행이 급증했고, 이제 문제는 승인된 공식에 구체적인 치료를 추가하는 방법이 아니라 보건의료제도 전반에서 건강 욕구를 공정하게 충족시킬 방법이었다. 또 최상급 법원이 건강과 기타 문제들에 대한 정치적 행동을 촉진하기 위해 구조적인 구제책을 사용하기 시작했다. 콜롬비아의 경우에는 이것이 보건의료제도 자체에 대한 개혁을 의미했다.

마찬가지로, 유엔 차원에서 인권 중심적 접근법이 유효성을 인정받았다. 우리는 건강에 인권을 적용하는 것이 어떻게 정책 결정과 프로그램 이행, 감독절차를 이끌 수 있을지 그리고 그것이 어떻게 통상적인 하향식 기술관료적 접근법과 다른지를 분명히 했다. 건강에 인권을 적용한다는 것이 어떠한 의미인지 규명하는 일은 더 이상 문제가 아니었다. 우리는 이제 서로 다른 인권 중심적 접근법

간의 인식론적 차이에 직면했다. 또 어쩌면 이보다도 더, 지역 행위자들이 권리에 대한 이해를 토착화하고, 특정 사회적 공간 안에서 건강권이 기능할 수 있는 방법을 집단적으로 모색할 수 있는 가능성을 인권 중심적 접근법에 포함되도록 보장해야 했다. 결국, 건강권의 증진은 인권 중심적 접근법을 통해서나 사법절차를 통해서 사람들이 힘을 모아 정부에 책임을 물을 수 있는 민주적 제도와 절차에 의해 행동을 촉진시키는 데 달려 있다.

이 장에서 보건의료제도 자체가 민주적 제도며 사회적 소속과 평등을 만드는 공간으로 기능하거나, 제도적 차별과 소외를 강화하는 공간이 될 수 있음을 다시 한번 살폈다. 브라질의 고도로 의료화된 보건의료제도는 여성의 사회적 역할에 대한 가부장적인 태도와 맞물려 너무도 많은 여성을 산과폭력의 대상으로 축소시켰다. 콜롬비아에서는 T-760/08의 포괄적인 판결에도 불구하고, 여성의 체현된 현실이 대체로 간과됐다. 보건의료제도에서 여성에 대한 건설적인 책무성이 부족한 상황은 알리네 다 시우바와 같이 가난한 여성의 삶에 그림자를 드리우는 지속적인 구조적 부정의를 반영하고 굴절시킨다.

마지막으로, 건강권을 부정의로 규정하는 활동이 진척을 보인 시기에 불평등이 가속화되면서 엘리트들이 정치과정만이 아니라 국부를 점점 더 많이 장악했다. 브라질을 비롯한 여러 국가에서는 정치의 극적인 파행으로 인해 시민들이 민주제도에 대한 신뢰를 상실했다. '아랍의 봄' 시위를 비롯해 전 세계적으로 좌절한 국민들이 분노를 표출했고, 이는 튀니지를 제외한 모든 곳에서 신속하게 군부나 보수적 포퓰리스트들이 권력을 공고히 하는 계기로 악용됐다. 마치 정치제도가 '문제'인 것으로 묘사됐다. 그리고 보수적 포퓰리스트들이 엄격한 긴축정책을 펼쳐서 빈곤이 정치적 선택의 산물임을 보여줬지만, 2015년 무렵에는 빈곤의 뿌리가 국경을 훨씬 넘어서는 경제적 거버넌스의 규범과 교역 네트워크 전반에 깊이 뒤엉켜 있었다.

제7장

권력과
정치
그리고
지식

우리의 경제와 정치제도가 원래 해야 하는 일, 즉 우리가
들어왔던 그 제도들의 역할과, 그러한 제도가 실제로 하는 일
사이의 격차가 너무 커져서 간과할 수 없는 지경에 이르렀다.
- 조지프 스티글리츠[1]

지금 이 순간 우리는 인간이 만들어 낸 지구적 차원의 재난이자
수천 년의 인류 역사 중 가장 큰 위협에 직면하고 있다. 바로
기후변화다. 우리가 행동하지 않는다면 곧 인간 문명은
붕괴하고 자연계 상당 부분은 멸종하고 말 것이다.
- 데이비드 애튼버러 경Sir David Attenborough[2]

인권 준수 지표들이 민주적 책무성의 공간을 차단하고,
판단의 문제를 기술적 측정의 문제로 바꾸려 하기 때문에
인권 옹호자들은 지표에서 나타나는 생략elision의 영향을
주시해야 한다.
- 앤자넷 로스가AnnJanette Rosga, 마거릿 새터스웨이트Margaret Satterthwaite[3]

2018년 4월, 도하에 새로 개관한 카타르국립도서관Qatar National Library 에서 나는 현재 10권만 남아 있는 중세지리서인 『머나먼 곳으로의 즐거운 여행에 관한 책The Book of Pleasant Journeys into Faraway Lands』 한 권 을 발견했다. 아부 압둘라 무하마드 알이드리시Abu Abdullah Muhammad al-Idrisi가 12세기에 쓴 이 책은 70장의 지도와 각 지역의 지리와 문화 뿐만 아니라 정치적·사회적·경제적 측면을 상세하게 기술하고 있 다.[4] 이 책은 과학사에서 하나의 이정표로 꼽히는 작품으로, 세상을 지각하고 살아가는 방식을 확장시켜 우리의 세상 안에서 다른 세상 을 받아들이도록 했다.

알이드리시의 저서는 실증적 조사뿐만 아니라 당시 일반인에 게는 자명하게 드러나지 않았던, 문화적으로 구성된 규범적인 전제 를 바탕으로 했다. 나는 부지불식간에 당연하다고 간주하지만 그 안에 내재된 사회정치적 및 인식론적 의미는 거의 알지 못하는 오늘날의 사람들이 물리적인 세상을 이해하는 방식인 기술의 출현에 비춰 알이드리시가 이룩한 것을 생각해 봤다.

나는 이주노동자들의 건강과 권리에 대한 연구를 지도하기 위해 카타르에 머무르고 있었다. 카타르 인구의 90% 이상이 이주노동자인데, 이들이 누릴 수 있는 권리와 혜택은 노동 및 초청비자 관련법 아래에서 개인이 가진 기술과 하는 일의 성격에 따라 세밀하게 분류돼 있었다. 고용주는 일방적으로 노동자들의 체류 허가를 취소하고, 노동자들이 회사를 바꾸지 못하게 하고, 노동자를 '무단이탈'로 경찰에 신고하고, 그들의 출국을 막을 권한을 갖고 있었다.[5] 놀랍게도 이주노동자들의 건강에 관해 신뢰할 수 있는 실증적 정보는 전무하다시피 했다. 실제로, 2022년 카타르 월드컵 개최를 앞두고 이주노동자들이 경기장을 건설하는 과정에서 '서비스와 유산 최고위원회Supreme Committee on Deliverance and Legacy'라 불리는 기관이 고의적으로 이주노동자들의 건강에 관한 정보를 검열하는 듯 보였다. 이 주제와 관련해 에듀케이션시티Education City에서 하루 종일 진행된 세미나에 정작 **이주노동자들**은 아무도 참석하지 않았고, 심지어 **그들**의 의견은 한 번도 묻지 않은 채로 **이주노동자들**의 건강문제에 대응하기 위한 제안서가 작성됐다.

많은 면에서, 불과 1952년 카타르에서 금지된 합법적 노예제 이후 생겨난 계약 노동은 노동자들의 삶의 여건을 변화시키지 못했다.[6] 내가 수년간 살았던 동아프리카에서는 많은 사람이 노예로 팔려나갔는데, 그들은 니아사호 인근에서부터 다르에스살람 북쪽에 있는 인도양의 킬와로 보내졌고, 거기서 다시 가까운 잔지바르섬으로 보내졌다. 그 섬에서 노예들은 이 책의 서론에서 언급한 노예동굴에 갇혔다가 카타르로 바로 보내지거나, 오만을 거쳐 카타르 또는 다른 국가로 보내졌다. 삶이 뿌리째 뽑힌 사람들은 자신의 고국에서, 혹은 생사를 가르는 고생 끝에 도착한 타지에서 기본적인 존엄성을 부정당했다. 실제로 노예제가 폐지된 지 몇 세대가 지난 후였지만*, 노예들의 후손은 여전히 아랍과 대서양 노예무역으로 인한 사회적 영향을 안고 살아가고 있었다.

유엔에서 구분한 환경, 경제, 사회라는 세 개의 축으로 구성된 소위 '지속 가능한 발전'의 시대에 카타르는 이 세 가지 축이 모두 결여된 국가로 꼽힌다. 표면상은 입헌군주제지만, 도하 중심가의 많은 건물에 10미터짜리 초상화로 도배돼 있는 알사니al-Thani 가문 출신 국왕이 실질적인 제도상의 통제 없이 국가를 통치한다. 카타르 경제는 채취산업에 크게 의존하고 있다. 무더운 아열대성 기후인 카타르에는 거대한 신축 복합 건물, 사이사이로 물길을 낸 대형 쇼핑몰들이 많다. 일부 실외 산책로에 가동되는 에어컨은 부유한 카타르인의 삶을 잘 보여주는 반면, 미혼의 미숙련 남성 노동자들은 지저분하고 밀집된 공동주택에 살면서 날마다 탈수증을 겪는다. 그보다 훨씬 숫자가 적은 이주여성 가사노동자들은 아무런 권리를 갖지 못하고, 고용주에게 인권을 유린당해도 구제받을 방법이 없다.

---

* 1833년 영국 내 모든 노예를 1년 내 해방한다는 법안이 영국 의회를 통과했다.

카타르 사회는 엄격한 성역할과 가문 또는 부족에 따라 나뉘어 있으며, 팔마비율*이 9.2로 세계에서 가장 높다. 이는 국민의 상위 10%가 하위 40%보다 10배 가까운 부를 거머쥐고 있다는 뜻이다.[7] 그러나 2018년 카타르는 세계에서 가장 극단적인 사례로 꼽혔다. 2015년 옥스팜은 상위 1% 부자들이 나머지 전 세계 인구 전체보다 더 많은 부를 축적했다고 발표했다.[8] 2016년이 되자 그간 대체로 수동적이던 시민들이 완화되지 않는 소득 불평등과 제도적 무관심, 교묘하게 조작된 종족민족주의적 두려움에 반응하며 유일하게 남아 있던 참여권을 행사했다. 하버마스가 말한 전통적인 정치 엘리트에게 '박수갈채를 보내지 않은' 것이다.[9] 2016년 우리는 국민투표를 통해 브렉시트Brexit가 가결되고 다수의 국가에서 반反기성정치 세력이라고 자칭하는 포퓰리스트들이 정권을 잡는 모습을 목격했다. 도널드 트럼프가 대통령으로 당선된 미국 역시 그러한 역사적 기류의 영향을 받는다는 사실이 확실하게 드러났다.

이 장에서 우리는 2016년 전후로 일어난 사건들을 통해 정치와 지식, 보건의료제도를 포함한 민주제도 간의 연관성을 살펴볼 것이다. 한 분야를 예로 들기보다는 건강에 영향을 미치는 여러 중요한 정치적·경제적 동향을 이해하고, 인권을 통해 대응하기 위한 다양한 분석틀에 대해 논의한다. 먼저, 나는 국내의 정치가 국가의 사

* 국민총소득GNI의 인구 비율 중 소득 상위 10% 인구의 소득 점유율을 하위 40% 인구의 소득 점유율로 나눈 값으로, 수치가 클수록 불평등하다는 의미다.

회정치적 문제들을 해결하는 데 비효과적인 만큼, 세계정치와 역내 정치가 해외의 분쟁을 중단시키는 데 효과가 없다는 것을 뒷받침하는 사회정치적 맥락을 제시할 것이다. 이제 합리적인 정치인들이 무시할 수 없을 만큼 기후변화문제가 너무도 시급해졌다. 텔레비전과 인터넷을 통해 수십 억 인구가 트레이시 채프먼Tracy Chapman의 노래처럼 '세상에 대한 강간'을 목격하면서 세계대전 이후 평화와 안보를 바탕으로 한 국제질서라는 원대한 야망이 통째로 사라졌다.[10]

또한, 우리는 유엔새천년개발목표의 후속 목표로서, 2010년대에 이룩할 진보의 청사진으로 기획된 지속가능발전목표로 관심을 돌렸다. 어젠다 2030과 지속가능발전목표는 부유국과 빈곤국 모두에 적용되며, 환경 및 사회적 지속 가능성과 경제성장의 균형을 맞춘다는 개념이 그 핵심이다. 나는 어젠다 2030에 도달하기까지의 정치적인 과정을 개요적으로 설명한 후에, 전환적인 의제를 측정하기 위해 지표와 타깃이 도출된 기술적인 과정을 논의하면서 지표를 선정할 때 이러한 정치적 목표의 성격이 실질적으로 재정립됐다고 주장한다. 이 장에서는 지속가능발전목표에서 선정된 불평등 척도와 '보편적인 성·재생산 건강과 재생산 권리에 대한 접근성'을 측정하는 지표들을 이용해[11] 건강과 그 외의 영역에서 사회정의를 증진하고자 하는 방식에 대한 이해를 기술관료적인 지식과 방법론이 어떻게 바꿀 수 있는지 여러 측면에서 설명할 것이다.

측정은 언제나 무엇이 중요하며, 우리가 안다고 주장하는 내용을 어떻게 아는가에 대한 전제를 포함한다. 따라서 지속가능발전목표를 맥락 안에서 살펴보기 위해 나는 경제·사회·문화적 권리침해의 측정과 이러한 권리를 점진적으로 실현해 가기 위한 노력의 진화 과정을 살펴볼 것이다. 이 둘은 건강권 투쟁의 발전 정도를 측정하는 데 매우 중요하다. 1990년대 이후 다른 형태의 지식을 보완하는 등 건강권 투쟁은 상당한 발전을 이뤘다. 그러나 권리를 규정하기 위해 추상화된 척도를 이용하는 측정은 성·재생산 건강권을 비롯한 권리의 효과적인 향유에 내재된 정치경제를 드러내기보다는 오히려 모호하게 만드는 방식으로 변화했다. 특히 건강에서 우리는 이제 관료적·도구적으로 권리를 측정하면서 권력의 병리학에 도전하지 않는 방식으로 관습적인 보건 프로그램에 부가가치를 제공하는 길로 들어섰는지도 모른다.

다음으로는 지속가능발전목표에서 건강 목표의 중심인 보편적 의료보장Universal Health Coverage, UHC을 살펴볼 것이다. 보편적 의료보장은 보건의료제도가 건강권과 시너지 효과를 내면서 핵심적인 사회제도로 조직될 수 있는 기회를 제공한다. 그러나 보편적 의료보장이 건강권과 동의어는 아니며, 보편적 의료보장은 건강 외의 영역에서 이뤄지는 민영화에 의해 제한을 받는다. 따라서 이 장은 의료보장에서의 이주자의 포함 여부, 보건 영역에서의 의사결정 방식의 민주화, 규범적 감독의 필요성 등 건강을 보건의료제도에 대한 권리로 간주하는 데 대한 함의를 이론적으로 더 깊이 탐색해 볼 것이다.

마지막으로, 성·재생산 건강과 권리에 대한 매서운 역풍과 함께, 보건에 엄청난 영향을 끼치는 민간 권력이 성장하고 국가 내에서 그리고 국가들 간의 불평등이 커지는 상황에서 (공식 및 시민사회의) 인권공동체의 대응을 검토하며 그간의 긍정적인 성과와 지속되는 문제들을 살펴볼 것이다. 인권을 통해 국제 보건정의를 추구하기 위한 다양한 전략들과 관련해서, 나는 국가의 역외의무에 대한 법률 문서instruments와 동원mobilization을 지지한다. 역외의무를 인정하는 것은 오늘날의 세계화된 세상에서 다자기관은 물론 초국적 기업을 통해 국경을 넘는 국가적 의무에 대한 사회계약을 직접적으로, 또한 정당하게 확장시키는 일이다.

새로운 세계적 무질서

2016년이 되자 세계적 경기침체에 대한 대응으로서의 긴축austerity, 민간 금융과 초국적 기업 권력의 증가, 시급히 조치를 취하지 않을 경우 임박할 기후 재앙의 위급성, 분쟁과 대규모 실향민의 발생, 국민투표와 선거에서의 친민족주의적 투표의 강세 등 현재 우리가 살고 있는 격변의 시기를 초래한 다수의 상호 연관된 동향들이 발생했다.

세계적인 불평등과 국가의 역량, 그리고 긴축의 젠더화된 영향

지난 수십 년간 시행된 정책들로 인해 여러 국가에서 금융경제가 생산경제를 추월하고 민간의 부가 공적인 부를 넘어서면서 불평등이 심화됐다. 특히, 장 드레즈가 인도를 두고 지적한 "엘리트주의와 소외의 악순환"이 가속화됐다.[12] 2017년 미국에서는 상위 10%가 미국 전체 부의 77%를 소유했다. 이 소득 불평등은 남북전쟁 이후 대호황기 때보다도 크다.[13] 국제적으로는 세계 갑부의 1%가 나머지 세계 인구의 부를 합한 것만큼 축적했다.

제6장에서 지적한 것처럼 빈곤은 정치적인 선택이지만, 국가마다 위기에 대응하는 역량에 차이가 있었다. 2008년 세계경제위기를 불러온 금융 위기 이후, 미국은 경제를 회복시키기 위해 재정정책과 통화정책 모두를 사용했다. 그러나 주로 남반구에 위치한 채무국은 지난 수년간 국제 금융기관이 부과한 인플레이션 억제 능력의 제한으로 인해 통화정책을 사용해 자국의 경제 붕괴에 대응할 수가 없었다. 따라서 남반구의 정부들은 '재정 건전성'이라는 허울 뒤로 국가 부채가 증가하는 상황에 처했다. 유엔의 국가 외채 및 기타 유관한 국제 재정 부채의 영향에 관한 독립전문가UN Independent Expert on the Effects of Foreign Debt and Other Related International Financial Obligations of States인 후안 파블로 보호슬라프스키Juan Pablo Bohoslavsky가 지적했듯이, 이러한 정책들은 '**성차별적 긴축**sexist austerity'에 해당한다. 우리가 1970년대 이후 반복적으로 목격해 온 것처럼, 사회적 보호망과 보건의료제도에 대한 예산이 축소되고, 경기가 침체되고, (보건 인력의 다수를 차지하는 여성들을 포함해) 노동자들이 해고되면 여성들이 불균형적으로 더 큰 영향을 받기 때문이다.[14] 가계를 하나의 단위로

간주하는 지배적인 경제 패러다임은 가족 내의 권력 역학을 가리고, 그로 인해 긴축이 초래하는 다양한 여성의 무보수 돌봄노동, 자녀의 학비와 건강 관련 비용의 지불 결정에서 낮은 주체성, 자신의 삶의 계획에 대한 통제권 결여 등의 문제 역시 가린다.

초국적 행위자들: 건강의 정치적 결정인자

2010년대가 되자 초국적 행동과 행위자들이 건강에 끼치는 영향을 더 이상 간과할 수 없게 됐다. 오슬로대학의 보건 글로벌 거버넌스 랜싯위원회Lancet–University of Oslo Commission on Global Governance for Health의 2014년도 보고서는 "초국적 상호작용으로 인한 규범, 정책, 관행"에 대해 **건강의 정치적 결정인자**라는 표현을 사용했다.[15] 위원회는 특히 무역, 조세정책, 규제, 즉 세계시장에 관한 글로벌 거버넌스 규칙을 형성하는 데 있어서 초국적 기업의 역할을 다음과 같이 강조했다. "이들(담배, 음료, 제약) 산업에 비하면 대부분의 국가경제는 왜소한 수준이다."[16] 입법 및 규제와 관련한 정치적 과정을 뒤흔드는 이러한 산업의 힘은 많은 정부를 압도했다.[17] 초국적 기업은 전 세계 기업의 0.1%에 불과하지만, 이들은 국제무역의 50%와 전 세계 국내총생산의 10%를 차지한다.[18]

기후변화와 정치적 의지

2005년에는 1992년 기후변화에 관한 유엔기본협약1992 UN Framework Convention on Climate Change에 대한 교토의정서가 발효됐다. 의정서에 따라 당사국은 온실가스 배출량을 "인간 활동으로 인한 기후 시스템상의 위험한 변화를 예방할 수 있는" 수준으로 감축할 것을 약속하고, 국가별 목표치를 정했다.[19] 2013년 기후변화에 관한 정부 간 패널Intergovernmental Panel on Climate Change은 인간 활동이 기후변화의 주된 원인이라는 점에 의심의 여지가 없다고 결론지었다.[20] 2015년 파리기후변화협약은 교토의정서의 내용을 준수하고 있는지 감시하도록 했고, 새로운 프레임워크에 취약국의 역량강화를 추가했다. 그러나 탄소 배출량 감축 목표는 각국의 "최선의 노력"이라는 측면에서 결정됐다.[21]

2017년에 트럼프는 갑작스럽게 미국의 파리기후변화협약 탈퇴를 선언했고, 북극에서부터 아마존에 이르기까지 모든 천연자원을 착취할 수 있다는 메시지를 다른 정부들에 전했다. 음베키 정부는 HIV 바이러스와 에이즈 간의 연관성을 부인한 것으로 비난을 받았다. 보수주의자들은 지난 수십 년 동안 태아 발달에 관한 과학적 데이터를 무시하고 낙태가 건강에 끼치는 영향에 관한 데이터를 왜곡했다.[22] 그러나 이제는 세계 최강국이자 온실가스 최대 배출국의 지도자가, 전 세계에 있는 그의 지지자들 및 비슷한 무리와 함께, 세상의 존속 여부를 결정할 실증적인 증거를 부정하고 있었다. 이미 우리가 알고 있는데도 말이다.

분쟁과 인도주의적 위기 그리고 이주

(여러 국가에서 기후변화로 악화된) 불안정 및 불평등이 폭정 및 분쟁

과 맞물려 제2차 세계대전 이후 최대 규모의 이주 위기를 초래했다. 2016년에는 시리아 내전이 전 세계적으로 가장 많은 국내 실향민과 난민을 만들었다. 그러나 2010년 이후 (사우디아라비아의 지원을 받는 정부군에 맞선 반군을 카타르가 지원한 예멘 내전을 포함해) 적어도 15개의 분쟁이 새로 발생하거나 재점화됐는데, 이 글을 쓰는 지금 시점에서 해결된 분쟁은 거의 없다.

2016년 말이 되자 전 세계적으로 난민이 2,300만여 명에 달했다.[23] 지구상에 있는 국가의 4분의 3은 그 인구가 2,300만 명이 되지 않는다는 점을 고려할 때, 난민 규모가 얼마나 큰지 짐작할 수 있다. 더 나아가, 2018년에 미국 국경에 도착하는 '이민자 행렬'과 유럽이 주목을 받았는데, 실제로 난민의 열 명 중 약 아홉 명은 저자원국가에 있었다.

디지털 현실과 민주주의 그리고 진실 공방

2018년이 되자 우리는 정보와 권력의 민주화를 약속했던 인터넷에 어두운 면도 있다는 사실을 알게 됐다. 인터넷은 거짓 정보를 무기화하고 반체제 인사들을 추적해 억압하는 공간이 됐다. 물리적인 세상의 새로운 대안으로 여겨진 인터넷에서 대부분의 사람들이 자유의지에 따른 행동이라고 믿으며 자신의 가장 내밀한 정보를 내어주면서 공적 영역과 사적 영역이 혼재됐다. 국제적인 공적 공간 대신, (여러 국가에서 인터넷의 주요 진입 지점으로 사용되는) 페이스북과 같은 플랫폼이 사실상 아무런 통제 없이 민간 초국적 기업이 주도하는 종족주의적 상호작용을 위한 공간이 됐다.

디지털 세상은 사회적 행동을 위한 또 하나의 공간이 됐고, 이로 인해 새로운 사회계약이 필요해졌지만, 제도와 규제는 눈부신 속도로 발전하는 기술을 따라잡지 못했다. 2018년 유럽연합에서 데이터와 프라이버시에 관한 법률로 일반데이터보호규정General Data Protection Regulation을 통과시키면서 '설명에 대한 권리'와 함께 '잊힐 권리'가 새로 만들어졌다.[24] 그러나 건강 등 여러 영역에서 관련 데이터가 국경을 넘나드는 상황에서, 이 법률이 어떤 효과를 가져올지는 아직 지켜봐야 한다.

요약하자면, 앞서 살펴본 여러 요소들이 선거와 국민투표에서 '반反기성세력'이라는 기치 아래 종족민족주의와 포퓰리즘을 악용할 수 있는 기회 구조를 만들어 냈다. 이들 사건 중 불가피한 사건은 없었다. 이러한 결과가 거짓 정보를 퍼뜨리는 인터넷 트롤에만 기인한 것도 아니었다. 우리는 이 책에서 하버마스가 말한 대로 "공식 민주제도와 절차는 시민들의 구체적인 동기와는 대체로 독립된 상태에서 행정적인 결정이 이뤄지도록 아주 오랫동안 허용해 왔다"라는 사실을 확인했다.[25] 국가적 결정 및 국제적 경제구조에서 투명성과 공정성이 결여되고 일반 시민이 정치를 통해 실질적인 변화를 이뤄낼 수 있는 능력이 결여된 상태가 맞물리면서 행정국가와 이를 대변하는 정치계급에 대해 시민들이 정당한 분노를 일으켰다.

물론 그러한 투표가 많은 사람이 원했던 만능 해결책을 가져오지는 않았다. 브렉시트 투표에서 근소한 차이로 찬성표가 더 많았지만, 수십 년에 걸쳐 생활의 모든 영역이 통합된 상태에서 그렇게 간단하게 영국을 유럽연합과 단절시킬 수는 없었다. 마찬가지로, 오늘날처럼 서로 밀접하게 연결된 세상에서 트럼프의 변덕스러운 관세 부과(때로는 무역과 전혀 상관없는 사안에 대한) 결정들은 수십 년 간 무역자유화의 열망에서 소외된 사람들에게 동등한 혜택이 돌아가도록 만들어 줄 수는 없었다.

더 나아가, 포퓰리스트들의 당선은 인권과 헌법의 진보를 통해 어느 정도 제어했다고 생각한 외국인혐오, 여성혐오, 인종 및 기타 차별 등이 급격하게 재부상하는 결과를 낳았다. 날로 약해지는 (공식적인 제도적 안전장치를 통해 사람들을 분리시키는 방식에 기반하고 있던) 민주주의는 우리가 원했던 정도로 양극화와 포퓰리스트들이 선동하는 두려움으로부터 우리를 보호하지 못했다. 이처럼 양극화된 분위기에서는 실증적인 전제를 바탕으로 한 이성적인 논쟁이 지속될 수 없다. 많은 사람이 정치에 극도로 냉소적이 됐으며 "모든 것을 믿거나 아무것도 믿지 않고, 모든 것이 가능하지만 아무것도 진실이 아니라고 생각"하게 됐다.[26] 개인화된 소비주의를 증진하고 디지털 현실의 새로운 차원을 제공하는 신기술로 인해 많은 사람이 하버마스가 언급한 '시민의 사적 이기주의civic privatism'로 후퇴했는데, 이는 집단적인 정치적 노력들을 확립할 능력을 더욱 저해한다.

이와 같은 새로운 세계적 무질서의 상황에서 유엔은 '우리가 원하는 세상The World We Want'을 위한 어젠다 2030을 내놓았다.

지속가능발전목표: 우리가 원하는 세상?

지속가능발전목표의 목적은 유엔새천년개발목표의 성과를 검토하고, 그 노력을 바탕으로 미래를 위한 청사진을 제공하는 것이었다. 여성운동계에서는 보다 포괄적인 성·재생산 건강과 권리 및 성평등 의제를 되찾기 위한 전략들에 대해 조직적인 논의가 진행되기 시작했고, 그러한 논의는 2013년 역사적인 몬테비데오 합의Montevideo Consensus에서 결실을 맺었다. 이 합의에서는 개발의 필수 요소로 재생산 권리에 더해 '성적 권리'를 언급했다.[27] 몬테비데오 지역회의는 세계인구개발회의+20에 관한 포괄적인 과정의 한 부분으로서 개최됐다. 그러나 유엔 안팎의 권력 역학으로 인해 세계인구개발회의+20가 다른 절차만큼의 영향력을 갖지 못할 것이라는 사실이 분명히 드러났다.

지속가능발전목표를 탄생시킨 절차도 유엔 내부자들과 유엔 새천년개발목표를 설계한 소수의 기부국들에 의해 추진되지 않았다. 오히려 2012년 리우+20 30개의 회원국(투표 블록voting bloc을 없애기 위해 순환식으로 회원제를 갖는다)이 주도하는 '지속가능발전목표에 관한 총회 공개실무단Open Working Group of the General Assembly on SDGs, OWG(이하 공개실무단)'이 수립됐다. 공개실무단으로 인해 중·저소득 국가의 의견이 훨씬 더 많이 반영됐고, 혁신적인 협상의 역학이 가능해져 궁극적으로 어젠다 2030을 위한 변혁적인 개발선언이 나오게 됐다.

시민사회의 동원과 유엔새천년개발목표에서 얻은 중요한 성과

1990년대 유엔회의에서 그랬던 것처럼, 공개실무단을 통한 (여성단체와 인권단체를 포함한) 시민사회의 참여는 '인권과 인간 존엄성의 보편적인 존중'이라는 비전을 제시한 최종 결과 문서에서 중요한 역할을 했다.[28] 지속가능발전목표는 빈곤국에만 적용되는 것이 아니라 인권과 같이 보편적인 프레임워크로 구조화됐다. 비엔나회의와 다른 문서에서 인권이 재확인됐듯이, 이 의제는 명시적으로 '통합적이고 불가분'한 것이었다. '지속 가능한 발전'은 경제적 지속 가능성, 환경적 지속 가능성, 사회적 지속 가능성을 포함했다. 따라서 경제성장은 규제가 없는 것이 아니라, 환경적 및 사회적 목표와 연결됐다. 또 유엔새천년개발목표에서 성·재생산 건강과 권리가 부수적인 문제로 간주됐던 것과 달리, 지속가능발전목표에서는 특히 '건강과 성평등 목표'에 포함됐다.

지표가 의미를 재구성하는 방법
: 불평등에서부터 성·재생산 건강과 권리에 이르기까지

그러나 시민사회의 적극적인 참여를 통해 얻어진 지속가능발전목표의 변혁적인 정치적 서사는 성과 측정을 위해 선정된 지표들에 의해 약화됐다. 지표가 활동의 의미를 바꿔서 건강과 기타 경제·사회·문화적 권리 활동가들이 다른 전략을 세워야 했던 두 가지 사례는 다음과 같다. 먼저, 제6장에서 지적한 것처럼 우리가 무엇을 중시하는지에 따라 불평등을 측정하는 방법이 달라진다. 부자와 빈자

간의 막대한 부의 불평등과 관련해 전 유엔사무차장인 마이클 도일 Michael Doyle과 노벨경제학상 수상자인 조지프 스티글리츠 같은 저명한 인사들은 지속가능발전목표에서 사용할 불평등 척도로 팔마비율을 지지했다.[29] 그럼에도 불구하고 팔마비율은 채택되지 않았다.

그 대신에 세계은행은 초기부터 공개 토론을 선점하고, "하위 40%의 인구 집단과 전체 인구 집단 사이의 1인당 가계 지출 또는 소득 증가율"로 측정되는 불평등 척도에 '공동 번영'이라는 완곡한 이름을 붙였다. 그리고 하위 40%가 평균값을 넘어서는 것을 목표로 했다.[30] 공동 번영은 사회적 배제를 측정하는 한 가지 척도인데, 사회적 배제의 측정은 기본적인 인간의 존엄의 가능성을 달성하고 빈곤층에 친화적인 성장 인센티브를 유도하는 데 매우 중요하다. 더 나아가, 특정 경제와 사회의 총체적인 모습을 보기 위해서는 다수의 불평등 척도를 이용해야 한다. 그럼에도 불구하고, 사키코 후쿠다 파르Sakiko Fukuda-Parr가 주장한 것처럼, 공동 번영은 극도로 치우친 반민주적인 부를 바꾸지 않으며, 급속히 불어나는 최상위 부자들의 부를 공익을 위해 재분배하는 데 아무런 기여도 하지 않는다.[31]

겉으로 보기에 기술적인 이 질문은 인권의 관점에서 매우 중요하다. 어떤 지표를 선정하는지가 불평등의 해결책을 어디서 찾아야 하는지에 대한 이해를 형성하기 때문이다. 팔마비율을 이용했다면 규제와 조세정책을 포함해 부의 재분배를 겨냥한 일련의 정책들을 목표로 삼았을 것이다. 그러나 세계은행과 다른 영향력 있는 개발 행위자들은 불평등 척도에 대한 공론을 선점함으로써 지속가능발전목표의 변혁적인 정치적 목표를 소외의 완화라는 보다 소박한 목표로 재정립했다. 이러한 불평등 척도의 선택은 지속가능발전목표를 이행하기 위해 민간투자 및 혼합 금융을 이용하는 것과 맥을 같이했다.[32] 이는 국가들로 하여금 규제와 조세를 강화하지 않고 투자자에 유리한 환경을 만들도록 하는데, 그 결과 건강과 다른 분야에서 극단적인 불평등이 심화될 것은 자명하다. 성·재생산 건강과 권리에서도 권력이 지식을 이용해 자신의 주장을 구축하는 방식을 잘 보여준다.[33] 세상에 대한 이해가 **무엇을 셀 수 있는가**의 문제로 축소되던 때에, 일각에서는 유엔새천년개발목표에 권리 지표를 포함함으로써 성·재생산 건강과 권리의 소외 문제를 해소할 수 있다고 생각했다. 세부목표 5.6.2 "성·재생산 건강과 권리의 보편적인 접근성 보장"은 다섯 가지 영역에서 성·재생산 건강과 권리와 관련한 법률 및 규제로 측정된다. 이들 영역은 특정 기준을 충족했는지 여부를 '예' 혹은 '아니요'로 측정한 후, 각 대답의 수를 통계 프로그램에 넣어 국가별 등급을 매겼다.

성·재생산 건강과 권리의 측면에서 유엔새천년개발목표를 거치면서 힘들게 싸워 얻은 성과를 지속가능발전목표에 반영했다는 점에는 이론의 여지가 없다. 그러나 사회적 공간 안에서 서로 경쟁하고 타협하는 관계의 묶음으로 권리를 이해할 때, "성·재생산 건강과 권리에 대한 보편적인 접근성"을 맥락과 문화적 중요성, 사회적 및 규범적 정당성이 배제된 점검 목록으로 축소시킨 것은 상당히 문제가 있다. 이 책의 각 사례에서 보여준 것처럼, 성·재생산 건강과 권리의 발전은 상당 부분이 페루에서부터 말라위, 브라질에 이르기까지 각각의 구체적인 맥락 안에서 권리의 효과적인 향유를 가로막는 장애물과, 그러한 장애물에 법률이 대응하는 방식을 규명하는 과정을 필요로 한다.

성·재생산 건강과 권리 및 건강권이 일단의 추상적인 규칙으로 환원되고, 그 안의 각 요소들을 다시 '예'와 '아니요'의 지표로 고립시킬 때 지금까지 이 책에서 다룬 토착화와 권리 해석에 대한 주장과 그 근거에 관한 논쟁의 차원을 놓치게 된다. 일례로, 세부목표 5.6.2의 다섯 가지 영역 중 하나가 낙태와 관련이 있다. 우리는 제1장에서 헌법에 보장된 낙태권이 미국과 같이 프라이버시에 기반한 경우, 독일의 경우처럼 임신으로 인한 부담의 강도에 기반할 때와 얼마나 다른 결과를 낳는지 살펴봤다. 두 법률은 여성이 자신의 몸 및 태아와 맺는 관계를 서로 다르게 이해하며, 섹슈얼리티와 재생산의 성격을 순수하게 사적 또는 사회적으로 보는 관점을 반영한다. 권리의 근거 역시 사회계약에 대한, 그리고 여성의 몸을 둘러싼 국가의 책임성에 대한 서로 다른 이해를 반영한다.

다시 말해서, 자신의 몸과 삶에 대한 여성의 통제권을 (불)허용함에 있어서 법률이 기능하는 방식은, (중립적이고 이의를 제기할 수 없는 것처럼 보이는) 개수를 세어 합산하는 지표로 합성해 낼 수 없다. 이러한 '지표화'는 건강과 성·재생산 건강과 권리를 포함한 특정 권리에 집착하는 경향을 심화하고, 그러한 권리를 강력한 민주적 제도를 수립해야 할 필요성으로부터 분리시킨다. 일례로, 2012년부터 이 글을 쓰고 있는 지금까지 약 100여 개 국가가 표현과 집회의 자유를 포함한 시민사회의 활동을 제한하고 상당 비율이 성·재생산 건강과 권리와 연관된 외국 기금을 제한하는 법률을 통과시켰다. 그리고 이 법률은 다른 많은 서비스를 제공하지만, 낙태 관련 정보를 제공하는 외국 단체에 미국의 연방자금 제공을 제한하는 국제금지규정Global Gag Rule의 효과는 포함돼 있지 않다.[34] 또 전 세계적으로 성·재생산 건강과 권리가 정치적인 용광로이자 경제적 현실로부터 주의를 분산시키는 도덕적인 문제가 되면서, 2016년 콜롬비아의 평화 국민투표의 경우와 같이, 젠더 이데올로기에 기반한 두려움을 선동해 유권자들을 조종하는 데 사용됐다. 탈맥락화된 지표는 여성의 생애 계획을 재사유화하려는 시도와 포퓰리스트적 국수주의, 긴축으로 악화된 사회경제적 불평등을 성·재생산 건강과 권리 등의 실현으로부터 동떨어진 문제처럼 보이게 할 수 있다. 그렇지 않다는 사실을 이해하는 것이 건강과 사회적 평등을 발전시키는 데 필수적이다.

건강 및 경제·사회·문화적 권리 지표의 진화와 우리가 할 수 있는 일

1990년대 이후부터 경제·사회·문화적 권리, 그리고 특히 건강에서, 포괄적인 정보를 제공하지 않은 채 패러다임적 실례를 이용하거나 조직적인 인권침해가 있었다고 귀납적으로 주장하는 것만으로는 불충분하다는 사실이 드러났다. 일례로 제4장에서 논의했듯이 페루에서는 당시 줄리아를 비롯한 사람들이 개별적인 면책이 문제의 전부가 아님을 인식했고, 그에 따라 개별적인 면책에 맞서 싸우는 것을 넘어서기 위해 가능한 한 많은 사례를 수집하고 조직적인 인권 침해의 패턴을 보여주는 정책 문서들을 찾아내야 했다. 일찍부터 인권침해와 건강권의 점진적인 실현을 측정하기 위해서는 더 많은 정보만이 아니라 다양한 유형의 정보가 필요하다는 사실이 분명했다.

지속가능발전목표가 출범할 무렵, 유엔과 역내 기구 그리고 비정부기구들은 경제·사회·문화적 권리의 준수와 관련해 뚜렷이 구분되는 차원을 규명하기 위해 다각도의 노력을 기울였다. 일례로, 사회권위원회는 결과outcomes, 정책policies, 경제적 자원economic resources, 평가assessment를 측정하기 위한 OPERA 프레임워크를 개발했다.[35] 유엔인권사무소는 구조(법률), 과정(정책 개입), 결과에 관한 지표를 개발했다.[36] 또 미주시스템Inter-American System에서는 산살바도르의정서하에서 경제·사회·문화적 권리의 발전 상황을 측정하기 위한 지표를 개발했다.[37] 인권 활동가들은 차별의 패턴을 규명할 수 있도록 그간 수집된 데이터를 세분화할 것을 요구했다. 이러한 사업은 모두 정량적 지표가 법률 및 정책의 채택을 넘어 실질적으로 권리를 효과적으로 향유하고 있는지를 평가함으로써 국가의 준수 여부를 더 잘 보여주는 유용한 도구임을 인정하고 있다. 그러나 그러한 지표들이 독립된 척도만은 아니다.

구체적인 예로, 1990년대 말에 데버라 메인과 나는 출산 도중 발생하는 모성 사망으로부터 여성을 해방시키기 위해 국제 인권의무의 준수 여부를 측정하는 데 산과 응급진료 지표가 도움이 될 수 있으며, 이러한 척도들이 국제법하에서 '적절한 조치'를 규정하는 데 도움이 된다고 주장했다.[38] 그 이유는 간단하다. 실제로 여러 국가에서 그렇듯, 국가가 당대 모성 건강에 대한 가장 합리적인 공중보건 증거가 아닌 구식의 관념에 기반해 **부적절한 조치**를 취하고 있다면, 그러한 행동은 **합리적**이라고 할 수 없다. 이 주장은 제5장에서 설명한 트리트먼트액션이 항레트로바이러스제와 관련해 펼친 주장과 일맥상통하는 면이 있지만, 산과 응급진료 지표는 보건의료제도의 여러 측면을 측정하도록 설계됐다. 그래서 이러한 지표들이 「유엔기술지침」에서 강조됐고, 제6장에서 설명한 브라질의 상황에서도 검토됐다. 그러나 이러한 지표만으로는 모성 건강과 관련한 권리의 전체 그림이 그려지지 않는다는 사실은 언제나 분명했다. 지표indicator는 문자 그대로 지금 무엇이 왜 일어나고 있는가에 관해 혼란스럽고 복잡하며 맥락에 얽혀 있는 상향식 질문에서 더 탐구해야 할 사안들(인권 영역에서는 피영향자 집단을 반드시 포함해야 한다)을 **가리킨다**indicate. 수많은 노력에도 불구하고, 20년이 지난 후 지속가능발전목표 지표는 "우리가 객관적으로 중요하게 여기는 자유(즉, 임신에서 살아남기)에 대한 고찰을 측정하는 보완 도구가 되는 것을 멈추고, 자유 자체를 규정하게 됐다".[39]

권리는 우리가 알고 있는 것과 생각하는 방식을 규정하는 권력을 포함해 권력을 규제하기 위한 도구라는 점에서, 세상을 지표화하는 것은 권리를 옹호하는 데 있어서 매우 중요한 문제다.[40] 국제금융기관들이 지표를 사용할 수 있듯이, 권리 지표들도 글로벌 거버넌스에 도움이 될 수 있다. 샐리 엥글 메리가 지적한 것처럼, 수치적 지표는 바로 그 환원주의reductionism와 단순성 때문에 세상을 이해하는 도구로서 매력적이다. 하지만 같은 이유로 시민사회가 지표의 이론적 기원을 이해하고 정책의 결과와 근거에 대한 정당화를 요구할 수 있는 역량을 무디게 만든다.[41] 권리를 측정하기 위해 하나의 지표를 선택하거나 수치 또는 등급화된 지표를 사용하는 일은 불가피하지 않다. 실제로, 이 장에서 본 것처럼, 국제 개발과 경제적 거버넌스에서 지표를 통해 현실을 보여주는 일은 비교적 최근에 나타난 현상이다. 지표가 단순한 표현 기법이라는 사실을 인식할 때, 우리는 그러한 지표를 다르게 보게 된다. 더 나아가, 우리가 선택하는 장치(가령, 불평등 척도)와 그러한 장치를 사용하는 방식(가령, 성·재생산 건강과 권리를 점수로 계산한 지표를 맥락 속에 넣기 위해 정량적 정보를 추가하는 것)은 합심한 옹호 활동을 통해 언제나 변할 수 있다.

보편적 의료보장과 건강권 그리고 보건의료제도

보편적 의료보장이 지속가능발전목표의 핵심으로 포함된 것을 두고 '건강권의 실현'이라고 표현하지만[42], 이는 사실이 아니다. 건강권은 자격과 함께 자유를 포함하며, 건강의 사회적·정치적 결정인자나 그러한 결정인자를 실현하는 데 필요한 사회제도와 동떨어진 상품과 서비스 묶음이 아니다. 각 장에서 봐온 것처럼, 흔히 법적 규범에 새겨져 있는 사회적 소외의 패턴은 보건의료제도 안에서 소외 집단과 여성에 대한 처우에 반영된다. 간단히 말해서, 보건의료제도 자체가 사회적 결정인자다. 따라서 건강의 사회적 구성에 대한 질문을 따로 떼어놓지 않는다면, 수평적 공평성(평등한 공중보건과 비슷한 상황에 처한 사람들에 대한 의료 서비스) 및 수직적 공평성(배경적 불평등을 완화하기 위해 추가된 공중보건상의 보호조치와 의료 서비스)과 관련해 발생하는 많은 문제를 인권에서의 형식적 및 실질적 평등의 문제와 비교할 수 있다.[43]

제5장과 제6장에서 보건의료제도를 사회제도로 개념화하면 어떻게 보건의료제도 안팎에서 관계들이 변화해 시스템 내부와 외부의 자격과 의무의 역학을 증진하고, 제도 내의 모든 차원에서 평등과 존엄성 등의 규범적인 원칙들을 고찰하게 만드는지를 봤다. 여기서 나는 보건의료제도를 사회제도로 보는 관점을 갖고 보편적인 의료보장에 접근하고자 할 때 세 가지 포괄적인 요소가 필요하다고 주장한다. 바로 공정한 재정 조달, 공정한 우선과제 설정, 그리고 민간 행위자를 포함한 효과적인 규제와 감독이다.

공정한 재정 조달: 모두를 포함하는 일의 어려움

자원이 한정돼 있는 현실을 수용한다는 것은 정부의 보건 예산이 겉보기에 합리적이라고 받아들여야 하거나, 지식재산에 대한 국제 규정이나 국제투자를 위한 조건이 합리적이라고 받아들여야 한다는 뜻이 아니다. 앞서 남아공에서 의약품 이용에 관한 지식재산 규정에 맞선 싸움과, 그것이 항레트로바이러스제 요법과 관련한 가용 자원에 어떠한 영향을 끼쳤는지를 살펴봤다.

건강권에 기반한 보건의료제도는 사람들이 천문학적인 의료비로 인해 파산 지경에 내몰리지 않도록 개인 부담 방지를 위한 공정한 재정 조달을 필요로 하며, 누가 의료 서비스와 공중보건 조치에 대한 접근성을 갖는지를 고려한다. 노동 유연화와 기그경제gig economy*가 공식 부문에 비해 비공식 부문을 확장시켜 왔기 때문에, 공식적으로 고용된 사람이 다른 사람에게 교차 보조금을 지급하는 방식은 성별 영향을 크게 야기했으며, 그 실효성이 점점 사라졌다. 이러한 방식은 부자들이 민간의료 서비스에 더 의존하게 하고, 가난한 사람들에게는 열악한 의료 서비스를 제공하면서 시스템의 파편화와 불공평성을 악화시켰다. 제6장에서 논의한 T-760/08 판결은 콜롬비아에 분담금 및 보조금 제도의 균등화를 요구했으나, 여전히 공식 고용에 의존하는 재정 조달이라는 근본적인 문제가 콜롬비아의 지속 가능한 보건의료제도의 주요 장애물로 남아 있다. 아티야 워리스Attiya Waris와 라일라 라티프Laila Latif는 콜롬비아보다 공식 고용이 더 빈약하고 국가 예산도 빠듯한 사하라사막 이남의 여러 아프리카국가에서는 다른 조치들과 함께 부가가치세와 법인세의 일부를 떼어 보건 예산으로 사용하는 방안을 제안하고 있다.[44]

---

* 미국의 재즈 공연장에서 연주자를 즉석 섭외해 공연을 벌이는 기그Gig라는 단어에서 유래한 것으로, 계약직 혹은 임시직 고용이 많아지는 경제 상황을 뜻한다.

공정한 재정 조달을 위해 공식 고용되지 않은 사람들이 의료 서비스에 포함되도록 접근성을 확장해야 한다면, (유니버시티 칼리지 런던의 랜싯 이주보건위원회University College London-Lancet Commission on Migration and Health의 2018년도 보고서에서 지적한 것처럼) 지속 가능한 발전의 문제로서 그리고 인권법에 따라 이주자까지도 확장해야 한다.[45] 이것은 무엇을 의미하는가? 법적 시민만이 아니라 사회적 시민도 사회계약의 혜택을 받아야 한다는 주장이다. 그러나 인권법은 최소한의 선에서 이주자에게 이주 지위에 상관없이 필수적인 보건의료를 제공할 것을 요구한다.[46] 또한, 시민적 및 정치적 권리에 관한 국제 규약의 감시기구인 유엔자유권규약위원회(이하 자유권규약위원회)가 '투생 대 캐나다Toussaint v. Canada' 사건에서 판결했듯이 이주자는 응급보건의료를 받을 권리가 있다.[47] 마찬가지로, 콜롬비아에서는 헌법재판소가 응급상황 또는 지체로 인해 불가역적인 피해가 발생할 수 있는 상황에서는 비정규 이주자가 사회보장제도에 등록되는 데 필요한 관료적 절차를 기다릴 필요 없이 의료 서비스를 받을 수 있다고 판결했다.[48] 마지막으로, 국제법과 다수의 국내법에 따라 목적지 국가에서 아기가 태어날 경우 아기는 부모의 이주 지위와 상관없이 의료 서비스를 받을 권리가 있다.[49]

요약하자면, 인권법하에서 보건의료제도는 재정에 그러한 비용의 추정치를 포함해야 한다.

공정한 우선과제 설정: 합리성에 대한 책무성

보건의료제도에서 공정성과 관련해 두 번째로 중요한 측면은 절차적 정당성이다. 즉, 모든 건강 요구를 충족시킬 수 없을 때 **누구의** 건강 요구를 **어떻게** 공정하게 충족시킬지 결정하는가 하는 점이다. 요구는 끝이 없기 때문에 아무리 부유한 국가라도 모든 건강 요구를 언제든지 충족시킬 수는 **없다**.[50] 따라서 명시적이고 투명한 배급의 필요성을 부인하면 현실 속 시장 메커니즘(그리고 암묵적이고 불투명한 배급)에 굴복하는 것인데, 이는 고도로 자의적이며 사실상 부자들이 더 많이 갖는다는 뜻이기도 하다. 건강권을 증진하기 위해서는 안일하게 슬로건만 내세우지 않고 **공정하고 민주적으로** 배분하는 방법과 씨름해야 한다.

민주적인 우선과제 설정은 집행 가능한 권리의 모습이 밀실에서 '전문가'들에 의해 규정되지 않는 절차를 필요로 한다. 즉, 민주국가에서는 선거의 결과가 자유롭고 공정한 것으로 정당화돼야 하지만, 또한 미국의 선거인단이나 게리맨더링gerrymandering*을 통해 선거구를 나눴을 때의 효과, 유권자 등록의 제한과 같이 결과를 결정하는 규칙을 평가하는 일도 중요하다. 건강권 영역에서 합리적인 사람들 간에 우선과제에 대해 의견이 다를 수 있고, 우선과제도 시간이 지나면서 변할 수 있다. 따라서 건강 우선과제와 정책을 결정하는 방식에 관한 규칙을 정당화하는 일이 더욱 중요하다.

---

* 자기 정당에 유리하게 선거구를 변경하는 일을 뜻한다.

노먼 대니얼스는 그가 '합리성에 대한 책무성A4R'이라고 부르는 절차적 정의와 함께, 공정한 우선과제를 수립하기 위한 절차적 정의의 요건을 규정했다.[51] 먼저, 의사결정의 근거가 공적이고 투명해야 한다. 인권에서는 사용되는 기준이 그러한 기준에 의해 영향을 받게 될 사람들, 특히 일반적으로 소외되고 제외되는 사람들의 눈에 보여야 한다. 이것은 사회경제적 이유나 정신건강과 같은 낙인으로 소외된 인구 집단은 물론, 의료비가 많이 들고 의무제도에서 보장되지 않을 가능성이 높은 질병을 앓는 사람들에게도 적용된다. 재판의 피고인이나 선거에서 진 사람이 **절차 때문에** 결과를 공정한 것으로 수용해야 하듯이, 건강이 진지하게 권리로서 인정된다면 필수적인 치료를 박탈당하고 있는 사람들도 그러한 합리적인 절차에 대한 자격을 가진다.

둘째, 우선과제 설정은 '공정심'을 가진 사람들로부터 공중보건을 증진한다는 평가를 받을 만한 주장을 바탕으로 해야 한다. 일례로, 비용 효율성은 개입의 범주를 넓힐 수 있다는 점에서 효율성과 공평성의 문제다. 비용 효율성이 없을 때 보건의료제도는 다수에게 기본적인 예방적 치료를 제공하지 못하고 소수 특권층에만 값비싼 치료를 제공할 수 있다. 그럼에도 불구하고, 비용 효율성 하나만으로는 특정한 상황에서 또는 장애인과 같은 특정 인구 집단에 대해 어떤 치료를 포함할지 자동으로 규정할 수 없다. 임상적 효과성과 건강 상태의 심각성 등 규범적 숙고와 기준 그리고 증거의 강도 역시 중요하다. 그리고 앞에서 본 것처럼, 성·재생산 건강과 권리를 위한 투쟁은 개인의 종교적 또는 이데올로기적 견해에 따라 **어떤** 건강 상품과 서비스가 논의에 포함될지를 공정하게 결정할 수 없음을 보여준다.

셋째, 결정은 새로운 정보를 바탕으로 검토될 수 있어야 하고, 이의 제기가 가능해야 한다. 이 책에서 계속 주장하듯이, 보편적인 의료보장과 건강권은 모두 그 자체가 종점이 아니라 새로운 역학적 정보와 인구학적 정보 등을 바탕으로 역동적으로 재협상될 수 있는 것으로 봐야 한다. 따라서 건강에서 우선과제의 설정은 일회성으로 끝날 수가 없다. 이는 의료기술평가health technology assessments, HTA를 제도화하고, 사회적 결정인자와 관련해 변화하는 상황과 끊임없이 진화하는 기술[52]을 평가할 수 있는 정당한 절차를 필요로 한다. 마지막으로, 절차와 결정은 모두 규제되고 집행돼야 한다.

건강 관련 의사결정의 민주화

인권은 합리성을 위한 책무성과 맥을 같이하지만, 또 그것을 넘어선다. 두 프레임워크에서 건강 요구의 충족과 관련한 우선과제가 **합리적**인지를 결정하기 위해 포괄적인 원칙에 의존하는 것만으로는 충분하지 않다. 대신, 작은 혜택들의 집합 대비 (사회경제적 측면만이 아니라 건강 측면에서 질병이 가장 심각한 사람들을 의미하는) 가장 열악한 상황에 있는 사람들에 대한 우려를 얼마나 중요하게 생각하는지를 비롯해 구체적인 동기와 이유에서 하버마스가 말한 '적극적인 의지 형성'에 훨씬 가까운 무언가를 필요로 한다. 인권과 형식적·실질적 평등의 헌법적 보장, 비차별, 소외·취약 계층과 의도하지 않은 낙인 등에 대한 우려는 어떤 우선과제가 집행 가능하고 (의도하지 않게 또는 의도적으로 특정 인구 집단을 소외시킬 수 있는) 어떤 기준을 적용할 것인가에 대해 상당한 제약과 보호적인 난간을 부과한다. 더 나아가, 우리가 논의한 것처럼 건강이 권리라면 **사회적** 시민을 포함해 정책에 의해 영향받는 사람들이 참여할 수 있어야 하며 지위와 젠더, 계급, 접근 가능한 정보 등 배경의 평등 조건에 대해 숙고해야 하고, 지대추구 행위가 배제돼야 한다.

종종 일반인들이 참여하기에는 건강이 너무 기술적으로 복잡한 문제며, 우선과제 설정은 '전문가'에게 맡겨야 한다는 말을 듣는다. 나는 동의하지 않는다. 우선과제를 설정하는 일은 궁극적으로 정부의 책임이다. 그러나 반사적으로 기술관료적 전문성에 의존하는 일은 (1) 등급 기준ranking criteria에 내재된 규범적 판단을 가리고 그에 따라 (2) 생물의학적 또는 계량경제학적 지식만이 가치가 있다는 생각을 강화해 보건의료제도를 체계적으로 비민주화한다. 그럼에도 불구하고, 지표에 대한 논의처럼 건강과 기타 권리의 기저에 있는 존엄과 자치의 개념을 진지하게 고려하기 위해서는 서로 다른 형태의 지식과 그 지식에 도달하기 위한 실천의 활용도를 이해할 수 있어야 한다.

건강과 관련해 제임스 피시킨James Fishkin과 로버트 러스킨Robert Luskin이 말한 건강 영역에서의 '공론조사deliberative polling'*'는 일반 참가자가 주요 사안에 대해 교육을 받으면 가중치 기준weighting criteria에 더욱 긍정적인 영향을 끼친다는 것을 보여준다.[53] 일례로, 이탈리아에서 실시된 한 공론조사에서는 참가자들이 병상에 대한 투자를 두고 보건의료제도의 구조를 보다 효율화하는 데 예산을 더 배정해야 한다는 방향으로 마음을 바꿨다.[54] 공론조사는 비용이 많이 들고, 포괄적인 참여 대신 더 높은 대표성과 평등, 숙의를 중시한다. 그러나 제인 맨스브리지Jane Mansbridge가 지적한 것처럼 공론조사는 선거나 자문 과정에서 시민의 참여에 간접적으로 긍정적인 효과를 낳는데, 그 효과는 우리가 보다 광범위하게 강력한 숙의민주주의를 증진하고자 할 때 매우 소중하다.[55]

더 나아가, 시민적 숙의citizen deliberation를 증진하기 위한 다양한 노력이 이미 국가와 지역의 건강 우선과제 설정에서 성공적으로 이용되고 있다. 일례로, 크리스토퍼 뉴딕Christopher Newdick은 잉글랜드의 템스 밸리에서 약 20년간 국민보건서비스National Health Service, NHS 위원들이 어떻게 일반 지역 주민들로 구성된 (법에 규정되지 않은) 우선과제위원회Priorities Committee 내의 다양한 주장들 사이에서 균형을 잡아왔는지 설명한다. 위원회는 지역의 보건의료 위원들에게 권고안을 제시한다. "30명으로 구성된 각 위원회는 일반인 위원장, 국민보건서비스 임상의, 매니저, 법률 자문관, 윤리 자문관(일반인)으로 구성돼 있다."[56] 민원 사례에 대한 위원회의 결정을 두고 법원에 항

---

* 일반적인 여론조사는 시민의 의견을 수집하고 확인하는데, 공론조사는 이에 더해 능동적인 학습과 토론을 통해 사안에 대해 깊은 이해를 갖고 의견을 밝히도록 한다.

소를 제기할 수 있다. 일례로, 트랜스젠더 여성이 (국민보건서비스에 보장된) 성전환수술의 일환으로 받은 호르몬 치료에 불만이 있어 가슴 보정 수술을 받고자 항소한 사건이 있었다. 위원회는 그러한 사례에서 평등한 치료를 위해 원고를 트랜스젠더 여성 집단과 비교해야 하든, 모든 인구 증가 제창자natalist인 여성들과 비교해야 하든, 양측 주장 모두 근거가 있다고 인정했다. 이 위원회는 기각 결정을 내렸으나 항소가 제기됐고, 법원은 치료 승인 판결을 내렸다.[57]

사법적 검토를 포함한 독립적인 검토와 규제 및 감독

합리성을 위한 책무성의 마지막 기준은 법적 자격legal entitlement의 구조에 대한 규제와 집행 가능성이다. 제6장에서 논의한 것처럼, 한 국가의 법원과 초국적 재판소는 규제의 내용이 보건의료제도 내의 공적 행위자 및 민간 행위자를 비롯해 가격, 품질, 건강 물품과 (관련 정보를 포함해) 서비스에 대한 접근성에 영향을 끼치는 보건의료제도 밖의 행위자들을 포함해야 한다고 판결했다. 일례로, 우루과이는 모든 담배에 밋밋한 포장을 썼다는 이유로 필립모리스로부터 소송을 당했는데, 2016년에는 건강권을 보호하고 이를 통해 흡연 관련 의료비를 절감하는 공공정책을 수립한 데 대해 국제투자분쟁해결기구International Centre for Settlement of Investment Disputes가 우루과이의 '판단의 재량margin of appreciation'을 분명히 인정하면서 재판에서 승소했다.[58]

보다 일반적으로는, 우선과제 설정과 보건의료제도 전반에서 규범을 수립하는 방식을 명백하게 고려하면, 건강 관련 공적 권력과 **민간** 권력의 행사를 합법화하고 규제하는 데 보건의료제도 안팎에서 법원이 하는 역할을 이해할 수 있다. 로베르토 가가렐라는 "판사들은 (……) 규범의 제정 과정이 기본적인 숙의 요건을 충족시키고, 규범이 우리의 동등한 윤리적 지위에 부합하는 방식으로 적용되게 할 수 있다"라고 주장한다.[59]

역사적으로 법원은, 특히 성·재생산 건강과 권리에 대해 형법을 사용하는 등 건강과 관련해 반동적인 역할을 자주 해왔다. 그러나 보건의료제도가 핵심적인 사회제도라면 문제는 법원이 할 역할이 있는지가 아니라, 제6장에서 논의했듯이 사법적 집행이 사회적·정치적 행동을 촉진하는 등의 역할을 통해 **어떻게** 체계적인 포용과 공평성과 책무성을 증진할 수 있는지 여부다.

인권과 지구적 정의Global Justice : 현재 맥락에 대한 대응

건강권 역사의 모든 국면에서 인권 비정부기구와 사회운동계는 매번 새로운 전략으로 대응하고 새로운 행위자들을 포함시켰다. 2010년대에는 공식 인권기관들과 다양한 시민사회단체들이 성·재생산 건강과 권리를 향한 공격의 증가와 함께 국내에서 일어나는 일만이 아니라 국제경제질서에서 기인하는 평등한 존엄성에 대한 위협에 대응하고 있었다.

특별절차와 조약감시기구

유엔은 2010년대에 다양한 특별절차를 수립했다. 갈수록 악화되는 파편화와 불일치의 문제에도 불구하고, 일부 새로운 강령들은 '외채와 국가의 기타 유관한 국제 재정 의무가 모든 인권, 특히 경제·사회·문화적 권리의 온전한 향유에 끼치는 영향에 관한 독립 전문가Independent Expert on the Effects of Foreign Debt and Other Related International Financial Obligations of States on the Full Enjoyment of All Human Rights, Particularly Economic, Social and Cultural Rights'와 같이 구조적 경제 차원에서 인권문제에 명시적으로 대응했다.[60] 유엔인권빈곤특별보고관Special Rapporteur on Extreme Poverty and Human Rights 필립 올스턴은 이 플랫폼을 이용해 국제 금융기관의 역할 등 국가적·국제적 경제의 현실이라는 맥락에서 인권 원칙의 적용을 설명했다.[61]

더 나아가, 제5장에서 지적한 것처럼 2000년대 초가 되자, 인권 옹호자들은 특히 성·재생산 권리의 규범에서 그 불안정성과 정치적 논란을 고려할 때, 일관된 해석 프레임워크가 크게 도움이 될 것이라고 인식했다. 빠르게는 2006~2007년부터 성·재생산 권리에 관한 일반논평이 논의됐고, 여성차별철폐협약위원회, 자유권규약위원회, 사회권위원회가 공동으로 이를 발표할 계획이었다. 논쟁 끝에 세 조약감시기구는 성·재생산 건강과 권리와 부분적으로 관련된 문제들에 대해 각기 독립적으로, 그러나 중첩되는 성명을 발표했다.

사회권위원회는 2016년 **성·재생산 건강에 대한 권리**에 관한 일반논평을 발표했다. 법적 의무의 측면에서 「일반논평22」는 구체적인 법적 의무와 핵심 의무 목록으로 구성된 「일반논평14」와 같은 구조를 채택했다. 그럼에도 불구하고, 사회권위원회는 「일반논평14」를 갱신하고 논평에 대한 비판에도 어느 정도 응답했다. 일례로, 짧아진 핵심 의무 목록은 규범적으로나 실증적으로나 더 일관성 있게 정당화됐고, 이탈 불가non-derogable하다고 주장하지 않는다. 「일반논평22」는 효과적이고 투명한 구제 조치에 대한 접근성을 훨씬 더 강조했고, 보건의료제도와 관련해 보다 최신의 관점을 담았으며, 국제 의무를 강조하고, 성·재생산 건강에 대한 권리가 다수의 여타 시민적·정치적 권리와 경제·사회·문화적 권리 사이에서 '상호 의존적'이며 '교차적 차별'에 의해 영향을 받는다고 단언했다.[62]

여성폭력에 대한 「일반권고 제19호」는 **법적 확신**opinio juris이 (고문과 노예제, 저작권 침해 금지 규범과 마찬가지로) 여성에 대한 젠더폭력의 금지를 국제관습법의 **강행법규**jus cogens로 만들었음을 보여준 바 있었고[63], 2017년 「일반권고 제19호」를 갱신한 「일반권고 제35호」가 채택됐다. 여성차별철폐협약위원회가 지적한 것처럼 이 규범이 노골적으로 위반되고 있었지만, 대부분의 국가가 여성폭력을 인권 문제로 인식하지 않던 1990년대 초 이후 많은 발전을 이뤘고, 그러한 진보는 대체로 시민사회와 이들의 인권 기준 이용에 의해 주도됐다.[64]

2018년 자유권규약위원회는 생명권에 대한 기존의 일반논평을 갱신하고, 이 권리를 존엄성 있는 생명권으로 확장해 국가 법률,

역내 법률, 국제법 간의 변증법적이고 회귀적인 관계를 설명하는 「일반논평36」을 발표했다. 자유권규약위원회는 당사국이 건강과, 특히 낙태를 원하는 여성들에 대한 상당한 보호를 포함해 존엄성 있는 삶에 필요한 조건을 제공하도록 요구했다.[65]

　　세 조약감시기구는 안전한 낙태에 존엄성 있는 생명권을 위협하지 않기 위한 의무, 구조적 폭력에 대한 엄격한 범죄화, 성·재생산 건강에 대한 권리의 동등한 향유라는 각기 다른 관점으로 접근하지만, 이들의 집합적인 결론은 여성의 건강권에서 가장 논란이 되는 측면에 대해 중첩되는 합의에 도달할 수 있는 여러 규범적 근거를 제공한다.

시민사회 옹호 활동이 국제질서로 향하다

이 책에서 주장하듯이, 인권은 언제나 시민사회의 창의적인 규범적 발전과 정치적 에너지에 의존해 왔고, 앞으로도 그럴 것이다. 최근 들어 시민사회는 사회적 불평등의 국가 내부적 동인만이 아니라 국제적인 동인으로 더욱 관심을 돌렸다. 일례로, 2014년 해외 탈세가 해외 개발원조 총액을 훨씬 넘어섰다.[66] 해외 탈세는 '이전가격transfer pricing'의 다양한 형태를 포함하는 '불법 자금 흐름illicit financial flows'의 한 형태다. 예를 들어, 무형자본(가령, 특허)을 이용한 미국 제약 특허의 부적절한 가격 책정mispricing은 조세 도피처인 자회사로 특허를 이전하는 수법(그로 인해 모회사가 자신의 무형자산을 사용하려면 큰 값을 지불해야 한다)으로, 2016년에 1,400억 달러에 달하는 조세

공백을 초래했다.[67] 비정부기구들은 이러한 손실이 국가가 건강과 기타 사회적 권리를 실현할 역량에 직접적인 영향을 끼친다고 주장하면서, 누진세로 국가 내의 불평등한 부를 재분배해야 할 뿐 아니라 초국적 기업들에 의한 불법 이전과 탈세를 가능케 하는 국제 게임의 법칙을 바꿔야 한다고 지적한다.

국제 보건정의: 문제와 제안

국제 보건(부)정의에 대응하는 방법과, 그 과정에서 권리가 하는 역할에 대해 학자와 활동가 사이에 상당한 논쟁이 있다. 한정된 지면으로 인해 모든 제안을 고려하지 못하지만, 여기에서는 접근법에 상당한 차이가 있는 두 가지 제안을 설명하고자 한다.

첫째, 로런스 고스틴Lawrence Gostin과 에릭 프리드먼Eric Friedman은 국제보건기본협약Framework Convention on Global Health에 관한 제안을 주도했는데, 제안서 초안은 없지만 담배 관련 입법과 규제를 요구하는 담배규제기본협약Framework Convention on Tobacco Control을 모델로 할 예정이다.[68] 그러나 '국제 보건'에 관한 훨씬 더 포괄적인 조약은 행동 범위에 대해 완전히 다른 질문을 제기한다. 담배와 달리 건강과 관련한 대부분의 초국적 결정인자는 개별 정부들에 의해 통제될 수 없기 때문에, 국제보건기본협약에 대한 제안들도 그러한 차원에 대응하기 위한 국제 원조 의무에 초점을 맞추는 경향이 있다. 그러나 리 헤인즈Leigh Haynes 등이 주장하는 것처럼 "정부 간 재정 이전financial transfer의 문제에만 과제를 한정하면 건강 부정의health injustice의 이면에 있는 구조적인 결정인자들을 간과할 위험이 발생한다. 그러한 간과는 부당하고 지속 불가능한 국제적인 경제체제를 합리화하는 데 기여할 것이다".[69]

고릭 옴스Gorik Ooms와 레이철 하몬스Rachel Hammonds 등은 이 기본 협약에 대해 서로 다르지만 밀접한 연관성이 있는 제안을 했다. 이들은 건강과 관련해서는 「일반논평14」에 따라 '(모든) 국가들이 최소한의 핵심 의무를 이행하기 충분하도록' 부유국들로 하여금 '국제 원조와 협력 의무'를 요구해야 한다고 주장했다.[70] 부유국의 경제적 원조와 협력이 필요하다는 데는 이론의 여지가 없는 것이다.

그러나 다른 사람들과 마찬가지로 나는 국제 보건정의를 증진하는 데 있어서 국가 간 자금 이전에 초점을 맞추는 것보다 더 효과적인 접근법이 있다고 믿는다. 먼저 법적으로 볼 때, 제5장에서 주장한 것처럼 「일반논평14」에 명시된 '최소한의 핵심 의무'가 법적 구속력이 (없지만) 있다 하더라도 어떠한 일관된 근거에 의해서도 정당화되지 않으며, 그로 인해 국제적인 경제적 지원 의무를 부과할 수 있는 규범적 근거가 빈약하다는 점이다. 둘째, 실증적으로는, 불법 자금 흐름의 아주 작은 부분을 중단시키는 것만으로도 건강과 다른 영역에서 자원으로 인한 국제적인 불평등을 해소할 수 있다. 이러한 조치가 무역과 지적재산의 유해한 영향, 부채 협약 등의 축소와 결합하면, 남반구국가들이 얻을 혜택은 그 어떠한 금융 원조보다 훨씬 더 클 것이다. 셋째, 교리적으로 국제적인 자금 지원 의무를 요구하면 경제·사회·문화적 권리가 시민적·정치적 권리와 달리 그러한 '원조'를 필요로 한다는 생각을 강화시키는데, 이는 실증적으로 볼 때 사실이 아니다. 마지막으로, 정치경제적으로는 헤인즈가 주장했듯이 정부 간 이전에 초점을 맞추면 북반구와 남반구 간의 신식민주의적 자선 관계를 강화하는데, 이는 이 책에서 논의한 세계경제의 구조적 부정의에는 대응하지 않는다.

그렇다면 그러한 제안에 대한 실질적인 대안은 무엇인가? 첫째, 북반구국가들은 국제 원조와 협력의 의무를 갖는데, 이때 의무는 재정만이 아니라 기술적 원조와 제도 구축 원조까지 포함한다. 둘째, 북반구국가들은 해를 끼치지 않을 의무가 있는데, 이것은 역외의무의 문제로 인권을 넘어선 국제법에 잘 확립돼 있다. 불법 자금 흐름을 잡아내고 (건강과 그 외의 분야에 대한) 폐해를 방지하기 위해 국가들에 보다 체계적으로 역외의무를 부과한다면 오늘날의 세계화된 세상에서 국가와 초국적 기업들의 초국적인 영향을 사회계약에 포함시켜 잠재적으로 그 개념을 확장시킬 가능성이 있다.

'인권과 관련한 초국적 기업 및 기타 기업TNCs and Other Business Entities with Respect to Human Rights'에 관한 법적 구속력 있는 조약의 제로 드래프트zero draft*가 일부 기반하고 있는 2011년 「마스트리흐트 원칙」은 역외의무를 제어하기 위한 노력에 무엇이 필요한지를 조명하고 있다.[71] 「마스트리흐트 원칙」은 역외의무를 "자국 영토 밖에서의 인권의 향유에 영향을 끼치는 자국 영토 안팎에서의 국가적 행동 및

---

* 기존의 정보나 지식, 틀에 영향받지 않고 절대적으로 새롭게 무에서부터 작성하는 초안이다.

부작위 의무, 그리고 유엔헌장Charter of the United Nations과 인권제도들에 명시된 국제적 성격의 의무"라고 명료하게 규정했다.[72] 국가는 "자국이 지휘권 또는 효과적인 통제권을 행사하는" 상황, "자국의 행동이나 부작위가" 자국 영토 안팎에서 경제·사회·문화적 권리의 향유에 "예측 가능한 영향을 초래하는" 상황, "자국의 행정부, 입법부 또는 사법부를 통해, 단독으로 또는 공동으로 행동하면서, 국가가 경제·사회·문화적 권리에 결정적인 영향력을 행사하거나 그러한 권리를 실현하기 위한 조치를 취할 수 있는 위치에 있는" 상황에서 그러한 역외의무를 갖는다.[73]

역외의무에 대한 인식과 집행이 만병통치약은 아니며, 그것 하나만으로는 국제경제질서에서 기인하는 사회적 불평등과 국제 보건문제를 해결하기에는 역부족이다. 그러나 역외의무를 다루는 일은 건강의 정치적 결정인자에 대한 국가적 의무를 확장하는 중요한 방법으로, 평등주의적 개발과 인권 활동을 분열시켰던 기저의 긴장관계를 어느 정도 극복하는 것이다. 국가가 초국적 기업과 기타 기업들을 통제해야 한다는 생각은 관련 지지단체와 네트워크들의 사회동원에서 급속히 확산되면서 명시적 규범과 내재적 규범을 모두 창출하고 있다.[74] 네덜란드에서 헤이그 지방법원이 역외의무를 온실가스 배출에까지 확장시키는 판결을 내리는 등 국내 법원들에서도 역외의무와 관련한 여러 소송이 제기됐다.[75] 거의 모든 초국적 기업들이 자국 영토 안팎에서 기업이 인권에 끼치는 영향을 통제해야 한다는 국가적 의무를 정기적으로 언급하기 시작했다. 경제협력개발기구는 심지어 선량한 세계시민global citizen에 대해 부유한 회원국을 등급화하고, 지속가능발전목표 달성을 목표로 하는 정책들이 세대만이 아니라 국가를 초월해 끼치는 영향까지도 조사하고 있다.[76]

요약하면, 이러한 노력들은 아직 초기 단계에 있다. 그럼에도 불구하고 (어쩌면 특히 기후 건강climate health에서부터 대규모 이주와 건강 안보에 이르는 국가를 초월하는 건강문제들 때문에, 또한 그만큼 명백하게 불충분한 국가적 대응 때문에) 이처럼 적대적인 국제 환경에서도 역외 의무와 관련한 사회적 및 법적 운동을 증진해야 할 이유가 있다.

우리는 국가적 책임에 대한 공적 담론과 교리적 이해 그리고 그러한 의무를 집행하기 위한 제도적 구조를 몇십 년 안에 바꿀 수 있다는 사실을 반복적으로 목격해 왔다. 국가를 초월하는 건강과 기타 권리를 둘러싼 사회동원은 거미줄처럼 얽혀 있는 우리의 상호관계를 강화하고, 북반구국가들의 국민들 대신 기업에 이득을 안겨주는 착취의 패턴을 드러낸다. 따라서 역외의무를 둘러싼 동원은, 국제 원조를 고수하면 가능하지 않을, 일반 국민이 자신의 국가에 대해 바라는 세계시민 유형의 측면에서 국내의 정치적 숙의에 활력을 불어넣을 가능성이 있다.

결론

2019년 2월에 나는 코스타리카에 있었다. 코스타리카는 중앙아메리카에 있는 작은 중소득국가로 1948년에 군대를 없앤 것으로 잘 알려져 있다. 코스타리카는 영토의 약 4분의 1을 열대우림과 미개발 토지, 해양 보호구역 등으로 보존하고 있으며, 모든 채굴산업을 폐지하고, 카타르가 월드컵을 개최하는 해인 2022년까지 세계 최초로 탄소 중립국이 될 것을 목표로 하고 있다.

나는 전 세계적으로 인구 5만 명에서 25만 명당 한 명 정도가 걸린다고 추정되는 유전성 혈관부종이라는 희귀병에 관해 최초로 열린 초학제적transdisciplinary 심포지엄에 참석하기 위해 산호세에 머무르고 있었다.[77] 심포지엄 전날에는 환자들을 만났다. 너무도 사랑스러운 젊은 여성인 레티시아는 병이 발현됐을 때 모습을 찍은 사진을 내게 보여줬다. 얼굴이 너무 부어서 전혀 알아볼 수가 없었다. 레티시아는 그런 자신의 모습을 보기가 얼마나 힘들었는지를 설명하고, 최근에 결혼을 해서 아이를 낳고 싶지만 호르몬이 임신에 어떤 영향을 끼칠지 알 수 없다며 눈물을 훔쳤다. 겉으로 보기에 성 중립적인 듯 보이는 질병도 매우 젠더화된 영향을 끼친다.

유전성 혈관부종은 진단이 어려워 보고된 발병률보다 실제 환자 수가 더 많을 가능성이 높다. C1 단백질에 영향을 끼치는 몇 가지 돌연변이 유전자에 의해 유발되는 이 질병은, 물리적인 압박이나 스트레스 또는 겉보기에 아무런 이유 없이 걷잡을 수 없는 염증으로 증상이 나타난다. 어디서든 그 증상이 발현되면 대부분의 의사들은 충수염이나 음식에 대한 과민 반응, 곤충에 물린 자국 등 그냥 일반 염증 증상으로 여긴다. 그러나 후두에 증상이 나타나면 기도 폐쇄로 질식할 수 있다. 환자들은 학교나 직장을 며칠씩 빠져야 하고, 부정확한 진단으로 인해 (충수염 수술과 같이 장기의 일부를 제거하는 등) 종종 불필요하고 오히려 해가 되는 치료를 받는다. 소수의 부유국을 제외하고는 대부분의 국가가 최신 요법은 고사하고 효과적인 치료 기준조차 갖고 있지 않다. 코스타리카의 인구 1인당 보건의료 지출은 연간 미화 1,200달러다. 이 질병에 대한 권장약 1회 투약분 가격이 3,000달러가 넘는데, 환자들은 1년에 5~10회 또는 그 이상을 투약받아야 한다. 그래서 레티시아와 같은 환자들은 반복적으로 응급실에 실려 가 침습적 시술을 받고, 발병할 때마다 두려움에 떨며 자신과 가족의 삶의 질이 현격히 저하되는 경험을 한다. 최저 생계 욕구를 충족시키는 국제 원조는 코스타리카의 유전성 혈관부종 환자들에게 도움이 되지 않겠지만, 희귀한 질병에 대한 제약회사들의 가격 책정 관행으로 인한 폐해를 줄이기 위해 지식재산 규정을 바꾸는 것은 잠재적으로 도움이 될 가능성이 있다.

소송도 해답이 아니었다. 법원을 이용하기 쉽고 존엄성 있는 생명권을 확대해석하는 코스타리카에서 2018년 한 여아를 대신해 **보호영장** 청구소송이 제기됐다. 대법원의 헌법부는 값비싼 치료에 대한 거부가 정당하다고 판결했으나, 치료 거절 사유를 환자에게 설명할 것을 정부에 요구했다. 정부는 설명하지 못했다.

코스타리카대학이 개최한 선례가 되는 포럼에는 코스타리카의 처방집 결정에 관여하는 사람들과 보건부 차관, 전국에서 온 의사와 학자들, 유전성 혈관부종 환자들이 참석했다. 보건 당국은 환자들의 고통에 무관심한 듯 보였고, 한 관계자는 심지어 환자들에게 집단선collective good이 그들의 값비싼 욕구보다 우선한다고 말하기도 했다. 한 인권 변호사는 환자들이 미주 시스템에 소송을 제기해서 정부로 하여금 약값을 지불하게 해야 한다고 주장했다. 나는 양측 모두의 입장에 반대했다. 건강권의 문제로 값비싼 치료를 처방집에 포함시켜야 한다는 주장은 이 책에서 지지하는 생각들과 일치하지 않는다. 그러나 현재의 보건의료제도는 환자들에게 해를 끼치며 그로 인해 그들의 동등한 윤리적 가치를 경시하고 있었다. 따라서 나는 진단 테스트를 제공해 환자들이 의사의 부주의로 발생한 피해를 입지 않도록 하고, 또 환자들이 자신의 몸과 삶에 대한 통제력을 높일 수 있도록 해야 한다고 주장했다. 더 나아가, 보건의료제도가 이용한 근거를 환자들에게 투명하게 설명하는 등 우선과제의 설정 방식을 민주화해야 할 필요성도 분명해 보였다.

이 심포지엄이 개최된 지 불과 며칠 후에 나는 코스타리카 정부가 처음으로 진단 테스트를 제공한 것으로 보인다는 말을 들었다. 이 책이 인쇄될 당시 그 일이 아직 실현되지는 않았으나, 그렇게 된다면 환자들을 정확히 등록하고, 의료적 오류로 인한 막대한 고통을 줄이고, 잠재적으로는 생명을 구할 수 있게 될 것이다. 수년 전에 페루의 지역사회에서 그랬듯이 내가 심포지엄에 참석한 것이 부문 간 회의와 논의를 촉진시켰을 수 있다. 그러나 중요한 점은, 카타르에서와 달리, 유전성 혈관부종 환자들이 직접 발언하고, 정책 결정자들을 만나고, 자신들의 목소리를 내고, 자신들의 관심사를 알렸다는 사실이다.

　내가 만난 환자들은 일상에서 이 질병과 함께 살기 위한 투쟁만이 아니라 구조적 변화를 추구한다는 점에서 고무적이었다. 이 책에서 주장한 것처럼, 이 환자들은 자신이 존엄한 존재라는 믿음을 바탕으로 개인적인 투쟁을 보다 넓은 제도적 문제 안에 위치시킬 수 있었다. 권리의 이용을 통해 본인, 다른 환자들 그리고 정책 결정자들과 복잡한 건강정의의 문제에 대해 대화할 수 있는 공간을 열고, 건강 공평성을 인간 존엄성 및 유의미한 민주주의와 연결시키는 일은 너무도 중요하다.

　요약하자면, 이 장에서 제시한 오늘날 현실의 모습들은 불가피하게 변화할 것이다. 그러나 이 책 전반에서 나는 우리가 어떻게 이곳에 도착했는가를 알아야만 우리의 현재 상황을 이해할 수 있다고 주장했다. 2010년대에 우리는 기후 재앙으로 인한 전 세계적인 위협과 더불어, 국가 내에서 그리고 국가 간에 커지는 불평등, 자유민주국가의 민주제도들과 전후 다자적 질서의 위법성illegitimacy이 날로 증가하면서 그로 인한 폭발적인 영향을 목격했다.

　또 지속가능발전목표에서 소외 계층에 대한 우려를 표명하고 그들의 존엄을 언급했으나, 지표의 환원주의가 (심각한 불평등의 감소건 우리가 권리에 대해 갖고 있는 이해 그 자체건 간에) 변혁적인 열망과 특히 성·재생산 건강과 권리를 재정립한다는 것을 살펴봤다. 독재 지도자들이 과학적 사실을 부정하는 세상에서 더 많은 데이터가 답이 아니라고 주장하는 것이 모순처럼 보일 수 있으나, 기술적 측정에 대한 의존이 민주적 투쟁의 공간을 닫아버릴 수 있다는 점에서 이 둘은 서로 무관하지 않다. 우리는, 알이드리시가 살던 시대처럼, 세상을 구축하는 데 사용하는 지식 구조가 불가피하게 정치적이라는 사실을 인식하기 위해 실증적 사실의 중요성을 무시할 필요가 없다. 우리는 이 책을 통해 어떤 지식이 중요하고 누구의 전문성이 이를 해독하는가에 대한 서사를 만드는 일이 저절로 일어나지 않는다는 사실을 확인했다. 그것은 제도와 (법률이건 의료건 거버넌스건 간에) 그 권위를 뒷받침하는 내면화된 규범을 필요로 한다. 더 나아가, 이들은 상호작용한다. 지속가능발전목표 지표들을 통해 (재)생산된 지식 구조는 지속가능발전목표가 덧발라진 세계경제의 신자유주의적 구조라는 틀 위에서 문제를 살펴봐야 한다.

우리는 또 건강권과 관련해 보편적 의료보장을 일관되게 구현하기 위해서 무엇이 필요한지를 알게 됐다. 건강권을 중심으로 구축된 보건의료제도는 (이주자와 비非법적 시민을 포함한) 공정한 재정 조달, (증거 중심적 개입과 함께 피영향자 집단의 유의미한 참여를 포함하는) 공정한 우선과제 설정, 그리고 규범적 약속에 따른 민간 및 공적 행위자들에 대한 효과적인 규제와 감독을 필요로 한다. 보건의료제도는 (코스타리카의 가능성에서 본 것처럼) 포괄적인 정부에서 민주적 관행과 책무성을 증진할 공간을 제공할 수 있으나, 동시에 카타르와 같이 소외와 비가시화의 패턴을 쉽게 반영하고 굴절시킬 수 있다.

마지막으로, 국제 보건정의는 건강의 정치적 결정인자와 전 세계적으로 불필요한 고통의 심각한 불균형을 지속시키는 경제적 거버넌스의 규칙에 대응해야 한다. 이 책에서 나는 쉬운 해결책에 대한 갈망을 단념시키고자 노력했다. 다양한 집단의 사람들을 위해 건강권을 얻어내는 일은 지속적이고 복잡한 과제다. 그리고 우리는 골대의 위치가 끊임없이 바뀌는 것을 목격했다. 동시에 나는 그 사실을 인정하는 일이 결코 건강과 사회적 평등을 위한 싸움을 지속해야 할 의무를 줄이는 것은 아니라는 점을 강조했다.

두말할 것 없이 우리는 전 세계적으로 사실상 모든 영역에서 격변과 혼란스러운 변화가 있는 불안한 시기에 살고 있다. 또한 오늘날 건강권이 직면한 위협은 우리가 해군정비학교에서 본 형태의 지배가 아니고, 무수히 많은 차원에서 동시에 작동하는 사회적, 정치적, 경제적 그리고 환경적 현실들이 복잡하게 상호작용한 결과인 경우가 많다. 그럼에도 불구하고, 이 대대적인 전환의 시대는 건강권과 사회정의에 일련의 영향들을 끼치면서 1980년대 이후 우리의 집단적인 상상력을 지배해 온 신자유주의적 교리의 허상을 어느 정도 파괴할 수도 있을 것이다. 프랑스 비판이론가 장 보드리야르Jean Baudrillard가 지적한 것처럼, 지배는 밖으로부터 전복되지만 헤게모니는 안으로부터 뒤집히거나 역전된다.[78] 트럼프와 그 지지 집단은 미국의 주도하에 설계된 제2차 세계대전 이후의 질서에서 '일이 처리돼야 하는 당연한 방식'이라는 가장무도회에서 커튼을 걷어냈다. 간단히 말해서, 미국과 다른 국가에서 목격되는 현재의 터무니없는 정치적 광경은 아이러니하게도 진보적인 변혁을 위한 새로운 가능성의 문을 열었고, 우리는 지금 그 기회를 붙잡아야 한다.

우리가 원하는
세상을 향해

우리는 아직 우리의 조건을 극복하지 못했으나 지금은 더
잘 알고 있다. (……) 인간으로서 우리가 할 일은 자유로운
영혼들의 끝이 보이지 않는 고통을 완화할 몇 가지 원칙을
찾아내는 것이다. 우리는 (……) 너무도 확연히 부정의한
세상에서 정의를 다시 상상할 수 있는 것으로 만들어야 한다.
(……) 물론 이는 초인간적인 과업이다. 그러나 초인간은 우리
인간들이 달성하는 데 오랜 시간이 걸리는 과업을 일컫는 말일
뿐이다.

- 알베르 카뮈 Albert Camus [1]

2017년 10월의 어느 찜통같이 더운 날, 나는 파나마시티에서 파나마운하를 바라보고 있었다. 다음 날에는 미주재판소의 특별재판에서 미주인권위원회를 대신해 전문가 증언을 할 예정이었다.[2] 그 재판은 미주재판소가 미주인권협약에 대한 산살바도르의정서 제26조하에서 건강권을 자동적인 권리로 집행하고자 하는 의지를 확립하는, 아주 중대한 사건이 될 가능성이 있었다.[3] 미주재판소는 수년 동안 그러한 움직임을 보여왔지만 내부적으로 논란이 있었다. 2017년 미주재판소는 니카라과와의 환경 분쟁에 대해 콜롬비아 정부가 요청한 자문 의견과 후지모리 정권하의 페루가 연루된 노동권 사건에 대해 기존 판례를 넘어서 직접적으로 경제·사회·문화적 권리를 집행하고자 하는 의지를 보여줬다. 그러나 내가 증언을 맡은 **포블레테 빌체스 대 칠레 정부**Poblete Vilches v. Chile 판결[4]은 과거 빈번하게 소송이 제기됐지만 미주인권재판소의 기존 판례에서 수차례 직접 집행으로부터 배제됐던 건강권과 관련한 쟁점 사건으로, 지금까지의 재판 중 가장 중요한 사건이었다. 산살바도르의정서 자체는 건강권을 명시적으로 정당화하지 않으며, 재판소는 과거에 다른 권리들과 연계된 차원에서 건강권을 해석했다. 따라서 사회권위원회의 「일반논평14」에서 건강권이 다른 권리들에 우선하는 방향으로 움직일 때 미주재판소의 접근법은 페레르 맥그레고르Ferrer MacGregor 판사가 지적한 것처럼 "중첩되는 내용을 해석하면서, 각 권리의 효과적인 이행을 위해 그러한 각각의 권리를 존중하고 보호하고 충족시킬 의무가 갖는 함의를 평가하지 못하게 되는" 결과를 낳았다.[5]

오스카 파라Oscar Parra가 2017년 **라고스 델 캄포 대 페루 정부 판결** (고용 조건의 안정성에 대한 권리와 관련해 산살바도르의정서 제26조가 독립적으로 집행 가능하다고 명시했다)에 대해 말한 것처럼[6], 그 의견은 판례를 문학으로 보는 로널드 드워킨의 해석학적 방식[7]과 같이 장편 소설에 들어맞는 하나의 에피소드였다. 제4장에서 논의한 것처럼, 1999년 산살바도르의정서의 채택 이후 법률에 대한 형식주의적 해석에서 벗어나 경제·사회·문화적 권리를 독립적으로 정당화할 수 있는 것으로 만들려는 시도가 이어져 왔고, 이 문제는 관련 활동에서뿐만 아니라 심지어 재판 사건들에 대한 주석마저도 학자들 사이에서 오랜 논쟁거리였다.[8] 콜롬비아의 환경 사건은 논쟁적이지는 않았으나, 미주재판소가 (건강과 마찬가지로) 건강한 환경을 누릴 권리에 대한 포괄적인 이해가 지나치게 복잡해서 다른 수많은 권리들과 연계해 분석할 수 없다고 판결했기 때문에 개념적으로 중요했다.[9]

결론 우리가 원하는 세상을 향해

나는 종종 콜롬비아 등을 장악하고 있는 미국의 지정학적 권력의 측면에서 파나마운하를 생각하곤 했다. 그러나 그날 오후, 전망대에 전시된 과거 사진들을 보면서 100여 년 전에 이룩한 경이로운 토목사업에 입을 다물 수가 없었다. 파나마운하는 일련의 갑문을 이용해서 파나마지협을 통해 대서양과 태평양을 연결한다. 운하는 과거 남미대륙 아래로 돌아가야 했던 시간을 대폭 줄여 교역을 촉진했을 뿐 아니라, 운하를 건설하는 과정에서 말라리아, 황열, 기타 모기를 매개로 하는 질병과 관련한 공중보건 측면에서도 큰 발전을 이뤘다.[10] 실제로 기후변화로 인해 공중보건이 새롭고 심각한 위협에 직면해 있는 이 시기에, 파나마운하 건설은 협력을 통해 실질적인 진보를 혁신하고 거대한 장애물을 극복할 수 있는 인간의 놀라운 역량을 보여준다.

다음 날 나는 **포블레테 빌체스 대 칠레 정부** 재판에서 증언을 했다. 2001년 비니치오 포블레테 빌체스Vinicio Poblete Vilches는 급성 호흡기 질환으로 입원했다가 칠레 산티아고 외곽에 있는 소테로 델 리오 병원에서 사망했다. 그는 수술 후 너무 이른 시기에 집으로 보내졌고 합병증으로 인해 다시 병원에 입원했다. 그 지점에서 양측은 그가 집중치료실로 옮겨져야 했으나 그러지 않았다는 데 동의했다. 그는 나중에 병원 내 감염으로 사망했다. 그의 가족은 정확한 정보를 바탕으로 한 동의, 신체의 완전성bodily integrity, 정보와 생명에 대한 권리, 건강권, 정당한 절차에 대한 권리를 침해당했다고 주장했다. 그의 가족은 행정, 민사, 형사소송 등 국내에서 할 수 있는 모든 방법을 동원했으나 보상을 받지 못해 결국 이 사건은 미주인권위원회까지 갔고, 미주인권위원회에서 미주인권재판소로 사건을 회부했다.[11]

　이 사건의 배경은 앞에서 설명한 여러 가지 주제를 반영하고 있다. 피노체트Pinochet 독재정권하에서 칠레는 일찍이 1980년대에 구조조정을 채택해, 이 책의 초반부에서 논의한 건강 측면의 결과들을 경험했다. 2001년이 되자 민주화된 칠레의 보건의료제도는 국제 금융기관들이 밀어붙인 개혁을 반영한 민간의료 서비스와 저소득층을 위해 남아 있는, 자금이 부족한 공중보건제도로 나뉘었다. 배경이 되는 사회적 불평등에 더해 예방적 조치와 건강 증진을 위한 투자가 최소 수준에서만 이뤄졌고, 보건의료 서비스 시스템은 과도하게 의료 중심적이 됐다.[12] 2000년대 초 중도좌파연합의 리카르도 라고스Ricardo Lagos 대통령과 에르난 산도발Hernán Sandoval 보건부장관은 AUGE 계획Acceso Universal a Garantías Explícitas(명시적 보장 서비스에 대한 보편적 접근성 계획)을 설계해 시행했다. 보건의료제도에 대한 투자를 늘리고 불평등을 줄이려는 노력과 함께, AUGE 계획은 공정하고 투명하며 명확하게 보건의료제도의 우선과제를 설정하고, 시의적절한 접근성(최대 대기시간)을 보장하고, 품질 기준과 재정적 위험 보장financial risk coverage을 적용하고, 우선과제 설정 및 보건의료제도의 감시 활동에 시민을 참여시키고(가령, 시민 참여를 통해 치과 보장 범위가 결정됐다), 궁극적으로 값비싼 질병 치료를 위한 기금을 포함시키고자 하는, 불완전하지만 체계적인 시도였다.[13] 2010년 칠레 헌법재판소는 (진보적인 재판소로 알려져 있지는 않으나) 민간의료보험이 나이와 성별에 따른 건강상 위험에 대해 보험료를 조정한 것은 헌법에 위배되는 차별이라고 판결하면서 보건의료제도 영역에서 규범적인 기능을 수행했다.[14]

　　재판 다음 날 아침, 비니치오 포블레테 빌체스의 아들인 비니치오 마르코 포블레테 타피아Vinicio Marco Poblete Tapia와 나는 호텔에서 내가 주문한 커피를 앞에 두고 이야기를 나눴다. 비니치오는 혈압 때문에 더 이상 커피를 마시지 않는다고 했다. 56세인 그는 건장한 체구에 고생한 흔적이 역력한 가죽처럼 검은 손과 어둡고 슬픈 눈동자, 표정이 풍부한 얼굴을 갖고 있었다. 아버지와 가족에 대해 이야기할 때는 그의 눈에 눈물이 고였다. 그는 17년째 이 사건에 매달렸고 그 때문에 안정된 직장도 포기해야 했다. 그렇게 아버지를 잃고 난 후 비통함에 시달리던 어머니도 돌아가셨고, 그의 여동생은 자살을 시도하다가 결국 사망했고, 장애가 있는 남동생도 죽었다. 그 자신도 암과 심장질환으로 투병했으며, 신장 한쪽을 잃고 지팡이가 있어야만 걸을 수 있었다. 우리는 그의 가족에 대해, 칠레에 대해, 내가 주문한 음식과 그가 추천한 음식에 대해, 산티아고에서 봄에 자카란다 꽃이 피었는데도 안데스산맥 꼭대기에 아직 쌓여 있는 눈을 볼 수 있는 것에 대해 이야기를 나눴다. 그리고 수평선 너머로 동이 트는 모습을 보다가 내가 공항에 갈 시간이 돼서 자리에서 일어섰다. "신의 은총이 함께하기를." 작별 인사로 나를 끌어안으면서 그가 말했다. 나도 눈물을 훔치며 "신의 은총이 함께하기를"이라고 말했다.

그가 인생에서 경험한 복잡한 슬픔들에 대해 생각하면서 나는 권력의 병리학의 반대편에 서 있는 사람들과 수십 년간 그들의 가장 깊은 고통에 대해 이야기해 왔음에도 불구하고, 릴케의 말을 빌려 "나는 고통의 영역에서 여전히 초보자일 뿐이다"라고 말할 수밖에 없다고 생각했다. 비니치오는 재판에서 이렇게 말했다. "내 가족은 부정의에 의해 파괴됐습니다. 우리는 가난하다는 이유로 차별받고 모욕을 당했습니다. 국가는 한 번도 조사하지 않았습니다. 그들에게 나의 아버지는 공립병원에서 죽은 또 한 명의 가난한 사람에 불과했습니다. 우리는 너무도 많은 고통을 당했습니다."[15] 그는 수십 년 전에 칠레나 아르헨티나에서 군부정권에 의해 인권을 유린당한 피해자가 자신이 겪은 고통에 대해 이야기하면서 느꼈을 분노와 초국적 인권제도에 걸었을 희망을 안고, 나에게 말했다.

　　서론에서 나는 이 책이 나의 개인적인 여정이며, 여러 면에서 내가 직업적으로 해온 일에 대한 비판적인 성찰이라고 밝혔다. 내가 인권 활동을 시작하고 나서 1990년대 초, 전 세계 많은 사람과 함께 경제·사회·문화적 권리를 위한 투쟁에 나섰을 때, 나는 우리가 세 가지 도전에 직면해 있다고 주장했다. 첫째, 우리는 건강과 기타 경제·사회·문화적 권리들이 프로그램적 열망이 아니라 진정한 법적 권리라는 사실을 확립해야 했다. 이를 위해서는 건강과 인간 존엄성 간의 개념적 연관성을 도출하고, 공적 및 사적 영역 전반에서 구체적인 조건을 충족시키는 국가적 의무가 반영되도록 법적 규범을 바꿔야 했다. **포블레테 빌체스** 사건과 이 책에서 기술한 다른 여러 사건에서 본 것처럼, 이러한 진화는 불완전하지만 지금은 국가적 및 국제적 차원에서 훨씬 더 널리 인식되고 있다. 보다 포괄적인 측면에서, 이제 문제는 더 이상 건강권이 (대다수의 국가에서 아직까지 인정되지 않고 있지만) 사법적으로 집행될 수 있는 법적인 문제인가 여부가 아니다. 가장 어려운 문제는 서로 다른 법률제도와 보건의료제도의 맥락에서 법원이 어떻게 하면 건강 관련 권리들을 가장 잘 집행해 공평성을 증진하고, 사회적 및 정치적 기회 구조들을 열고, 현실에서 다양한 사람들의 삶을 개선할 수 있으며, 법원이 그러한 권리들을 가장 잘 집행하려면 강령과 역량, 권한의 측면에서 어떠한 제도적 변화가 필요한가다.

둘째, 우리는 법률과 정책만이 아니라 보건의료제도 안팎에서의 제도화라는 측면에서, 건강에 인권을 적용하면 어떤 의미가 있을지 보여줘야 했다. 이제 우리는 건강에 대한 인권 중심적인 접근법의 여러 측면을 훨씬 더 분명하게 알게 됐다. 참여와 책임성 같은 원칙들을 적용했을 때는 무엇을 필요로 하는지 계속해서 논란이 있기는 하지만, 전 세계의 다양한 지역에서 이를 이행하는 것과 현장에서 직면한 장애물과 관련해 다양한 사례연구가 있다.[16] 앞으로의 과제는 인권 중심적 접근법이 체계적인 불평등을 영속화하는 국제보건 및 보건의료제도에 대한 지배적인 이해에 도전하는 것에 있다기보다는, 정부와 민간 행위자들의 기존 권력을 강화하는 공허한 처방으로 퇴보하지 않도록 하는 것이다.

마지막으로, 1990년대 초에 시민적·정치적 권리가 민주적 다원주의의 규범과 개인적 자유의 보호를 증진했듯이, 경제·사회·문화적 권리의 이용으로 평등주의의 규범을 증진할 수 있을 것이라고 생각했다. 그때 우리는 건강이나 물과 같은 문제가 권리 문제임을 강조할 때 국가의 정부정책에 영향을 끼칠 수 있을 뿐 아니라, 제1차 걸프전에서 미국이나 에콰도르, 아마존의 초국적 정유 기업들이 자행한 파괴 행위와 같은 초국적 행위와 관련한 규범을 확산시킬 수 있기를 바랐다. 이와 관련해 나는 나를 포함한 인권공동체가 생각만큼 성공하지 못했다고 주장한다. 우리가 너무 많은 것을 바라고 너무 적은 것에 만족했는지도 모른다. 그동안 국가 내에서의 사회적 불평등은 급격히 악화됐다. **다양한 인간이 국가에 대한 소송의 주체가 될 수 있다**는 핵심적인 아이디어를 포기하지 않고 국제 보건 정의의 패턴에 영향을 끼치는 결정들이 국내 세력과 초국적 세력에 대응하기 위해서는, 새로운 도구와 이론화를 필요로 한다는 사실은 분명하다.

그럼에도 불구하고, 스티븐 홉굿Stephen Hopgood과 새뮤얼 모인 등의 비평가들이 크로이소스 왕과 같은 거대 부자들이 줄지어 행진하는 속에서 인권이 "무력한 동반자"[17]인 것은 "인권의 종말"이라 주장하고, 심지어는 인권이 신자유주의 진군의 공모자였다고 하기도 했지만[18], 나는 인권 생태계가 지난 수십 년간 전혀 변하지 않았다거나 하나의 단일한 공동체라는 관점은 옳지 않다고 주장했다. 실제로 지금은 인권 분야 안에서 학자와 활동가들이, 특히 건강과 관련해, 신자유주의와 인권 간의 모순을 지적하는 모습을 흔히 볼 수 있다.[19] 그러나 마찬가지로 중요한 점은 내가 이 책에서 계속 주장한 것처럼, 공식적인 "인권 시스템Human Rights System"이나 북반구의 대형 국제 비정부기구들이 인권 분야의 다양한 행위자와 관점, 실천을 대변한다고 생각해서는 안 된다는 점이다. 실제로 건강에 인권을 적용하는 일은 다양한 체험된 현실에서 건강을 비롯한 권리들이 기능하고, 의미를 갖도록 하는 자국어화의 과정에서 그 힘이 나온다. 이 조각보를 하나로 묶어주는 실은 인간됨이 갖는 의미에 대한 서사고, 그 서사는 장애인에서부터 성노동자, 극빈한 원주민 여성, 에이즈를 안고 살아가는 사람들에 이르기까지 그동안 소모품으로 간주됐던 가난하고 소외된 사람들이 주체 의식을 갖고 집단적으로 자신의 안녕과 삶을 위해서 그리고 미래 세대를 위해서 사회를 바꿀 수 있게 했다.

나는 건강권을 위한 투쟁이라는 관점에서 오늘 이 자리까지 어떻게 왔는지 설명했는데, 그 과정에 "건강과 인권"이라는 분야에서 확실성을 교란시키는 작업이 필요했다.[20] 즉, 다양한 인구 집단의 효과적인 권리 향유에 대한 규범적인 이해가 빠르게 발전하고 국내 헌법 및 국제적 차원에서 건강을 포함한 경제·사회·문화적 권리가 공식적으로 명시되는 상황에서도, 독재정권들과 거시경제정책이 재정과 정책에 부과한 제약 간에 유감스러운 시너지가 발생했다. 국제적인 인권의 열망을 포용한 다자적 정치질서는 다자적 경제질서에 자리를 내어줬고, 다자적 경제질서는 보건의료제도를 포함한 정부의 역할에 대해 모순된 규범들을 선전하기 시작했다.[21] 이 기간에 정치를 통한 의도적인 점진적 변혁의 가능성이 갈수록 작아지면서, 민간 부문과 시장 중심적인 해법이 개입해야 한다는 자기 실현적인self-fulfilling 서사가 근대화를 위한 유일한 길처럼 보였다.

이 책에서 나는 특정한 국제법의 영향에 대한 비관주의만이 아니라 특정한 상황적 전개가 불가피하다는 주장에도 반대했다. 또한 사회변화를 위해 권리를 사용하는 과정이 반복성을 띤다는 점을 지적했고, 건강권과 보다 넓은 사회권에서 규범적 개념화와 실질적인 진보의 양 측면에서 우리가 이룩한 엄청난 발전을 부정하는 태도에 반대했다. 그러한 태도는 그와 같은 발전으로 인해 말 그대로 삶이 바뀐 현실 속 사람들의 존엄성을 깎아내리는 일이다. 앞으로 갈 길은 현상 유지도 아니고 "권리와 자유가 실현될 수 있는 사회질서와 국제질서"에 대한 세계인권선언의 열망을 포기하는 것도 아니라고 믿는다.[22] 이제 우리가 할 일은 우리 자신에게 도전장을 내밀고, 카뮈가 제2차 세계대전 이후 격변기에 단언했듯이 "너무도 확연히 부정의한 세상에서 정의를 다시 상상할 수 있는 것으로 만들기" 위해 건강과 그 너머에서 인권을 적용해 온 방법을 일부 수정하는 것이다.[23]

진화하는, 그리고 지속되는 투쟁

이 투쟁을 역사적인 서사 안에 놓으면 진보의 점진성, 국제적인 발전과 국가적 발전 간의 재귀성, 규범적 발전의 우발성contingency이 더 분명하게 보인다. 선험적 이론에서 시작하는 대신 실증적 지식과 과학적 발전에서부터 사회적·법적 움직임에 이르기까지, 그리고 기관적 리더십과 자금에서부터 경제적 패러다임과 개발 패러다임에 이르기까지 건강과 경제·사회·문화적 권리에서 우리가 지나온 길을 구축했던 일관된 요소들과 우리가 직면한 도전과제들을 조사했다. 그렇게 변화하는 기회와 장애물을 조사하면서 건강권의 발전에 대한 나의 협소한 주관적인 관점과 내가 가진 지식의 한계에 대해, 그리고 상황에 대한 부분적인 이야기를 전체로 오해했던 경험에 대해 최대한 투명하게 드러내고자 했다.

더 나아가, 나는 여러 사례에서 여성의 건강에 초점을 맞췄는데, 그것이 내가 걸어온 길이기 때문이고, 또한 건강에 권리를 적용할 때 가장 흥미로운 규범적인 발전 중 일부가 여성의 건강과 성·재생산 건강과 권리 측면에서 이뤄졌기 때문이다. 여성의 건강과 성·재생산 건강과 권리에서 직면한 도전과제들이 건강과 권리 두 영역에서 창의적인 패러다임 변화를 필요로 했고, 여전히 그러하다는 점에서 이는 우연이 아니다. 서론에서 지적한 것처럼, 인권학자와 활동가들이 인간존재의 구성에 대해 (이성애적인) 남성의 관점을 기본으로 간주해 세상의 대부분을 그렇게 신중하게 포장된 현실에서 벗어난 것으로 격하시키는 한, 계속해서 우리의 **다름**otherness은 **특이함**particularity으로 여겨진다. 우리가 인권을 이용해 성 불평등, 인종 불평등, 다른 형태의 사회적 불평등을 영속화시키는 서로 맞물려 있는 권력 체제에 실질적으로 도전하고자 한다면 **인간됨**humanness에 대해 생각하는 방식에 의문을 제기할 필요가 있다.

결론에서 나는 건강과 보건의료제도만이 아니라 인권과 법률, 민주주의에 대해 이 책에서 처음 설명한 출발점들이 갖는 함의를 분명히 드러내고자 한다. 특히 그러한 함의를 상호 연결해 보여주는 이 서사에서 핵심적인 네 가지 주제, 즉 ⑴ 건강과 관련해 우리가 권리를 통해 규제해야 하는 권력의 승수적 차원들multiplying dimensions과 오늘날의 현실에서 그것을 가능케 하는 새로운 기회들, ⑵ 디지털 현실을 포함해 공적 및 사적 영역에 걸쳐서 여성의 성·재생산 건강과 권리에 대응해야 하는 새로운 문제들, ⑶ 사회계약의 지속적인 확장 및 민주적 참여를 증진하는 방식으로 국경을 넘어서 그것을 확장해야 할 필요성, ⑷ 민주주의에서 보건의료제도를, 건강의 측면만이 아니라 사회제도로서 간주해야 한다는 강령을 강조한다. 마지막으로, 이 책의 주장들을 바탕으로 나는 인권 및 국제 보건과 관련해 보다 비판적인 실천과 초학제적 관점이 필요하다고 주장한다.

권력의 수많은, 그리고 변화하는 얼굴들

제1장에서 나는 1970년대의 해군정비학교의 거의 비현실적인 친밀성intimacy과 개별 인간의 몸을 통제하는 국가 주체의 부정할 수 없는 지배를 지적했다. 나는 대체로 권력에 대한 자유주의적인 이해, 즉 "지배하는 권력power over" 또는 외적 행동에 대한 통제장치로서 권력을 규제하는 일에 기반해 인권을 이해하는 것이 인권의 한계라

고 주장했다.[24] 이는 고문으로부터의 자유, 임의 구금으로부터의 자유, 표현의 자유와 같은 시민권이 제공한 보호는 자율적인 주체의 자유 영역을 침범하는 국가권력을 제어하는 것이 권리라는 고전적인 자유주의적 이해로부터 나왔다. 더 나아가, 이러한 시각은 개인에 대한 남성 우위적인 관점을 가정하고, 현실에서 자유에 영향을 끼치는 경제적·사회적 조건들을 간과한다.

권력에 대한 이러한 일차원적 이해는 국가와 연결된 전통적인 정치 포럼에서 외적으로 드러나는 갈등에 초점을 맞추며, 정치적 권리와 민주주의에 대한 얄팍한 개념을 생산한다. 분명히 말하자면, 국가의 권리침해에 대한 이러한 제어는 건강에 권리를 적용하는 과정에서 특별히 중요한 역할을 했다. 예를 들어, 우리는 국제법과 여러 헌법하에서의 비차별이 공식적인 법적 차별에 대한 금지에서 시작해 실질적인 차별과 액면상 중립적인 법률이 끼치는 불균형적 영향에 대한 금지로 발전하는 모습을 목격했다. 또 헌법과 인권 판례 및 지침은 법률에 명시된 유해한 성 고정관념과 기타 정형화를 통해 사회적 취약성이 구성되는 모습을 해결하기 위해 발전해왔다.

그러나 지난 수십 년간 우리는 권리를 통해 실질적으로 사람들의 삶의 기회와 안녕에 영향을 끼치는 권력을 의미 있게 규제하기 위해서는 외적 갈등에 초점을 맞추는, 즉 권력에 대한 협소한 자유주의적 이해를 넘어서야 한다는 사실을 목격했다.[25] 1980년대 초부터 국제 금융기관들은 여러 정부와의 공모를 통해 정책과 입법 의제를 통제하기 시작했고, 구조조정과 무역자유화라는 자신들의 목표에 반하는 사안들을 배제하면서 의제에 올릴 사안들을 결정했다. 1990년대에는 무엇을 결정할 것인지가 국제 금융기관의 기술관료들에 의해 밀실에서 이뤄지기 시작했고, 그러한 정의definition와 판결이 민주적 공간에서 전문재판소나 포럼으로, 세계무역기구에서 투자분쟁해결기구로 유배됐다. 국제 금융기관과 민간 로비스트 및 기업들이 쥐고 있는 이러한 의제 결정 권력은 국가의 입법부에서 공직자들이 행사하는 자유주의적이고 다원적인 권력보다 더 중요한 형태의 권력이었으며, 같은 방식으로 이의가 제기되거나 통제될 수 없었다. 이 기간에 구조조정과 무역, 투자, 지적재산, 노동 유연화 등을 통해 세계적인 경제 설계자들의 의제 결정 권력이 갈수록 더 강해지는 반면, 건강 및 경제·사회·문화적 권리를 증진하고 제도화하는 결정을 내리는 열린 논쟁과 정책 공간은 줄어들었다. 그로 인해 인권 중심적 접근법에 기반해 전통적인 정치적 행위자들 간의 갈등에서 주장을 강화해야 한다는 전제를 바탕으로 한 인권 전략들은, 숨겨진 의제 결정 권력이 건강권 이행에 관한 민주적인 논쟁을 가로막는 방식들에 대응할 수 없었다.

반면, 협소한 정치 영역에서 공개적으로 행사되는 지배에 대한 방어막으로서 이처럼 협소한 권리의 개념에 인권 전략을 한정시키는 일은 절대 불가피하지 않았고, 지금도 불가피하지 않다. 일례로, 우리는 여러 국가에서 (특정한 행동이나 결과를 명령하는) 일반적인 판결black-letter ruling을 내리는 대신 상급 법원이 혁신적인 전략들을 고안해 내는 것을 봤다. 이러한 전략들은 대화적 구제책을 이용해 훨씬 더 포괄적이고 실질적이며 상징적인 영향을 끼치는 방식으로 건강 관련 권리의 이행을 위한 의제를 수립했다. 더 나아가, 제5장에서 우리는 국가적 차원만이 아니라 국제적 차원에서도 지식재산 및 제약정책과 관련한 "게임의 규칙"에 문제를 제기하고, 또한 그 문제를 성공적으로 바꿀 수 있음을 살펴봤다. 에이즈 치료제를 둘러싼 운동의 성공은 약에 대한 접근성을 높였을 뿐 아니라, 가난한 사람들이 자신의 목숨을 구하는 일이 비용 면에서 효율적이지 않다는 주장을 받아들이지 않음으로써 국가적 및 국제적 차원에서 새로운 제도와 새로운 규범이 생겨났다.

이 책에서 나는 권리와 민주주의에 대한 강력한 이해의 측면에서 "정치적인 것"과 함께 정치적인 영역들을 재규정하는 일이 중요하다고 강조해 왔다.[26] 일례로, 숨겨진 권력의 행사와 관련해 우리가 논의한 여성과 아동 건강의 발전은 다수가 정치적인 것과 설정된 의제의 경계에 이의를 제기하면서 이뤄졌다. 더 나아가, 전통적인 국가의 의회를 벗어난 비공식적인 숙의 영역이 (불가분하게 서로 연관돼 있는) 건강권과 실질적인 민주주의를 증진하는 데 필수적인 역할을 한다. 여기에는 멕시코의 사파티스타나 페루의 농부들과 같은 하위 집단들이 자신과 자신의 역사를 사회적 현실로 연결하는 다원적 공간들이 포함된다.

국제적 측면에서 볼 때, 최근 몇 년간 경제적 거버넌스의 맥락에서 그리고 국제 금융기관들이 행사하는 숨겨진 의제 결정 권력에 대해 인권계의 반격이 증가했다는 점을 제7장에서 지적했다. 일례로, 유엔인권빈곤특별보고관은 특히 세계은행과 국제통화기금을 비판하고 그들의 정책과 대출이 "정치적인 질문들"에 영향을 끼치지 않는다는 오래된 가식적인 태도에 문제를 제기했다.[27] 유엔의 국가 외채 및 기타 유관한 국제 재정 부채의 영향에 관한 독립전문가는 부채문제가 근본적으로 정치적이며, 남반구에 사는 수많은 사람의 권리에 영향을 끼치기 때문에 국가 부채와 관련한 분쟁을 기술적인 재판소에 회부하는 것이 부적절하다고 지적했다.[28] 공식 대표들과 기관들도 점차 이를 인정하는 추세며, 시민사회의 옹호 활동은 언제나 이에 대한 동력이 돼왔다. 일례로, 최근 인도 시민단체들이 미국 대법원에 제기한 소송은 환경과 인권에 끼친 영향과 관련해 국제 금융기관들이 거의 처벌받지 않는 면책 관행을 제한하게 만들 수도 있다.[29] 사람들의 건강과 존엄하게 살 수 있는 능력에 영향을 끼치는 의사결정 과정을 재민주화하고자 할 때 민주적 논쟁에서 경제 사안들을 제외시킨다는 생각에 반대하고, 그 과정에서 국제 금융기관, 민간 은행, 기술관료들의 역할을 거부하는 것이 중요하다.

마지막으로, 우리는 세 번째 유형의 권력을 봤는데, 이 권력은 규범과 가치의 내면화를 수반한다. 제2장에서 우리는 아동이 자라면서 자아감과 사회에서의 자신의 위치를 어떻게 내면화하는지 논의했다. 너무나 많은 경우, 여아와 장애인 그리고 인종, 민족, 계급 등으로 소외된 사람들은 건강권이 침해당할 때 삶이 계획대로 되지 않는다고 생각하는 것이 아니라, 그러한 침해를 자연스럽고 바꿀 수 없는 일, 심지어는 신에 의해 정해진 일로 받아들인다.

마찬가지로 제2장에서 우리는 성·재생산 건강과 권리에 특히 영향을 끼치는 생물의학적 패러다임이 서구에서 의심의 여지가 없다는 듯이 받아들여지면서 생물의학 연구자와 임상의들의 전문성에 이의를 제기하기 어렵게 되는 모습을 봤다. 더 나아가, 이 책은 생물의학의 개인주의와 건강의 시장화 간의 깊은 연관성을 지적했으며, 이는 미국을 비롯해 구조조정을 통해 세계 많은 지역을 휩쓴 신자유주의와 맥을 같이했다.

세상에 대한 이러한 신자유주의적 관점은 국제통화기금과 다른 국제기관에 의해 적극적으로 구축됐고 체계적으로 합법화됐다. 게다가 시간이 지나면서 금융시장이 점점 더 총망라하게 됐고, 국가 부채에서부터 필수 식료품에 이르는 모든 것이 증권화되고 거래되면서 남반구국가들의 금융시장에 대한 의존도가 증가했다. 2010년대, 또는 그 전부터 어느 하나의 포괄적인 지배 관계를 집어내기가 어려워졌다. 대신, 시장 근본주의 이데올로기의 확산으로 촉진된 교환과 정보, 자본의 거대한 그물 조직을 통해 신자유주의적 헤게모니가 유지됐다. 지난 몇 년 동안 이 헤게모니는 건강과 그 너머에 성별화된 영향을 끼치면서 경제국가의 조직과 급증하는 불평등, 지구의 건강과 환경에 엄청난 변화를 가져왔다. 이 세 번째 유형의 권력에 인권이 효과적으로 대응하려면, 먼저 이러한 신자유주의적 사고가 최근에야 우리의 집단적인 상상력을 점령했고, 도전에 꺾이

지 않고 고착화됐다는 점을 기억해야 한다. 그것이 헤게모니의 핵심이다.[30]

더 나아가, 아주 낙천적인 사람이 아니더라도 지난 몇 년간 진행된 이러한 사건들이 신자유주의적 교리의 헤게모니적 수용과 관련한 기회 구조를 바꿨음을 알 수 있다. 국내 정치만이 아니라 국제 정치가 불쾌한 "우상숭배와 마케팅의 게임"이 됐다.[31] 트럼프 그리고 전 세계적으로 그와 비슷한 부류들이 고전적인 시민적·정치적 권리에 대해 그러했듯이, 모든 유형의 규범을 대놓고 조롱하는 행동은 훨씬 더 광범위한 사람들이 포퓰리즘과 종족 민족주의의 위험성에 대해 각성하도록 했다. 또한, 겨우 수십 년간 유지돼 온 이러한 세계경제구조의 불가피성이라는 거짓말에서 깨어나게 만들었다.

최근 몇 년간의 사건들은 고통을 완화시키는 측면에만 초점을 맞추는palliative 조세이전계획tax-and- transfer scheme에 기반한 시장 원리를 엄격히 고수하는 태도에서 벗어날 기회를 제공한다. 교역제도가 불변하지 않는다면, 특정 산업에서 이윤을 얻는 것이 아니라 시장에서 더 큰 다원주의를 허용하고 공중보건과 환경, 기타 공공재(한때 우리가 희망하고 기대했던)에 더 할애하는 방향으로 수정할 수 있다. 만약 세계의 지도자들이 자신의 탈세를 숨기고 심지어 납세를 "얼간이 짓"이라고 폄하한다면, 수십 년간 증가해 온 개인적 부를 누리고자 하는 금권정치의 반민주적 의식을 개혁하기 위해 사회계약의 한 축을 바꾸는 것이 시급한 정치적 사명이 될 수 있다. 우리가 신자유주의의 영향과 그 성별화된 영향에 맞서 공중보건과 경제·사회·문화적 권리에서 그동안 어렵게 싸워 얻은 상대적인 지식은, 경제정책에 대한 새로운 법적·정치적·사회적 논쟁에서 중요한 정보로 쓰일 것이다.

공적 영역 및 사적 영역의 진화하는 도전과제

이 책의 첫머리에서 다양한 여성의 현실이 권리의 주체나 권리의 적용에 대한 고전적인 정의에 딱 들어맞지 않는다는 점을 지적했다. 1970년대 (그리고 상당 부분은 아직까지도) 여성이 직면한 폭력은 대부분 가정에서 일어났으며, 자신의 몸에 대한 통제권 등 그들의 삶의 계획에서 핵심적인 문제들 중 다수가 사적 문제로 간주되고 있었다. 이런 상황에서 여성의 건강권은 권리의 범위가 협소하게 정의된 공적 영역에만 한정된다고 여겼던 자유주의국가에 의해 이중으로 소외됐다. 따라서 나는 권리 보호의 주체와 국가의 책임성을 재개념화하는 것이 곧 건강과 그 너머에서 인류의 체험된 현실의 절반을 마저 포함하도록 **인간**의 권리를 확장하는 작업의 한 부분이라고 주장했다. 제1장에서 지적했듯이 성·재생산 건강과 권리에서 직면한 많은 문제들은 처음부터 공공정책과 민간 활동 간의 경계를 흐리게 만들었다. 여성의 성적 쾌락은 자신의 섹슈얼리티에 대한 인식, 피임에 대한 접근성 및 잠재적인 감염에 대한 방어막, 낙태와 산과 진료에 대한 접근성, 폭력으로부터의 자유, 자신의 파트너와 관계를 맺을 시간과 장소를 선택할 수 있는 능력을 필요로 한다. 따라서 이 친밀한 사적 활동은 교육에서부터 정의와 건강에 이르기까지, 다양한 여성의 삶에서 권리를 현실화하기 위해 법률과 공적 기관에 의존한다. 그리고 중요한 것은 이러한 사안들이 적극적인 자격과 결정적 자율성decisional autonomy이 제공하는 보호를 필요로 한다는 점이다.

1970년대와 1980년대에 여성들은 사적이라고 간주됐던 사안들을 공공정책의 영역으로 체계적으로 이전하기 위해 피임과 낙태에서부터 폭력으로부터의 자유에 이르기까지, 보다 많은 실증적 데이터를 요구하기 시작했다. 여성들은 또한 행진에서부터 "밤길 되찾기", 입법부와 법원에서 낙태권 수호를 위한 대립, 또 다른 국가에서의 민주화 시위에 이르기까지, 여성을 묘사하는 사회의 방식과 공적인 공간을 문자 그대로 점령하고 재의미화resignify하기 위해 직접 몸으로 모였다. 여기서 한 가지 분명히 하자면, 하나의 단일한 여성운동은 없었다. 각기 다른 인종과 계급, 성적 지향을 지닌 여성들은 그들의 지역적인 맥락에서 각기 다른 문제에 직면했다(그리고 앞으로도 그러할 것이다). 그러나 중요한 것은 이렇게 다양한 여성이 공적인 공간에서 피해자나 순교자로서가 아니라, 성·재생산 건강과 권리를 포함한 자신의 권리를 요구하는 시민으로서 목소리를 내기 시작했다는 점이다.

제3장과 제4장에서 본 것처럼, 1990년대에는 국가가 여성폭력을 공적 영역과 사적 영역에서 예방하고 처벌하고 근절해야 하는 인권문제로 인식했다. 그리고 뒤이어서 국가적 차원에서 기관이 수립되고 법률이 제정됐다. 2017년이 되자 미투Me Too에서부터 페미

사이드, 산과폭력에 이르기까지 전 세계적으로 공공연하게 폭력이 계속되기는 했으나, 여성차별철폐협약위원회가 여성폭력을 **강행 규범**의 문제로 선언하기에 이르렀다.

이 책의 초반부터 나는 우리가 어떻게 주체성agency과 (성·재생산 건강과 권리를 포함해) 건강에 개입하는 전통적인 가부장제에 직면해야 했는지를 지적했고, 상황은 지금도 마찬가지다. 제5장에서 우리는 2000년대 들어 보수주의자들이 어떻게 권리 주장과 포럼을 통해 국제적인 법률과 제도의 권위를 실추시키기 시작했는지를 확인했다. 최근 몇 년 사이에 부상한 포퓰리즘 열풍은 낙태를 포함한 성·재생산 건강과 권리를 둘러싼 윤리적 주장과 "젠더 이데올로기"에 대한 조작된 위협을 이용했다. 나는 또한 우리가 성·재생산 건강과 권리의 윤리적 경제와 국제 보건의 정치경제가 만나는 부분과 분리되는 부분 사이를 항해해야 했다는 점을 지적했다.

이 책의 전반에서 미시적, 중시적, 거시적 차원에서 신자유주의 경제구조가 어떻게 공적 영역과 사적 영역에서 여성의 건강권과 교차하는지를 목격했다. 또한, 우리는 권력의 성적 분할이 노동의 성적 분할과 불가분하게 얽혀 있음을 확인했다. 그것은 일례로 가계 자원에 대한 접근성이 가정폭력으로부터의 보호에 영향을 끼친다는 뜻이다.[32] 마찬가지로, 우리는 콜롬비아를 비롯한 국가의 제도나 전반적인 경제 모델에서 공식 고용에 기반한 의료보험과 비공식 고용에 기반한 의료보험 속에 내재된 전제들이 어떻게 체계적으로 여성과 여성의 건강에 불이익을 주는지를 봤다.

반면, 이 기간에 대체로 권리 투쟁에 따른 결과로서 젠더 규범과 가족 유형이 다양해졌으며, 그로 인해 공적 및 사적 영역에서, 돌봄을 포함해, 여성과 성소수자들의 평등권을 보호하기 위한 다른 유형의 구조가 필요해졌다. 우리는 더 이상 비전통적인 가족 구성과 유연화된 노동의 세상에서 긴축에 대응하기 위해 두 성별 간의 동등한 돌봄 제공caregiver parity을 추구하는 것으로 충분하지 않다. 다이앤 엘슨Diane Elson과 라디카 발라크리슈난Radhika Balakrishnan 등은 날로 증가하는 무보수 돌봄노동을 그 규모와 영향을 가시화함으로써 **인정하고**, 제도적 변화를 통해 **축소시키고**, 가족을 넘어 폭넓은 사회 변화를 통해 **재분배해야** 한다고 주장했다.[33] 낸시 프레이저는 모든 사람이 생계 부양과 돌봄의 책임을 공유하고, 공적인 제도적 구조로 그 부담을 완화하는 "보편적 돌봄제공자 모델"을 제안한다.[34] 일부 국가에서는 이러한 돌봄의 민영화에 대한 대응이 다른 국가보다 크게 앞서 있으며, 성평등 및 사회정의를 기반으로 우리의 제도적 구조를 재조정하는 모델을 제공한다.

마지막으로, 우리는 인터넷과 소셜미디어의 등장으로 공적 영역과 사적 영역이 근본적으로 변화하는 모습을 목격했다. 인터넷이 의식과 저항을 높이는 데 중요한 역할을 할 수는 있으나, 소셜미디어 시대에 우리는 불균형적으로 여성에게 영향을 끼치는 다른 싸움에 직면해 있다는 사실이 분명해졌다. 페이스북과 같은 초국적 민간 기업들이 이제는 세계 광장의 모조품을 제공한다. 세계적으로 극심한 디지털 격차에 대한 우려가 여전히 있으나, 새로운 디지털 세상의 도래는 물리적 현실에 대한 우리의 관계와 그 안에서 사람들 간의 관계를 바꾸고 있다. 이러한 기술이 엄청나게 **빠른** 속도로 시작되고 발전하면서, 특히 젊은 사람들이 (설령 그 영향에 대해 부지불식간이라 하더라도 자발적으로) 자신의 가장 내밀한 부분들을 공유하기 시작했다.

여아와 젊은 여성들에게 있어서, 이러한 소셜미디어 플랫폼들에 의해 영향을 받는 욕망은[35] 의료적으로 자신의 외모를 바꾸는 일이 그 어느 때보다 쉬워진 시대에 자신을 쉽게 포장하고 표현할 수 있기에 더욱 큰 영향을 미쳤다. 과거에는 남성 우월주의적인 공적 공간과 물리적인 세상에서 공적 논의의 방향을 바꾸는 것이 주된 도전과제였다면, 디지털 현실은 디지털적으로 중재된 우리의 개인적인 자아를 바꾸는 서사를 제안했다. 한편으로는 소셜미디어 플랫폼에 의해 만들어진 유동적인 연결 속에서 성적 지향 및 젠더 정체성의 다양성과 장애differently-abled 및 신체적 다양성이 보다 번성할 수 있다. 그러나 다른 한편으로는 여러 정체성에 대한 자신의 양가적이고 변화하는 관계를 탐색해 볼 기회가 거의 없으며, 릴케가 말한 다른 3차원적인 인간에게 우리의 손상된 자아를 펼쳐 보일 기회는 더더욱 없다. 온라인 플랫폼으로 인한 최악의 영향 중 하나는 음란물을 훨씬 더 쉽게 접할 수 있게 되면서 현실 속 여아를 비롯한 여성들과의 관계를 바꿔놓는다는 점이다. 이로 인해 특히 젊은 여성과 여아들 사이에서 사회불안장애와 우울증, 자살이 치솟았다.[36]

제7장에서 지적한 것처럼 디지털 세상을 지배할 수 있는 혹은

지배해야 하는 규제와 사회계약의 유형에 대해 생각하기에는 아직 이르다. 이 책에서 우리는 법률과 제도가 어떻게 기술과 상업적 혁신에 뒤처지는지를 살펴봤다. 그럼에도 불구하고 인권학자와 운동가, 여성 건강 옹호자 들은 현재 다중 현실 속 경계가 모호해진 "공적" 영역과 "사적" 영역에서 도달한 협정이 평등과 존엄성을 훼손하기보다는 촉진하도록 더욱 깨어 있어야 한다. 이는 실제 인간의 삶에 영향을 끼치는 것이다. 보다 포괄적으로 볼 때, 이 기간에 우리는 건강과 그 너머에서 권리를 통해 성평등을 증진하는 일이 구멍이 숭숭 뚫린 간극들 사이로 복잡하게 항해하는 일이며, 이러한 항해가 지정학적 구성만이 아니라 새로운 기술에 의해서도 변화하는 것을 목격했다. 사안들에 대한 숙의를 공적 영역으로 가져오는 일, 주어진 활동에 대해 국가의 규제적 감독을 요구하는 일, 노동시장을 포함한 시장이 다양한 여성의 체험된 현실을 위해 작용하도록 만드는 일 사이를 구분하는 집단적 숙고는 언제나 중요했지만 미래에는 더더욱 그러할 것이다.[37]

확장되는 사회계약과 글로벌 거버넌스

제1장의 첫머리에서 나는 인권이 국민국가nation-state에 한정되고, 국제적인 상황으로부터 분리되는 상황을 지적했다. 이는 우연이 아니라 지정학적 권력 역학과 개념적 계보에 의해 만들어진 것이었다. 이 책에서 계속 논의했듯이, 근대 인권은 크게 자유주의적 사회계약론에 기반한다. 인권을 통해 건강을 증진하는 투쟁은 사회계약의

정의와 그 안에 누가 포함되는가를 끊임없이 조율하는 문제였다. 앞서 언급했듯이 여성, 역량이 계속 진화하는 아동, 성소수자, 장애인, 비공식 부문 종사자, 비정규 이주자 들은 모두 점진적으로 사회계약 안에 통합된(그리고 계속 통합되고 있는) 주체들이다.

더 나아가, 사회적 입헌주의의 등장으로 콜롬비아에서부터 남아공에 이르기까지 사회계약에서 존엄한 삶의 필요조건으로 비의존성의 개념이 명시됐고, 경제·사회·문화적 권리가 열거됐다. 여성차별철폐협약위원회의 「일반논평3」은 이 전통을 따랐고 경제·사회·문화적 권리의 필수적인 최소 수준을 규정했다. 이 책에서 우리는 민주적인 법치국가에서 사회계약을 재구상하는 일이 건강 관련 권리들을 재판에 회부 가능한 것으로 만드는 데 얼마나 중요한지 확인했다.

오늘날 국가 행위자와 국제적으로 활동하는 비국가 행위자의 윤리적 책임과 법적 책무성이라는 측면에서, 국민국가에 얽매인 한계 앞에서, 그리고 어떤 경우에는 지구에 제기된 잠재적인 존재론적 위협 앞에서, 건강의 정치적 결정인자들에 대응하는 일이 그 어느 때보다 실증적으로 시급해졌다. 철학적으로 볼 때, 개념적 프레임워크를 국민국가에 한정시킴으로써 초래된 (센이 말한) "신념의 압제the tyranny of ideas"를 넘어서지 못할 이유가 없다.[38] 인권과 경제학 모두에서 제안된 국제 보건의 대안 중 일부는 초국적인 세계정부의 강화에 초점을 맞추고 있다.[39] 이와 반대로 제니퍼 프라 루거는 국제 보건정의의 이중적 차원과 국제 보건정의에 대한 공동의 책임을 인식해야 할 필요성을 알리기 위해 "지역적 세계주의provincial globalism"를 주창한다.[40]

　제7장에서는 국민소득 차이에 의한 문제를 포함해 국제 보건 정의에 제기되는 위협을 막는 데 도움이 될 수 있는, 지역적 세계주의의 변형으로서 국가의 역외의무에 대한 규범의 강화를 주장했다. 일례로, 지구의 건강에 영향을 끼치며 이주와 분쟁을 조장하는 미국과 같은 국가의 탄소 배출이나 한 국가의 바이오텍 기업에서 일하는 과학자들에 의해 불가피하게 다른 국가에 거주하는 사람들과, 이후 수 세대에 영향을 끼치게 될 인간 게놈 조작의 경우가 그렇다.

　인권과 초국적 기업 및 기타 기업Human Rights and TNCs and Other Business Enterprises에 관한 조약을 수립하는 일은 올바른 방향으로의 한 걸음이다. 그리고 핵심은 바로 이것이다. 초국적 기업과 기타 국외에서의 의무를 규제하는 다중심적polycentric 형태의 거버넌스는 일차적으로 국제기관에 의존할 필요가 없고, 부유국이 빈곤국에 최소한의 지원과 협력을 제공할 것이라는 희망에 의존할 필요도 없다. 베네딕트 불Benedicte Bull과 데즈먼드 맥닐은 초국적 기업이 "점점 더 매체와 시민사회단체 등 다른 초국적 행위자들에 의존하고 있다. 따라서 초국적 기업의 장기적인 생존은 이미지 관리, 시장과 노동력 확보 등 이윤 외의 문제들에 의존할 가능성이 있다"라고 했는데, 그렇다면 보다 폭넓은 사회적 목표에 대한 관심이 필요할 수도 있다.[41] 마거릿 켁Margaret Keck과 캐스린 시킹크가 20년 전에 규정한 초국적 옹호 활동 네트워크, 즉 "공유되는 가치, 공동의 담론, 정보와 서비스의 조밀한 교환으로 묶여 있는" 네트워크가 기하급수적으로 증가했고, 국제 네트워크들이 에이즈와 성·재생산 건강과 권리를 중심으로 활동할 당시에는 상상하기 힘들었던 방식으로 초국적 기업과 정부의 다른 역외의무들에 영향력을 행사할 수 있는 위치에 있다.[42] 켁과 시킹크는 "정부가 다른 곳에서는 반향을 일으킬 가능성이 있는 단체들에 대해 무대응으로 일관하는 데 반해, 국제적 접촉은 국내 집단의 요구를 '증폭'시키고, 새로운 사안을 위한 공간을 비집어 열고, 이러한 요구를 다시 국내로 공명시킬 수 있다"라고 했다.[43] 오늘날, 초학제적 학문과 옹호 활동을 포함하는 초국적 네트워크들의 목표는 계속해서 국가와 다른 힘 있는 행위자들의 행동에 영향을 끼치는 것이어야 한다. 켁과 시킹크가 말한 "부메랑효과"는 건강 분야에서 초국적 활동의 영향을 경험하는 국가에만 해당되지 않고, 그러한 활동으로부터 직간접적으로 이익을 얻는 국가에서 정치적, 법적으로 집단들을 움직이기도 한다.

콜롬비아 라과히라에 사는 가난한 와유Wayúu 원주민 공동체를 예로 들어보자. 광산으로 인해 이 지역의 물이 오염되고 고갈됐으며, 작물과 생계가 파괴되고, 공동체의 건강이 심각하게 악화됐는데 특히 아이들에게서 그 영향이 극명하게 나타났다. 글렌코어, 앵글로아메리칸, BHP 빌리튼 기업들이 공동으로 세계 최대 규모의 탄광 중 하나인 세레혼 광산을 장악하고 있었다.[44] 콜롬비아 헌법재판소의 판결은 T760/08과 달리 법원 자체 외부에 절차를 수립했고, 2015년 미주인권위원회가 발표한 예방적 조치는 책무성을 묻거나 정치적 행동을 촉진하지 못했다.[45] 이 사례를 비롯한 다른 여러 사례에서 (콜롬비아는 물론 광산 기업의 본부가 있는 다른) 국가 내에서의 정치적 움직임과 관계적 네트워크를 증진하는 데 초점을 맞춘 수평적인 건강권 증진 전략은 전통적인 인권 전략을 보완하고 보다 큰 효과를 만들 수 있었다.

역외에서의 의무에 관한 규범이 수립될 수 있는 씨앗을 뿌리고 행동을 촉진하는 일은 시행착오를 필요로 한다. 그러나 그것이 어떠한 형태가 될지 아직 모른다 하더라도, 초국적 기업과 건강의 다른 정치적 결정인자들과 관련한 인권 옹호 활동이 새로운 형태의 제도, 지속 가능한 옹호 활동과 정보의 네트워크, 그리고 사회적·정치적·법적 움직임을 요구할 것은 자명하다. 이와 같이 실험적이고 그물처럼 연결돼 있는 건강과 경제·사회·문화적 권리의 모델은 다른 기금, 다른 제도적 강령, 활동가와 학자 및 남반구와 북반구 간의 다른 권력관계를 요구한다.

보건의료제도의 민주화라는 강령

우리가 이 책에서 봤듯이 건강과 사회적 평등을 증진하기 위해서는 사회정책 전반에 대한 민주적인 제어를 강화해야 한다. 보건의료제도에서 특히 더 그렇다. 린 프리드먼이 쓴 것처럼 "인권 활동가들은 교도소, 사법제도, 경찰 등 국가의 정치조직들이 소외시키고, 유린하고, 침묵시키는 힘이 있다는 사실을 오래전부터 이해해 왔다. 그러나 건강을 포함한 경제·사회·문화적 권리들이 의존하고 있는 사회제도들에 대해서는 같은 이해로 접근하지 않았다".[46] 실제로, 건강권의 증진은 오늘날의 세상에서 보다 강한 민주주의를 확립하는 일과 깊이 연관돼 있으며, 둘 다 보건의료제도의 재구상에 의존하고 있다.

이 책은 가난하고 소외된 사람들이 보건의료제도와의 반복적인 접촉을 통해 사회로부터 포용 또는 배제를 경험하며, 사회적으로 구성된 돌봄 역할과 재생산적 욕구로 인해 여성들이 특히 영향을 받는다고 주장한다. 미국의 사법제도에서 젊은 흑인 남성들이 대우받는 방식이나 보건의료제도 내의 백인 여성과 유색인 여성 간의 심각한 모성 사망 격차만 봐도 알 수 있다.

우리는 전 세계적으로 이러한 상황을 목격했다. 멕시코에서는 사파티스타가 기본 서비스에 대한 접근성 결여 등의 문제를 제기하며 반란을 일으켰고, 정부는 이에 대응하는 작전의 일환으로 보건의료제도를 이용해 사파티스타에 대한 정보를 수집했다. 페루에서는 보건의료제도가 혹독하게 식민주의적이었고, 계약직 보건 종사자들에 대한 징벌적인 처우가 원주민 여성들에 대한 구조적인 인권 침해에 기여했다. 남아공에서는 아파르트헤이트 이후 화해의 장이 됐어야 할 공중보건제도가 (대다수가 흑인인) 빈곤층의 필요를 충족시키기 위해 법적 강제력을 동원해야 했다. 브라질에서는 보건의료제도의 산과 서비스에 아프리카계 여성들이 사회에서 경험하는 비인간화가 고스란히 반영됐다. 카타르에서는 보건의료제도에서 이주자들이 비가시화되고 소외됐으며, 유럽에서부터 미국에 이르기까지 서구의 민주국가에서도 미등록 이주자들은 의료 서비스로부터 배제되는 상황이 너무도 자주 일어났다. 코스타리카에서 본 것처럼, 희귀 질환을 앓는 사람들은 빈번하게 무시되며, 의사의 부주의로 발생된 피해의 당사자가 될 수 있다. 칠레를 비롯한 모든 곳에서, 정의의 기준이 아닌 지불 능력에 따라 의료 서비스의 질과 내용이 결정되는 보건의료제도에서 가난한 사람들은 너무도 자주 모멸감을 느끼고 존엄성을 부정당한다.

또한 우리는 **건강**을 이해하기 위해 사용하는 모델이 보건의료제도가 조직되는 방식과 여성을 비롯한 사람들이 대우받는 방식에 엄청난 영향을 끼치는 모습을 봤다. 예를 들어, 브라질처럼 서비스 제공자들이 생물의학적 용어로 임신 등의 조건을 정의하는 무제한적인 권력을 갖는 보건의료제도(낙태에 대한 양심적 거부 등)에서는 서비스 제공자들이 가진 가부장적 가치를 척결하기가 훨씬 더 어렵다. 마찬가지로, 후지모리 정권 집권 당시 페루에서는 가족계획사업하에서 여성의 몸에 대한 생물의학적 대상화와 근대화에 대한 신자유주의적 사상의 제도화를 통해 비자발적 불임이 촉진됐다. 보다 포괄적으로, 이러한 역사 전반에서 우리는 의학적 전문성의 영역으로 결정을 이전시킴으로써, 생물의학적 패러다임이 어떻게 건강문제를 체계적으로 비정치화하는지 봤다. 또한, 생물의학적 패러다임이 사람들의 보다 폭넓은 삶의 조건으로부터 관심을 전환시킴으로써 보건의료제도에서 의료 서비스의 상품화 및 시장화와 어떻게 시너지 효과를 내며 작동하는지를 봤다. 실제로, 생물공학적 혁신과 유전학적 혁신의 속도가 점점 빨라지면서 앞으로 보건의료의 상업화만이 아니라 다른 건강 분야 및 개인적 위계화가 심화될 수 있다.

제7장에서 살펴본 것처럼 양극화된 국민을 통합하고, 사회적 포용을 구축하고, 평등과 존엄성에 대한 규범적 의지를 강화하는 공간으로서 보건의료제도가 민주국가 내의 사회제도로 구조화하기 위해서는 공정한 재정 조달, 공정하고 민주적으로 적법한 우선과제 설정, 그리고 법원에 의한 규범적 감독이 필요하다고 주장했다. 더 나아가, 역학적·인구학적·기술적 변화로 인해 건강과 관련한 권리의 성격이 끊임없이 변하기 때문에 지속적으로 제도화된 우선과제 설정 과정이 필요하다. 그러한 과정은 사회적 결정인자들의 차등적인 영향을 고려해야 하고, 정책에 의해 영향을 받는 사람들을 유의미하게 참여시켜야 한다. 재판의 판결이나 선거 과정이 대부분의 건강 우선과제 설정과 건강과 관련한 상당수의 의사결정만큼 불투명하게 진행되면, 우리는 기본적인 민주주의 원칙이 위배됐다고 성토한다. 보건의료제도에 대해서도 그래야 한다.

이 책은 사법적 절차에서부터 제도화된 시민 패널, 실험적인 여론조사 기법, 다양한 시민사회 캠페인과 활동에 이르기까지 긍정적인 시민 참여를 보여주는 여러 가지 사례를 제시했다. 남아공에서부터 남미에 이르는 여러 사례에서 본 것처럼, 법원의 역할은 적법한 우선과제 설정을 뒤늦게 비판하는 것이 아니라 그러한 절차들이 절차적 공정성 기준을 준수하고 피상적인 행정적 검토를 넘어서 주장과 행동의 **합리성**을 충분히 고려하도록 하는 것이다. 우리가 보건의료제도에서 사회적 시민들의 참여를 확대 및 심화하고자 할 때는 건강을 "기술적"인 것으로 제한하는 인식론적 장벽을 허물고 적절한 제도적 형태를 고안해야 하는 어려움이 항상 따를 것이다.

지속가능발전목표는 현실에서 "우리가 원하는 세상"을 제공하지 않을 수 있다. 그럼에도 불구하고, 지속가능발전목표 의제에서 보편적 의료보장을 강조하고, 합법적인 우선과제 설정과 관련한 일이 집중적으로 진행되고, 건강권이 수사적으로 수용된 점을 고려할 때[47], 보건의료제도의 민주화를 위한 제도적 제안과 유의미한 주장들 안에 권리의 수사학을 도입할 수 있는 기회들이 있다. 더 나아가, 새로운 치료법과 기술의 비용이 상승하는 상황과 맞물려 진행되는 역학적 및 인구학적 변화로 인해 전 세계적으로 평등과 민주주의의 강화에 대한 논의에 건강과 보건의료제도를 포함시키는 일이 시급해졌다.

요약하자면, 우리는 이 네 가지 주제와 함께, 보다 넓은 범주의 사람들 사이에서 전망과 제안이 논의되고 있는 국제 보건과 인권의 미래에 관한 다른 여러 사안에 대해, 더 포괄적이고 깊은 대화를 필요로 한다. 우리가 살고 있는 상호 의존적이면서 동시에 분절된 세상에서 (기후변화에서부터 금융의 초세계화에 이르기까지) 민주주의와 건강, 권리에 깊은 영향을 끼치는 사안들이 한 학제가 가진 도구만으로 설명하기에는 너무 복합적이며, 한 국가 안에서의 행동으로만 국한되지도 않는다. 더 나아가, 이 책에서 나는 비판적인 실천의 필요성을 강조했는데, 이는 혼란스러운 현실 세계의 투쟁에서 자신과 다른 사람의 참여로부터 배울 것을 요구한다. 신자유주의적 발전의 행진 속에서 자의적인 차별과 비인간화시키는 인권침해에 의해 자기 삶의 고유한 중요성이 헌신짝처럼 버려지는 경험을 한 사람들은 건강문제에 권리를 적용해야 하는 이유를 설명할 수 있는 진정한 전문가들이다.

미래의 정치적 변화를 설계할 사람들은 두말할 것 없이 (아직까지 주체성의 새로운 현상학을 상상할 수 있는) 청년들이다. 그러나 청년과 노인, 활동가와 학자, 북반구와 남반구를 포함한 우리 모두는 로베르토 웅거가 주장한 것처럼 "우리의 노력과 의지가 필요로 하는 아이디어를 찾기 위해" 담대한 행동을 취하도록 고무돼야 한다.[48]

결론

2018년 3월 미주인권재판소는 **포블레테 빌체스**에 대한 판결을 내렸는데, 이 판결에서 재판소는 처음으로 건강권이 산살바도르의정서 제26조하에서 독립적으로 정당화될 수 있다고 결정했다.[49] 미주인권재판소는 이 사건이 보건의료제도의 구조적인 측면, 비차별 권리, 가난한 사람들의 상황이라는 맥락에서 건강권을 분석할 기회를 제공했다고 명시했다. 개인적으로 나는 비니치오와 그의 가족을 생각하면서 안도의 한숨을 내쉬었다. 다른 많은 동료들과 함께 나는 수십 년 동안 이 판결을 위해 노력해 왔다. 그럼에도 불구하고, 이 승리는 진보가 얼마나 반복적인지 그리고 앞으로 해야 할 일이 얼마나 더 많이 남아 있는지도 보여줬다.[50]

비니치오와 그 가족이 받을 배상금에 더해 미주재판소는 보건 종사자들과 의대생들에게 환자, 특히 노인 환자의 권리에 대한 교육을 제공하는 일을 포함한 구조적인 구제 조치를 명령했다. 또 칠레 정부로 하여금 소테로 델 리오 병원을 재단장하는 데 투자하고, 노인 환자들의 건강 관련 욕구에 대응할 수 있도록 역량을 높이고, 연 1회 진행 경과를 보고할 것을 명령했다.[51] 제6장에서 지적했듯이, 소테로 델 리오 병원과 같이 한 장소를 지정하면 다른 의료기관에 있는 익명의 모든 환자의 형식적 평등을 훼손할 가능성이 있다. 더 나아가, 정부로 하여금 병원이라는 체제에서 노인을 위한 전문화된 서비스에 더 투자하도록 요구하는 일은 칠레가 안고 있는 다양한 보건적 필요들을 고려할 때 실질적 평등을 훼손할 가능성도 있다.

미주재판소의 재판에서 원고와 피고 모두 건강권의 점진적인 실현이 치료 병동과 노인 전문가, 투석장치 등의 증가를 포함한다는 점을 받아들이는 듯 보였다. 내 주장은 반대였다. 응급진료가 보건의료제도의 기본적인 한 측면이고 소테로 델 리오 병원에서 심각하게 누락된 부분이었으며 그에 대해 칠레 정부가 책임을 져야 하지만, 건강권의 **점진적인 실현**은 전체 보건의료제도는 물론 노년기에 만성질환을 유발하는 정치적·사회적 결정인자들에 대한 조사를 필요로 한다.[52] 일례로, 칠레는 남미에서 비만율이 가장 높은데, 전체 인구의 60%가 과체중이거나 관련 질환을 앓고 있다. 2012년도 법률에서는 설탕과 열량, 나트륨, 포화 지방 함량이 높은 포장 음식에 경고문을 표기하고 그러한 제품이 학교에서 판매되거나 광고되는 일을 금지하도록 했다.[53] 2016년에 통과된 후속 법률에서는 14세 미만 아동에게 그러한 제품을 광고하는 일을 금지했다.[54] 두 법률은 아이들이 성인이 될 때 만성질환에 걸리게 되는 상황을 예방할 뿐 아니라, 치료적 서비스curative care에 대한 투자보다 훨씬 더 큰 고통을 예방할 가능성이 높다. 두 법률은 가난한 사람들이 즉석식품의 광고와 가격에 의해 가장 영향을 받는다는 점에서도 더 공정하다.

나는 또한 불가피하게 불공정성을 높이게 될 더 많은 의료화가 아니라, 비니치오 포블레테 빌체스가 앓았던 질환과 같은 비전염성 질환을 앓는 사람들과 노인들을 위해 지역사회 중심의 돌봄 서비스를 제공하도록 **보건의료** 시스템을 재설계하는 문제를 고려할 필요가 있다고 주장했다.[55] 실제로 그보다 불과 1년 전인 2016년에 나는 산티아고에서 열린 콘퍼런스에서 피노체트 독재 이후 헌법을 전면적으로 개혁하지 않은 칠레의 새로운 헌법 수립을 가정하고, 이를 토대로 한 건강권의 형태에 대해 발표했다.[56] 당시에 AUGE 계획의 설계자인 에르난 산도발 박사 본인이 칠레의 보건의료제도에 대해 정확히 이 점을 지적했고, 나중에 그는 노인을 위한 의료 서비스는 적법한 우선과제 설정 과정을 통해 결정돼야 한다고 주장했다.[57]

산도발 박사는 자신의 존엄성과 타인의 존엄성 간의 불가분의 관계를 진정으로 존중하는 "삶을 잘 살아온" 훌륭한 인물처럼 보였다.[58] 그는 칠레와 다른 국가에서 건강권을 자선이 아닌 권리의 문제로 보고, 가난한 사람들의 건강을 증진하기 위해 삶을 헌신했다.[59] 산도발은 1960년대 말과 1970년대 초 칠레에서 진행된 혁명 운동인 MIR의 요원으로 활동했다. 그러나 1970년대 초에는 살바도르 아옌데 대통령을 따랐는데, 아옌데 대통령은 그 자신이 의사며 사회의학의 유명한 지지자로서 헌법과 법치 그리고 국가의 제도를 존중하는 "단계적 혁명"을 주장했다. 제1장에서 설명한 아르헨티나의 독재정권기인 1973년 아옌데 정부는 군사 쿠데타로 전복됐고, 이는 끔찍한 독재정권의 탄생으로 이어졌다. 급격히 확산되는 경제적 불평등과 신자유주의의 폐해를 고려할 때 최근 남미에서 (그리고 다른 지역에서) 사회주의의 원대한 희망을 무력한 인권 프레임워크가 대체했다는 마르크스주의적 탄식이 급증한 사실은 놀랍지 않다. 산도발은 (그리고 내가 이 기간에 만난 여러 전직 반군 요원들은) 국가적 불평등과 세계적인 불평등을 절실히 인식하고 있음에도 불구하고 그러한 향수에 공감하지 않았다. 피할 수 없는 사실은 무력 분쟁과 혁명, 계급 전쟁 등을 지탱하는 데 필요했던 사회적·심리적 구조들이 한 개인의 인간성humanity을 바꾼다는 것이다. 대의를 달성하기 위해 "상대"는 필연적으로 온전한 인간에 못 미치는 적이 되고, 그에 따라 자신도 필연적으로 온전한 인간에 못 미치는 존재가 된다. 무엇보다도, 인권은 인간이란 무엇인가에 관한 이야기며, 그 안에서 다양한 우리 자신의 존엄성이 불가분하게 다른 사람들 그리고 그들의 동등한 존엄성과의 관계 속에서 인식된다. 우리는 그 이야기를, 세상을 얼룩지게 만드는 터무니없는 불평등과 비참함에 대응하면서 동시에 (전직 아프리카민족회의 반군 요원으로 나중에 남아공 헌법재판소 재판관이 된 알비 삭스의 말을 빌리자면) 혹독한 복수가 아니라 다원주의와 정의를 약속하는 일에 중요성을 부여하는 이야기로 만들 수 있고 또 그렇게 해야 한다.[60]

급격한 전환의 시대라 하더라도, 그리고 실제로 우리가 그러한 시대에 살고 있기 **때문에** 우리가 다른 이야기, 즉 우리의 집단적인 인간성의 실현에 대한 강력한 민주적 담론의 중요성과, 건강과 그 너머의 평등과 존엄성에 대한 보편적 열망에 대해 이야기하기로 다짐할 때, 이 복잡하고 분절된 세상에서 다양한 사람이 협력하며 살아가는 방식이 변화될 수 있다. 정치적 숙의에 참여하고 세상과 우리의 관계를 구축하는 일의 중요성은 오래된 이야기다. 그러나 평범한 사람들은 개인성의 깊이가 부족하다고 주장하고, 이미 정해진 종교적·민족주의적·계급적 정체성 혹은 건강 같은 자신의 협소한 이익에만 스스로를 결부시킬 수 있다고 주장하는 보수 엘리트들과, 자신이 역사의 깊은 구조를 가장 잘 이해한다고 생각하는 "혁명주의적 엘리트들"이 우리에게 계속해서 무시하라고 유혹하는 이야기기도 하다.[61] 후자는 제2차 세계대전의 끔찍한 재앙 속에서 가장 완전하게 등장한 새로운 서사로서 끊임없이 진화하는 도전에 직면해 왔고, 결코 모든 사람이 믿을 수 있는 것이 되지는 못한다. 필립 올스턴이 인권 전반에 대해 주장한 것처럼 "낙담과 절망은 무의미하고 자기 파괴적이다. 그것은 분명히 상실된 대의는 아니지만 우리는 그것이 언젠가는 승리하는 대의가 될 것이라고 믿는 우를 범해서도 안 된다. 그것은 끝없는 싸움이다".[62] 그것이 중요한 이유를 믿는다면, 우리는 인간 존엄성을 위한 집단적인 투쟁을 포기할 수 없다. 그러나 건강과 사회적 평등을 증진하기 위해서는 창의적이고 비판적인 실천이 시급하게 필요하며, 이 실천은 우리가 원하는 세상을 만들어 가는 방향으로 향해야 한다.

호르헤 루이스 보르헤스Jorge Luis Borges는 "책은 고립된 존재가 아니다. 책은 관계며, 무수한 관계의 축이다"라고 썼다. 영감, 투쟁, 연대의 태피스트리tapestry*에서 한 가닥의 실마리를 더듬는 이 책은 확실히 그렇다.

　나는 이 책에서 언급된 많은 멘토를 미국을 비롯한 여러 국가에서 만날 수 있는 엄청난 특권을 누렸다. 그들은 단지 국제법과 보건의 선구자일 뿐만 아니라 실천의 가치를 중시하고, 아이디어가 실제로 세상을 어떻게 바꿀 수 있는지를 보여줬다. 건강과 인권을 연결하기 위한 활동을 시작하던 시기(직업적인 규범과 포부를 일치시키는 것이 무엇을 의미하는지 배우던 그때) 데버라 메인, 린 프리드먼, 줄리아 타마요는 변함없는 진정성을 보여줬고, 이 책을 뒷받침하는

* 색실을 엮어 만든 직물 작품을 뜻한다.

이해의 본보기가 돼줬다. 벨 훅스Bell Hooks(본명은 글로리아 왓킨스Gloria Watkins)의 표현을 빌리자면, 사람들의 삶을 바꾸기 위해 이론을 사용하려고 한다면, 이론은 실천을 위한 실험실이 될 수 있고 또 실제로 반드시 **그래야 한다**.

모든 직업적 삶professional lives은, 특히 여성의 경우, 개인의 열망과 노력의 결과가 아닌 사회적·경제적·개인적 우연의 산물이다. 아이들을 데리고 대륙을 넘나들어야 했던 경험이 당시에는 전통적인 경력 개발의 측면에서 희생처럼 느껴졌지만, 돌이켜 보면 전 세계의 특별한 동료들과 만나 일할 수 있게 해준, 값으로 매길 수 없는 귀한 선물이었다. 선구적인 사상가, 영웅적인 임상의, 용감한 판사와 국회의원 그리고 뛰어난 활동가 중 소수의 이름만 이 책에 언급되지만, 그들 모두는 필연적으로 이 이야기의 일부며 이 책 속에 존재한다.

나는 아르헨티나에서 공부하던 시기에 이 책을 썼다. 그 덕분에 비교헌법학의 선도적인 학자이자 나의 친구 겸 동료인 로베르토 가가렐라와 그의 예리한 논평에서 큰 도움을 받을 수 있었다. 로베르토는 새로운 문헌들을 소개해 주고, 많은 가정을 재검토할 수 있도록 이끌어 주면서 새로운 세계를 열어줬다. 이 외에도 많은 친구들이 결정적인 고비에서 버팀목이 돼줬는데, 특히 커밀라 지아넬라, 소피아 샤벨Sofia Charvel, 파올라 베르갈로Paola Bergallo, 타렉 메귀드Tarek Meguid, 시리 글로펜, 리건 랄프Regan Ralph, 미셸 들롱Michelle DeLong에게 감사하다.

많은 이들이 이 책을 엮는 과정에 직접적인 도움을 줬다. 에밀리 마스트렐리스Emily Maistrellis는 모성 건강에만 초점을 맞췄던 초기 버전을 발전시키는 데 중추적인 역할을 했다. 에밀리는 초안을 수정하는 광범위한 작업을 함께했고, 주요 정보 제공자 인터뷰를 함께 수행했다. 또한 내용의 시간 순서를 확정하는 것을 냉철하게 도와줬다.

또한 자쇼다라 다스굽타Jashodhara Dasgupta, 린 프리드먼, 폴 헌트, 데버라 메인, 레베카 쿡, 마지 버러, 루신다 오핸론Lucinda O'Hanlon 등 주요 정보 제공자들이 관대하게 공유해 준 시간, 지식, 메모 및 모든 자료에 대해서, 그리고 책 속에 명시적으로 때론 암시적으로 반영된 그들의 견해에 대해서 깊이 감사한다.

이 책의 원고는 앤절라 듀거Angela Duger의 헌신이 없었다면 쓰일 수 없었다. 앤절라의 철저한 자료 준비와 연구, 경제·사회·문화적 권리에 대한 지식, 그리고 책을 준비하고 쓰는 동안 전해준 피드백은 매우 귀중하다.

타라 보고시안Tara Boghosian은 매우 열정적으로 프로젝트에 참여했고, 사려 깊은 피드백을 제공했으며, 엄청난 시간의 압박 속에서도 출판을 위해 최종 원고 준비를 성실히 도와줬다.

하버드대학의 국제 보건교육 및 학습 인큐베이터의 소장인 수 골디Sue Goldie에게 대단히 감사한다. 그는 국제 보건에 다학제적 관점을 적용하는 가치를 오랫동안 옹호해 왔다. 그는 내가 연구하고 책을 쓰는 동안 영감을 줬을 뿐만 아니라, 개인적인 격려와 제도적 지원도 제공해 줬다. 나는 그에게 영원히 감사할 것이다.

하버드대학과 조지타운대학에서 연구하고 저술할 때 제도적 지원을 받지 못했다면, 책을 완성하는 데 어려움을 겪었을 것이다. 당시 하버드대학 프랑수아그자비에 바그누 건강인권센터 소장이었던 제니퍼 리닝Jennifer Leaning과 조지타운대학 법률센터 오닐 국립 및 글로벌 보건법연구소의 창립 소장이었던 로런스 고스틴에게 깊은 감사를 표한다.

스탠퍼드대학 출판부와 함께 일하는 것은 큰 즐거움이었다. 학제적이고 혁신적인 스탠퍼드 인권 연구 시리즈를 만든 마크 구데일이 이 책의 접근 방식을 받아들여 기뻤다.

또한 출판 전 과정에서 미셸 리핀스키Michelle Lipinski가 보여준 안내와 지지, 부드러운 반발에도 깊이 감사한다. 출간 계획서에서부터 원고에 이르기까지, 전 과정에 함께해 준 익명의 두 동료 리뷰어로부터 유용한 지식과 건설적인 비평을 얻을 수 있던 것은 큰 행운이었다. 어떤 책들은 남성의 창의적인 작업으로 종종 묘사되지만, 사생활을 공유하는 가족의 기여와 희생 없이 자율적인 노력만으로 집필활동을 할 수는 없다. 언제나 그렇듯이 나의 아들이자 최고의 인생 선생님인 니코Nico와 샘Sam에게 한없이 감사한다. 파트너 제러미Jeremy는 이 모든 여정을 함께한 나의 동반자였다. 이 책을 쓰는 동안, 매일 아침 해가 떠오르는 순간 그와 커피를 나눠 마시면서 새벽 전에 일어나야 하는 일이 두려움에서 즐거움으로 바뀌었다.

나는 언제나 건강권 투쟁의 진정한 주인공들로부터 경외감과 영감을 받는다. 가난과 차별 때문에 그림자가 드리운 삶을 살면서도 존엄과 목적을 개척해 나가는 보통의 사람들. 자신이 얻을 미래의 보상이 아니라 다른 사람의 삶을 향상시키기 위해 엄청난 희생을 하는 사람들. 모든 형태의 폭정에 항의하기 위해 목소리를 내는 사람들. 모든 역경에도 불구하고 세상을 계속해 변화시키는 사람들이 바로 그 주인공이다.

서론 알레고리로 보는 세상

1. Amartya Sen, *Development as Freedom* (Oxford: Oxford University Press, 1999), 282–83.

2. Manny Fernandez, Richard Pérez-Peña, and Jonah Engel Bromwich, "Five Dallas Officers Were Killed as Payback, Police Chief Says," *New York Times*, July 8, 2016, https://www.nytimes.com/2016/07/09/us/dallas-police-shooting.html.

3. Katie Reilly, "Read President Obama's Speech from the Dallas Memorial Service," *Time*, July 12, 2016, http://time.com/4403543/president-obama-dallas-shooting-memorial-service-speech-transcript/.

4. Jason Horowitz, Nick Corasaniti, and Ashley Southall, "Nine Killed in Shooting at Black Church in Charleston," *New York Times*, June 17, 2015, https://www.nytimes.com /2015/06/18/us/church-attacked-in-charleston-south-carolina.html?_r=0.

5. Duncan Kennedy, "Are Lawyers Really Necessary?" interview by Vicki Quade, *Barrister* 14, no. 4 (1987): 36.

6. the *Harvard Human Rights Journal*(최초 이름, *Harvard Human Rights Yearbook*)은 정확히 학술 분야를 만들겠다는 생각으로 1988년에 만들어졌다.

7. 국제법에 매우 회의적인 유명한 CLS 학자들이 있었지만, 당시 그러한 비판은 세계적인 역학의 변화를 활용할 가능성을 지나치게 폄하하는 것처럼 보였다. 다음을 참조하라. David Kennedy, "A New Stream of International Law Scholarship," *Wisconsin International Law Journal* 7 (1988).

8. International Study Team on the Gulf Crisis, *Health and Welfare in Iraq after the Gulf Crisis: An In-Depth Assessment* (Cambridge, MA: Harvard Center for Public Health, 1991), http://archive.cesr.org/downloads/Health%20and%20Welfare%20in%20 Iraq%20after%20the%20Gulf%20Crisis%201991.pdf.

9. Center for Economic and Social Rights (CESR), *Twenty Years of Economic and Social Rights Advocacy* (Brooklyn, NY: Center for Economic and Social Rights, 2015).

10. The UN Special Rapporteur on Extreme Poverty and Human Rights, Philip Alston, sets out a similar framework: *Report of the Special Rapporteur on Extreme Poverty and Human Rights*, UN Doc. A/HRC/32/31 ¶ 21 (April 28, 2016).

11. *S. v. Baloyi and Others* 1999 (1) BCLR 86 (CC) 29/99 ¶ 12 (Sachs, J.) (S. Afr.).

12. Kathryn Sikkink, *Evidence for Hope: Making Human Rights Work in the 21st Century*

(Princeton, NJ: Princeton University Press, 2017); Samuel Moyn, *Not Enough: Human Rights in an Unequal World* (Cambridge, MA: Harvard University Press, 2018).

13. Alicia Ely Yamin. *Power, Suffering, and the Struggle for Dignity: Human Rights Frameworks for Health and Why They Matter* (Philadelphia: University of Pennsylvania Press, 2016).

14. Simone de Beauvoir, *The Second Sex*, trans. H. M. Parshley (New York: Vintage Books, 1972), 161.

15. James Ron, "Survey: Most Believe Women's Rights Are Human Rights," *Open Global Rights*, November 23, 2017, https://www.openglobalrights.org/survey-many -believe-human-rights-are-womens-rights/.

16. Kwame Anthony Appiah, *The Lies That Bind: Rethinking Identity* (New York: Liveright, 2018).

17. Jürgen Habermas, *Legitimation Crisis* (Boston: Beacon Press, 1975).

18. 다음을 참조하라. Audrey R. Chapman, *Global Health, Human Rights and the Challenge of Neoliberal Policies* (Cambridge, UK: Cambridge University Press, 2016); Paul O'Connell, "On Reconciling Irreconcilables: Neo-Liberal Globalisation and Human Rights," Human Rights Law Review 7, no. 3 (2007): 483–509; Samuel Moyn, *Not Enough: Human Rights in an Unequal World* (Cambridge, MA: Harvard University Press, 2018).

19. 다음을 참조하라. David Collier, "Understanding Process Tracing," *Political Science and Politics* 44, no. 4 (2011): 823–30.

20. Pierre Bourdieu, *Outline of a Theory of Practice*, trans. Richard Nice (New York: Cambridge University Press, 1977), 2.

21. 다음을 참조하라. Mark Heywood, *Get Up! Stand Up!: Personal Journeys towards Social Justice* (Capetown, SA: Tafelberg, 2017).

22. 개인적인 이야기들은 동시에 기록된 저널과 현장 연구 노트에 기반을 두고 있으며, 책 집필 과정동안 수행된 연구로 보완됐다. 개인 정보 보호를 위해 공인이 아닌 개인의 이름은 가명으로 처리됐다. 이 책에 언급된 모든 보건연구는 하버드대학과 각 국가의 윤리 규정에 따라 사전동의를 얻었다. 또한 주요 정보제공자 등으로부터 모든 자료의 인용을 사용하는 서면 동의를 받았다.

23. 다음을 참조하라. Ruth Fletcher, "Feminist Legal Theory," in *An Introduction to Law and Social Theory*, ed. Max Travers and Reza Banakar (Portland, OR: Hart Publishing, 2002), 137.

24. Daniel Kahneman, *Thinking, Fast and Slow* (New York: Farrar, Straus and Giroux, 2011).

25. Audre Lorde, "The Master's Tools Will Never Dismantle the Master's House," in *Sister Outsider: Essays and Speeches* (Berkeley, CA: Crossing Press, 2007), 110–14.

26. Bourdieu, *Theory of Practice*, 22.

27. UN General Assembly, Resolution 217 A (III), Universal Declaration of Human Rights, A/RES/3/217 A (Dec. 10, 1948), art. 1.

28. 다음을 참조하라. John Rawls, *A Theory of Justice* (Cambridge, MA: Harvard University Press, 1971).

29. 다양한 전통에서 존엄성의 개념에 대한 심층적인 논의를 위해서는 다음을 참조하라. Alicia Ely Yamin, "Dignity and Suffering: Why Human Rights Matter" in *Power, Suffering, and*

the Struggle for Dignity: Human Rights Frameworks for Health and Why They Matter (Philadelphia: University of Pennsylvania Press, 2016), 25–48.

30. ˝Roberto Unger, *False Necessity: Anti-Necessitarian Social Theory in the Service of Radical Democracy (Politics, Volume 1)* (Brooklyn, NY: Verso Books, 2004).

31. 존 롤즈의 저서 *The Law of Peoples*에서 그는 정의에 대한 그의 생각을 국제 정치에서 공공성으로 확장했지만 세계 정의에 대한 더 얇은 개념을 지지했다. 다음을 참조하라. John Rawls, *The Law of Peoples* (Cambridge, MA: Harvard University Press, 2002), 3.

32. Amartya Sen, "Adam Smith and the Contemporary World," *Erasmus Journal for Philosophy and Economics* 3 (2010): 50–67.

33. 다음을 참조하라. Unger, *False Necessity*.

34. Kwame Anthony Appiah, *The Ethics of Identity* (Princeton, NJ: Princeton University Press, 2010), 260.

35. Alicia Ely Yamin, "Will We Take Suffering Seriously? Reflections on What Applying a Human Rights Framework to Health Means and Why We Should Care," *Health and Human Rights* 10 (2008): 50.

36. Norman Daniels, *Just Health: Meeting Health Needs Fairly* (Cambridge, UK: Cambridge University Press, 2007).

37. Seyla Benhabib, "Toward a Deliberative Model of Democratic Legitimacy," in *Democracy and Difference: Contesting the Boundaries of the Political* (Princeton, NJ: Princeton University Press, 1996), 68.

38. Roberto Mangabeira Unger, *Democracy Realized: The Progressive Alternative* (Brooklyn, NY: Verso, 1998), 5.

39. Max Roser, "The Short History of Global Living Conditions and Why It Matters That We Know It," Our World in Data, accessed March 7, 2019, https://ourworldindata.org /a-history-of-global-living-conditions-in-5-charts.

40. Roser, "Global Living Conditions."

41. Stephen Pinker, *Enlightenment Now: The Case for Reason, Science, Humanism, and Progress* (New York: Viking, 2018).

42. Gregg Easterbook, *It's Better Than It Looks: Reasons for Optimism in an Age of Fear* (New York: Public Affairs, 2018).

43. Dean T. Jamison et al., "Global Health 2035: A World Converging within a Generation," The Lancet 382, no. 9908 (2013): 1898–955.

44. Linda Villarosa, "Why America's Black Mothers and Babies Are in a Life-or- Death Crisis," *New York Times*, April 11, 2018, https://www.nytimes.com/2018/04/11 /magazine/black-mothers-babies-death-maternal-mortality.html.

45. Jamison et al., "Global Health 2035."

46. "Life Expectancy at Birth, Total (Years)," The World Bank, accessed March 7, 2019, http://data.worldbank.org/indicator/SP.DYN.LE00.IN?order=wbapi_data _value_2014wbapi_data_valuewbapi_data_value-last&sort=asc.

47. UN Development Programme (UNDP), *Human Development Report 2016: Human*

Development for Everyone (New York: UN Development Program, 2016).

48. "Working with Police in South Sudan to Assist Survivors of Gender-Based Violence," *United Nations Population Fund (UNFPA) News*, January 20, 2011, http://www.unfpa .org/public /home/news/pid/7156.

49. Jamison et al., "Global Health 2035," 1898–955.

50. Daniels, *Just Health*; Amartya Sen, "Elements of a Theory of Human Rights," *Philosophy and Public Affairs* 32, no. 4 (2004): 315–56.

51. Jo C. Phelan, Bruce G. Link, and Parisa Tehranifar, "Social Conditions as Fundamental Causes of Health Inequalities: Theory, Evidence, and Policy Implications," *Journal of Health and Social Behavior* 51 (2010): S28–S40.

52. Phelan, Link, and Tehranifar, "Social Conditions."

53. 다음을 참조하라. *Report from Maternal Mortality Review Committees: A View into Their Critical Role: Building U.S. Capacity to Review and Prevent Maternal Deaths* (Atlanta: Centers for Disease Control and Prevention Foundation, 2017), https://www .cdcfoundation.org /sites/default/ files/upload/pdf/MMRIAReport.pdf.

54. World Health Organization (WHO), *Trends in Maternal Mortality: 1990–2015: Estimates from WHO, UNICEF, UNFPA, World Bank Group and the United Nations Population Division* (Geneva: World Health Organization, 2015).

55. Paul Farmer, *Pathologies of Power: Health, Human Rights, and the New War on the Poor* (Berkeley, CA: University of California Press, 2003).

56. Sen, *Development as Freedom*, 15; Farmer, *Pathologies of Power*.

57. Carmel Shalev, "Rights to Sexual and Reproductive Health: The ICPD and the Convention on the Elimination of All Forms of Discrimination Against Women," *Health and Human Rights* 4, no. 2 (2000): 39.

58. Nancy Fraser, "Rethinking the Public Sphere: A Contribution to the Critique of Actually Existing Democracy," *Social Text 25/26* (1990): 67.

59. UN Human Rights Council, *Technical Guidance on the Application of a Human Rights–Based Approach to the Implementation of Policies and Programmes to Reduce Preventable Maternal Mortality and Morbidity*, UN Doc. A/HRC/21/22 (2012).

60. 이 점에 관해서는 다음을 참조하라. Unger, *Democracy Realized*, 14.

61. Jan Knappert, "A Short History of Zanzibar," *Annales Aequatoria* 13 (1992): 15–37.

62. Leda Farrant, *Tippu Tip and the East African Slave Trade* (London: Hamilton, 1975).

제1장 분노와 불의

1. Carlos Santiago Nino, *Radical Evil on Trial* (New Haven, CT: Yale University Press, 1996), vii.

2. Gloria Steinem, "10th Anniversary Convention of the National Women's Political Caucus" (speech, National Women's Political Caucus, Albuquerque, NM, July 1981).

3. "Espacio memoria y derechos humanos [ex ESMA]," Espacio memoria y derechos humanos, accessed January 13, 2019, http://www.espaciomemoria.ar/.

4. Díaz Bessone and Ramon Genaro, *Guerra revolucionaria en la Argentina (1959– 1978)* (Buenos Aires: Editorial Fraterna, 1986), 13–18.

5. Lucía Luna, "Un actor de 'la guerra sucia' revela los crímenes de los militares," *Proceso*, January 14, 1984, https://www.proceso.com.mx/137811/un-actor-de-la-guerra -sucia-revela-los-crimenes-de-los-militares.

6. "Lista de víctimas de desaparición forzada y ejecución sumaria por la secretaría de derechos humanos," El proyecto desaparecidos, accessed January 13, 2019, https://www .desaparecidos. org/arg/victimas/listas/.

7. Simone de Beauvoir, *The Second Sex*, trans. H. M. Parshley (New York: Vintage Books, 1949/1972), xviii.

8. Ngaire Woods, "Bretton Woods Institutions," in *The Oxford Handbook on the United Nations*, ed. Sam Daws and Thomas G. Weiss (Oxford: Oxford University Press, 2008), 235.

9. "Fiftieth Anniversary of the Multilateral Trading System," World Trade Organization, accessed January 13, 2019, https://www.wto.org/english/thewto_e/minist_e/min96 _e/ chrono. htm.

10. Immanuel Kant, *Grounding for the Metaphysics of Morals*, trans. James W. Ellington (Cambridge, MA: Hackett Publishing, 1981), 434.

11. Audre Lorde, "The Uses of Anger: Women Responding to Racism," in *Sister Outsider: Essays & Speeches by Audre Lorde* (Trumansburg, NY: Crossing Press, 1984), 132–33.

12. Ronald Dworkin, *Life's Dominion: An Argument about Abortion, Euthanasia, and Individual Freedom* (New York: Vintage, 1994), 239.

13. Carlos Santiago Nino, *Derecho, moral y política: Una revisión de la teoría general del derecho* (Barcelona: Editorial Ariel, 1994), 11–12, 17.

14. Amartya Sen, "Adam Smith and the Contemporary World," *Erasmus Journal for Philosophy and Economics* 3 (2010): 50.

15. Alasdair MacIntyre, "The Privatization of the Good," *Review of Politics* 52, no. 3 (1990): 344–77.

16. Jacques Maritain, *Man and the State* (Chicago: University of Chicago Press, 1951), 77.

17. Maritain, *Man and the State*, 77.

18. John Rawls, *Political Liberalism* (New York: Columbia University Press, 1993), 134.

19. Cass R. Sunstein, "Incompletely Theorized Agreements in Constitutional Law," *Social Research* 74 (2007), 1–24; Cass R. Sunstein, "Incompletely Theorized Agreements," *Harvard Law Review* 108, no. 7 (1995): 1733–72.

20. Sunstein, "Incompletely Theorized Agreements," 1739–42.

21. John Tobin, *The Right to Health in International Law* (Oxford: Oxford University Press, 2012); Jennifer Prah Ruger, "Toward a Theory of a Right to Health: Capability and Incompletely Theorized Agreements," *Yale Journal of Law & the Humanities* 18, no. 2 (2006): 273–327.

22. Ruger, "Toward a Theory," 309.

23. Amartya Sen, "Elements of a Theory of Human Rights," *Philosophy and Public Affairs* 32, no. 4 (2004): 320–24.

24. UN Human Rights Council, *Report of the Special Rapporteur on Extreme Poverty and Human Rights*, UN Doc. A/HRC/32/31 ¶ 12 (Apr. 28, 2016).

25. Samuel Moyn, *The Last Utopia: Human Rights in History* (Cambridge, MA: The Belknap Press of Harvard University Press, 2010), 8.

26. Joseph L. Love, "Raúl Prebisch and the Origins of the Doctrine of Unequal Exchange," *Latin American Research Review* 15, no. 3 (1980): 45–72.

27. UN General Assembly, *Proclamation of Teheran, Final Act of the International Conference on Human Rights, Teheran,* 22 April to 13 May 1968, UN Doc. A/CONF. 32/41 ¶ 13 (New York: UN, 1968).

28. Raúl Prebisch, UN Department of Economic Affairs, *The Economic Development of Latin America and Its Principal Problems*, UN Sales No. 50 II.G. 2 (1950); Charles R. Beitz, "Justice and International Relations," *Philosophy and Public Affairs* 4, no. 4 (1975): 360–89.

29. UN General Assembly, Resolution 3201 (S-VI), Declaration of the Establishment of a New International Economic Order, A/RES/S-6/3201 (May 1, 1974); UN General Assembly, Resolution 3281 (XXIX), Charter on the Economic Rights and Duties of States, A/RES/29/3281 (Dec. 12, 1974). For more detailed discussion, see Samuel Moyn, *Not Enough: Human Rights in an Unequal World* (Cambridge, MA: Harvard/ Belknap Press, 2018), 68–145.

30. UN Commission on Human Rights, *Further Promotion and Encouragement of Human Rights and Fundamental Freedoms, Including the Question of the Programme and Methods of Work of the Commission*, UN Doc. E/CN.4/RES/4 (XXXIII) (Feb. 21, 1977).

31. UN General Assembly, Resolution 41/128, Declaration on the Right to Development, A/RES/41/128 (Dec. 4, 1986).

32. Moyn, *Last Utopia*, 9.

33. Daniel Zamora, "Foucault, the Excluded, and Neoliberal Erosion of the State," in *Foucault and Neoliberalism*, ed. Daniel Zamora and Michael Behrent (Cambridge, UK: Polity Press, 2016), 63–85.

34. Dani Rodrik, *The Globalization Paradox: Why Global Markets, States, and Democracy Can't Coexist* (Oxford: Oxford University Press, 2011), 110.

35. "USA," World Inequality Database, accessed January 16, 2019, https://wid. world/country/usa/.

36. 다음을 참조하라. Shoshanna Ehrlich, *Regulating Desire: From the Virtuous Maiden to the Purity Princess* (Albany, NY: SUNY Press, 2014).

37. 다음을 참조하라. James Perloff, "Iran and the Shah: What Really Happened," *The New American*, May 12, 2009, https://www.thenewamerican.com/culture/history/item/4690-iran-and-the-shah-what-really-happened.

38. 이러한 논의에 대해서는 다음을 참조하라. Philip Alston and Ryan Goodman, *International Human Rights*, an updated edition of *International Human Rights in Context: Law, Politics, Morals* (Oxford: Oxford University Press, 2012), 160.

39. Steven Lukes, *Power: A Radical View* (London and New York: Macmillan, 1974), 11–15.

40. Benjamin Barber, "Foundationalism and Democracy," in *Democracy and Difference: Contesting*

the Boundaries of the Political, ed. Seyla Benhabib (Princeton, NJ: Princeton University Press, 1996), 354.

41. 하버마스는 시민들의 정치적 참여에 대한 설명으로 다음의 논문에서 *의지형성*이라는 용어를 사용한다. "Three Normative Models of Democracy," in *Democracy and Difference: Contesting the Boundaries of the Political*, ed. Seyla Benhabib (Princeton, NJ: Princeton University Press, 1996), 21–31.

42. Norman Daniels, *Just Health: Meeting Health Needs Fairly* (Cambridge, UK: Cambridge University Press, 2007).

43. UN General Assembly, Resolution 2200A (XXI), International Covenant on Economic, Social and Cultural Rights (ICESCR), A/RES/21/2200A (Dec. 16, 1966), art. 12.

44. World Health Organization (WHO), Constitution of the World Health Organization, Off. Rec. (July 22, 1946), 2, 100.

45. A/RES/21/2200A, art. 12.

46. A/RES/21/2200A, art. 2.

47. U.N. ESCOR C.4 (236th mtg.), U.N. Doc. E/CN.4/SR.236 (1951) at 20–21 (Mr. Sorenson, Denmark).

48. 다음을 참조하라. Rachel Hammonds and Gorik Ooms, "National Foreign Assistance Programs: Advancing Health-Related Human Rights through Shared Obligations for Global Health," in *Human Rights in Global Health: Rights-Based Governance for a Globalizing World*, ed. Benjamin Mason Meier and Lawrence Gostin (Oxford: Oxford University Press, 2018), 397–421.

49. Aryeh Neier, "Social and Economic Rights: A Critique," *Human Rights Brief* 13, no. 2 (2006): 2.

50. *Minister of Health & Others v. Treatment Action Campaign & Others* 2002 (5) SA 721 (CC) (S. Afr.).

51. 다음을 참조하라. Naomi Klein, *The Shock Doctrine: The Rise of Disaster Capitalism* (Toronto, Canada: Knopf Canada, 2007), 147.

52. Beauvoir, *Second Sex*, 161.

53. 다음을 참조하라. Judith Butler, *Gender Trouble: Feminism and the Subversion of Identity* (New York: Routledge, 1990); Kate Millett, *Sexual Politics* (New York: Columbia University Press, 1970).

54. Jane Mansbridge, "Using Power/Fighting Power: The Polity," in *Democracy and Difference: Contesting the Boundaries of the Political*, ed. Seyla Benhabib (Princeton, NJ: Princeton University Press, 1996), 46–66.

55. Jean-Jacques Rousseau, *The Social Contract and the First and Second Discourses* (New Haven, CT: Yale University Press, 2002), 189.

56. 다음을 참조하라. Hilary Charlesworth and Christine Chinkin, "The Gender of Jus Cogens," *Human Rights Quarterly* 15 (1993): 63–76.

57. UN General Assembly, Resolution 3520 (XXX), World Conference of the International Women's Year, A/RES/30/3520 (Dec. 15, 1975).

58. UN General Assembly, Resolution 34/180, Convention on the Elimination of All Forms of Discrimination against Women (CEDAW), A/RES/34/180 (Dec. 18, 1979), art. 5.

59. Karen Engle, "International Human Rights and Feminisms: When Discourses Keep Meeting," in *International Law: Modern Feminist Approaches*, ed. Doris Buss and Ambreena Manji (Oxford: Hart Publishing, 2005), 61.

60. Nancy Fraser, "Rethinking the Public Sphere: A Contribution to the Critique of Actually Existing Democracy," *Social Text* 25/26 (1990): 57.

61. Holly J. McCammon et al., "Becoming Full Citizens: The U.S. Women's Jury Rights Campaigns, the Pace of Reform, and Strategic Adaptation," *American Journal of Sociology* 113, no. 4 (2008): 1104–47.

62. A/RES/34/180, art. 12.

63. Committee on Economic, Social and Cultural Rights (CESCR), *General Comment No. 20: Non-discrimination in Economic, Social and Cultural Rights (Art. 2, Para. 2, of the International Covenant on Economic, Social and Cultural Rights)*, UN Doc. E/C.12/GC/20 (2009).

64. UN Department of International Economic and Social Affairs, *The World's Women 1970–1990: Trends and Statistics*, UN Sales No. E.90.XVII.3 (1991), 4.

65. *Violence Against Women Act of 1994 (VAWA), U.S. Code* 42 (1994), § 13701– 14040.

66. Bernard Asbell, *The Pill: A Biography of the Drug That Changed the World* (New York: Random House, 1995).

67. John Cleland, "Contraception in Historical and Global Perspective," *Best Practice & Research Clinical Obstetrics & Gynaecology 23*, no. 2 (2009): 168.

68. 다음을 참조하라. Nancy Krieger, *Epidemiology and the People's Health: Theory and Context* (Oxford: Oxford University Press, 2011); Michel Foucault, *Discipline and Punish: The Birth of the Prison* (New York: Vintage Books, 1979).

69. Heather Stephenson and Kiki Zeldes, " 'Write a Chapter and Change the World': How the Boston Women's Health Book Collective Transformed Women's Health Then— and Now," *American Journal of Public Health* 98, no. 10 (2008): 1741–42.

70. 다음을 참조하라. Sonia E. Alvarez, *Engendering Democracy in Brazil: Women's Movements in Transition Politics* (Princeton, NJ: Princeton University Press, 1990).

71. 다음을 참조하라. Catherine MacKinnon, "Reflections on Sex Equality under the Law," *Yale Law Journal* 100, no. 5 (1991): 1308.

72. 다음을 참조하라. Judith Jarvis Thomson, "A Defense of Abortion," in *Biomedical Ethics and the Law*, ed. James Humber and Robert Almeder (Boston: Springer, 1976), 39–54.

73. Dworkin, *Life's Dominion*, 103.

74. Robin West, "Taking Freedom Seriously," *Harvard Law Review* 104 (1990): 84.

75. *Roe v. Wade*, 410 U.S. 113 (1973).

76. Dworkin, *Life's Dominion*, 25.

77. 다음을 참조하라. Carol Sanger, *About Abortion: Terminating Pregnancy in Twenty-First-Century America* (Cambridge, MA: Harvard University Press, 2017).

78. Thomas M. Keck, *Judicial Politics in Polarized Times* (Chicago: University of Chicago Press,

2014).

79. *Griswold v. Connecticut*, 381 US 479, 483 (1965).

80. West, "Taking Freedom Seriously," 84.

81. West, "Taking Freedom Seriously," 85.

82. *Whole Women's Health v. Hellerstedt*, 579 US (2016); *Planned Parenthood of Southeastern Pennsylvania v. Casey*, 505 US 833, 874 (1992); *Harris v. McRae*, 448 US 297, 314 (1980).

83. That undue burden test, which had been applied with great variation by circuit courts, was unified, if temporarily, in *Whole Women's Health*.

84. Bundesverfassungsgericht [BVerfG] [Federal Constitutional Court] Feb. 25, 1975, 39 *Entscheidungen des Bundesverfassungsgerichts* [BVerfGE] 1 (2–3), 1975 (Ger.).

85. 39 BVerfGE 1, (48–49) (Ger.).

86. 39 BVerfGE 1, (13–14) (Ger.).

87. 39 BVerfGE 1, (36) (Ger.).

88. Tribunal Constitucional [T.C.], 23 de fevereiro de 2010, Acórdão nº 75/2010 (Port.) http://www.tribunalconstitucional.pt/tc/acordaos/20100075.html.

89. Tribunal Constitucional [T.C.], 28 agosto 2017, "Requerimientos de inconstitucionalidad presentados por un grupo de Senadores y Diputados, respecto de normas del proyecto de ley que regula la despenalización de la interrupción voluntaria del embarazo en tres causales, correspondiente al boletín N° 9895–11," Rol de la causa: 3729(3751)-17 CPT (Chile), http://www.tribunalconstitucional.cl/expediente?rol =3729wsdefrtg.

90. 다음을 참조하라. Rachel Rebouché, "A Functionalist Approach to Comparative Abortion Law," in *Abortion Law in Transnational Perspective: Cases and Controversies*, ed. Rebecca J. Cook, Joanna N. Erdman, and Bernard M. Dickens (Philadelphia: University of Pennsylvania Press, 2014), 98–118; Reva B. Siegel, "The Right's Reasons: Constitutional Conflict and the Spread of Woman-Protective Antiabortion Argument," *Duke Law Journal* 57, no. 6 (2008): 1641–92.

91. Bundesverfassungsgericht [BVerfG] [Federal Constitutional Court] May 28, 1993, 88 *Entscheidungen des Bundesverfassungsgerichts* [BVerfGE] 203, 1993 (Ger.); see also for example, Rebouché, "A Functionalist Approach," 99, 102–3.

92. La comisión nacional sobre la desaparición de personas, *Nunca más* (Buenos Aires: Editorial Universitaria de Buenos Aires, 1984), 131–32.

93. Tina Rosenberg, *Children of Cain: Violence and the Violent in Latin America* (New York: Penguin Books, 1991), 92.

94. "Murió José Alfredo Martínez de Hoz," *Página* 12, March 16, 2013, http://www. pagina12.com.ar/diario/ultimas/20-215954-2013-03-16.html.

95. *Alfajores* are a typical kind of small pastries, in this case made with corn flour as well as *dulce de leche*.

96. Paul Lewis, *The Crisis of Argentine Capitalism* (Chapel Hill, NC: University of North Carolina Press, 1990).

97. Law 23.492, Extinción de la acción penal, December 26, 1986, Diario Oficial [D.O.] (Argentina).

98. Nino, *Radical Evil*; Carlos Santiago Nino, "The Human Rights Policy of the Argentine Constitutional Government: A Reply," *Yale Journal of International Law* 11 (1985): 217–30.

99. Carlos Forment, "Peripheral Peoples and Narrative Identities: Arendtian Reflections on Late Modernity," in *Democracy and Difference: Contesting the Boundaries of the Political*, ed. Seyla Benhabib (Princeton, NJ: Princeton University Press, 1996), 322.

제2장 고통의 의미

1. Eduardo Galeano, *Upside Down: A Primer for the Looking-Glass World*, trans. Mark Fried (New York: Picador, 1998), 34.

2. Susan Sontag, *Illness as Metaphor and AIDS and Its Metaphors* (New York: Macmillan Publishers, 2001), 133.

3. Mahmoud Fathalla, *On Safe Motherhood at 25 Years: Looking Back, Moving Forward* (Dorchester, UK: Hands On for Mothers and Babies, 2012), 10, https://www.birmingham.ac.uk/Documents/heroes/on-safe-motherhood-fathalla.pdf.

4. *Brown v. Board of Education of Topeka*, 347 U.S. 483 (1954); *Brown v. Board of Education of Topeka*, 349 U.S. 294 (1955); *Morgan v. Hennigan*, 379 F. Supp. 410 (D. Mass. 1974).

5. Boston Public Health Commission, *Place Matters* (Boston: Boston Public Health Commission, 2013), http://www.bphc.org/whatwedo/health-equity-social-justice/tools-and-resources/Documents/PlaceMatters-Update-04-13.pdf.

6. Franklin Roosevelt, "Radio Address on Unemployment and Social Welfare" (speech, Albany, NY, October 13, 1932).

7. The Personal Responsibility and Work Opportunity Reconciliation Act of 1996, Pub. L. No. 104-193, 110 Stat. 2105 (1996).

8. William J. Clinton, "Remarks on Welfare Reform Legislation and an Exchange with Reporters" (speech, Washington, DC, July 31, 1996), The American Presidency Project, https://www.presidency.ucsb.edu/node/223295.

9. Charles Murray and Richard Herrnstein, *The Bell Curve: Intelligence and Class Structure in American Life* (New York: A Free Press Paperbacks Book, 1996), 186–201.

10. The Economic Recovery Tax Act of 1981, Pub. L. No. 97-34, § 95 Stat. 172 (1981) and Tax Reform Act of 1986, Pub. L. 99-514, 100 Stat. 2085 (1986) (Together these are referred to as the Reagan Tax Cuts); Office of Management and Budget, "Historical Tables," The White House, accessed January 28, 2019, https://www.whitehouse.gov/omb/budget/Historicals.

11. Kent Matthews et al., "Mrs. Thatcher's Economic Policies 1979–1987," *Economic Policy 2*, no. 5 (1987): 59–101.

12. John Williamson, "A Short History of the Washington Consensus," *Law and Business Review of the Americas* 15 (2009): 7–23.

13. Amartya Sen, Development as Freedom (Oxford: Oxford University Press, 2001).

14. Shahid Yusuf et al., *Development Economics through the Decades: A Critical Look at 30 Years of the World Development Report* (Washington, DC: World Bank, 2009), 134.

15. Joseph E. Stiglitz, *Globalization and Its Discontents* (New York: W. W. Norton & Company,

2002).

16. 다음을 참조하라. Audrey R. Chapman, *Global Health, Human Rights and the Challenge of Neoliberal Policies* (Cambridge, UK: Cambridge University Press, 2016).

17. Adam Smith, *The Theory of Moral Sentiments* (New York: Penguin Classics, 1759/2009)

18. Sen, *Development as Freedom*, 87.

19. Jean Drèze and Amartya Sen, *Hunger and Public Action* (Oxford: Oxford University Press, 1989), 42.

20. Amartya Sen, *Inequality Reexamined* (Cambridge, MA: Harvard University Press, 1992).

21. Sen, *Development as Freedom*, 88.

22. "Human Development Index (HDI)," United Nations Development Programme (UNDP), accessed January 29, 2019, http://hdr.undp.org/en/content/human -development-index-hdi.

23. United Nations Development Programme (UNDP), *Human Development Report of* 2000 (Oxford: Oxford University Press, 2000).

24. John Peabody, "Economic Reform and Health Sector Policy: Lessons from Structural Adjustment Programs," Social Science & Medicine 43, no. 5 (1996): 823–35.

25. John Gershman and Alec Irwin, "Getting a Grip on the Global Economy," in *Dying for Growth: Global Inequality and the Health of the Poor*, ed. Jim Yong Kim et al. (Monroe, ME: Common Courage Press, 2000), 20.

26. John Williamson, "What Washington Means by Policy Reform," in *Latin American Adjustment: How Much Has Happened?* (Washington, DC: Institute for International Economics, 1990), 5–21.

27. John Williamson, "The Washington Consensus as Policy Prescription for Development," in *Development Challenges in the 1990s: Leading Policymakers Speak from Experience*, eds. Timothy Besley and Roberto Zagha (Washington, DC: World Bank Publications, 2005), 33–53.

28. Christina Ewig, *Second-Wave Neoliberalism: Gender, Race, and Health Sector Reform in Peru* (University Park, PA: The Pennsylvania State University Press, 2010), 11–12.

29. Brooke G. Schoepf, Claude Schoepf, and Joyce V. Millen, "Theoretical Therapies, Remote Remedies: SAPs and the Political Ecology of Poverty and Health in Africa," in *Dying for Growth: Global Inequality and the Health of the Poor*, ed. Jim Yong Kim et al. (Monroe, ME: Common Courage Press, 2000), 109.

30. Peabody, "Economic Reform and Health," 823; 추가로 다음을 참조하라. Chapman, *Global Health, Human Rights*, 171–73.

31. Schoepf, Schoepf, and Millen, "Theoretical Therapies," 108–9. 32. Schoepf, Schoepf, and Millen, "Theoretical Therapies," 113.

33. UNICEF, *Adjustment with a Human Face: Protecting the Vulnerable and Promoting Growth*, ed. Giovanni Andrea Cornia et al. (New York: Clarendon Press, 1987).

34. Schoepf, Schoepf, and Millen, "Theoretical Therapies," 123.

35. Philip Alston, UN Commission on Human Rights, *The International Dimensions of the Right to Development as a Human Right in Relation with Other Human Rights Based on International Cooperation, Including the Right to Peace, Taking into Account the Requirement of the New International*

Economic Order and the Fundamental Human Needs: Report of the Secretary-General, UN Doc E.CN.4/1334 ¶315 (Jan. 2, 1979).

36. UN General Assembly, Resolution 41/128, Declaration on the Right to Development, A/RES/41/128 (Dec. 4, 1986), art. 1.

37. Peter A. Hall and David W. Soskice, eds., *Varieties of Capitalism: The Institutional Foundations of Comparative Advantage* (Oxford: Oxford University Press, 2001).

38. Dani Rodrik, *The Globalization Paradox: Why Global Markets, States, and Democracy Can't Coexist* (Oxford: Oxford University Press, 2011), 75.

39. Smoot-Hawley Tariff Act of 1930, Pub. L. No. 71-361, 46 Stat. 590 (1930).

40. Stiglitz, Discontents.

41. John Ruggie, "Globalization and the Embedded Liberalism Compromise: The End of an Era?" (working paper, Max Planck Institute for the Study of Societies, Cologne, 1997), 52.

42. Ruggie, "Globalization," 52.

43. Amartya Sen, "Elements of a Theory of Human Rights," *Philosophy and Public Affairs* 32, no. 4 (2004): 315.

44. Sir Douglas Black, Department of Health and Social Security, *Inequalities in Health: Report of a Research Working Group (Black Report)* (Great Britain: Department of Health and Social Security, 1980).

45. World Health Organization (WHO) and United Nations Children's Fund (UNICEF), "Declaration of Alma-Ata," in *Primary Health Care: Report of the International Conference on Primary Health Care, Alma-Ata, USSR, Sept. 6–12, 1978* (Geneva: World Health Organization, 1978), 2–6; World Health Organization (WHO), *Global Strategy for Health for All by the Year 2000* (Geneva: World Health Organization, 1981).

46. WHO and UNICEF, Declaration of Alma-Ata, art. 1.

47. World Health Organization (WHO), *The Ottawa Charter for Health Promotion* (Geneva: World Health Organization, 1986).

48. Arthur Kleinman, *The Illness Narratives: Suffering, Healing, and the Human Condition* (New York: Basic Books, 1988).

49. Nancy Krieger, *Epidemiology and the People's Health: Theory and Context* (Oxford: Oxford University Press, 2011).

50. Michel Foucault, *Discipline and Punish: The Birth of the Prison* (New York: Vintage Books, 1979).

51. Sontag, *Illness as Metaphor*, 113.

52. Elizabeth Fee and Nancy Krieger, "Understanding AIDS: Historical Interpretations and the Limits of Biomedical Individualism," *American Journal of Public Health* 83, no. 10 (1993): 1477–86.

53. 다음을 참조하라. Jonathan Mann and Daniel Tarantola, Responding to HIV/ AIDS: A Historical Perspective, *Health and Human Rights Journal* 2, no. 4 (1998): 5–8.

54. George Orwell, "How the Poor Die," in *Shooting an Elephant and Other Essays* (London: Secker and Warburg, 1950).

55. 다음을 참조하라. María Emma Mannarelli, *Limpias y modernas: género, higiene y cultura en la Lima del novecientos* (Lima: Ediciones Flora Tristán, 1999).

56. Kenneth Arrow, "Uncertainty and the Welfare Economics of Medical Care," *American Economic Review* 53, no. 5 (1963): 941–67.

57. Paul Starr, *The Social Transformation of American Medicine: The Rise of a Sovereign Profession and the Making of a Vast Industry* (New York: Basic Books, 2008).

58. Marsha Gold, "HMOs and Managed Care," *Health Affairs* 10, no. 4 (1991): 189–205.

59. Richard Epstein, *Mortal Peril: Our Inalienable Right to Health Care?* (New York: Addison-Wesley, 1997).

60. Today a small percentage of trans persons are also at risk of dying in pregnancy, but that was not the case at the time.

61. Vicente Navarro, "Production and the Welfare State: The Political Context of Reforms," *International Journal of Health Services* 21, no. 4 (1991): 585–614.

62. Anne-Emanuelle Birn, Laura Nervi, and Eduardo Siqueira, "Neoliberalism Redux: The Global Health Policy Agenda and the Politics of Cooptation in Latin America and Beyond," *Development and Change* 47, no. 4 (2016): 734–59.

63. James Cockcroft and Jane Canning, eds., *Salvador Allende Reader: Chile's Voice of Democracy* (Melbourne: Ocean Press, 2000), 36–42.

64. Constituição Federal de 1988 [C.F.] [Constitution], artigo 1 (Braz.).

65. United Nations Children's Fund (UNICEF), *State of the World's Children Report* 1982–1983 (New York: Oxford University Press, 1982), 25.

66. Helen Epstein, "The Strange Politics of Saving the Children," review of *A Mighty Purpose: How Jim Grant Sold the World on Saving Its Children*, by Adam Fifield, *New York Review of Books*, November 5, 2015, https://www.nybooks.com/articles /2015/11/05 /strange-politics-saving-children/.

67. Peter Adamson et al., *Jim Grant—UNICEF Visionary*, ed. Richard Jolly (Florence, Italy: UNICEF Innocenti Research Centre, 2001).

68. UNICEF, *Children Report*, 4.

69. Lucia Hug, David Sharrow, and Danzhen You, UN Inter-agency Group for Child Mortality Estimation, *Levels and Trends in Child Mortality: Report* 2017 (New York: UNICEF, 2017), 4.

70. The Convention on the Rights of the Child came into force on September 2, 1990. UN General Assembly, Resolution 44/25, Convention on the Rights of the Child, A/RES/44/25 (Nov. 20, 1989).

71. UN Committee on the Rights of the Child, *General Comment No. 14 (2013) on the Right of the Child to Have His or Her Best Interests Taken as a Primary Consideration (Art. 3, Para. 1)*, UN Doc. CRC/C/GC/14 (2013).

72. Lynda Lange, "Woman Is Not a Rational Animal: On Aristotle's Biology of Reproduction," in *Discovering Reality: Feminist Perspectives on Epistemology, Metaphysics, Methodology, and Philosophy of Science*, ed. Sandra Harding and Merrill B. Hintikka (Dordrecht, Netherlands: Kluwer Academic Publishers, 1983), 1–16.

73. 다음을 참조하라. Jean Piaget, *Behavior and Evolution* (New York: Pantheon Books, 1978).

74. Raewyn Connell, *Gender and Power: Society, the Person, and Sexual Politics* (Cambridge, UK: Polity Press, 1987).

75. Suruchi Thapar-Björkert, Lotta Samelius, and Gurchathen S. Sanghera, "Exploring Symbolic Violence in the Everyday: Misrecognition, Condescension, Consent and Complicity," Feminist Review 112 (2016): 148.

76. The WFS was administered between 1972 and 1987. "World Fertility Survey," Global Health Data Exchange (GHDx), last modified September 1, 2014, http://ghdx. healthdata .org /series/world-fertility-survey-wfs.

77. World Health Organization (WHO), *Maternal Mortality Rates* (unpublished report, World Health Organization, Geneva, 1985).

78. Allan Rosenfield and Deborah Maine, "Maternal Mortality—A Neglected Tragedy: Where is the M in MCH?," *Lancet* 326, no. 8446 (1985): 83.

79. Irvine Loudon, "Maternal Mortality in the Past and Its Relevance to Developing Countries Today," *American Journal of Clinical Nutrition* 72 (2000): 241S–46S.

80. Deborah Maine, personal communication with author, June 15, 2017.

81. Rosenfield and Maine, "Maternal Mortality," 84.

82. Rosenfield and Maine, "Maternal Mortality," 83.

83. Deborah Maine, interview by author and Emily Maistrellis, February 18, 2016.

84. Ann Starrs, World Bank, World Health Organization (WHO), and United Nations Fund for Population Activities (UNFPA), *Preventing the Tragedy of Maternal Deaths: A Report on the International Safe Motherhood Conference, Nairobi, Kenya, February* 1987 (Washington, DC: World Bank Publications, 1987), 5–8.

85. Jeremy Shiffman and Stephanie Smith, *A Protracted Launch: The First Two Decades of the Safe Motherhood Initiative* (Chicago: MacArthur Foundation, 2006).

86. Martha C. Nussbaum, "Emotions and Women's Capabilities," in *Women, Culture, and Development: A Study of Human Capabilities*, ed. Martha Nussbaum and Jonathan Glover (Oxford: Oxford University Press, 1995), 360–96.

87. John Rawls, "The Independence of Moral Theory," *Proceedings and Addresses of the American Philosophical Association*, 48 (1974): 20.

88. Galeano, *Upside Down*, 32.

제3장 발전에 대한 두 갈래의 비유

1. Jonathan Mann et al., "Health and Human Rights," *Health and Human Rights* 1 (1994): 19.

2. Subcomandante Marcos, "The Fourth World War Has Begun," trans. Nathalie de Broglio, *Nepantla: Views from the South* 2, no. 3 (2001): 560–61.

3. Ejército Zapatista de Liberación Nacional (EZLN) Command, "First Declaration from the Lacandón Jungle, Today We Say 'Enough is Enough!' (Ya Basta!)" Brown University Library, accessed February 8, 2019, https://library.brown.edu/create /modernlatinamerica/chapters/ chapter-3-mexico/primary-documents-with-accompan ying-discussion-questions/document-

9-first-declaration-from-the-lacandon-jungle -today-we-say-enough-is-enough-ya-basta-ezln-command-1993/.

4. "Acerca de la Red TDT," Red Nacional de Organismos Civiles de Derechos Humanos: Todos los Derechos Para Todas y Todos, accessed February 8, 2019, https://redtdt .org.mx/?page_id=13.

5. Cited in Jane Mansbridge, "Using Power/Fighting Power: The Polity," in *Democracy and Difference: Contesting the Boundaries of the Political*, ed. Seyla Benhabib (Prince-ton, NJ: Princeton University Press, 1996), 58.

6. Physicians for Human Rights, El Colegio de la Frontera Sur, Centro de Capacitación en Ecología y Salud para Campesinos-Defensoría del Derecho a la Salud, *Excluded People, Eroded Communities: Realizing the Right to Health in Chiapas, Mexico* (Somerville, MA: Physicians for Human Rights, 2006).

7. Alicia Yamin, V. Penchaszadeh, and T. Crane, *Health Care Held Hostage: Violations of Medical Neutrality and Human Rights in Chiapas, Mexico* (Boston, MA: Physicians for Human Rights, 1999).

8. Yamin, Penchaszadeh, and Crane, *Held Hostage*.

9. Physicians for Human Rights, *Excluded People*, 27–34.

10. "Meet the World's Newest Billionaires," *Forbes Magazine*, July 5, 1993, 87.

11. Robert Howse, "From Politics to Technocracy—And Back Again: The Fate of the Multilateral Trading Regime," *American Journal of International Law* 96 (2002): 94–117.

12. Roger Normand and Sarah Zaidi, *Human Rights at the UN: The Political History of Universal Justice* (Bloomington, IN: Indiana University Press, 2008), 319.

13. UN Office of the High Commissioner for Human Rights, *Vienna Declaration and Programme of Action: Adopted by the World Conference on Human Rights in Vienna on 25 June* 1993, A/CONF/157/23, ¶ 5 (June 25, 1993).

14. *World Conference on Human Rights: The Vienna Declaration and Programme of Action June 1993 with the Opening Statement of United Nations Secretary-General Boutros Boutros-Ghali* (Vienna: UN, 1993), 1.

15. A/CONF/157/23, ¶ 25.

16. A/CONF/157/23, ¶ 1.

17. A/CONF/157/23, ¶ 2.

18. A/CONF/157/23, ¶ 1.

19. "About Us: World Conference on Human Rights, June 14–25, 1993, Vienna, Austria," United Nations Human Rights Office of the High Commissioner, accessed February 8, 2019, https://www.ohchr.org/en/aboutus/pages/viennawc.aspx.

20. UN Population Information Network (POPIN), "Highlights of NGO Forum '94," *ICPD 94 Newsletter* 19 (1994), http://www.un.org/popin/icpd/newslett/94_19 /icpd9419.eng/4ngos.html.

21. Phumzile Mlambo-Ngcuka, "The Beijing Platform for Action Turns 20," *UN Women News*, May 22, 2014, http://beijing20.unwomen.org/en/news-and-events /stories/2014/5/phumzile-

mlambo-ngcuka-un-women.

22. Elisabeth Reichert, "'Keep on Moving Forward': NGO Forum on Women, Beijing, China," *Social Development Issues* 18 (1996): 89–97.

23. 다음을 참조하라. Philip Alston, *The United Nations and Human Rights: A Critical Appraisal* (Oxford: Oxford University Press, 1995).

24. UN General Assembly, Resolution 48/141, High Commissioner for the Promotion and Protection of All Human Rights, A/RES/48/141 (Dec. 20, 1993).

25. UN Office of the High Commissioner for Human Rights (OHCHR), Resolution 1994/45, Question of Integrating the Rights of Women into the Human Rights Mechanisms of the United Nations and the Elimination of Violence against Women, E/CN.4/ RES/1994/45 (March 4, 1994).

26. A/CONF.157/23 ¶ 100.

27. 다음을 참조하라. Ryan Goodman and Thomas Pegram eds., *Human Rights, State Compliance, and Social Change: Assessing National Human Rights Institutions* (Cambridge, UK: Cambridge University Press, 2011).

28. Naila Kabeer, "Tracking the Gender Politics of the Millennium Development Goals: Struggles for Interpretive Power in the International Development Agenda," *Third World Quarterly* 36, no. 2 (2015): 379.

29. Charlotte Bunch and Niamh Reilly, *Demanding Accountability: The Global Campaign and Vienna Tribunal for Women's Human Rights* (Newark, NJ: Rutger's University Center for Women's Global Leadership, United Nations Development Fund for Women, 1994), 15–16.

30. Mark Osiel, *Mass Atrocity, Collective Memory, and the Law* (New Brunswick, NJ: Transaction Publishers, 1997), 7.

31. UN General Assembly, Resolution 48/104, Declaration on the Elimination of Violence against Women, A/RES/48/104 (Dec. 20, 1993).

32. 협약은 1995년 3월 5일에 발표됐다. Organization of American States (OAS), Inter-American Convention on the Prevention, Punishment and Eradication of Violence against Women (Convention of Belém do Pará), 33 ILM 1534 (June 9, 1994).

33. Amartya Sen, *Development as Freedom* (Oxford: Oxford University Press, 2001), 213–16.

34. Sen, *Development as Freedom*, 213–16.

35. Marie Jean Antoine Nicholas de Caritat, Marquis de Condorcet, *Esquisse d'un Tableau Historique des Progrès de l'Esprit Humain*, Xe Epoque (1795), cited in Sen, Development as Freedom, 214.

36. Thomas Robert Malthus, *Essay on the Principle of Population, as It Affects the Future Improvement of Society, with Remarks on the Speculation of Mr. Godwin, M. Condorcet, and Other Writers* (London: J. Johnson, 1798), cited in Sen, Development as Freedom, 214.

37. *Report of the International Conference on Population and Development (Cairo, 5-13 September 1994)*, A/CONF.171113/Rev.1 ¶ 1.8 (New York: UN, 1995).

38. A/CONF.171/13/Rev.1, ¶ 7.2.

39. Mindy Roseman, speech at Bergen Exchanges 2016 (Bergen Resource Center for National

Development, Bergen, Norway, August 23, 2016).

40. Kabeer, "Tracking," 377–95.

41. A/CONF.171/13/Rev.1, ¶ 8.25.

42. Mindy Roseman and Laura Reichenbach, "Global Reproductive Health and Rights: Reflecting on ICPD," in *Reproductive Health and Human Rights: The Way Forward* (Philadelphia: University of Pennsylvania Press, 2011), 9.

43. UN Entity for Gender Equality and the Empowerment of Women, *Beijing Declaration and Platform of Action*, A/CONF.177/20/Rev.1 ¶ 113 (New York: United Nations, 1995).

44. A/CONF.177/20, ¶ 90.

45. Judith Butler, *Gender Trouble: Feminism and the Subversion of Identity* (New York: Routledge, 1990).

46. Kabeer, "Tracking," 380–81.

47. Mann et al., "Health and Human Rights," 20–21.

48. Mann et al., "Health and Human Rights," 6–22.

49. 다음을 참조하라. American Public Health Association, *Control of Communicable Disease in Man*, 15th ed. (Washington, DC: American Public Health Association, 1990).

50. Committee on Economic, Social and Cultural Rights (CESCR), *General Comment No. 3: The Nature of States Parties' Obligations (Art. 2, Para. 1, of the Covenant)*, U.N. Doc. E/1991/23 ¶ 10 (1990).

51. U.N. Doc. E/1991/23, ¶ 10.

52. Katherine Young, "The Minimum Core of Economics and Social Rights: A Concept in Search of Content," *Yale Journal of International Law* 33 (2008).

53. U.N. Doc. E/1991/23, ¶ 9.

54. Claudia Bittner, "Human Dignity as a Matter of Legislative Consistency in an Ideal World: The Fundamental Right to Guarantee a Subsistence Minimum in the German Federal Constitutional Court's Judgment of 9 February 2010," in "Special Section on The Hartz IV Case and the German *Sozialstaat*," *German Law Journal* 12, *no.* 11 (2011): 1941–60, http://www.germanlawjournal.com/volume-12-no-11/.

55. Karl Klare, "Legal Culture and Transformative Constitutionalism," *South African Journal on Human Rights* 14 (1998): 150.

56. Judgment C-1064, Corte Constitucional [C.C.] [Constitutional Court], octubre 10, 2001, Sentencia C-1064/01 (Colom.).

57. Roberto Gargarella, *Latin American Constitutionalism, 1810–2010: The Engine Room of the Constitution* (Oxford: Oxford University Press, 2013).

58. Judgment T-406, Corte Constitucional [C.C.] [Constitutional Court], junio 5, 1992, Sentencia T-406 (Colom.).

59. Bruce Wilson, "Costa Rica: Health Rights Litigation: Causes and Consequences," in *Litigating Health Rights: Can Courts Bring More Justice to Health?*, ed. Alicia Ely Yamin and Siri Gloppen (Cambridge, MA: Harvard Human Rights Series, Harvard University Press, 2011).

60. Terence Halliday and Bruce Carruthers, "The Recursivity of Law: Global Norm Making

and National Lawmaking in the Globalization of Corporate Insolvency Regimes," *American Journal of Sociology* 112, no. 4 (2007): 1135–202.

61. Sally Engle Merry, "Transnational Rights and Local Activism: Mapping the Middle," *American Anthropologist* 108 (2006): 39.

62. Daniel M. Brinks, Varun Gauri, and Kyle Shen, "Social Rights Constitutionalism: Negotiating the Tension between the Universal and the Particular," *Annual Review of Law and Social Science* 11 (2015): 290–91.

63. Brinks, Gauri, and Shen, "Social Rights Constitutionalism," 290.

64. Jean Drèze, "Democracy and the Right to Food," in *Human Rights and Development: Towards Mutual Reinforcement*, ed. Philip Alston and Mary Robinson (New York: Oxford University Press, 2005), 54.

65. Gargarella, *Latin American Constitutionalism*, 139.

66. UN Security Council, Resolution 955, Establishment of an International Tribunal and Adoption of the Statute of the Tribunal, S/RES/955 (Nov. 8, 1994); "The ICTR in Brief," United Nations International Residual Mechanism for Criminal Tribunals, accessed February 8, 2019, http://unictr.irmct.org/en/tribunal; UN Security Council, Resolution 827, International Criminal Tribunal for the Former Yugoslavia (ICTY), S/ RES/827 (May 25, 1993); "International Criminal Tribunal for the Former Yugoslavia: 1993–2017," United Nations International Residual Mechanism for Criminal Tribunals, accessed February 8, 2019, http://www.icty.org/.

67. UN, Rome Statute of the International Criminal Court, A/CONF.183/9 (July 17, 1998); "About," International Criminal Court, accessed February 8, 2019, https://www .icc-cpi.int/about.

68. "About CEJIL," Center for Justice and International Law, accessed February 8, 2018, *https://cejil.org/en*.

69. UN Committee against Torture, *Concluding Observations: Mexico*, UN Doc. A/48/44(SUPP) ¶¶ 208–229 (Jan. 1, 1993).

70. 다음을 참조하라. *Anti-Impunity and the Human Rights Agenda*, ed. Karen Engle, Zinaida Miller, and D. M. Davis (Cambridge, UK: Cambridge University Press, 2016).

71. Asa Cristina Laurell, "La Política Social en el Proyecto Neoliberal. Necesidades Económicas y Realidades Sociopolíticas." *Cuadernos Médico Sociales* 60 (1992): 3–8.

72. Janet Halley, "Rape at Rome: Feminist Interventions in the Criminalization of Sex-Related Violence in Positive International Criminal Law," Michigan Journal of International Law 30, no. 1 (2009): 4–5.

73. Martha Finnemore and Kathryn Sikkink, "International Norm Dynamics and Political Change," *International Organization* 52, no. 4 (1998): 896.

74. Luisa Cabal, Mónica Roa, and Lilian Sepúlveda-Oliva, "What Role Can International Litigation Play in the Promotion and Advancement of Reproductive Rights in Latin America?" *Health and Human Rights* 7 (2003): 52.

75. Finnemore and Sikkink, "International Norm Dynamics."

76. Jorge A. Vargas, "Mexico's Legal Revolution: An Appraisal of Recent Constitutional Changes: 1988–1995," *Georgia Journal of International and Comparative Law* 25, no. 3 (1996): 497–559.

77. Alexander E. Kentikelenis and Sarah Babb, "The Making of Neoliberal Globalization: Norm Substitution and the Politics of Clandestine Institutional Change," *American Journal of Sociology* 124, no. 6 (2019): 1721.

78. Kentikelenis and Babb, "Neoliberal Globalization," 1721.

79. Kentikelenis and Babb, "Neoliberal Globalization," 1724.

80. John Gershman and Alec Irwin, "Getting a Grip on the Global Economy," in *Dying for Growth: Global Inequality and the Health of the Poor*, ed. Jim Yong Kim et al. (Monroe, ME: Common Courage Press, 2000), 23.

81. Don A. Schanche, "Venezuela Riots Not Political, Perez Says: President Blames Unrest on Foreign Debt, Confirms 300 Killed," *Los Angeles Times*, March 4, 1989, http:// articles.latimes. com/1989-03-04/news/mn-19_1_foreign-debt.

82. Ross P. Buckley, "The Facilitation of the Brady Plan: Emerging Markets Debt Trading From 1989 to 1993," *Fordham International Law Journal* 21, no. 5 (1998): 1802–89.

83. Terence Halliday, "Legal Yardsticks: International Financial Institutions as Diagnosticians and Designers of the Laws of Nations," Center on Law and Globalization Research Paper No. 11-08 (2011).

84. TRIPS: Agreement on Trade-Related Aspects of Intellectual Property Rights, Marrakesh Agreement Establishing the World Trade Organization, Annex 1C, 1869 U.N.T.S. 299, 33 I.L.M. 1197 (Apr. 15, 1994).

85. Laurence R. Helfer, "Regime Shifting: The TRIPs Agreement and New Dynamics of International Intellectual Property Lawmaking," *Yale Journal of International Law* 29 (2004): 1–83.

86. Halliday, "Legal Yardsticks," 33.

87. Suerie Moon and Thirukumaran Balasubramaniam, "The World Trade Organization: Carving Out the Right to Health for Access to Medicines and Tobacco Control," in *Rights-Based Governance for a Globalizing World*, ed., Benjamin Mason Meier and Lawrence O. Gostin (Oxford: Oxford University Press, 2018), 375–96.

88. Dani Rodrik, *The Globalization Paradox: Why Global Markets, States, and Democracy Can't Coexist* (Oxford: Oxford University Press, 2011), 198.

89. Halliday, "Legal Yardsticks."

90. Halliday, "Legal Yardsticks."

91. Morten Bøås and Desmond McNeill, eds., *Global Institutions and Development: Framing the World?* (London: Routledge, 2004), 220.

92. Carlos Salinas de Gortari, "Discurso de Toma de Posesión de Carlos Salinas de Gortari como Presidente Constitucional de los Estados Unidos Mexicanos" (speech, Mexico, Dec. 1, 1988).

93. Juan Arroyo, *Salud: La reforma silenciosa* (Lima: Universidad Peruana Cayetano Heredia,

2000).

94. Thomas L. Friedman, *The Lexus and the Olive Tree* (New York: Farrar, Straus and Giroux, 1999); Rodrik, *Globalization Paradox*, 189.

95. Olinka Valdez Morales, "Presentan 27 casos de Violencia Obstétrica ante Tribunal Simbólico," *Milenio*, May 9, 2016, *http://www.milenio.com/df/Violencia_Obstetrica_GIRE_0_734326864.htmll*; GIRE: Grupo de Información en Reproducción Elegida, "Childbirth: A Violent Experience for Women in Mexico," *Pronunciamientos*, May 11, 2016, https://gire.org.mx/en/childbirth-a-violent-experience-for-women-in-mexico/.

96. James Ron, "Survey: Most Believe Women's Rights Are Human Rights," *Open Global Rights*, November 23, 2017, https://www.openglobalrights.org/survey-many-believe -human-rights-are-womens-rights/.

97. Oscar Lopez and Andrew Jacobs, "In Town with Little Water, Coca-Cola is Everywhere. So is Diabetes," New York Times, July 14, 2018, https://www.nytimes.com/2018 /07/14/world/americas/mexico-coca-cola-diabetes.html.

98. Bruce Link and Jo Phelan, "Social Conditions as Fundamental Causes of Disease," special issue, *Journal of Health and Social Behavior* 35 (1995): 80–94; Bruce Link and Jo Phelan, "Social Conditions as Fundamental Causes of Health Inequalities," in *Handbook of Medical Sociology*, 6th ed. (Nashville: Vanderbilt University Press, 2000), 3–17.

제4장 근대화라는 디스토피아

1. Carlos Iván Degregori, "La posibilidad de la memoria," in *Verdad, memoria, justicia y reconciliación: Sociedad y comisiones de la verdad* (Lima: Asociación Pro Derechos Humanos-Aprodeh, 2002), 22 (translated by the author).

2. Giulia Tamayo, *Bajo la piel: Derechos sexuales, derechos reproductivos* (Lima: Centro de la Mujer Peruana Flora Tristán, 2001), 15 (translated by the author).

3. Dr. Juan Succar Rahme et al., "No. 5: Oficio SA-DM-Nº 0818/97, August 6, 1997, Dirigido por el ex Ministro de Salud Marino Costa Bauer al Presidente de la República Alberto Fujimori" in *Comisión especial sobre actividades de Anticoncepción Quirúrgica Voluntaria (AQV): Informe Final* (Lima: Ministerio de Salud, 2002), 101.

4. "Committee for Latin America and the Caribbean for the Defense of Women's Rights" in English. See "Visión y misión," Mujeres usando el derecho como una herramienta de cambio, accessed February 10, 2019, https://cladem.org/nosotras /#vision-mision.

5. *María Mamérita Mestanza Chávez v. Perú*, Inter-Am. Cmm'n. H.R., Report No. 71/03 (Oct. 22, 2003).

6. "Law Firm for the Defense of Women's Rights" in English.

7. *María Mamérita Mestanza Chávez*, ¶ 350.

8. *María Mamérita Mestanza Chávez*, ¶ 668.

9. Karl Polanyi, *The Great Transformation: The Political and Economic Origins of Our Time*, 2nd ed. (Boston: Beacon Press, 2001), 3.

10. Thomas L. Friedman, *The Lexus and the Olive Tree* (New York: Farrar, Straus and Giroux,

1999), 102–3.

11. Stephanie McNulty, *Voice and Vote: Decentralization and Participation in Post- Fujimori Peru* (Stanford, CA: Stanford University Press, 2011), 20.

12. Jim Yong Kim et al., "Sickness Amid Recovery: Public Debt and Private Suffering in Peru," in *Dying for Growth: Global Inequality and the Health of the Poor*, ed. Jim Yong Kim et al. (Monroe, ME: Common Courage Press, 2002), 127–54.

13. Friedman, *The Lexus and the Olive Tree*, 102–3.

14. "Contexto demográfico, sociopolítico y de salud" in Alicia Ely Yamin, *Castillos de arena en el camino hacia la modernidad: Una perspectiva desde los derechos humanos sobre el proceso de reforma del sector salud en el Perú (1990–2000) y sus implicancias en la muerte materna* (Lima: Centro de la Mujer Peruana Flora Tristán, 2003), 93.

15. Oracio Potestá, "Información para la verdad" in *Verdad, memoria, justicia y reconciliación: Sociedad y comisiones de la verdad* (Lima: Asociación Pro Derechos Humanos-Aprodeh, 2002), 53–56.

16. *Barrios Altos v. Perú*, Inter-Am. Ct. H.R. (ser. C) No. 75 (Mar. 14, 2001); *Barrios Altos v. Perú*, Inter-Am Ct. H.R. (ser. C) No. 83 (Sept. 3, 2001); *Barrios Altos v. Perú*, Inter-Am. Ct. H.R. (ser. C) No. 87 (Nov. 30, 2001).

17. Maruja Barrig, "La persistencia de la memoria: Feminismo y estado en el Perú de los 90," in *Sociedad civil, esfera pública y democratización en América Latina: Andes y Cono Sur*, ed. Aldo Panfichi (Lima: Pontificia Universidad Católica del Perú, Fondo de Cultura Económica, 2002), 578–610.

18. 다음을 참조하라. Giulia Tamayo, *Nada personal: Reporte de derechos humanos sobre la aplicación de la anticoncepción quirúrgica en el Perú* (Lima: CLADEM, 1999), 15.

19. C. Pen., Decreto Legislativo No. 635 (1991), art. 170–178 (Peru).

20. Bonnie Shepard, Delicia Ferrando, and Arlette Beltran, *Evaluación de medio término del Proyecto REPROSALUD* (Lima: Project Monitoring, Evaluation and Design Support, 2002).

21. Rahme et al., "No. 5: Oficio SA-DM-Nº 0818/97," 101.

22. Xavier Bosch, "Former Peruvian Government Censured over Sterilisations," *British Medical Journal* 325, no. 7358 (2002), 236.

23. Christina Ewig, *Second-Wave Neoliberalism: Gender, Race, and Health Sector Reform in Peru* (University Park, PA: The Pennsylvania State University Press, 2010).

24. Ministerio de Salud del Perú, *Un sector salud con equidad, eficiencia y calidad: Lineamientos de políticas en salud 1995–2000* (Lima: Ministerio de Salud del Perú, 1998) (translated by the author).

25. La Oficina del Primer Ministro, "Lineamientos básicos de la política social," (Lima: Primer Ministro, 1993) (translated by the author).

26. Yamin, *Castillos de arena en el camino hacia la modernidad*, 150.

27. Tamayo, *Nada personal*, 50–67.

28. Tamayo, *Nada personal*, 50–67.

29. 다음을 참조하라. Nazmul Chaudhury et al., "Missing in Action: Teacher and Health

Worker Absence in Developing Countries," *Journal of Economic Perspectives* 20 (2006): 91–116.

30. Yamin, *Castillos de arena en el camino hacia la modernidad.*

31. Jo-Marie Burt, "Fujimori vs. the Inter-American Court," *NACLA*, September 25, 2007, https://nacla.org/article/fujimori-vs-inter-american-court.

32. *Five Pensioners v. Perú*, Inter-Am. Ct. H.R. (ser. C) No. 98 (Feb. 28, 2003); *Lagos del Campos v. Perú*, Inter-Am. Ct. H.R. (ser. C) No. 340 (Aug. 31, 2017) ¶¶ 142–145.

33. Organization of American States (OAS), Additional Protocol to the American Convention on Human Rights in the Area of Economic, Social and Cultural Rights ("Protocol of San Salvador"), A-52 (Nov. 16, 1999).

34. Pascha Bueno-Hansen, *Feminist and Human Rights Struggles in Peru: Decolonizing Transitional Justice* (Champaign, IL: University of Illinois Press, 2015).

35. Adriana Ortiz-Ortega, "Law and the Politics of Abortion," in *Decoding Gender: Law and Practice in Contemporary Mexico*, ed. Helga Baitenmann, Victoria Chenaut, and Ann Varley (New Brunswick, NJ: Rutgers University Press, 2007), 206.

36. Tamayo, Nada personal, 50–67.

37. 교차 차별의 개념은 Kimberlé Crenshaw에 의해 처음 제시됐다. 다음을 참조하라. "Demarginalizing the Intersection of Race and Sex: A Black Feminist Critique of Antidiscrimination Doctrine, Feminist Theory and Antiracist Politics," in "Feminism in the Law: Theory, Practice, and Criticism," special issue, *The University of Chicago Legal Forum* (1989): 139–67.

38. María Esther Mogollón, "Cuerpos diferentes: Sexualidad y reproducción en mujeres con discapacidad," in *Ciudadanía sexual en América Latina: Abriendo el debate*, ed. Carlos F. Cáceres et al. (Lima: Universidad Peruana Cayetano Heredia, 2005), 153–64.

39. "Hilaria Supa Huamán," Congreso de La República del Perú, accessed February 11, 2019, http://www4.congreso.gob.pe/congresista/2006/hsupa/_hoja-vida.htm.

40. 페루 의회는 후지모리의 사임을 거부하는 대신 그가 도덕적으로 부적합하다는 이유로 그를 탄핵했다. 다음을 참조하라. Sebastian Rotella, "Peruvian Congress Rejects Fujimori's Resignation and Fires Him Instead," *Los Angeles Times*, November 22, 2000, http://articles.latimes.com/2000/nov/22/news/mn-55679.

41. Sally E. Merry, *Human Rights and Gender Violence: Translating International Law into Local Justice* (Chicago: University of Chicago Press, 2006), 180.

42. "The ICTR in Brief," United Nations International Criminal Tribunal for Rwanda, accessed February 11, 2019, http://unictr.unmict.org/en/tribunal; "Crimes of Sexual Violence," International Criminal Tribunal for the former Yugoslavia," accessed February 11, 2019, http://www.icty.org/en/in-focus/crimes-sexual-violence.

43. M.M. v. Peru, Inter-Am. Ct. H.R., (ser. L) No. 69/14, OEA/Ser.L/V/II.151, doc. 34 (Jul 25, 2014).

44. Rebecca J. Cook, "Gender, Health and Human Rights," Health and Human Rights 1, no. 4 (1995): 362.

45. Karen Engle, Zinaida Miller, and D. M. Davis, eds., *Anti-Impunity and the Human Rights*

Agenda (Cambridge, UK: Cambridge University Press, 2016).

46. *Gelman v. Uruguay*, Inter-Am. Ct. H.R. (ser. C) No. 221 (Feb. 24, 2011).

47. Roberto Gargarella, "No Place for Popular Sovereignty? Democracy, Rights, and Punishment in Gelman v. Uruguay," (seminar paper, Seminario Latinoamericano de Teoría Constitucional y Política, Yale University, New Haven, CT, 2013).

48. Samuel Moyn, "Human Rights and the Crisis of Liberalism," in *Human Rights Futures*, eds. Stephen Hopgood, Jack Snyder, and Leslie Vinjamuri (Cambridge, UK: Cambridge University Press, 2017): 261–282.

49. UN Human Rights Committee, Communication No. 1153/2003, *Views of the Human Rights Committee Under Article 5, Paragraph 4, of the Optional Protocol to the International Covenant on Civil and Political Rights (Karen Noelia Llantoy Huamán v. Peru)*, U.N. Doc. CCPR/C/85/D/1153/2003 (Nov. 22, 2005); UN Committee on the Elimination of Discrimination Against Women, Communication No. 22/2009, *Views Adopted by the Committee at its Fiftieth Session*, 3 to 21 October 2011 (L.C. v. Peru), U.N. Doc. CEDAW/C/50/D/22/2009 (Nov. 25, 2011).

50. Omnibus Consolidated and Emergency Supplemental Appropriations Act 1999, Pub. L. No. 105-277, § 101, 112 Stat. 2681-154 (1998).

51. David Hulme, "Reproductive Health and the Millennium Development Goals: Politics, Ethics, Evidence and an 'Unholy Alliance' " (working paper, *Brooks World Poverty Institute*, University of Manchester, Manchester, UK, 2009), 26.

52. Naila Kabeer, "Tracking the Gender Politics of the Millennium Development Goals: Struggles for Interpretive Power in the International Development Agenda," *Third World Quarterly* 36, no. 2 (2015): 377–95.

53. Hulme, "'Unholy Alliance,'" 16.

54. UN General Assembly, Resolution 55/2, United Nations Millennium Declaration, A/RES/55/2 (2000).

55. Sakiko Fukuda-Parr and Joshua Greenstein, "Monitoring MDGs: A Human Rights Critique and Alternative," in *The Millennium Development Goals and Human Rights: Past, Present, and Future*, ed. Malcolm Langford, Andy Sumner, and Alicia Ely Yamin (New York: Cambridge University Press, 2013), 450.

56. Barbara Crossette, "Reproductive Health and the Millennium Development Goals: The Missing Link," Studies in Family Planning 36 (2005): 71–79.

57. Marge Berer, "Images, Reproductive Health and the Collateral Damage to Women of Fundamentalism and War," *Reproductive Health Matters* 9, no. 18 (2001): 6.

58. Defensoría del Pueblo, *Informe defensorial nº. 69: La aplicación de la anticoncepción quirúrgica y los derechos reproductivos III* (Lima: Defensoría del Pueblo, 2002).

59. Yamin, *Castillos de arena en el camino hacia la modernidad*, 153.

60. Mark Malloch Brown, "Foreword," in *Targeting Development: Critical Perspectives on the Millennium Development Goals*, ed. Richard Black and Howard White (London: Routledge, 2004), xviii–xix.

61. Marge Berer, "Repoliticising Sexual and Reproductive Health and Rights," *Reproductive*

Health Matters 19, no. 38 (2011): 8.

62. Sofia Gruskin, Dina Bogecho, and Laura Ferguson, "'Rights-Based Approaches' to Health Policies and Programs: Articulations, Ambiguities, and Assessment," *Journal of Public Health Policy* 31, no. 2 (2010): 131; Sofia Gruskin, "Rights-Based Approaches to Health: Something for Everyone," *Health and Human Rights* 9, no. 2 (2006): 5.

63. Audrey R. Chapman, "A 'Violations Approach' to Monitoring the International Covenant on Economic, Social and Cultural Rights," *Human Rights Dialogue* 1, no. 10 (1997), https://www.carnegiecouncil.org/publications/archive/dialogue/1_10/articles /580.html.

64. UN Committee on Economic, Social and Cultural Rights, *The Maastricht Guidelines on Violations of Economic, Social and Cultural Rights*, U.N. Doc. E/C.12/2000/13 (Oct. 2, 2000).

65. Alicia Ely Yamin, "The Future in the Mirror: Incorporating Strategies for the Defense and Promotion of Economic, Social and Cultural Rights into the Mainstream Human Rights Agenda," *Human Rights Quarterly* 27, no. 4 (2005): 1200–44; Alicia Ely Yamin and Deborah P. Maine, "Maternal Mortality as a Human Rights Issue: Measuring Compliance with International Treaty Obligations," *Human Rights Quarterly* 21, no. 3 (1999): 563.

66. Cesar Rodríguez Garavito and Diana Rodríguez Franco, *Cortes y cambio social: Cómo la Corte Constitucional transformó el desplazamiento forzado en Colombia* (Bogotá: DeJusticia, 2010); Cesar Rodríguez Garavito, "Beyond the Courtroom: The Impact of Judicial Activism on Socioeconomic Rights in Latin America," *Texas Law Review* 89, no. 7 (2011): 1669–98.

67. Rodríguez Garavito and Rodríguez Franco, *Cortes y cambio social*.

68. Health Services User's Rights, Law No. 29414 (2009) (Peru) (translated by the author).

69. UN Commission on Human Rights, *Report of the Special Rapporteur on Violence against Women, Its Causes and Consequences, Ms. Radhika Coomaraswamy, in Accordance with Commission on Human Rights Resolution 1997/44, Addendum: Policies and Practices That Impact Women's Reproductive Rights and Contribute to, Cause, or Constitute Violence against Women*, U.N. Doc. E/CN.4/1998/68/ Add.4 (Jan. 21, 1999): ¶¶ 44–45.

70. *V. C. v. Slovakia*, No. 18968/07, 2011–V Eur. Ct. H. R. (Nov. 8, 2011); *N. B. v. Slovakia*, No. 29518/10, Eur. Ct. H. R. (June 12, 2012); I.G. and others v. Slovakia, No. 15966/04 Eur. Ct. H. R. (Nov. 13, 2012).

71. *I. V. v. Bolivia*, Inter-Am. Ct. H. R., (ser. C) No. 336 (Nov. 30, 2016).

72. *S.W.K. and Others v. Attorney General and Others* (2014) High Court of Kenya (H.C.K.); Government of the Republic of Namibia v. LM and Others (2014), 2014 NASC 19, SA 49/2012 Supreme Court [SC] (Namib.).

73. Giulia Tamayo, "Presentación" in Alicia Ely Yamin, *Castillos de arena en el camino hacia la modernidad: una perspectiva desde los derechos humanos sobre el proceso de reforma del sector salud en el Perú, 1990–2000 y sus implicancias en la muerte materna* (Lima: Centro de la Mujer Peruana Flora Tristán, 2003), 18.

74. Alice M. Miller, "Sexual Orientation as a Human Rights Issue," in *Learning to Dance: Case Studies on Advancing Women's Reproductive Health and Well-Being from the Perspectives of Public Health and Human Rights*, ed. Alicia Ely Yamin (Cambridge, MA: François-Xavier Bagnoud Center for

Health and Human Rights Series, Harvard University Press, 2005), 159.

75. *Hacia el cumplimiento de los objetivos de desarrollo del milenio en el Perú: Un compromise para acabar con la probreza, la desigualdad y la exclusion* (Lima: Organización de las Naciones Unidas, 2004).

76. Camila Gianella and Alicia Ely Yamin, "Struggle and Resistance: Using International Bodies to Advance Sexual and Reproductive Rights in Peru," *Berkeley Journal of Gender Law and Justice* (2018): 101–33.

77. Eleanor Roosevelt, "The Great Question," (speech, UN, New York, March 27, 1958).

78. Lucie White and Jeremy Perelman, eds., *Stones of Hope: How African Activists Reclaim Human Rights to Challenge Global Poverty* (Stanford, CA: Stanford University Press, 2010).

제5장 위기와 에이즈 팬데믹, 규범의 세계화

1. World Health Organization Commission on Macroeconomics and Health, *Macroeconomics and Health: Investing in Health for Economic Development* (Geneva: World Health Organization, 2001), 1.

2. Philip Alston, "Ships Passing in the Night: The Current State of Human Rights and Development," *Human Rights Quarterly* 27, no. 3 (2005): 756.

3. Kofi A. Annan, *We the Peoples: The Role of the United Nations in the 21st Century*, Sales. No. E. 00.1.16 (New York: UN Department of Public Information), 11.

4. Diana Cammack, *Poorly Performing Countries: Malawi*, 1980–2002 (background paper for study, Overseas Development Institute, London, UK, 2004), 5.

5. Thomas L. Friedman, *The World Is Flat* (New York: Farrar, Straus and Giroux, 2005), 176.

6. João Guilherme Biehl, "Pharmaceuticalization: AIDS Treatment and Global Health Politics," *Anthropological Quarterly* 80, no. 4 (2007): 1083–126.

7. Jim Yong Kim, Joyce V. Millen, and Alex Irwin, "Introduction: What is Growing? Who is Dying?," in *Dying for Growth: Global Inequality and the Health of the Poor*, ed. Jim Yong Kim et al. (Monroe, ME: Common Courage Press, 2000), 7.

8. Jim Yong Kim, "Introduction," 7.

9. Oxfam, *Making Debt Relief Work: A Test of Political* Will (Oxford: Oxfam International, 1998), 1.

10. Clare Nullis Kapp, "Macroeconomics and Health Commission Findings Become Reality," *Bulletin of the World Health Organization* 82, no. 12 (2004): 957.

11. Joseph E. Stiglitz, *Globalization and Its Discontents* (New York: W.W. Norton & Company, 2002).

12. Alex Tizon, "Monday, Nov. 29," *The Seattle Times*, Dec. 5, 1999, http://community.seattletimes.nwsource.com/archive/?date=19991205&slug=2999667.

13. Mark Heywood, "Preventing Mother-to-Child HIV Transmission in South Africa: Background, Strategies and Outcomes of the Treatment Action Campaign Case against the Minister of Health," South African Journal on Human Rights 19, no. 2 (2003): 280.

14. Ellen F. M. 't Hoen, *The Global Politics of Pharmaceutical Monopoly Power: Drug Patents,*

Access, Innovation and the Application of the WTO Doha Declaration on TRIPS and Public Health (Netherlands: AMB, 2009), 20; Linsey McGoey, *No Such Thing as a Free Gift: The Gates Foundation and the Price of Philanthropy* (Brooklyn, NY: Verso, 2016), 188–89.

15. Lisa Forman, "Trade Rules, Intellectual Property, and the Right to Health," *Ethics & International Affairs* 21, no. 3 (2007): 337–57.

16. William Forbath et al., "Cultural Transformation, Deep Institutional Reform, and ESR Practice: South Africa's Treatment Action Campaign," in *Stones of Hope: How African Activists Reclaim Human Rights to Challenge Global Poverty*, ed. Lucie White and Jeremy Perelman (Stanford, CA: Stanford University Press, 2010), 56.

17. 다음을 참조하라. Laetitia Rispel, Pieter de Jager, and Sharon Fonn, "Exploring Corruption in the South African Health Sector," *Health Policy and Planning* 31, no. 2 (2016): 239–49.

18. Dani Rodrik, *The Globalization Paradox: Why Global Markets, States, and Democracy Can't Coexist* (Oxford: Oxford University Press, 2011), 180.

19. Forbath, "Cultural Transformation," 56.

20. Pali Lehohla, personal communication with author, February 10, 2018.

21. *Minister of Health v. Treatment Action Campaign (TAC)* 2002 (5) SA 721 (CC) (S.Afr.).

22. Theunis Roux, "Democracy," in *Constitutional Law of South Africa*, ed. S. Woolman and M. Bishop (Cape Town: Juta, 2006).

23. Ole Frithjof Norheim and Siri Gloppen, "Litigating for Medicines: How Can We Assess Impact on Health Outcomes?," in *Litigating Health Rights: Can Courts Bring More Justice to Health?*, ed. Alicia Ely Yamin and Siri Gloppen (Cambridge, MA: Harvard Human Rights Series, Harvard University Press, 2011), 320.

24. *N and Others v. Government of South Africa and Others (No. 1)* 2006 (6) SA 543 (D); *N and Others v. Government of South Africa and Others (No. 2)* 2006 (6) SA 568 (D); *N and Others v. Government of South Africa and Others (No. 3)* 2006 (6) 575 (D) (S. Afr.).

25. *Common Cause v. Union of India*, W.P. (C) No. 61/2003 (2003) (India).

26. *Government of the Republic of Namibia v. LM and Others* (2014), 2014 NASC 19, SA 49/2012 Supreme Court [SC] (Namib.).

27. *Kenya Legal and Ethical Network on HIV & AIDS (KELIN) and Others v. Cabinet Secretary-Ministry of Health and Others*, Petition No. 250 of 2015 (2016) High Court of Kenya (H.C.K.).

28. *Patricia Asero Ochieng & Others. v. Attorney General*, Petition No. 409 of 2009 (2012) High Court of Kenya (H.C.K.).

29. *Pharmaceutical Manufacturers Association of South Africa and Another: In re Ex Parte President of the Republic of South Africa and Others* 2000 (2) SA 674 (CC) (S. Afr.).

30. "Glaxo Responds to Aids Drugs Call," *BBC News*, December 10, 2003, http://news .bbc.co.uk /2/hi/business/3306079.stm; Mark Heywood, "South Africa's Treatment Action Campaign: Combining Law and Social Mobilization to Realize the Right to Health," *Journal of Human Rights Practice* (2009): 14–36.

31. Mark Heywood, "Preventing Mother-to-Child HIV Transmission," 15.

32. Forbath, "Cultural Transformation," 52.

33. Nicoli Nattrass, "Millennium Development Goal 6: AIDS and the International Health Agenda," in "Special Issue on Millennium Development Goals," *Journal of Human Development and Capabilities* 15, no. 2–3 (2014): 232–46.

34. "Global Fund Overview," The Global Fund for AIDS, Malaria and Tuberculosis, accessed February 14, 2019, *https://www.theglobalfund.org/en/overview/*.

35. United States President's Emergency Plan for AIDS Relief (PEPFAR), "PEPFAR Funding," (Washington, DC: Office of the U.S. Global AIDS Coordinator and Health Diplomacy, 2016), https://www.pepfar.gov/documents/organization/252516.pdf.

36. UN Entity for Gender Equality and the Empowerment of Women, *Beijing Declaration and Platform of Action*, A/CONF.177/20/Rev.1 ¶ 107 (New York: United Nations, 1995).

37. Sakiko Fukuda-Parr, *Millennium Development Goals: Ideas, Interests and Influence* (New York: Routledge, 2017).

38. 다음을 참조하라. Rafael Lozano et al., "Progress towards Millennium Development Goals 4 and 5 on Maternal and Child Mortality: An Updated Systematic Analysis," *The Lancet* 378, no. 9797 (2011): 1139–65.

39. Gita Sen, "Gender Equality and Women's Empowerment: Feminist Mobilization for the SDGs," *Global Policy* 10 (2019), 30.

40. Roberto Mangabeira Unger, *Democracy Realized: The Progressive Alternative* (Brooklyn, NY: Verso, 1998), 58.

41. United Nations Development Group, *The Human Rights Based Approach to Development Cooperation: Towards a Common Understanding Among UN Agencies* (2003), https://undg.org/wp-content/uploads/2016/09/6959-The_Human_Rights_Based_Approach_to_Development_Cooperation_Towards_a_Common_Understanding_among_UN.pdf.

42. Task Force on Child Health and Maternal Health, *Who's Got the Power? Transforming Health Systems for Women and Children* (London: UN Millennium Project and Earthscan, 2005), 29.

43. 다음을 참조하라. Charles Chikodili Chima and Nuria Homedes, "Impact of Global Health Governance on Country Health Systems: The Case of HIV Initiatives in Nigeria," *Journal of Global Health* 5 (2015).

44. John Rawls, *Political Liberalism* (New York: Columbia University Press, 1993).

45. UNICEF, WHO and UNFPA, *Guidelines on Monitoring the Availability and Use of Obstetric Services* (New York: UNICEF, 1997).

46. Sereen Thaddeus and Deborah Maine, "Too Far to Walk: Maternal Mortality in Context," *Social Science and Medicine* 38, no. 8 (1994): 1091–110.

47. 다음을 참조하라. Lucy Gilson, "Trust and the Development of Health Care as a Social Institution," *Social Science and Medicine* 56, no. 7 (2003): 1453–68; Norman Daniels, "Health Care Needs and Distributive Justice," in *In Search of Equity: Health Needs and the Health System*, ed. Ronald Bayer, Arthur Caplan, and Norman Daniels (Boston: Springer, 1983).

48. Lynn P. Freedman, "Achieving the MDGs: Health Systems as Core Social Institutions," *Development* 48 (2005): 20.

49. UN Economic and Social Council, *Report of the Special Rapporteur on the Right of Everyone*

to the Enjoyment of the Highest Attainable Standard of Physical and Mental Health, Paul Hunt, UN Doc. E/CN.4/2006/48 ¶ 4 (2006); UN General Assembly, *Report of the Special Rapporteur on the Right of Everyone to Enjoy the Highest Attainable Standard of Physical and Mental Health*, UN Doc. A/61/338 ¶ 34 (2006).

50. Freedman, "Achieving the MDGs," 19–24.

51. Philip Alston, "Ships Passing," 755–829.

52. UN General Assembly, Resolution 61/106, Convention on the Rights of Persons with Disabilities (CRPD), A/RES/61/106 (Dec. 13, 2006).

53. A/RES/61/106, "Preamble."

54. 다음을 참조하라. Michael Ashley Stein, "Disability Human Rights," California Law Review 95 (2007): 75–121; Anita Silvers and Michael Ashley Stein, "Disability and the Social Contract," review of Martha Nussbaum, *Disability, Nationality, Species Membership, University of Chicago Law Review* 74, no. 4 (2007): 1615–40.

55. Sudhir Anand, Fabienne Peter, and Amartya Sen, eds., *Public Health, Ethics, and Equity* (Oxford: Oxford University Press, 2006).

56. Conference of International Legal Scholars, *Yogyakarta Principles: Principles on the Application of Human Rights Law in Relation to Sexual Orientation and Gender Identity (Yogyakarta, Indonesia, Nov. 6–9, 2006)* (March 2007).

57. UN Human Rights Committee, Communication No. 488/1992, *Views of the Human Rights Committee Under Article 5, Paragraph 4, of the Optional Protocol to the International Covenant on Civil and Political Rights (Toonen v. Australia)*, U.N. Doc. CCPR/C/50/D/488/1992 (Mar. 31, 1994).

58. Abby Ohlheiser, "Uganda's New Anti-Homosexuality Law Was Inspired by American Activists," *The Atlantic*, December 20, 2013, https://www.theatlantic.com /international/ archive/2013/12/uganda-passes-law-punishes-homosexuality-life -imprisonment/356365/.

59. Kapya John Kaoma, *Colonizing African Values: How the U.S. Christian Right Is Transforming Sexual Politics in Africa* (Somerville, MA: Political Research Associates, 2012).

60. 다음을 참조하라. Consorcio Latinoamericano Contra el Aborto Inseguro (CLACAI), accessed February 15, 2019, *http://clacai.org/*; Red Latinoamericana de Académicas/os del Derechos (RED ALAS), accessed February 15, 2019, https://www.redalas .net/.

61. 다음을 참조하라. Gabriele Kuby, *Global Sexual Revolution: Destruction of Freedom in the Name of Freedom* (Brooklyn, NY: Angelico Press, 2016).

62. Cynthia Rothschild, *Written Out: How Sexuality Is Used to Attack Women's Organizing* (New York: International Gay and Lesbian Human Rights Commission and the Center for Women's Global Leadership, 2005), 118–19.

63. Office of the High Commissioner for Human Rights (OHCHR), *United Nations Special Procedures: Facts and Figures* 2010 (Geneva: OHCHR, 2011), http://www.ohchr. org/ Documents/HRBodies/SP/Facts_Figures2010.pdf.

64. OHCHR, *Facts and Figures* 2010.

65. UN Committee on the Elimination of Racial Discrimination, *General Recommendation 20, the Guarantee of Human Rights Free from Racial Discrimination*, UN Doc. A/51/18, annex VIII

(Mar. 14, 1996).

66. UN Committee on the Rights of the Child, General Comment No. 15 (2013) *on the Right of the Child to the Enjoyment of the Highest Attainable Standard of Health (Art. 24)*, UN Doc. CRC/C/GC/15 (Apr. 17, 2013); UN Committee on the Rights of the Child, *General Comment No. 3 (2003): HIV/AIDS and the Rights of the Child*, UN Doc. CRC/GC/2003/3 (Mar. 17, 2003); UN Committee on the Rights of the Child, *General Comment No. 4 (2003): Adolescent Health and Development in the Context of the Convention on the Rights of the Child*, UN Doc. CRC/GC/2003/4 (Jul. 1, 2003).

67. UN Committee on the Elimination of All Forms of Discrimination Against Women (CEDAW), *General Recommendation No. 24: Article 12 of the Convention (Women and Health)*, UN Doc. A/54/38/Rev.1 ¶ 3 (1999).

68. Committee on Economic, Social and Cultural Rights (CESCR), *General Comment No. 14: The Right to the Highest Attainable Standard of Health (Article 12 of the Covenant)*, UN Doc. E/C.12/2000/4 ¶ 12 (Aug. 11, 2000).

69. UN Doc. E/C.12/2000/4, ¶ 12.

70. UN Doc. A/54/38/Rev.1, ¶ 22.

71. UN Committee on Economic, Social and Cultural Rights, *The Maastricht Guidelines on Violations of Economic, Social and Cultural Rights*, UN Doc. E/C.12/2000/13 (Apr. 3, 1997).

72. UN Doc. E/C.12/2000/4, ¶ 39.

73. UN Doc. E/C.12/2000/4, ¶ 1.

74. UN Doc. E/C.12/2000/4, ¶ 11.

75. John Tobin, *The Right to Health in International Law* (Oxford, UK: Oxford University Press, 2012), 56.

76. UN Doc. E/C.12/2000/4, ¶ 60.

77. UN Doc. E/C.12/2000/4, ¶¶ 43–45.

78. UN Doc. E/C.12/2000/4, ¶ 44(a–e).

79. John Tobin, *Right to Health*, 240.

80. Norman Daniels, *Just Health: Meeting Health Needs Fairly* (Cambridge, UK: Cambridge University Press, 2008), 15.

81. UN Doc. E/C.12/2000/4, ¶ 31.

82. Philip Alston and Gerard Quinn, "The Nature and Scope of States Parties' Obligations under the International Covenant on Economic, Social and Cultural Rights," *Human Rights Quarterly* 9, no. 2 (1987): 222.

83. John Tasioulas, "Minimum Core Obligations: Human Rights in the Here and Now" (working paper, Nordic Trust Fund, World Bank, Washington, DC, 2017).

84. UN Doc. A/CN.4/L.682, ¶ 419.

85. David Kennedy, "The International Human Rights Movement: Part of the Problem?," *Harvard Human Rights Journal* 15 (2002): 120.

86. Global Wealth Report 2013 (Zurich: Credit Suisse Research Institute, 2013).

87. Alex Cobham and Andy Sumner, "Is It All he Tails? The Palma Measure of Income

Inequality" (working paper, Center for Global Development, Washington, DC, 2013), 7. about t

88. Rodrik, *The Globalization Paradox*, 185–89.

89. "The Disastrous Legacy of South Africa's President Jacob Zuma: South Africa's Lost Decade," *The Economist*, February 15, 2018, https://www.economist.com/middle-east-and-africa/2018/02/15/the-disastrous-legacy-of-south-africas-president -jacob-zuma.

90. Paul Farmer, *Pathologies of Power: Health, Human Rights, and the New War on the Poor* (Oakland, CA: University of California Press, 2004).

제6장 불평등과 민주주의 그리고 건강권

1. Rebecca J. Cook, "Human Rights and Maternal Health: Exploring the Effectiveness of the Alyne Decision," *Journal of Law, Medicine and Ethics* 41 (2013): 109.

2. WHO Commission on the Social Determinants of Health, *Closing the Gap in a Generation: Health Equity through Action on the Social Determinants of Health Executive Summary* (Geneva: World Health Organization, 2008), 3.

3. Jürgen Habermas, "Critique and Communication: Philosophy's Missions: A Conversation with Jürgen Habermas," interview by Michaël Foessel, *Eurozine*, October 16, 2015, https://www.eurozine.com/critique-and-communication-philosophys-missions/.

4. FIGO Safe Motherhood and Newborn Health (SMNH) Committee, "FIGO Guidelines: Management of the Second Stage of Labor," *International Journal of Gynecology and Obstetrics* 119, no. 3 (2012): 111–16; FIGO Safe Motherhood and Newborn Health (SMNH) Committee, "Prevention and Treatment of Postpartum Hemorrhage in Low-Resource Settings," *International Journal of Gynecology and Obstetrics* 117, no. 2 (2012): 108–18.

5. Rosa Domingues et al., "Process of Decision-Making Regarding the Mode of Birth in Brazil: From the Initial Preference of Women to the Final Mode of Birth," *Reports in Public Health* 30 (2014): S101–16.

6. 다음을 참조하라. Law no. 26.485, article 6(e), 11 de marzo, 2009 [31.632] B.O. 1 (Arg.).

7. UN Committee on the Elimination of All Forms of Discrimination against Women (CEDAW), *Views of the Committee on the Elimination of Discrimination against Women Concerning Communication No. 17/2008 (Alyne da Silva Pimentel v. Brazil)*, UN Doc CEDAW/C/49/D/17/2008 (2011).

8. UN Committee on Economic, Social and Cultural Rights, *Working Methods Concerning the Committee's Follow-up to Views under the Optional Protocol to the International Covenant on Economic, Social and Cultural Rights*, UN Doc. E/C.12/62/4 (2017).

9. Víctor Abramovich, "From Massive Violations to Structural Patterns: New Approaches and Classic Tensions in the Inter-American Human Rights System," *Sur: International Journal on Human Rights* 6, no. 11 (2009): 6–39.

10. UN Doc CEDAW/C/49/D/17/2008.

11. Cook, "Human Rights and Maternal Health," 106.

12. Michael Moore, "Luiz Inácio Lula da Silva," *Time Magazine*, April 29, 2010, http://content.

time.com/time/specials/packages/article/0,28804,1984685_1984864,00 .html.

13. Roberto Gargarella, *Latin American Constitutionalism, 1810–2010: The Engine Room of the Constitution* (Oxford: Oxford University Press, 2013).

14. Ryan Lloyd and Carlos Oliveira, "How Brazil's Electoral System Led to the Country into Political Crisis," *Washington Post*, May 25, 2016.

15. Jürgen Habermas, "Hannah Arendt's Communications Concept of Power," in *Power*, ed. Steven Lukes (New York: New York University Press, 1986), 75–94; Steven Lukes, "Introduction," *Power*, ed. Steven Lukes (New York: New York University Press, 1986), 1–18.

16. Joseph Stiglitz, *Freefall: America, Free Markets, and the Sinking of the World Economy* (New York: W. W. Norton & Company, 2010).

17. Leia íntegra da carta de Lula para calmar o mercado financeiro, *Folha Online*, June 24, 2002, https://www1.folha.uol.com.br/folha/brasil/ult96u33908.shtml.

18. "Brazil—Poverty Headcount Ratio at National Poverty Line," Knoema, accessed February 19, 2019, https://knoema.com/atlas/Brazil/Poverty-rate-at-national-poverty -line.

19. Moore, "Lula da Silva."

20. 다음을 참조하라. Lawrence Mishel and Jessica Schieder, "As Union Membership Has Fallen, the Top 10 Percent Have Been Getting a Larger Share of the Income," Economic Policy Institute, May 24, 2016, https://www.epi.org/publication/as-union-membership -has-fallen-the-top-10–percent-have-been-getting-a-larger-share-of-income/.

21. 다음을 참조하라. Alyssa Davis and Lawrence Mishel, "CEO Pay Continues to Rise as Typical Workers are Paid Less," Economic Policy Institute, June 12, 2014, https://www .epi.org/ publication/ceo-pay-continues-to-rise/.

22. Stiglitz, *Freefall*.

23. WHO Commission on Social Determinants of Health, *Closing the Gap in a Generation: Health Equity through Action on the Social Determinants of Health* (Geneva: World Health Organization, 2008), 26.

24. Norman Daniels, Bruce Kennedy, and Ichirō Kawachi, *Is Inequality Bad for Our Health?* (Boston: Beacon Press, 2000).

25. Richard Wilkinson and Kate Pickett, *The Spirit Level: Why More Equal Societies Almost Always Do Better* (London: Allen Lane, 2009).

26. Maria Zambrano, *Persona y Democracia*, 2nd ed. (Madrid: Ediciones Siruela, 1987).

27. Benjamin Barber, *Strong Democracy: Participatory Politics for a New Age*, 20th anniversary ed. (Oakland, CA: University of California Press, 2003).

28. *Unheard Voices: Women's Experiences with Zika: Brazil* (New York: Center for Reproductive Rights, Harvard T. H. Chan School of Public Health, Women and Health Initiative, 2018) https://www.reproductiverights.org/sites/crr.civicactions.net/files/documents /CRR-Zika-Brazil. pdf.

29. Office of the United Nations High Commissioner for Human Rights, *Scenario and Talking Points for High Commissioner on Human Rights Event to Launch the Technical Guidance on the Application of a Human Rights Based Approach to the Implementation of Policies* (Geneva: OHCHR

2012); Navanethem Pillay, *Human Rights in the Post-2015 Agenda* (Geneva: OHCHR 2013), http://www.ohchr.org/Documents/Issues /MDGs/HCOpenLetterPost2015.pdf

30. "Maternal Mortality Initiative," The Center for Reproductive Rights, accessed February 19, 2019, http://www.reproductiverights.org/initiatives.

31. UN Human Rights Council, *Technical Guidance on the Application of a Human- Rights Based Approach to the Implementation of Policies and Programmes to Reduce Preventable Maternal Morbidity and Mortality*, UN Doc. A/HRC/21/22 ¶ 1 (2012).

32. 다음을 참조하라. The Partnership for Maternal, Newborn and Child Health (PMNCH), *A Global Review of the Key Interventions Related to Reproductive, Maternal, Newborn and Child Health (RMNCH)* (Geneva: PMNCH, 2011).

33. Sônia Lansky et al., "Birth in Brazil Survey: Neonatal Mortality, Pregnancy and Childbirth Quality of Care," *Reports in Public Health* 30 (2014): S1–15.

34. UN Doc. A/HRC/21/22, ¶ 12.

35. UN Doc. A/HRC/21/22, ¶ 13.

36. UN Doc. A/HRC/21/22, ¶ 16.

37. Michele Gragnolati, Magnus Lindelow, and Bernard Couttolenc, *Twenty Years of Health System Reform in Brazil: An Assessment of the Sistema Único de Saúde* (Washington DC: World Bank Publications, 2013).

38. Maria Inês Souza Bravo et al., *A mercantilizaçao da saúde em debate: As organizaçoes sociais no Rio de Janeiro* (Rio de Janeiro: Cadernos de Saúde Pública, FAPERJ, 2015).

39. UN Doc. CEDAW/C/49/D/17/2008, ¶ 7.5, 8.

40. Lynn P. Freedman, "Human Rights, Constructive Accountability and Maternal Mortality in the Dominican Republic: A Commentary," *International Journal of Gynecology and Obstetrics* 82 (2003): 111.

41. Commission on Information and Accountability for Women's and Children's Health, *Keeping Promises, Measuring Results: Final Report of the Commission* (Geneva: World Health Organization, 2011), 8, 19.

42. UN Doc. A/HRC/21/22, ¶¶ 74–98.

43. UN Doc. A/HRC/21/22, ¶ 85.

44. UN Doc. A/HRC/21/22, ¶ 87; International Commission of Jurists, *Maastricht Principles on Extraterritorial Obligations of States in the Area of Economic, Social and Cultural Rights* (Sept. 28, 2011).

45. UN Doc. A/HRC/21/22, ¶¶62–63.

46. Cynthia L. Haven, *Evolution of Desire: A Life of René Girard* (East Lansing, MI: Michigan State University Press, 2018), 3.

47. Nancy Fraser, "From Redistribution to Recognition? Dilemmas of Justice in a 'Post-Socialist' Age," *New Left Review* 0, no. 212 (1995): 68–93; Nancy Fraser and Axel Honneth, *Redistribution or Recognition? A Political-Philosophical Exchange* (New York: Verso, 2003), 117.

48. Jashodhara Dasgupta et al., "Using Technology to Claim Rights to Free Maternal Health Care: Lessons about Impact from the My Health, My Voice Pilot Project in India," *Health &*

Human Rights 17, no. 2 (2015): 135–47.

49. Brigit Toebes, Rhonda Ferguson, Milan Markovic, Obiajulu Nnamuchi, eds., *The Rights to Health: A Multi-Country Study of Law, Policy and Practice* (The Hague: Springer, 2014).

50. Flavia Bustreo et al., *Women's and Children's Health: Evidence of Impact of Human Rights* (Geneva: World Health Organization, 2013), 19.

51. Alicia Ely Yamin and Rebecca Cantor, "Between Insurrectional Discourse and Operational Guidance: Challenges and Dilemmas in Implementing Human Rights- Based Approaches to Health," *Journal of Human Rights Practice* 6, no. 3 (2014): 479.

52. Michael Neocosmos, "Civil Society, Citizenship and the Politics of the (Im)possible: Rethinking Militancy in Africa Today," *Interface: A Journal for and about Social Movements* no. 2 (2009): 278.

53. *Laxmi Mandal v. Deen Dayal Harinagar Hospital & Others*, W.P. (C) Nos. 8853 of 2008 High Court of Delhi (2010) (India); *Centre for Health, Human Rights and Development (CEHURD) & 3 Others v. Attorney General*, Constitutional Petition No. 16 of 2011 [2012] UGCC 4 (Uganda); *Centre for Health, Human Rights and Development (CEHURD) & 3 Others v. Attorney General*, UGSC Constitutional Appeal No. 1 of 2013 [2015] (Uganda).

54. 몇 가지 중요한 사례에 대한 논의는 다음을 참조하라. Colleen Flood and Aeyal Gross, eds., *The Right to Health at the Public/Private Divide: Global Comparative Study (New York: Cambridge University Press, 2016); Litigating Health Rights: Can Courts Bring More Justice to Health?*, ed. Alicia Ely Yamin and Siri Gloppen (Cambridge, MA: Harvard Human Rights Series, Harvard University Press, 2011).

55. 다음을 참조하라. Daniel Wang and Octavio Luiz Motta Ferraz, "Reaching Out to the Needy? Access to Justice and Public Attorneys' Role in Right to Health Litigation in the City of São Paulo," *Sur: International Journal on Human Rights* 10, no. 18 (2013): 158–79.

56. Wang and Ferraz, "Reaching Out," 158–79.

57. *João Biehl, Mariana P. Socal, and Joseph J. Amon*, "The Judicialization of Health and the Quest for State Accountability: Evidence from 1,262 Lawsuits for Access to Medicines in Southern Brazil," *Health and Human Rights* 18 (2016): 209–20.

58. Danielle Borges, "Individual Health Care Litigation in Brazil through a Different Lens: Strengthening Health Technology Assessment and New Models of Health Care Governance," *Health and Human Rights* 20 (2018): 147–62.

59. Mariana Mota Prado, "The Debatable Role of Courts in Brazil's Health-Care System: Does Litigation Harm or Help?" Journal of Law, Medicine, and Ethics 41(2013): 124–37.

60. Everaldo Lamprea, *Derechos en la práctica: Jueces, litigantes y operadores de políticas de salud en Colombia* (1991–2014) (Bogotá; Educiones Uniandes, 2015).

61. Laura Pautassi and Víctor Abramovich, "El derecho a la salud en los tribunales: Algunos efectos del activismo judicial sobre el sistema de salud en Argentina," *Salud colectiva* 4, no. 3 (2008): 261–82.

62. 다음을 참조하라. Octavio Luiz Motta Ferraz et al., "Judging the Price of Life: Cost Considerations in Right to Health Litigation," in *Juridification and Social Citizenship in the Welfare*

State, ed. Henriette Sinding Aasen et al. (Cheltenham, UK: Edward Elgar, 2014), 121–45.

63. Paola Bergallo, "Courts and the Right to Health: Achieving Fairness Despite 'Routinization' in Individual Coverage Cases?" in *Litigating Health Rights: Can Courts Bring More Justice to Health?*, ed. Alicia Ely Yamin and Siri Gloppen (Cambridge, MA: Harvard Human Rights Series, Harvard University Press, 2011), 43–75.

64. *Brown v. Board of Education of Topeka*, 347 U.S. 483 (1954).

65. *Ford v. Quebec (Attorney General)*, [1988] 2 SCR 712 (Can.). Bruce Porter notes, "After the UN Human Rights Committee considered the same issue . . . and concluded that the provisions also contravened the ICCPR, a subsequent Quebec government amended the legislation." See Bruce Porter, "Canada: Systemic Claims and Remedial Diversity," in *Compliance with Social Rights Judgments and the Politics of Compliance: Making It Stick*, ed. Malcolm Langford, César Rodríguez-Garavito, and Julieta Rossi (Cambridge, UK: Cambridge University Press, 2017), 202.

66. Mark Tushnet, *Weak Courts, Strong Rights: Judicial Review and Social Welfare Rights in Comparative Constitutional Law* (Princeton, NJ: Princeton University Press, 2008).

67. Roberto Gargarella, *Latin American Constitutionalism, 1810–2010: The Engine Room of the Constitution* (Oxford: Oxford University Press, 2013), 199–200.

68. Lon L. Fuller and Kenneth I. Winston, "The Forms and Limits of Adjudication," *Harvard Law Review* 92, no. 2 (1978): 395.

69. *People's Union for Civil Liberties v. Union of India and Others*, Writ Petition (Civil) No. 196 of 2001, Supreme Court (2001) (India).

70. Right to Food Campaign, accessed February 22, 2019, http://www.righttofood campaign.in/.

71. 다음을 참조하라. Sanjay Ruparelia, *A Progressive Juristocracy? The Unexpected Social Activism of India's Supreme Court* (working paper, Kellogg Institute for International Studies, Notre Dame, IL, 2013), https://ndigd.nd.edu/assets/172934/a_progressive _ juristocracy.pdf.

72. Corte Suprema de Justicia de la Nación [CSJN] [National Supreme Court of Justice], 07/08/2008, "Mendoza Beatriz Silvia y otros c/estado nacional y otros s/daños y perjuicios," ¶ 20.V, Fallos (2008-331-1622) (Arg.).

73. Martín Sigal, Julieta Rossi, and Diego Morales, "Argentina: Implementation of Collective Cases," in *Compliance with Social Rights Judgments and the Politics of Compliance: Making It Stick*, ed. Malcolm Langford, César Rodríguez-Garavito, and Julieta Rossi (Cambridge, UK: Cambridge University Press, 2017), 140–76.

74. "ACUMAR: Autoridad de cuenca matanza riachuelo," accessed February 23, 2019, http://www.acumar.gob.ar/.

75. Sigal, Rossi, and Morales, "Argentina," 160.

76. Jorge Jimenez de la Jara and Thomas Bossert, "Chile's Health Sector Reform: Lessons from Four Reform Periods," *Health Policy* 32 (1995): 162.

77. Corte Constitucional [C.C.] [Constitutional Court], 31 de julio, 2008, Sentencia T-760/08 (Colom.).

78. Lamprea, *Derechos en la práctica.*

79. Charles F. Sabel and William H. Simon, "Destabilization Rights: How Public Law Litigation Succeeds," *Harvard Law Review* 117, no. 4 (2004): 1019.

80. Sentencia T-760/08, ¶ 3.2.2.

81. Corte Constitucional [C.C.] [Constitutional Court], 10 de mayo, 2006, Sentencia C-355/06 (Colom.).

82. Sentencia T-760/08, ¶ 3.5.1.

83. 다음을 참조하라. Rodrigo Uprimny Yepes and Juanita Durán, *Equidad y protección judicial del derecho a la salud en Colombi* (Santiago: Naciones Unidas, CEPAL - Serie Políticas, 2014), 22–23.

84. Oscar Parra Vera, "La protección del derecho a la salud: Algunas notas sobre retos y lecciones de la T-760 de 2008 a sus ocho años de implementacioón," in *Los desafíos del litigio en materia de derechos económicos, sociales y culturales* (Buenos Aires: Ministerio Público de la Defensa Argentina, 2017), 51–70.

85. Lamprea, *Derechos en la práctica*, 121–22.

86. L. 1751/2015, 16 de febrero, 2015, Diario Oficial [D.O.] (Colom.).

87. Corte Constitucional [C.C.] [Constitutional Court], 16 de septiembre, 2015, Auto 413/15 (Colom.).

88. Keith Syrett, "Evolving the Right to Health: Rethinking the Normative Response to Problems of Judicialization," Health and Human Rights 20 (2018): 129.

89. Rodrigo Uprimny has discussed the intensification of the judicialization in Colombia. See Rodrigo Uprimny, "La judicialización de la política en Colombia: Casos, potencialidades y riesgos," *Sur: Revista Internacional de Derechos Humanos* 4, no. 6 (2007): 52–69.

90. Alicia Ely Yamin, Beatriz Galli, and Sandra Valongueiro, "Implementing International Human Rights Recommendations to Improve Obstetric Care in Brazil," *International Journal of Gynecology and Obstetrics* 143 (2018): 114–20.

91. 다음을 참조하라. Simon Romero, "Dilma Rousseff Is Ousted as Brazil's President in Impeachment Vote," *New York Times*, August 31, 2016, https://www.nytimes. com /2016/09/01/world/americas/brazil-dilma-rousseff-impeached-removed-president .html.

92. "Brazil 20-year Public Expenditure Cap Will Breach Human Rights, UN Expert Warns," *Office of the High Commissioner for Human Rights News*, December 9, 2016, https://www.ohchr. org/EN/NewsEvents/Pages/DisplayNews.aspx?NewsID=21006.

93. "Brazil: Extreme Inequality in Numbers," Oxfam International, accessed February 23, 2019,

https://www.oxfam.org/en/even-it-brazil/brazil-extreme-inequality-numbers.

94. Travis Waldron, "Brazil Is about to Show the World How a Modern Democracy Collapses," *Huffpost U.S.* January 1, 2019, https://www.huffingtonpost.com/entry/brazil-jair -bolsonaro-democracy-threat_us_5c2a30c5e4b08aaf7a929cbb.

1. Joseph E. Stiglitz, *The Price of Inequality: How Today's Divided Society Endangers Our Future* (New York: W.W. Norton & Company, 2012), i.

2. Damian Carrington, "David Attenborough: Collapse of Civilisation Is on the Horizon," *The Guardian*, December 3, 2018, https://www.theguardian.com/environment/2018/dec/03/david-attenborough-collapse-civilisation-on-horizon-un-climate-summit; David Attenborough, "The People's Address" (speech, 2018 United Nations Climate Change Conference, Katowice, Poland, December 3, 2018).

3. AnnJanette Rosga and Margaret Satterthwaie, "The Trust in Indicators: Measuring Human Rights," *Berkeley Journal of International Law* 27, no. 2 (2009): 258.

4. 다음을 참조하라. Joseph W. Meri and Jere L. Bacharach, *Medieval Islamic Civilization: An Encyclopedia* (New York: Routledge, 2006).

5. 다음을 참조하라. Ravinder Mamtani and Albert B. Lowenfels, eds., *Critical Issues in Healthcare Policy and Politics in the Gulf Cooperation Council States* (Washington DC: Georgetown University Press, 2018).

6. Mariam Ibrahim Al-Mulla, "History of Slaves in Qatar: Social Reality and Contemporary Political Vision," *Journal of History Culture and Art Research* 6, no. 4 (2017): 89, 104.

7. "Palma Index of the Most Recent Year by Country (%)," in *Global Monitoring Report* 2014–2015 (Washington, DC: World Bank, 2015), http://datatopics.worldbank. org/gmr/palma-index.html.

8. Deborah Hardoon, Ricardo Fuentes-Nieva, and Sophia Ayela, *An Economy for the 1%: How Privilege and Power in the Economy Drive Extreme Inequality and How This Can Be Stopped* (OXFAM, 2016).

9. Jürgen Habermas, *Legitimation Crisis* (Boston: Beacon Press, 1975), 32–41.

10. "The Rape of the World," Spotify, track 7 on Tracy Chapman, *New Beginning*, Elektra Records, 1995.

11. UN General Assembly, Resolution 70/1, *Transforming Our World: The 2030 Agenda for Sustainable Development*, A/Res/70/1, Goal 5.6.2 (Oct. 21, 2015).

12. Jean Drèze, "Democracy and the Right to Food," in *Human Rights and Development: Towards Mutual Reinforcement*, ed. Philip Alston and Mary Robinson (New York: Oxford University Press, 2005), 45.

13. Matt Bruenig, "New Fed Data: Top 10% Now Own 77% of the Wealth," *People's Policy Project*, September 27, 2017, https://www.peoplespolicyproject.org/2017/09/27/new-fed-data-the-top-10-now-own-77-of-the-wealth/; Renae Merie, "Wall Street's Average Bonus in 2017? Three Times What Most U.S. Households Made All Year," *Washington Post*, March 26, 2018, ttps://www.washingtonpost.com/news/business/wp/2018/03/26/wall-streets-average-bonus-in-2017-three-times-what-most-u-s-households-made-all-year /?noredirect=on&utm_term=.c1f626aa2973.

14. Juan Pablo Bohoslavsky, *Consecuencias de la deuda externa y las obligaciones financieras internacionales conexas de los Estados para el pleno goce de todos los derechos humanos, sobre todo los*

derechos económicos, sociales y culturales, UN Doc. A/73/179 (Jul. 18, 2018).

15. Ole Petter Ottersen et al., "The Political Origins of Health Inequity: Prospects for Change," *The Lancet* 383, no. 9917 (2014): 630–67.

16. Ole Petter Ottersen, et al., "Political Origins," 634.

17. Øystein Bakke and Dag Endal, "Vested Interests in Addiction Research and Policy: Alcohol Policies Out of Context: Drinks Industry Supplanting Government Role in Alcohol Policies in sub-Saharan Africa," Addiction 105 (2010).

18. Pankaj Ghemawat, "Globalization in the Age of Trump: Protectionism Will Change How Companies Do Business—But Not in the Ways You Think," *Harvard Business Review* 95, no. 4 (2017): 119.

19. UN Framework Convention on Climate Change, Kyoto Protocol to the United Nations Framework Convention on Climate Change, Dec. 10, 1997, UN Doc. FCCC/ CP/1997/7/ Add.1, 37 I.L.M. 22 (1998), art. 2.

20. Intergovernmental Panel on Climate Change (IPCC), *The Fifth Assessment Report* (Geneva: World Meteorological Organization and UN, 2014).

21. UN Framework Convention on Climate Change, *Paris Agreement to the United Nations Framework Convention on Climate Change*, Dec. 12, 2015, T.I.A.S. No. 16-1104 (2015).

22. 다음을 참조하라. Linda Greenhouse and Reva B. Siegel, "Casey and the Clinic Closings: When 'Protecting Health' Obstructs Choice," *Yale Law Journal* 125, no. 5 (2015).

23. UN High Commissioner for Refugees (UNHCR), *Global Trends: Forced Displacement in 2016* (Geneva: UNHCR, 2017), 3.

24. Regulation (EU) 2016/679 of the European Parliament and of the Council of 27 April 2016 on the Protection of Natural Persons with Regard to the Processing of Personal Data and on the Free Movement of Such Data, and Repealing Directive 95/46/ EC (General Data Protection Regulation), OJ 2016 L 119/1 (2016).

25. Habermas, *Legitimation Crisis*, 36.

26. Hannah Arendt, *The Origins of Totalitarianism* (New York: Harcourt, 1973), 382.

27. UN Economic Commission for Latin America and the Caribbean, *Montevideo Consensus on Population and Development, First Session of the Regional Conference on Population and Development in Latin America and the Caribbean: Full Integration of Population Dynamics into Rights-Based Sustainable Development with Equality: Key to the Cairo Programme of Action Beyond 2014, Montevideo, 12–15 August* 2013, UN Doc. LC/L.3697 (New York: UN, 2013).

28. UN General Assembly, Resolution 70/1, Transforming Our World: The 2030 Agenda for Sustainable Development, A/RES/70/1 ¶ 8 (Oct. 21, 2015).

29. Michael Doyle and Joseph Stiglitz, "Eliminating Extreme Inequality: A Sustainable Development Goal, 2015–2030," *Ethics & International Affairs* 28 (2014): 5–13.

30. UN Development Programme (UNDP), "Sustainable Development Goal 10: Reduce Inequality Within and Among Countries," *UN Sustainable Development Goals Knowledge Platform*, https://sustainabledevelopment.un.org/sdg10.

31. Sakiko Fukuda-Parr, "Keeping Out Extreme Inequality from the SDG Agenda— The

Politics of Indicators," special issue, Global Policy 10 (2019): 61–69.

32. Organisation for Economic Co-operation and Development (OECD), *Blended Finance: Mobilising Resources for Sustainable Development and Climate Action in Developing Countries* (Paris: OECD, 2017), 3.

33. 이와 관련해서 더 깊이 알고 싶다면 다음을 참조하라. Alicia Ely Yamin, "Power, Politics and Knowledge Claims: Sexual and Reproductive Health and Rights in the SDG Era," *Global Policy* 10, no. 8 (2019): 52–60.

34. David Kode, "As NGOs Speak Out, Expect Clampdowns to Grow," *Open Global Rights*, December 6, 2017, https://www.openglobalrights.org/as-ngos-speak -out-expect-clampdowns-to-grow.

35. Allison Corkery, Sally-Anne Way, and Victoria Wisniewski Otero, *The OPERA Framework: Assessing Compliance with the Obligation to Fulfill Economic, Social and Cultural Rights* (Brooklyn, NY: Center for Economic and Social Rights, 2012).

36. UN Office of the High Commissioner for Human Rights (OHCHR), *Report on Indicators for Promoting and Monitoring the Implementation of Human Rights*, UN Doc. HRI/MC/2008/3 (New York: UN, 2008).

37. Working Group of the Protocol of San Salvador, Progress Indicators for Measuring Rights under the Protocol of San Salvador, 2nd ed. (Washington, DC: Organization of American States, 2015).

38. Alicia Ely Yamin and Deborah P. Maine, "Maternal Mortality as a Human Rights Issue: Measuring Compliance with International Treaty Obligations," *Human Rights Quarterly* 21, no. 3 (1999): 563–607.

39. Alicia Ely Yamin, "The Politics of Knowledge Claims: Sexual and Reproductive Rights in the SDG Era," *Global Policy* 9 (2019): 52–60.

40. Yamin, "The Politics of Knowledge Claims," 52–60.

41. Sally Engle Merry, *The Seductions of Quantification: Measuring Human Rights, Gender Violence, and Sex Trafficking* (Chicago: University of Chicago Press, 2016).

42. 다음을 참조하라. Maria Nazareth Farani Azevêdo, "Statement by Permanent Representative of Brazil, Co-Chairperson-Rapporteur of the Social Forum" (Closure of the 2017 Human Rights Council Social Forum, *Palais des Nations*, Geneva, Switzerland October 3, 2017), which references Dr. Tedros Adhanom Ghebreyesus's Inaugural Address as Director-General of the World Health Organization (Speech, Geneva, Switzerland, July 3, 2017).

43. A/RES/70/1, Goal 3.8.

44. Attiya Waris and Laila Latif, "Towards Establishing Fiscal Legitimacy Through Settled Fiscal Principles in Global Health Financing," *Health Care Analysis* 23, no. 4 (2015): 376–90.

45. The UCL–Lancet Commission on Migration and Health, "The Health of the World on the Move," *Lancet Commissions* 392, no. 10164 (2018), 2644.

46. 다음을 참조하라. UN Committee on Economic, Social and Cultural Rights (CESCR), *Concluding Observations of the Committee on Economic, Social and Cultural Rights: Spain*, UN Doc. E/C.12/ESP/CO/5 (Jun. 6, 2012); UN Committee on the Elimination of All Forms of

Discrimination Against Women (CEDAW), *Concluding Observations on the Combined Seventh and Eighth Periodic Reports of Spain*, UN Doc. CEDAW/C/ESP/CO/7–8 (Jul. 29, 2015); Corte Constitucional [C.C.] [Constitutional Court], 1 de junio, 2018, Sentencia T-210/18 (Colom.).

47. UN Human Rights Committee, Communication No. 2348/2014, *Views of the Human Rights Committee Under Article 5, Paragraph 4, of the Optional Protocol to the International Covenant on Civil and Political Rights (Nell Toussaint v. Canada)*, U.N. Doc. CCPR/C/123/D/2348/2014 (Aug. 7, 2018).

48. Corte Constitucional, Sentencia T-210/18 (Colom.).

49. Corte Constitucional, Sentencia T-210/18 (Colom.).

50. 다음을 참조하라. WHO Consultative Group on Equity and Universal Health Coverage, *Making Fair Choices on the Path to Universal Health Coverage* (Geneva: World Health Organization, 2014).

51. Norman Daniels, "Accountability for Reasonableness in Developing Countries," in Just Health: Meeting Health Needs Fairly (Cambridge, UK: Cambridge University Press, 2007), 274–96; Norman Daniels, Just Health Care (Cambridge, UK: Cambridge University Press, 1985).

52. 다음을 참조하라. R. Baltussen et al., "Progressive Realisation of Universal Health Coverage: What Are the Required Processes and Evidence?" *BMJ Global Health* 2, no. 3 (2017): 1–7.

53. James Fishkin, *When the People Speak: Deliberative Democracy and Public Consultation* (Oxford: Oxford University Press, 2009).

54. Regione Lazio, *Italy's First Deliberative Poll Shows Informed Views of Citizens on Health Care and on Investment Priorities* (Palo Alto, CA: Center for Deliberative Democracy, Stanford University, 2007).

55. Jane Mansbridge, "Deliberative Polling as the Gold Standard," *The Good Society* 19 (2010): 55–62.

56. Christopher Newdick, "Can Judges Ration with Compassion?—A Priority Setting Matrix," *Health and Human Rights Journal* 20 (2018): 107–20.

57. *AC v. Berkshire West PCT and the EHRC* [2011] 119 BMLR 135 Civ 247 (UK); *AC v. Berkshire West PCT* [2010] EWHC 1162 (Admin) (UK).

58. *Philip Morris Brands Sàrl, Philip Morris Products S.A. and Abal Hermanos S.A. v. Oriental Republic of Uruguay*, ICSID Case No. ARB/10/7 (Jul. 8, 2016), ¶¶ 9–18.

59. Roberto Gargarella, "Dialogic Justice in the Enforcement of Social Rights: Some Initial Arguments," in *Litigating Health Rights: Can Courts Bring More Justice to Health?*, ed. Alicia Ely Yamin and Siri Gloppen (Cambridge, MA: Harvard Human Right Series, Harvard University Press, 2011), 237–38.

60. "Independent Expert on the Effects of Foreign Debt and Other Related International Financial Obligations of States on the Full Enjoyment of All Human Rights, Particularly Economic, Social and Cultural Rights," UN Human Rights Office of the High Commissioner (OHCHR), accessed March 2, 2019, https://www.ohchr.org/en/issues /development/iedebt/

pages/iedebtindex.aspx

61. "UN Expert on Extreme Poverty and Human Rights to Visit USA, One of the Wealthiest Countries in the World," UN Human Rights Office of the High Commissioner (OHCHR), accessed March 2, 2019, https://www.ohchr.org/en/NewsEvents/Pages /DisplayNews. aspx?NewsID=22465&LangID=E; "UN Human Rights Expert to Visit UK to Assess Poverty," UN Human Rights Office of the High Commissioner (OHCHR), accessed March 2, 2019, https://www.ohchr.org/en/NewsEvents/Pages/DisplayNews.aspx?News ID=23808&LangID=E.

62. UN Committee on Economic, Social and Cultural Rights (CESCR), General Comment No. 22 (2016) on the Right to Sexual and Reproductive Health (Article 12 of the International Covenant on Economic, Social and Cultural Rights), UN Doc. E/C.12/ GC/22 (2016).

63. UN Committee on the Elimination of Discrimination against Women (CEDAW), *General Recommendation No. 35 on Gender-Based Violence Against Women, Updating General Recommendation No.* 19, UN Doc. CEDAW/C/GC/35 (2017).

64. 다음을 참조하라. Hilary Charlesworth and Christine Chinkin, "The Gender of Jus Cogens," *Human Rights Quarterly* 15 (1993): 63–76.

65. Office of the United Nations High Commissioner for Human Rights (OHCHR), *General Comment No. 36 on Article 6 of the International Covenant on Civil and Political Rights, on the Right to Life, Revised Draft Prepared by the Rapporteur*, UN Doc. CCPR/C/ GC/R.36/Rev.7 ¶ 26 (2017).

66. "Development Aid Stable in 2014 but Flows to Poorest Countries Still Falling," Organisation for Economic Co-operation and Development (OECD), accessed March 2, 2019, http://www.oecd.org/dac/stats/development-aid-stable-in-2014–but-flows-to-poorest -countries-still-falling.htm.

67. Khadija Sharife, "Big Pharma's Taxing Situation," *World Policy Journal* 33 (2016): 88–95.

68. Lawrence O. Gostin, *Global Health Law* (Cambridge, MA: Harvard University Press, 2014); Lawrence O. Gostin et al., "Towards a Framework Convention on Global Health," *World Health Organization Bulletin* 91 (2013): 790–93.

69. Leigh Haynes et al., "Will the Struggle for Health Equity and Social Justice Be Best Served by a Framework Convention on Global Health?" *Harvard Health and Human Rights* (2015): 111.

70. Gorik Ooms and Rachel Hammonds, "The Future of Multilateral Funding to Realize the Right to Health, in *Rights-Based Governance for a Globalizing World*, ed., Benjamin Mason Meier and Lawrence O. Gostin (Oxford: Oxford University Press, 2018), 454.

71. UN Human Rights Council, Resolution 35/17, Business and Human Rights: Mandate of the Working Group on the Issue of Human Rights and Transnational Corporations and Other Business Enterprises, A/HRC/RES/35/7 (Jul. 14, 2017); UN Human Rights Council, Resolution 38/13, Business and Human Rights: Improving Accountability and Access to Remedy, A/HRC/RES/38/13 (Jul. 18, 2018).

72. ETO Consortium, *Maastricht Principles on the Extraterritorial Obligations of States in the Area of Economic, Social and Cultural Rights* (Sep. 28, 2011), ¶ 8.

73. *Maastricht Principles*, ¶ 9.

74. 다음을 참조하라. Malcolm Langford et al., eds., *Global Justice, State Duties: The Extraterritorial Scope of Economic, Social, and Cultural Rights in International Law* (Cambridge, UK: Cambridge University Press, 2013).

75. *Urgenda Foundation v. The State of the Netherlands*, Hague District Court, C/09/456689/HA ZA 13-1396 (June 24, 2015).

76. OECD, *Policy Coherence for Sustainable Development 2018: Towards Sustainable and Resilient Societies* (Paris: OECD Publishing, 2018).

77. Timothy Craig et al., "WAO Guideline for the Management of Hereditary Angioedema," *World Allergy Organization Journal* 5, no. 12 (2012): 182–99.

78. Jean Baudrillard, *The Agony of Power* (Cambridge, MA: MIT Press, 2010).

결론 우리가 원하는 세상을 향해

1. Albert Camus, "The Almond Trees" in *Lyrical and Critical Essays* (New York: Vintage Books, 1970), 135.

2. Inter-Am. Ct. H.R., 58th Special Session, Panama City from October 16 to 20, 2017; see Inter-American Court of Human Rights, *Annual Report* 2017 (Washington DC: Organization of American States, 2017), 37, 42.

3. Organization of American States (OAS), Additional Protocol to the American Convention on Human Rights in the Area of Economic, Social and Cultural Rights ("Protocol of San Salvador"), A-52 (Nov. 16, 1999).

4. *Poblete Vilches y Otros v. Chile*, Inter-Am. Ct. H.R. (ser. C) No. 349 (March 8, 2018).

5. *Suárez Peralta v. Ecuador*, Inter-Am. Ct. H.R. (ser. C) No. 261 (May 21, 2013).

6. *Lagos del Campo v. Perú*, Inter-Am. Ct. H.R. (ser. C) No. 340 ¶¶ 142–145 (August 31, 2017).

7. Ronald Dworkin, "Cómo el derecho se parece a la literatura," in *La decisión judicial: El debate Hart-Dworkin*, cited in "La justiciabilidad de los derechos econónomicos, sociales y culturales en el Sistema Interamericano a la luz del artículo 26 de la Convención Americana: El sentido y la promes del caso *Lagos del Campo*," in *Inclusión, Ius Commune y justiciabilidad de los DESCA en la jurisprudencia interamericana. El caso Lagos del Campo y los nuevos desafíos. Colección Constitución y Derechos*, ed. Eduardo Ferrer Mac-Gregor, Mariela Morales Antoniazzi, and Rogelio Flores Pantoja (Mexico City: Instituto de Estudios Constitucionales, 2018).

8. 다음을 참조하라. Tara J. Melish, "Rethinking the 'Less as More' Thesis: Supranational Litigation of Economic, Social, and Cultural Rights in the Americas," *New York University Journal of International Law and Policy* 39 (2006): 171–343; James L. Cavallaro and Emily J. Schaffer, "Less as More: Rethinking Supranational Litigation of Economic and Social Rights in the Americas," *Hastings Law Journal* 56, no. 2 (2004): 217–82.

9. *Medio ambiente y derechos humanos*, Inter-Am. Ct. H.R., Opinión Consultiva Oc-23/17, Solicitada Por La República De Colombia (Nov. 15, 2017).

10. Logan Marshall, *The Story of the Panama Canal* (Philadelphia: John C. Winston Company, 1913).

11. *Poblete Vilches*, ¶¶ 14–24; *Vinicio Antonio Poblete Tapia and Family v. Chile*, Inter-Am. Cmm'n.

H.R., Report No. 1/16 CASE 12,695, OEA/Ser.L/V/II.157 Doc. 5 (April 13, 2016).

12. Gabriel Bastías et al., "Health Care Reform in Chile," *Canadian Medical Association Journal* 179, no. 12 (2008): 1289–92.

13. Thomas J. Bossert and Thomas Leisewitz, "Innovation and Change in the Chilean Health System," *New England Journal of Medicine* 374 (2016): 1–5.

14. Tribunal Constitucional [T.C.] [Constitutional Court], 6 agosto 2010, Rol de la causa: 1710–2010 (Chile).

15. Poblete Vilches, ¶ 209.

16. 다음을 참조하라. Brigit Toebes, Rhonda Ferguson, Milan Markovic, and Obiajulu Nnamuchi, eds., *The Rights to Health: A Multi-Country Study of Law, Policy and Practice* (The Hague: Springer, 2014).

17. Samuel Moyn, *Not Enough: Human Rights in an Unequal World* (Cambridge, MA: Harvard University Press, 2018); Stephen Hopgood, *The Endtimes of Human Rights* (Ithaca: Cornell University Press, 2015).

18. 다음을 참조하라. Naomi Klein, *The Shock Doctrine: The Rise of Disaster Capitalism* (Toronto, Canada: Knopf Canada, 2007); Naomi Klein, *No Logo*, 10th anniversary ed. (Toronto: Vintage Canada, 2009).

19. 다음을 참조하라. Margaret R. Somers, *Genealogies of Citizenship: Markets, Statelessness and the Right to Have Rights* (Cambridge, UK: Cambridge University Press, 2008); Paul O'Connell, "On Reconciling Irreconcilables: Neo-Liberal Globalisation and Human Rights," *Human Rights Law Review* 7, no. 3 (2007): 483–509; Audrey R. Chapman, *Global Health, Human Rights and the Challenge of Neoliberal Policies* (Cambridge, UK: Cambridge University Press, 2016).

20. 예를 들면, 벤자민 메이슨 마이어와 로런스 O. 고스틴을 비교할 수 있다. "Framing Human Rights in Global Governance," in *Human Rights in Global Health: Rights- Based Governance in a Globalized World* (Oxford: Oxford University Press, 2018), 63-86; Benjamin Meier and William Onzivu, "The Evolution of Human Rights in World Health Organization Policy and the Future of Human Rights through Global Health Governance," *Public Health* 128, no. 2 (2014): 179–87.

21. Benedicte Bull and Desmond McNeill, eds., *Development Issues in Global Governance: Public-Private Partnerships and Market Multilateralism* (New York: Routledge, 2007), 60.

22. UN General Assembly, Resolution 217 A (III), Universal Declaration of Human Rights, A/RES/217A(III), Art. 28 (Dec. 10, 1948).

23. Camus, "The Almond Trees," 135.

24. Steven Lukes, ed., *Power: Readings in Social and Political Theory* (New York: New York University Press, 1986).

25. 이 섹션과 이 책에서 힘의 차원에 대한 분석의 대부분은 다음 두 논문에서 도출됐다. Steven Lukes' *Power* (New York: New York University Press, 1986), and John Gaventa's works on the "power cube" including "Finding the Spaces for Change: A Power Analysis," *IDS Bulletin* 37, no. 6 (2006): 23–33.

26. Bruce Ackerman, *We the People, Volume 1: Foundations* (Cambridge, MA: Harvard University

Press, 1991), 12.

27. Philip Alston, "The World Bank as a Human Rights-Free Zone," in *Doing Peace the Rights Way: Essays in International Law and Relations in Honour of Louise Arbour*, ed. Fannie LaFontaine and François Larocque (Forthcoming).

28. Juan Pablo Bohoslavsky and Edward Guntrip, "Unanticipated Consequences: The Human Rights Implications of Bringing Sovereign Debt Disputes within Investment Treaty Arbitration," in *Yearbook on International Investment Law & Policy* 2017, ed. Lisa Sachs, Lise Johnson, and Jesse Coleman (Oxford: Oxford University Press, 2017).

29. *Jam et al. v. International Finance Corp, slip opinion* 17-1011, *US S Ct* (2019).

30. Roberto Mangabeira Unger, *Democracy Realized: The Progressive Alternative* (Brooklyn, NY: Verso, 1998), 92.

31. Jean Baudrillard, The Agony of Power (Cambridge, MA: MIT Press, 2010), 63.

32. Anita Raj et al., "Longitudinal Analysis of the Impact of Economic Empowerment on Risk for Intimate Partner Violence among Married Women in Rural Maharashtra, India," Social Science & Medicine 196 (2018): 197–203.

33. 다음을 참조하라. Radhika Balakrishnan, James Heintz, and Diane Elson, *Rethinking Economic Policy for Social Justice: The Radical Potential of Human Rights* (New York: Routledge, 2016).

34. Nancy Fraser, "Gender Equity and the Welfare State—A Postindustrial Thought Experiment," in *Democracy and Difference: Contesting the Boundaries of the Political*, ed. Seyla Benhabib (Princeton, NJ: Princeton University Press, 1996), 235.

35. 다음을 참조하라. René Girard, *Battling to the End: Conversations with Benoît Chantre* (East Lansing, MI: Michigan State University Press, 2010).

36. Yvonne Kelly et al., "Social Media Use and Adolescent Mental Health: Findings from the UK Millennium Cohort Study," *EClinical Medicine* 6 (2018): 59–68.

37. Nancy Fraser, "Rethinking the Public Sphere: A Contribution to the Critique of Actually Existing Democracy," *Social Text* 25/26 (1990): 56–80.

38. Amartya Sen, *The Idea of Justice* (Cambridge, MA: Harvard University Press, 2009), 143.

39. Dani Rodrik, *The Globalization Paradox: Why Global Markets, States, and Democracy Can't Coexist* (Oxford: Oxford University Press, 2011), 129; Ben Mason Meier and Lawrence O. Gostin, "Introduction: Responding to the Public Health Harms of a Globalized World through Human Rights in Global Governance," in *Human Rights in Global Health: Rights-Based Governance for a Globalizing World*, ed. Lawrence O. Gostin and Ben Mason Meier (Oxford: Oxford University Press, 2018), 1–20.

40. Jennifer Prah Ruger, "Chapter 4: An Alternative Account: Provincial Globalism," in *Global Health Justice and Governance* (Oxford: Oxford University Press, 2018), 81.

41. Bull and McNeill, *Development Issues*, 43.

42. Margaret E. Keck and Kathryn Sikkink, "Transnational Advocacy Networks in International and Regional Politics," *International Social Science Journal* 51, no. 159 (1999): 89.

43. Keck and Sikkink, "Transnational Advocacy Networks," 93.

44. Ynske Boersma, "Living in the Shadow of Colombia's Largest Coal Mine," *Earth Island Journal*, January 30, 2018, http://www.earthisland.org/journal/index.php/articles /entry/ shardow_colombia_Coal_Mine_Carrejon/.

45. *Children and Adolescents of the Communities of Uribía, Manaure, Riohacha and Maicao of the Wayúu People, in the Department of the Guajira, Colombia*, Inter-Am. Cmm'n. H.R., PM 51/15 (January 26, 2018).

46. Lynn P. Freedman, "Achieving the MDGs: Health Systems as Core Social Institutions," *Development* 48 (2005): 20.

47. 다음을 참조하라. Jeanette Vega, "Universal Health Coverage: The Post-2015 Development Agenda," *The Lancet* 381, no. 9862 (2013): 179–80.

48. Unger, *Democracy Realized*, 15.

49. *Poblete Vilches.*

50. Later in 2018, the court reaffirmed the fundamental nature and direct justiciability of the right to health in a case involving HIV/AIDS in Guatemala, which reveals some of the same tendencies as the *Poblete Vilches* case. See *Caso Cuscul Pivaral y Otros v. Guatemala*, Inter-Am. Ct. H.R. (ser. C) No. 359 (August 23, 2018).

51. *Poblete Vilches*, ¶¶ 238–239.

52. Alicia Ely Yamin, Documento complementario a prueba pericial, 24 octubre, 2017, incorporado a expediente de fondo, *Poblete Vilches y Otros v. Chile*, Inter-Am. Ct. H.R. (ser. C) No. 349 (March 8, 2018).

53. Law No. 20.606, Junio 6, 2012, DIARIO OFICIAL [D.O.] (Chile).

54. Law No. 20.869, Junio 11, 2015, DIARIO OFICIAL [D.O.] (Chile).

55. Alicia Ely Yamin, Documento complementario.

56. Hernán Sandoval, "Derecho a la salud, ¿Derecho garantizado?," (lecture, Universidad de las Américas, Santiago de Chile, November 22–23, 2016).

57. Oscar Galaz, "Hernán Sandoval: 'Sería interesante establecer un Auge para la tercera edad, sobre todo concebido desde las necesidades sociales,'" Instituto de Políticas Públicas en Salud, Mar 30, 2017, http://www.ipsuss.cl/ipsuss/actualidad/hernan-sandoval -seria-interesante-establecer-un-auge-para-la-tercera/2017-03-30/161659.html.

58. Ronald Dworkin, Justice for Hedgehogs (Cambridge, MA: Harvard University Press, 2011), 418–20.

59. "Entrevista a Dr. Hernán Sandoval," *Foro Universitario*, Radio U de Santiago 94.5, November 10, 2018, *https://www.youtube.com/watch?v=bSRFYFgqwZ8.*

60. Albie Sachs, *The Soft Vengeance of a Freedom Fighter* (Oakland, CA: University of California Press, 2014).

61. Francis Fukuyama, *Identity: The Demand for Dignity and the Politics of Resentment* (New York: Farrar, Straus, and Giroux, 2018).

62. Philip Alston, "The Populist Challenge to Human Rights," *Journal of Human Rights Practice* 9 (2017): 15.

비운의 죽음은 없다

평등한 건강을 향한 인권의 투쟁 그리고 진화

초판 1쇄 찍은날	2022년 12월 12일
초판 1쇄 펴낸날	2022년 12월 21일
지은이	알리시아 일리 야민
옮긴이	송인한
펴낸이	한성봉
편집	최창문·이종석·조연주·오시경·이동현·김선형
콘텐츠제작	안상준
디자인	정명희
마케팅	박신용·오주형·강은혜·박민지·이예지
경영지원	국지연·강지선
펴낸곳	도서출판 동아시아
등록	1998년 3월 5일 제1998-000243호
주소	서울시 중구 퇴계로 30길 15-8 [필동1가 26]
페이스북	www.facebook.com/dongasiabooks
전자우편	dongasiabook@naver.com
블로그	blog.naver.com/dongasiabook
인스타그램	www.instargram.com/dongasiabook
전화	02) 757-9724, 5
팩스	02) 757-9726

ISBN	978-89-6262 474-8 93300

만든 사람들

편집	조연주
크로스교열	안상준
본문교정	현의영
디자인	정명희
본문조판	최세정